El Niño de los coroneles

Fernando Marías

Fernando Marías

El Niño de los coroneles

Premio Nadal 2001

Ediciones Destino
Colección
Áncora y Delfín
Volumen 920

Provença, 260. 08008 Barcelona
www.edestino.es
Primera edición: febrero 2001
Segunda edición: febrero 2001
ISBN: 84-233-3297-7
Depósito legal: B. 4.584-2001
Impreso por Romanyà Valls, S. A.
Verdaguer, 1. Capellades (Barcelona)

Para Sonia Luna (1952-1998)

Que nadie busque en este libro
esa exactitud geográfica
que no es más que un engaño:
Guatemala, por ejemplo, no existe.
Lo sé: he vivido allí.

GEORGES ARNAUD,
Le salaire de la peur

Acostado en la cama de la sala común del Hogar Benéfico situado en un viejo caserón céntrico de Leonito capital, el hombre parecía el anciano que en realidad no era.

Respiraba con fatiga por la boca, de la que pendía un hilo de saliva, y sus ojos entrecerrados, muertos y sin embargo angustiadamente vivos, miraban el techo sin verlo. Por completo inmóvil, como si la fuerte lluvia del atardecer que batía las ventanas lo mantuviera en un trance hipnótico, parecía luchar a solas contra sus recuerdos o sufría a merced por completo de ellos.

Cuando la enfermera le anunció la visita, se revolvió con miedo instintivo de animal atrapado: nunca nadie había ido a verlo, nadie lo conocía, a nadie conocía él... Miedo más intenso porque no podía ver a su visitante: el paciente era ciego, y se sabía preso de la misma indefensión que durante tanto tiempo le había fascinado de sus víctimas desnudas y retorcidas de dolor, aterradas ante la imaginativa crueldad de su siguiente capricho.

Con suaves y educadas maneras, el visitante prometió a la enfermera no excitar al hombre y, cuando ella se hubo ido, acercó una silla a la cabecera de la cama procurando no hacer ruido, como si quisiera respetar los remotos gemidos y las risitas dementes que desde inconcretos lugares de la sala se imponían ocasionalmente sobre el rumor de la lluvia; se esforzó para que su voz sonara tranquilizadora y amistosa: necesitaba a toda costa ganarse la confianza del ciego, de otro modo haber llegado hasta allí carecería de sentido. Esbozó una sonrisa a pesar de conocer la evidente inutilidad del gesto, y posó el paquete rectangular que había traído consigo junto al pecho joven –el visitante sabía que no más de cuarenta años– pero arrugado y famélico, como de viejo artificialmente prematuro. Percibió con claridad cómo el enfermo contenía la respiración.

–Chocolate –intentó el visitante parecer risueño al tamborilear con las yemas de los dedos sobre el paquete; era un hombre grueso de mediana estatura, cercano a los ochenta pero vital y seguro de sí, ancho rostro afable bajo el escaso pelo blanco, preocupada mirada inteligente tras las gafas de pequeños cristales transparentes, lástima verdadera por el enfermo en su grave expresión–. Le he traído chocolate... El chocolate le gusta, ¿verdad? La enfermera me ha dicho que le gusta y que lo puede tomar... He traído más, mucho, podrá tomar todo el que quiera. Cójalo, es para usted.

El visitante observó la inmovilidad de piedra del hombre: piedra respirando de nuevo con agitación.

–También le he comprado tabaco; rubio, el mejor que he encontrado. Aunque, la verdad, no sé si fuma –se esmeró para que su forzada sonrisa sonase claramente audible para el ciego; también para que su siguiente frase reflejase lo mejor posible la autenticidad de sus intenciones–... Me gustaría que fuésemos amigos...

Silencio, ningún conato de respuesta en la piedra.

Buscando propiciar cualquier forma de acercamiento, el visitante deslizó el absurdo obsequio de chocolatinas hasta la mano del ciego, que apoyó sus dedos sobre el paquete con tenso recelo, y lo intentó de nuevo: suave, cariñosamente, deseando que su acento francés no aumentara aún más la inquietud del enfermo.

–Me llamo Laventier. Jean Laventier. Y quiero ser su amigo, ayudarle.

Recalcó de nuevo la palabra «amigo» sin obtener resultado alguno, pero no se desanimó; parte de su trabajo consistía en ganarse a la gente, y sabía bien que siempre había una palabra mágica que despertaba la confianza de los enfermos. «Amigo» no había funcionado, pero tenía que haber otra y él la encontraría antes o después.

–Escuche –prosiguió–. Vengo de un país del que usted nunca ha oído hablar, un país llamado Francia; es hermoso, seguro que le gustaría... Allí soy médico, un médico muy bueno, médico psiquiatra; usted tampoco sabe lo que es eso, ya lo sé, pero... Verá –se autorrecriminó de inmediato el uso de ese término con un ciego; carraspeó–: mi trabajo consiste en ayudar a la gente; intento resolver sus problemas, sus problemas mentales, ¿entiende? Curar sus cerebros, hacer que dominen las angustias, conseguir que vuelvan a dormir por las noches...

La respiración del hombre se alteró levísimamente: un respingo, el deseo de algo sencillo e imposible como un sueño, la palabra mágica: dormir. Laventier lo captó y desplegó sus recursos profesionales todo lo dulcemente que pudo.

–Usted... ¿descansa? Quiero decir, ¿duerme bien por las noches? No es pecado dormir mal, ¿sabe? A veces hace falta un poco de ayuda... Todos la necesitamos de una forma o de otra, yo mismo necesito la suya... Escuche... Soy un hombre viejo, no me queda mucho... He recorrido medio mundo para hablar con usted, me ha costado un gran esfuerzo encontrarle. Y ante todo quiero que sepa que no tengo nada que ver con su pasado. Nada en absoluto, se lo aseguro... Por favor, ayúdeme. Ayúdeme y yo le ayudaré a usted.

El enfermo se volvió. Laventier vio por primera vez su mirada vacía y sin embargo intensamente viva en su miedo y dolor, buscando a pesar de su ceguera clavarse sobre él antes de girar de nuevo hacia el techo que no podía ver. Laventier aguardó; se disponía a intentarlo de nuevo cuando el hombre habló con voz susurrante, torpe por el mutismo permanente en el que, según el director del hospital había explicado al francés, se había obcecado el ciego desde su ingreso, rasposa como si el aire doliera en la garganta pero a la vez con algo estremecedor en su tono apenas audible, igual que si hubiera dedicado esos dos años de silencio a ensayar la palabra que pronunció, a interpretarla en todos sus posibles sentidos, a desbaratar el orden de sus letras y volver a componerlas como un rompecabezas de solución imposible.

–Dormir...

Laventier esperó en excitado silencio. Sabía que el hombre iba a continuar.

–Dormir... Me gustaría... No... No puedo... La culpa... es del miedo... –la voz se detuvo, cada una de sus pausas parecía insuperable, eterna, definitiva; Laventier rezó para que el hilo no se rompiera–. Miedo siempre... a todas horas... Sobre todo por la noche... Los quejidos... No los soporto... A veces gritan –Laventier paseó su humana mirada por la desoladora estancia, tratando de imaginarla cuando al anochecer se apagasen las luces y las enfermeras utilizasen las correas que pendían de los laterales de las camas para dejar a los pacientes inmovilizados, indefensos ante los quejidos ajenos y las risas dementes, a solas con el persistente sonido de la lluvia en los cristales; un relámpago cercano iluminó brevemente la sala como un flash fantasmagórico y azul, de alguna parte brotó una carcajada aguda, Laventier volvió a posar sus ojos sobre el hombre–. Tengo miedo.

El francés atacó de inmediato, su voz repentinamente animada por el resquicio en la piedra.

–También puedo quitarle el miedo. Hacer que pierda el miedo y que duerma, las dos cosas. Y puedo sacarle de aquí. Si viene conmigo tendrá una habitación para usted solo, vigilaré que le cuiden bien, tengo mucho dinero y puedo hacerlo. Y le aseguro que lo haré. Usted es muy importante para mí.

Otra pausa, el hilo temblando de nuevo peligrosamente en la respiración del ciego.

–Importante –en el susurro había ecos de tiempos mejores perdidos mucho tiempo atrás, dolores intensos que iban más allá de lo físico, afán de no seguir viviendo–... Importante...

–Mucho –insistió Laventier; era consciente de que repetía las palabras como si hablase a un niño tonto, pero no tenía otro modo de asegurar la mínima confianza que había conseguido crear–. Para mí lo es. Muy importante.

El ciego se volvió de nuevo; sus ojos quisieron buscar los de Laventier como si rogara desesperadamente verle sólo por un segundo, atreverse a confiar en él;

como si, más aún que dormir, necesitara saber que el desconocido quería de verdad sacarlo de su pesadilla perpetua.

–Laventier... –no pronunciaba el nombre del francés, sino una palabra nueva que podía entrañar la esperanza de dormir–. No sé cómo me llamo... No tengo nombre... No soy nadie... Nadie. No existo... Laventier...

–Lo sé, sé que no existe –Laventier habló con pesadumbre premeditada que dramatizó con una medida pausa: su especialidad para consolidar la complicidad de los pacientes–. Precisamente por eso es tan importante.

–Importante –repitió el ciego para sí; otro silencio, más largo éste que los anteriores; toda su vida atroz condensada en él–. ¿Por qué?

Laventier deseó sinceramente que el otro pudiera verle: también necesitaba que supiera que no mentía. Se acercó a él y le susurró al oído, como si quisiera esquivar cualquier presencia indiscreta o impedir que el rumor de la lluvia desdibujase sus palabras; o como si pensara que, de alguna manera, el hecho de hablar en voz baja sellaba alguna especie de pacto entre ambos.

–¿Por qué? Porque usted es el Niño de los coroneles.

Capítulo Uno

LA MUERTE EN EL AIRE

El camino que separa la felicidad del terror sólo requiere el estímulo adecuado para ser recorrido en condiciones óptimas.

Un ruido anómalo rugió inesperadamente en el interior del Boeing 747 Madrid-Leonito. El fragor creció y se volvió insoportable. Los corazones de los trescientos siete pasajeros cupieron de pronto en un puño, y cuando una garganta logró gritar la siguieron muchas. Estalló la histeria, se hizo patente la lívida impotencia de las azafatas, brotaron reconciliaciones con dioses diversos y absurdos, se escalofriaron las conciencias turbias con igual intensidad que las inocentes.

El hombre solitario sentado al fondo consultó la hora: eran las 16:09 del 13 de junio de 1992. Sentía, como los demás, la angustia puramente física por el trance que se avecinaba. Pero, a diferencia de los otros, él no encontraba su destino reprobable, ni siquiera injusto. «La muerte, la inexistencia, la nada son la única redención imaginable para mí, que he cometido el más monstruoso crimen», había garabateado minutos antes sobre un folio en el que no escribió más, atemorizado por las consecuencias que, caso de conocerse, podían tener sus palabras. Tras doblar la hoja de papel, la había ocultado en el bolsillo sin romperla. Pero ahora volvió a sacarla, urgido por el afán de darse identidad entre los muertos, voz entre los jirones humanos que salpicarían la zona del inminente siniestro.

Me llamo Luis Ferrer. Soy español, periodista. El avión va a caer. Entreguen esta carta a mi jefa, mi amiga, Marisol Zabala. Quiero confesar.

Mi hija Pilar murió hace dos semanas. Se suicidó porque no podía soportar su tragedia. Eso creyó todo el mundo porque eso fue lo que conté. Pero mentí. No hubo suicidio, la maté yo. La maté por amor, porque

Alguien agitó violentamente el codo de Ferrer. La punta del bolígrafo rasgó el folio. Maldijo y se volvió: una mujer de mediana edad lloraba, al borde de la locura, frente a él.

–¡Gracias! ¡Gracias! –le gritó, fuera de sí. Ferrer no comprendió ni reaccionó. La mujer, inmersa en su éxtasis y ajena a él, corrió de pronto hacia el pasajero más cercano, un adolescente que sudaba copiosamente, y se agachó a su lado.

–¡Gracias! ¡Gracias! ¡Demos gracias todos!

El adolescente sí obedeció; la mujer y él se abrazaron. Ferrer miró a un lado y a otro: la histeria colectiva continuaba álgida, pero ahora rezumaba felicidad y júbilo, emoción: el piloto había recuperado el control del aparato. Ferrer volvía a estar solo entre los vivos. Contrariado, rasgó la confesión y miró el reloj: marcaba aún las

16:09. La ilusión de muerte redentora ni siquiera había durado un minuto completo: por segunda vez en unos días, la nada negaba a Luis Ferrer su hospitalidad.

Entonces, la frustración se había producido por vía telefónica. Se hallaba en su piso de Madrid, a solas con la urna que contenía las cenizas de Pilar y con la vista clavada en el tubo de pastillas. Llevaba dos días febriles con sus noches buscando en el dolor y el remordimiento la fuerza necesaria para ingerirlas. Cuando por fin puso en la boca el primer puñado de cápsulas y apoyó en los labios el vaso con ginebra aguada, sonó el teléfono. El instinto de supervivencia que a pesar de todo latía en alguna parte de su interior halló en los insistentes timbrazos el indicio de una inimaginada pero verosímil esperanza y le impulsó a escupir las pastillas y descolgar.

Marisol Zabala –la directora de su periódico, pero también su mejor amiga, la única persona que aun creyendo la versión oficial del suicidio de Pilar era a la vez capaz de comprender, en la magnitud más aproximada posible a la realidad, la esencia del dolor de Ferrer– estaba al otro lado de la línea.

–Estoy preparando una serie para el dominical del periódico, doce artículos largos, novelados, cada uno de ellos sobre un personaje americano que rompa la imagen idílica del Quinto Centenario del Descubrimiento... Tengo ya tres, y me gustaría que tú hicieras el cuarto. Se trata –pronunció despacio tras una premeditada pausa– de viajar a Leonito...

Se aceleró el corazón de Ferrer, y la propuesta de Marisol perdió de pronto su apariencia de nimiedad. Leonito... el azar insistía en arrastrarle hacia inexplorados recovecos de su cauce.

Aceptó sin saber más, incluso insistiendo en no saber más. De hecho, ésa fue la única cláusula que impuso su excitada intuición:

–Me pones en un papel en qué consiste el trabajo y los datos importantes y me lo das al subir al avión. Ni un minuto antes.

Y colgó, sorprendido por lo inesperadamente balsámica que había resultado la ausencia, sin duda premeditada por parte de Marisol, de referencias a su estado anímico.

Fiel a su caprichosa decisión, Ferrer abrió la carpeta del informe sólo cuando el avión hubo despegado, un par de días después:

Luis, esto es lo que tenemos:

1. Escenario: Leonito, república centroamericana hasta hace poco bajo la dictadura de los coroneles.

2. Llega la democracia (expulsión de dictadores incluida) y todos tan contentos: paz y libertad de cara al 92, sobre todo a los actos del Quinto Centenario.

3. Un grupo hotelero internacional decide montar un centro de recreo de superlujo en un lugar de Leonito llamado la Montaña Profunda: riqueza, perspectivas de puestos de trabajo para medio país y demás. A primera vista, todo maravilloso.

PERO:

Un indio que vive en la Montaña oculto con sus hombres –se hace llamar Leónidas en homenaje al caudillo de la independencia, Leónidas Foz; o se llama así de verdad, vete tú a saber– atenta contra todo lo que se mueve, impide las obras y amenaza con dar al traste con el supercentro de recreo y con los puestos de trabajo. ¿POR QUÉ? Misterio. Ése es el personaje y ése el reportaje. Todos tuyos. ¿Vulgar? ¿Historia ya vista? Puede. Pero hay una particularidad que me intriga: tanto en la época de la democracia como antes, con los coroneles, se intentó dar caza a Leónidas y a su banda guerrillera. Pues bien: la tarea era imposible. A los indios, tras cada atentado, parecía que se los tragase la tierra. Repito: TRAGÁRSELOS LA TIERRA. Aquí puede estar el meollo del reportaje. Sin olvidar (y entramos en el terreno de la leyenda, eso sí, leyendas viejísimas, de la época de los conquistadores españoles) el mítico tesoro que según parece podría haber en alguna parte. Ya ves, con tesoro y todo...

METODOLOGÍA DE TRABAJO:

La que vaya viniendo, pero te adelanto que apenas despegue tu avión mandaré a las agencias de allá la noticia de tu llegada («Famoso periodista español nacido en Leonito aterriza mañana para entrevistar a Leónidas y bla bla bla»). No te he avisado de ello porque seguro que no me dabas permiso. Así se sabrá que vas, y no lo dudes: Leónidas te buscará. Le interesa hablar con un medio de nuestro prestigio y difusión, seguro.

Ferrer no se enfadó por la estratagema de Marisol; incluso le resultó indiferente que su llegada provocase el interés de la prensa o azuzase contra él a los hombres del tal Leónidas... Su verdadero objetivo íntimo era pisar Leonito por primera vez tras –se entretuvo en calcularlo durante los primeros minutos de vuelo– treinta y seis años, cuatro meses y, obviando las variantes de los años bisiestos, doce días.

Cuando el avión estableció el rumbo entre las nubes, Ferrer se abandonó a una melancolía que lo sumergió en un viaje al propio pasado, repentino, denso y real como el corazón prodigiosamente apacible de los tornados... Muchos años atrás... Otro avión pero la misma sensación de vacío e incertidumbre que entonces no pudo definir pero tampoco olvidar, el tiempo girando sobre sí mismo o anclado en ninguna parte... 4 de febrero de 1956...

Tenía él tres años... El avión le alejaba del lugar hacia el que volaba ahora: la República de Leonito, el lugar donde había nacido y vivido en un orfanato con su hermano gemelo hasta que, inesperadamente, cambió su vida.

Aquel día, Panizo –siempre había retenido el nombre del enfermero encargado del hospicio– les anunció que ambos habían tenido la suerte de ser adoptados por sendas familias ricas. Se trataba del sueño de todo huérfano, avivado y mitificado por el bondadoso Panizo en sus charlas a los niños durante el recreo o en los cuentos con que los tranquilizaba las noches de tormenta, pero a él no le importó entonces ese cambio que no comprendía ni tampoco el hecho de que sus padres adoptivos disfrutasen de la mejor situación económica imaginable. Sólo le inquietó la separación de su hermano. Además del propio Panizo y en menor grado los otros niños del asilo, era lo único que quería y tenía en el mundo. Aún podía recordar cómo, en algunas noches tormentosas, se abrazaban para ahuyentar el miedo y él, aunque también asustado por los truenos, se crecía para añadir aventuras inventadas a los cuentos escuchados a Panizo hasta conseguir que el cuerpo a su lado se relajara y durmiese... Su hermano partió algunos días antes que él; lo recogió un enorme y lujoso coche negro que despertó comentarios de admiración entre los demás niños, envidiosos de la fortuna que no les había sonreído. Ferrer apenas podía recordar el instante concreto de la separación pero, por alguno de esos caprichos indescifrables de la mente, jamás había sido capaz de borrar de la memoria la imagen del gran coche negro cruzando la verja y enfilando la curva que conducía a la carretera, aquel día lluvioso de 1956: la última ocasión en que vio a su hermano, fallecido dos años después a causa de la epidemia de cólera que asoló el país... La lluvia había persistido durante días; la escuchaba por las noches en la cama cuyo lado ahora vacío procuraba no rozar, la veía golpear contra las ventanas al despertarse y, después de comer, cuando la hora de la siesta convertía el asilo en caserón silencioso y él se escabullía del dormitorio, dejaba que le mojase el rostro junto a la verja tras la cual, más allá, se dibujaba la curva que llevaba a la carretera... Todavía llovía cuando Panizo lo llevó al aeropuerto y le hizo prometer, tal y como ya había hecho su hermano, que algún día volvería para contarle la vida nueva y feliz que ahora comenzaba... Todavía llovía cuando Panizo le besó y él sintió que no quería partir, y cuando el avión hacia España despegó y sobrevoló Leonito capital... La lluvia era el recuerdo más nítido de aquel momento, y a su alrededor giraban los demás sentimientos experimentados por el corazón infantil de Ferrer: todos borrosos, debilitados a causa del tiempo o reinventados a lo largo de los años posteriores por la nostalgia que la lluvia de Madrid despertaba irremediablemente en su corazón. Todos lejanos excepto uno.

Cuando el avión enfilaba el Atlántico en dirección a

Europa, su fascinada curiosidad le llevó a mirar por la ventanilla. Y justo en ese instante las nubes se levantaron para dar paso a la nitidez del cielo más azul, en uno de esos bruscos y habituales desplazamientos vertiginosos del clima de Leonito –«cambios de humor del cielo» en el argot de los pilotos, espectáculo adicional para los pasajeros... magia pura para un niño en su primer viaje en avión– y le fue dado ver la última imagen, ya poderosamente iluminada por el sol, del país que abandonaba: la Montaña Profunda, el legendario promontorio rocoso rodeado de inaccesibles bosques por tres de sus caras y cortado a pico por el este sobre el océano. La Montaña Profunda, que había sido desde el principio de los tiempos el símbolo más reconocible de la república caribeña... Según las leyendas de Panizo, refugio de terribles piratas y tumba de codiciosos aventureros que buscaron inútilmente su mítico tesoro; según la tradición oral, cuna del legendario caudillo indio Leónidas Foz, iniciador de la lucha que habría de culminar en la independencia cedida por España en 1823; según las enciclopedias y libros de historia, el único emblema patrio ajeno a intereses de guerras civiles, golpes de estado e inestables gobiernos premonitorios de nuevos golpes de estado... La impresionante imagen de la Montaña le acompañó durante las largas horas del viaje, como un cuento vivo de ramificaciones infinitas, y perduraba en su memoria al llegar a Madrid, cuando descendió del avión y aceptó, entre confundido, inquieto e ilusionado, los besos de los dos desconocidos que habrían de llegar a ser sus queridísimos padres: Aurelio y Cristina Ferrer, el diplomático español y su esposa originaria de Leonito que, destinados finalmente a España tras casi diez años de servicio en el país centroamericano, llevaban tres luchando por traer a su hogar aquello que la naturaleza les había negado y las leyes del país hermano otorgado: un hijo adoptivo, él. Luis Ferrer podía aún recordar –o, más precisamente, no habría podido olvidar nunca– el momento pleno de repentina seguridad y hermosas perspectivas de futuro, en que, como por arte de magia, desapareció toda su incertidumbre por el destino que le aguardaba. Fue cuando Cristina Ferrer, mientras su marido cumplía con los últimos requisitos legales, lo cogió en brazos, lo besó y, exultando una felicidad y cariño protector que su contacto derrochaba casi físicamente a través de la ropa, le susurró:

–Te llamas Luis. Eres mi hijo.

El hondo sentido de su bautismo español –tal vez inventado, pues difícilmente un niño de corta edad podría haber retenido con precisión las palabras– había acompañado a Ferrer durante toda la vida como un talismán de magia secreta. Cuando en 1977 nació su hija Pilar, Ferrer –inexplicablemente supersticioso al respecto– aprovechó una noche que Bego, su mujer, dormía para salir de la cama en silencio, sacar al bebé de la cuna y, con la misma clandestinidad observada por Cristina aquel lejano día de más de veinte años atrás, decirle muy bajito al oído:

–Te llamas Pilar. Eres mi hija.

Ese instante tierno no se había desdibujado jamás de su memoria y era uno de los recuerdos que, haciendo insoportable el peso de la muerte de la niña, le había llevado a escribir «La muerte, la inexistencia, la nada son la única redención imaginable para mí, que he cometido el más monstruoso crimen», antes de que la avería del motor le animase a confesar su acto a la espera de una muerte que, al no haberse producido, le dejaba otra vez a merced de un destino irreversible de culpa y cobardía.

–Señores pasajeros, en unos minutos iniciaremos la maniobra de aterrizaje en el aeropuerto de Leonito capital. En nombre del comandante y de toda la tripulación...

La voz apartó a Ferrer de sus negros pensamientos y le provocó un estremecimiento de emoción: al despegar de Madrid se había prometido que en el mismo instante en que la azafata anunciase la llegada a Leonito examinaría el contenido del sobre color crema que guardaba celosamente en el bolsillo interior de la americana.

Y había llegado el momento. Lo sacó y acarició la solapa antes de extraer muy despacio, como si fuera un informe secreto de alto nivel o la primera imagen pornográfica que un adolescente se dispusiese a observar, el borde de una de las dos fotografías que contenía, y que formaban parte de la colección que siendo muy joven decidió iniciar. La había bautizado *Fotos Clave de la Biografía de Luis Ferrer*, y se había propuesto que sólo formasen parte de ella aquellas imágenes que, tras exhaustivas pruebas de selección, mereciesen verdaderamente el apelativo que daba nombre a la serie. Cada una de ellas tenía su propio título, largamente meditado, y en su momento había llamado a la que ahora asomaba del sobre *El Enigma del Calcetín Morado*; la rozó con la yema de los dedos sin llegar a mirarla, rememorando cómo Aurelio, su padre, le había hablado de ella por primera vez el día que cumplió quince años.

–Todos los hechos históricos están íntimamente relacionados, Luis; no sólo los trascendentes, que afectan a los pueblos y a las naciones; también los nimios o individuales, los que afectan sólo a nuestras vidas... Ojo, si es que a ésos se les puede llamar nimios, porque yo creo que son los únicos importantes. Tú, por ejemplo, estás aquí sentado conmigo... ¿Sabes por qué? ¿Imaginas cuál fue el primer eslabón importante de la cadena que terminó por unirnos?

Ferrer negó en intrigado silencio; Aurelio se permitió una pausa antes de añadir:

–Fue un calcetín morado –sonrió ante la sorpresa de su hijo–. La historia completa, lo prevengo de entrada, no la puedo desvelar yo solo; te la tenemos que contar entre tu madre y yo, es un viejo pacto. Pero sí, ésa es la causa: un calcetín morado.

La frustración en los ojos de Luis fue un acicate para Aurelio, que se lanzó a lo que en el fondo llevaba mucho tiempo esperando: el momento de relatarle aquella aventura personal verídica a su hijo.

–De todas formas, el acuerdo con tu madre es contarte entre los dos el desenlace, que tuvo lugar en Leonito. La primera parte, como sólo me afecta a mí, te la puedo contar sin problema. Pero –aclaró levantando el dedo índice a modo de advertencia– sólo la primera parte. ¿De acuerdo?

–De acuerdo, de acuerdo –asintió Ferrer a toda prisa.

–Ya sabes que mi padre era un periodista monárquico bien conocido en Sevilla en la época de la República. Tenía amistad con el general Queipo de Llano a pesar de sus desavenencias políticas. Ya sabes que Queipo, con un puñado de hombres y una osadía que hay que reconocerle, hizo triunfar en Sevilla el golpe militar del dieciocho de julio. Durante los primeros días de la guerra, estuve a su lado varias veces... Sí, sí, con el mismísimo Queipo, que llamó a mi padre para acordar con él lo que convenía a los golpistas que se publicara en su periódico. Aquellos días terribles resultaron fundamentales para mi vida posterior. Pero sobre todo la mañana del veinticuatro de julio... La víspera había tenido lugar la represión contra el barrio de Triana. Allí se atrincheró la resistencia obrera dispuesta a resistir con cuatro escopetas de caza y un par de pistolas contra la artillería, que arrasó el barrio entero. La represión posterior fue terrible, pude comprobarlo esa mañana del veinticuatro. Era un día muy luminoso, pero olía muchísimo a humo y a pólvora, y el calor asfixiaba. Acompañaba a mi padre y a Queipo para ayudar a preparar las noticias de la aplastante victoria sobre los rojos, que así es como encabezó mi padre su artículo de aquel día a pesar de que no estaba de acuerdo con el tono triunfalista impuesto por los vencedores, ni mucho menos con lo que, como yo, vio en Triana. Recuerdo que aquel día salió lívido de allí. Y si mi padre se puso malo, imagínate yo, con diecisiete años y sin haber visto un muerto en mi vida... Me topé con el calcetín morado en un callejón estrecho, de pendiente muy pronunciada. Avanzaba cuesta arriba, unos metros por delante del grupo; lo que había visto y estaba viendo me resultaba insoportable y repugnante, y me arrepentía de haber aceptado acompañar a mi padre, pero no quería que se notase, quería ser tan serio, tan hombre como ellos... Cuando entré en el callejón vi, al final de la pendiente, un bulto en movimiento en una zona de sombra: varias formas humanas, pues estaba claro que no se trataba de una sola persona, en extrañas posturas. Y silenciosas, no emitían el menor sonido. Me acerqué. Dos soldados, dos legionarios, violaban a una mujer tirada en el suelo, mientras un tercero, de pie, contemplaba la escena ansioso, como si esperase su turno. Uno de los legionarios penetraba a la mujer por la vagina y el otro, acuclillado frente al primero, por la boca; a modo de amenaza, apoyaba sobre la garganta de la mujer el filo de una bayoneta. Ella no oponía resistencia, yo pensé que por la bayoneta, pero sus piernas y sus brazos estaban abiertos e inertes, y se agitaban con dejadez, a un ritmo extraño, muy poco natural, como si... no sé, como si estuviese flotando tranquilamente en una piscina... Es curioso cómo, de según qué escenas, se te quedan clavados los detalles más tontos. Por ejemplo, recuerdo que el legionario que aguardaba en pie tenía un diente, uno sólo, en el centro de la boca, que mantenía abierta en una extraña mueca. También recuerdo que entre las ruinas de las casas del callejón se mantenía en pie una fachada en la que seguían intactos los tiestos con flores de muchísimos colores, como si allí no hubiera pasado nada. Pero sobre todo me fijé en el calcetín morado... Lo llevaba la mujer en su pie derecho: un calcetín morado, muy sucio y a medio sacar, mostrando el talón desnudo; el otro pie estaba descalzo. El calcetín era la única prenda que llevaba encima, aparte de unos jirones de ropa a la altura de la cintura. Entonces, ya te lo he dicho, yo tenía diecisiete años, y seguía siendo virgen; es más, no había visto a una mujer desnuda nunca, ni siquiera en fotografía. Eso influyó para que la mujer de Triana me impresionase tanto: era incapaz de apartar la mirada de ella, estaba horrorizado y fascinado a la vez por cada detalle de lo que estaba viendo. No veía la cara de la mujer, pero su cuerpo era rechoncho y de piel increíblemente blanca, y sus piernas no eran bonitas, eran cortas y gruesas, con mucho vello en las pantorrillas, lo recuerdo porque entonces creía que la piel de las piernas de las mujeres tenía que ser lisa y suave como las de las artistas de cine. Aquel vello me impresionó... De pronto, el legionario del único diente reparó en mí y me apuntó con su Mauser. Su boca seguía abierta, creo que por alguna razón no podía cerrarla. Y comprendí que no sabía quién era yo, que podía pensar que era un enemigo, que podía matarme por error. Y creo que lo hubiera hecho de no haber aparecido detrás el grupo. Tiene gracia, puedo presumir de que Queipo de Llano me salvó la vida. El legionario reconoció al general y saludó militarmente. El que penetraba a la mujer se puso también en pie e hizo lo mismo; el tercero permaneció inmóvil, como si comprendiese lo ridículo o inútil del protocolo en esa situación. El que se había puesto en pie tenía el pene erecto, y recuerdo que sentí vergüenza al tener a mi padre delante, como si me hubiesen sorprendido en un burdel y no en una situación tan seria, tan dramática. Queipo ni se inmutó; continuó avanzando y los demás le seguimos; yo, ahora, era el último. Nunca se me han olvidado las palabras que Queipo, muy campechano, le dijo a mi padre al rebasar a los soldados: «Estas cosas redondean la paga de los soldados, que el dinero hay que guardarlo para armamento. Qué cojonudo, si las rojas supieran que gracias a sus coños los cañones nos salen más baratos». En cuanto Queipo se alejó unos pasos, el legionario volvió a penetrar a la mujer. Al pasar junto a la escena, reparé de nuevo en la blanca carne flácida, en el fofo pie desnudo y en el calcetín morado. Y, por primera vez, en la sangre. La mujer se estaba desangrando por dos heridas de bala, o de bayoneta, o de lo que fuese, las dos a distintas alturas del costado que yo antes no podía ver. Sus extraños movimientos de cansancio no se debían a las embestidas de sus atacantes ni al miedo al machete, que es lo que yo había imaginado, sino a los espasmos del cuerpo perdiendo sangre, desangrándose, acabando de desangrarse. Por eso su piel tenía ese color tan pálido. El legionario del machete eyaculó violentamente y se apartó de la cara de la mujer. Antes de que el del diente se apresurase a ocupar su lugar, yo pude ver el rostro de la víctima durante un segundo: vivía todavía. Y me miraba. Tal vez estaba semiinconsciente y no podía verme, o tal vez me pedía ayuda. Nunca lo he sabido. Cuando me alejé, el legionario que casi me dispara seguía con el extraño rictus en su boca abierta. Y, por alguna razón, lo último que miré antes de unirme al grupo, fue el calcetín morado. Me provocó un auténtico trauma, una obsesión. Ahora me río, pero entonces... Durante varios años no pude estar con una mujer. Y la culpa se la eché todo ese tiempo al calcetín; al calcetín y al otro pie fofo desnudo. Me acordaba de aquel pedazo de carne, que eso era la infeliz en aquel momento, y me producía un rechazo absoluto hacia el sexo. ¡Cómo iba yo a imaginar que esa enfermedad se me iba a curar en Leonito once años después...! Cosas de la Historia, de esas casualidades que antes te decía... De no ser por el calcetín morado yo no hubiera conocido a tu madre, no me hubiera casado con ella, no te hubiéramos adoptado, etc., etc., etc. Y... aquí se acaba la película.

–¡Venga, papá! –suplicó Luis–. ¿Me vas a dejar así, a medias?

–Lo prometido es deuda. Ya te he dicho que el resto con tu madre delante, que también tiene cosas que añadir al final de la historia. Eso sí... para ponerte los dientes más largos, te puedo decir algo más... Existe una fotografía. No de lo de Sevilla, sino del desenlace. Cuando te lo contemos, verás también la foto.

Las protestas de Luis fueron inútiles. Y a pesar de que todavía hubo de esperar para ver la fotografía, aún conoció antes otro capítulo intermedio de *El Enigma del Calcetín Morado*.

Ocurrió inesperadamente, un día de dos o tres años después en que su padre y él estaban solos en casa y veían en los noticiarios las primeras noticias sobre el gran ciclón que asoló Leonito durante 1971. Las imágenes mostraban la visita que el presidente de la República, coronel Larriguera Hill, había efectuado a la zona siniestrada: caminaba entre los escombros con gesto grave, y a Luis no le pasó desapercibido que, cuando respondía a algún periodista, ponía las manos a la espalda para que las cámaras no captasen el gran cigarro que sostenía entre los dedos. Fue entonces cuando Aurelio dijo:

–Ese hijoputa, ahí donde lo ves, casi me mata hace veinticinco años. Él en persona, con su propia pistola.

Luis lo miró perplejo. Aurelio continuó:

–Es el presidente del actual triunvirato en el poder. Precisamente se llama así.

–¿Se llama cómo? –preguntó Luis.

–Así: Triunviro. Tomás Triunviro Larriguera. Como su padre, pero con el Triunviro en medio.

–Venga ya...

–Te lo digo en serio. Nació en mil novecientos treinta, algún tiempo después del golpe que sentó a su padre en el poder. De hecho, aquel golpe se dio para firmar unos ventajosos acuerdos económicos con Francia o Inglaterra, no recuerdo con exactitud. El caso es que los tres coroneles, ahora ya afortunadamente muertos, decidieron celebrar el éxito de aquel acuerdo con una de sus ruidosas fiestas.

–¿Esto es histórico o de tu cosecha? –quiso saber Luis, que conocía bien la tendencia de su padre a novelar, aunque fuese con habilidad ciertamente irresistible, la anécdota más nimia.

–Hombre, se decía cuando yo estaba allí de embajador y me lo confirmó un oficial que estuvo presente en la famosa juerga. A mitad de la borrachera se le ocurrió a uno de los tres golpistas la idea de perpetuar sus respectivos linajes a través de sus hijos, todavía pequeños. Les apeteció sentirse reyes o Bonapartes, yo qué sé, y se pusieron a aplicar sus conocimientos de historia universal y cultura en general para buscar nuevos nombres a sus cachorros. Según el oficial que te digo, José León Canchancha dudaba entre «José Ricardo Corazón de León Canchancha» y «José León II Canchancha» y al final se quedó con este último: José León Segundo. A Walter Menéndez no se le ocurrió nada mejor que rebautizar a su hijo con el nombre de Walter Magno, que a mí no sé por qué siempre me ha sonado a anuncio de bebida. En cuanto a Tomás Larriguera, quiso homenajear a su manera la amistad eterna que según él le unía a sus compinches, y por eso decidió que añadiría el Triunviro al nombre de su primer hijo: ese que tienes ahí, aparentando que le importa el terremoto; así, Triunviro se vería obligado a recordar siempre su compromiso de fidelidad con José León Segundo y con Walter Magno. Al final, no sé si llegó a bautizar así al niño, pero lo cierto es que ahí tienes su sobrenombre... En Leonito le llaman *Teté*. Y hasta la prensa internacional le llama así: Tomás *Teté* Larriguera Hill. Podría ser por sus iniciales, una sílaba por inicial. *Te* por Tomás y *Té* por Triunviro. *Teté.*

–¿Y por qué quiso matarte? –exigió Luis con la mirada encendida de excitación.

–Es una larga historia de la que ya has oído hablar. Como pista –añadió maliciosamente Aurelio– te diré que tu madre tiene mucho que ver con ella.

–¿El calcetín morado? –se entusiasmó Luis.

–El calcetín morado –concedió Aurelio; y de nuevo se concentró en el informativo del televisor, fiel a la vieja promesa de guardar silencio hasta que Cristina estuviese delante.

Aquella noche Luis fantaseó con renovados ímpetus, sumando a sus infinitas elucubraciones sobre la historia un dato insospechado y concreto: *Teté* Larriguera Hill, el dictador de Leonito, había estado a punto de matar a su padre. Lleno de orgullo adolescente hacia Aurelio, memorizó los rasgos del militar centroamericano que tan prolijamente difundió la televisión a propósito del terremoto, pero aquel día tampoco accedió a la legendaria fotografía que ahora, en el avión, asomaba del sobre. Lo sopesó, indeciso, y prefirió por último esperar al día siguiente para cumplir la vieja promesa hecha a sí mismo una vez: verla en el lugar donde ocurrieron realmente los hechos; un aliciente que convertía a la fotografía mil veces vista a lo largo de los años en novedosa e incluso desconocida. La había titulado precisamente *El Enigma del Calcetín Morado* porque enigmáticos, además de innumerables e irresolubles, habían sido para él durante mucho tiempo los desenlaces en los que podía desembocar esa historia tan importante para sus padres y, en consecuencia, para él.

La sacudida del avión al tomar tierra le erizó la piel.

Quiso escuchar los latidos de su corazón y la emoción se lo impidió: después de tantos años, se hallaba otra vez en Leonito.

En el exterior, tras descender del avión y abandonar el aeropuerto con prisa, ajeno al modélico clima tropical que nada le interesaba, vio la desdibujada mancha de la capital enmarcada por las verdes montañas coronadas de nubes que se desplazaban lentamente en la lejanía. Tuvo la sensación de que arrastraban la luz diurna como un telón teatral cuyo siguiente decorado fuese la noche que ya se anunciaba.

Durante el trayecto en taxi, rememoró las continuas casualidades que, a lo largo de los años, habían ido frustrando con metódica eficacia sus deseos de viajar al país en el que había nacido. Ahora, esas decepciones acumuladas parecían cobrar sentido incluso para alguien que, como él, se negaba a creer en los destinos etéreamente trazados: éste –y no otro– era el momento del retorno al origen.

Cruzó la puerta del lujoso hotel sin dedicar un instante de su atención a las instalaciones; casi hostil a la actividad de clientes y empleados, atravesó el vestíbulo hasta el mostrador, cumplimentó la inscripción sin escuchar la bienvenida del recepcionista, entró aprisa al ascensor, subió a la habitación y se asomó a la terraza, aliviado por el refugio que le ofrecía el silencio nocturno. La oscuridad arrancaba destellos de quietud a la superficie de la piscina desierta, en la que le apeteció de pronto zambullirse vestido, flotar al capricho del agua inmóvil, esperar que lo que hubiese de ocurrir ocurriese.

Fue concentrado en esa paz anómala cuando, súbitamente, se sintió con fuerzas para escribir ahora la confesión de la muerte de Pilar. Se lo debía a la memoria de su hija –también a la de la madre y abuelos de la niña, que fallecieron antes que ella e ignoraban su atroz final– y se lo debía a sí mismo: así, si algo le ocurría durante su estancia en Leonito, se sabría cuál había sido la auténtica causa de su sufrimiento en los últimos tiempos. Marisol era la única destinataria posible de esa carta y, además, merecía serlo.

Se sentó ante el ventanal de la habitación, preparó un sobre en el que anotó con mayúsculas «PARA SER ABIERTO EN CASO DE MI MUERTE» y comenzó a confesarse ante el espíritu de la única amiga que le quedaba en el mundo. Las palabras parecían surgir del bolígrafo sin necesidad de que su voluntad las empujase.

»Querida Marisol: si estás leyendo esta carta, yo habré muerto.

Pero no quería hablarte de mí, sino de Pilar. De lo que pasó realmente.

¿Te acuerdas del once de junio del setenta y seis, cuando fuimos a Barcelona a ver a los Rolling Stones?».

Capítulo Dos

EL ENIGMA DEL CALCETÍN MORADO

Al abrir la puerta del antiguo despacho de su padre en la embajada española de Leonito, sintió un silencio de iglesia vacía en el estómago.

Durante unos segundos permaneció estático, rindiendo su mente a la ausencia de sonidos, y comenzó luego a girar sobre sí mismo con la lentitud de una cámara de cine empeñada en registrar parsimoniosamente los detalles más nimios del decorado. De pronto, al llegar a la tercera pared, su mirada se topó con la de un jovencísimo Aurelio Ferrer.

La pintura debía de medir dos metros por uno y pico, y su autor había renunciado a la servil pomposidad con que los artistas suelen impregnar los retratos oficiales para mostrar a Aurelio como realmente era, y sin duda como había insistido él mismo en posar: sus ojos azules seduciendo al pintor/espectador con la complicidad de su sonrisa más sincera, las manos introducidas en los bolsillos del holgado pantalón, la americana abierta y el cuello de la camisa desabotonado: Aurelio Ferrer a sus anchas; Aurelio Ferrer, feliz y seguro de sí, dispuesto a comerse el mundo. El ángulo inferior derecho de la pintura revelaba la fecha de la obra: 1947. Precisamente, el año en que tuvieron lugar los hechos de *El Enigma del Calcetín Morado* que Ferrer había venido a rememorar.

–Era un retrato horroroso, pero me lo hicieron como regalo de bienvenida y no iba a decir que no –le había explicado Aurelio, incorporándose sobre los almohadones de la cama de la habitación privada del sanatorio madrileño donde convalecía tras una exitosa operación de apendicitis tardía; los primeros síntomas se habían manifestado de repente la noche del 11 de septiembre de 1973, horas después de conocerse el golpe de estado contra Allende, lo que había permitido a Aurelio bromear sobre la implicación de Pinochet en el complot contra su apéndice–. ¿Te acuerdas del cuadro, Cristina? ¿De lo espantoso que era?

Cristina Ferrer, mientras se arreglaba frente al espejo de la habitación –se disponía a abandonar la clínica; esa noche correspondía a Luis quedarse junto al convaleciente–, advirtió a su hijo sobre la jovialidad de Aurelio.

–Malo, malo, Luis; que no te pase nada esta noche. Cuando tu padre habla del primer día en «su» embajada es que toca sesión de nostalgia –ironizó mientras los besaba a ambos y se dirigía hacia la salida de la habitación–. Mañana me dices si he tenido razón o no.

Ferrer recordaba haber despedido a su madre con malhumorada desgana que le había costado disimular: esa noche tenía previsto disfrutar con Bego –llevaban sólo unos meses de novios, y vivían aún la pasión sexual de los primeros momentos– de las posibilidades eróticas del jardín y la piscina de la casa, aprovechando precisamente que sus padres, uno como paciente y la otra como acompañante, iban a dormir en la clínica; por eso había resultado tan frustrante que Cristina no quisiese eludir la asistencia al improvisado acto de solidaridad con Allende y el pueblo chileno convocado por los amigos sudamericanos residentes en Madrid. Aquella lejana noche, en la que Ferrer había culpado a Pinochet de arrebatarle las habilidades subacuáticas de Bego, derivaría sin embargo en una larga sesión de confidencias que Aurelio había iniciado con unas palabras en apariencia nimias.

–Cosas como lo de ponerme mal el esmoquin a poco de empezar la recepción de turno me pasaban sólo a mí; aquel día de mil novecientos cuarenta y siete, había perdido la pajarita, así que tuve que volver al despacho a por ella. Estaba buscándola cuando escuché un ruido extraño que venía del armario... Y ahí empezó todo.

Aurelio, con gesto grave, se incorporó un poco más en la cama de la clínica. Luis comprendió que tras las referencias a la pajarita del esmoquin y al armario latía el deseo de su padre de contarle algo más, algo importante... Algo que tal vez tenía que ver con el esperado desenlace del calcetín morado.

–La recepción de aquel día era muy importante. Además de los jerifaltes y militares de Leonito con sus señoras, contábamos con la presencia inhabitual de un numeroso grupo de políticos, militares y financieros españoles. Bueno, a lo mejor no era tan numeroso, pero a mí me lo parecía: era mi primera recepción como embajador y estaba especialmente nervioso. Mi padre me había conseguido el puesto movilizando a sus amigos; entre ellos, a Queipo de Llano... Si se mira bien, tiene gracia: podría decirse que por culpa de Queipo comenzó la historia del calcetín morado en julio del treinta y seis, y por culpa de él terminó el uno de mayo del cuarenta y siete, en aquella famosa recepción.

Aurelio Ferrer hizo una nueva pausa y extrajo un paquete de tabaco y un encendedor que escondía bajo la almohada; prendió un cigarrillo después del gesto inhabitual, revelador de su ánimo de ampliar el margen de intimidad, de ofrecerle el paquete a su hijo, y prolongó ceremoniosamente la inhalación y expulsión del humo. Luego, preguntó inesperadamente a Luis:

–¿Recuerdas que el hoy presidente de Leonito, *Teté* Larriguera Hill, estuvo una vez a punto de matarme?

Luis respondió con el silencio, no hacía falta otra respuesta: ambos sabían que nunca habría podido olvidar al militar en uniforme de campaña que ocultaba el cigarro mientras fingía ante las cámaras de televisión interesarse por los damnificados del terremoto; desde aquel día, Luis había escrutado, memorizado y analizado obsesivamente cada dato que encontraba sobre Larriguera Hill, el hombre que quiso matar a su padre por causas insospechadas y por ello fascinantes que ahora, en la clínica, parecían por primera vez a punto de desvelarse.

–El uno de mayo de mil novecientos cuarenta y siete Triunviro era todavía un crío, debía de tener diecisiete años –continuó Aurelio–. Pero ya era un hijo de puta de marca mayor. Yo llevaba en Leonito algunos meses, y habíamos coincidido en varias ocasiones. Era nueve años mayor que él, pero a pesar de la diferencia de edad debió de pensar que me caía bien, porque me contaba sus historias, o sea, sus salvajadas, y le gustaba que le llamara *Teté*, cosa que por entonces permitía a muy pocos. En realidad, pienso en él durante aquella época y lo veo como un crío feroz y malcriado, uno más de los muchos que hay. La diferencia era que éste tenía un poder ilimitado: todos los hombres de Leonito, desde el último campesino hasta el oficial más apreciado por cualquiera de los tres coroneles, temían sus caprichos y sabían que, de una forma u otra, eran sus esclavos. En cuanto a las mujeres, y de eso soy testigo porque más de una vez alardeó en mi presencia, se enorgullecía de haberse acostado con todas; con todas las que merecían la pena, aclaraba enseguida. «Mis yeguas», las llamaba. Sus hombres recorrían cada poco el país en busca de nuevas «yeguas», y ninguna casa estaba a salvo de sus redadas, sobre todo las más humildes. Como, lógicamente, había quienes ocultaban a sus hijas, se inventó una ley según la cual todo recién nacido debía ser inscrito en una especie de nuevo censo. Decía que así, pasados los años, tendría una lista de fichas, firmadas por los respectivos padres, con los nombres de todas las tías que debían encontrarse en cada hogar, esperando a que él fuera a decidir si le apetecían o no; con ese truco, no habría escondite que valiese. Por cada inscripción se regalaba a cada ciudadano no sé qué cantidad, imagino que cuatro perras, y fueron muchos los que picaron sin imaginarse que sentenciaban a sus hijas a una violación a veinte años vista... En fin, un niño sanguinario, sin escrúpulos y con poder. Que no te encuentres nunca uno así. Pero yo era el embajador y tenía que aguantarlo. Y lo aguanté... Hasta aquel primero de mayo. El día había comenzado agitado: a primera hora de la mañana, durante una visita oficial del padre de *Teté*, el coronel Tomás Larriguera Sáez, a la provincia de Guanoblanco, se había producido un atentado contra él y su séquito, en el que viajaban también dos militares españoles, dos comandantes que venían con la delegación española. El mismo *Teté,* presente en el lugar del atentado, vino a verme un par de horas después a mi despacho y me lo contó. Teóricamente se trataba de informarme de que los dos españoles estaban a salvo, pero en realidad había sido enviado por su padre en calidad de «íntimo amigo mío» para que en la fiesta de por la tarde yo quitara hierro al asunto. Querían que los españoles minimizaran el atentado y continuaran dispuestos a apoyar económicamente a Leonito, me dijo. Por cierto, el famoso apoyo era un chanchullo de cuatro listos para vender saldos de nuestra guerra al ejército de Leonito, tú me contarás de qué iba España a ayudar económicamente a nadie en el cuarenta y siete. Y por la misma, de qué iban a asustarse dos militares de Franco por ver matar a un campesino. En fin, cuando le prometí, a ver qué remedio me quedaba, que haría todo lo posible, me contó los detalles del atentado. Todavía estoy viéndole en mi despacho, con barro y sangre en el uniforme descolocado, como si pretendiera así dar más dramatismo a la historia. Cuando le vi entrar, pensé que la sangre era suya. Por supuesto, me equivocaba.

Aurelio recurrió de nuevo al paquete de tabaco; se movía con dolorosa torpeza, y Luis reparó en que su mirada profunda, iluminada brevemente por la llamarada del encendedor, estaba anclada en algún inconcreto punto de la penumbra que envolvía la habitación, como si a pesar del proclamado optimismo sobre su operación hubiera entrevisto el fantasma de la fatalidad en algún momento de las largas horas consumidas en el hospital. La expulsión del humo pareció facilitar la afloración de sus recuerdos.

Tras servirse una copa, Larriguera se había sentado frente a él: una vez solventado el encargo puramente diplomático, llegaba el turno de la viril confidencia entre amigotes. El intento de magnicidio y la posterior represalia se convirtieron en su boca en la narración arrogante de una jornada de caza o de un audaz lance amoroso. Aurelio había escuchado en silencio, asqueado por lo que no era sino una confesión de asesinato alegremente proclamada por su orgulloso autor, que se sabía intocable.

–Habría que borrar del mapa Guanoblanco, machacarlo con todos los indios que viven allí. Tener cerca su Montaña Profunda les hace muy valientes, y fue mala idea, muy mala idea llevar allí a los comandantes españoles. Entramos a primera hora de la mañana en el poblacho, unos cien braceros de mierda con sus familias. Íbamos en los seis coches de la comitiva cuando se nos pone enfrente un cabrón con un fusil. Ni tiempo de verlo tuvimos, tan rápido fue en echárselo a la cara y dispararle a mi padre. No estaba ni a dos metros, tuvo que ser la pura suerte de los Larriguera que al hijo de puta le estallara la escopeta y lo dejara gritando sin cara en el suelo. El caso es que papá salió ileso y continuó camino con los españoles. Yo me quedé para encargarme de todo. Ordené formar en la plaza a todo el pueblo, estaban blancos de miedo hasta los negros, todos mudos menos el cabrón de la escopeta, que seguía con sus berridos en el suelo. Iba a soltarles un discurso antes de ahorcarlo cuando la vi entre la gente. Qué yegüita, Aurelio, que me muera ahora mismo si no se me puso allí mismo el rabo tieso. Durante todo el tiempo, mientras ahorcaban al cabrón y todos miraban, yo no le quitaba ojo. Tenías que haber visto qué piel dorada, qué carnecita más prieta... Qué digo tenías, si ahora enseguida la verás... Es mi invitada de esta noche. Porque me la he traído conmigo, ya ves si me ha gustado. Veníamos en la parte trasera del camión, ella desnuda, toda sudada, atada en aspa, bien abiertita, furiosa como una leona, y yo dudando si joderla o no joderla. No sabía si me apetecía más desfogarme o esperar para hacerlo como Dios manda. Hasta se lo preguntaba a ella, ¿te jodo o no te jodo? Al final, decidí joderla y no joderla, las dos cosas a la vez. Se puede hacer, ¿crees que no? Pues levanta, vente conmigo.

Larriguera apuró la copa, se levantó y se dirigió hacia la ventana, invitando a su amigo a seguirle; Aurelio lo hizo.

Y Luis Ferrer también: se aproximó a la ventana y la abrió, igual que cuarenta y cinco años antes había hecho Larriguera, y como él se asomó a la calle. Continuaba desierta y tranquila, aunque el sospechoso coche negro que le había seguido desde el hotel continuaba esperándole aparcado a unos metros de la entrada principal, alterando la serenidad del entorno como una cucaracha sobre el vientre de un recién nacido. Sin duda, se había dicho mientras conducía hacia la embajada el coche suministrado por el hotel, los hombres de Leónidas conocían ya las noticias sobre su llegada y le acechaban a la espera del mejor momento para llevarlo a presencia del caudillo indio. Haciendo caso omiso de su presencia, Ferrer se esforzó por visualizar lo que Larriguera había mostrado a Aurelio desde la posición en la que él se encontraba ahora: el camión militar aparcado frente a la embajada donde aguardaba la secuestrada desnuda. Se estremeció al aferrar con los dedos el alféizar de la ventana: tal vez su indignado padre había realizado idéntico gesto instintivo mientras escuchaba al exultante Larriguera.

–¿Te la imaginas, ahí en el camión, debajo de la lona, esperando a que me decida? ¿Te jodo o no te jodo? ¿Sabes cómo hice las dos cosas? Fácil: se la metía y la cabalgaba con cuidado; no veas qué estrecha, qué virgencita era. La cabalgaba y me salía en el último segundo, justo cuando notaba que iba a descargar, y para no hacerlo me ponía a pensar en la cosa más imbécil, qué sé yo, mi madre haciendo los postres o escucharle misa al obispo. Y al poco otra vez dentro y así hasta varias veces. La última no hará ni media hora, justo cuando aparcábamos ahí abajo... Ahora, en cuanto baje, lo primero que voy a hacer es repetir. Así jugando hasta esta tarde. Pienso hacer que me la vistan de reina y traerla a tu fiesta. Será mi princesa. Si ves que en algún momento nos ausentamos, como dicen ustedes los diplomáticos, ya sabes por qué... para joderla en cualquier esquina y ponerme a pensar en mi mamá haciendo postres en cuanto no pueda más. Cuando esta noche por fin la ate a la cama... ¡Ay, amigo!

–Anda, Luis, dame otro paquete de tabaco; están ahí, escondidos en el doble fondo de la caja de bombones... Antes de montarse en la parte trasera del camión, Larriguera me miró y se frotó las manos como un niño goloso. –Aurelio tomó el paquete que le tendía su hijo y encendió un cigarrillo, el enésimo de la noche; el humo se había ido acumulando en la habitación de la clínica y Luis abrió la ventana para que el aire tibio del exterior la ventilase–. Recuerdo que también encendí un cigarrillo entonces; encendí un cigarrillo y me quedé en la ventana quieto, sin hacer nada, odiándome por no haberle dicho a Larriguera lo que pensaba de él, mirando como hipnotizado el camión alejarse y preguntándome cuántas veces habría soportado la prisionera la tortura del «te jodo o no te jodo».

–Once. Once veces –dijo sorpresivamente una voz femenina. Luis y Aurelio se volvieron hacia la entrada de la habitación. Cristina Ferrer los miraba desde el quicio de la puerta con expresión inusualmente severa. Debía de llevar un rato escuchando; luego les explicaría que el acto de solidaridad con el pueblo chileno había sido prohibido y por eso había regresado a la clínica–. Las conté muy bien. Siete veces cuando me tenía atada en el camión y otras cuatro después, en el palacio presidencial, mientras una sirvienta me bañaba y me vestía para la fiesta de la tarde.

Luis tardó unos segundos en comprender la magnitud exacta de las palabras de su madre y, cuando lo hubo hecho, permaneció expectante y callado: sabía que no era él a quien correspondía continuar hablando. Cristina se sentó en la cama junto a su marido y encendió un cigarrillo con naturalidad que contradecía sus prohibiciones previas de introducir tabaco en la habitación del convaleciente; de ese detalle insignificante, y de la gravedad nerviosa con que sus padres le miraron desde la cama en ese instante, dedujo Luis que llevaban años, probablemente los transcurridos desde que alcanzó él la adolescencia, buscando el momento idóneo de revelarle determinadas intimidades de su pasado de pareja, habiendo optado al final por aquel en el que la conversación surgiese de forma espontánea, tal y como acababa de ocurrir ahora.

–Después, dos soldados me llevaron en coche hasta otro edificio y me encerraron en una habitación. Uno se fue mientras el otro se quedaba vigilándome. Pero conseguí huir. –Cristina dio una calada larga al cigarrillo; la premeditada pausa pretendía obviar los detalles de la fuga, y así lo entendió y aceptó Luis, aunque desde entonces no había podido evitar preguntarse en ocasiones si su madre habría tenido que matar al soldado para escapar–. Salí de la habitación, cerré la puerta por fuera, me quité los tacones que me habían obligado a calzarme y busqué una salida. La casa era enorme, un auténtico palacio, y me perdí. Vi de pronto al segundo soldado, seguramente me buscaba ya. Para eludirlo subí unas escaleras, entré en una habitación y cerré la puerta. Enseguida oí ruido, alguien se acercaba, tal vez el soldado me había seguido. Así que me escondí en el único lugar posible: el armario.

Ferrer, evocando en la embajada la narración, se aproximó a la puerta del armario y la acarició, preguntándose si, después de tantos años, la plancha de madera continuaría siendo la misma tras la que se ocultó su madre. La abrió muy despacio, localizó en el interior el único lugar posible donde Cristina pudo haber acurrucado su cuerpo y cedió a la pueril tentación de agacharse y mirar por la mirilla, tal y como había hecho su madre para espiar al recién llegado.

–No era el soldado que me estaba persiguiendo, sino un hombre en mangas de camisa que parecía muy nervioso. Se puso a revolver por la habitación: pensé que no iba a tardar en encontrarme, aunque me tranquilicé cuando comprendí, al verle mirar debajo de los cojines y dentro de los cajones, que tenía que estar buscando un objeto pequeño.

–La famosa pajarita de mi esmoquin. La recepción estaba a punto de empezar y ya te he dicho que no tenía ni idea de dónde la había puesto –aclaró Aurelio. Luis posó un instante la mirada sobre él. Confundido y fascinado, experimentaba a la vez un extraño pudor ante la exposición de la intimidad de sus padres. Volvió de nuevo la vista hacia Cristina.

–Acabó por encontrarla, y se la estaba anudando frente al espejo cuando debí de hacer ruido sin darme cuenta. Entonces se giró hacia el armario. Avanzó cautelosamente, yo lo veía por la mirilla cada vez más próximo, hasta que fue sólo una mancha que taponó del todo la luz de fuera. A oscuras y encerrada, me vi perdida. Tardó unos segundos eternos en decidirse a abrir la puerta. Cuando lo hizo, me apreté todo lo que pude contra el fondo del armario y rogué que no encendiese la luz. Pero no le hizo falta: vi con espanto que, al entornar la puerta, la luz del despacho se colaba y me iluminaba los pies como un foco de teatro. Aunque los retiré a toda prisa, era imposible que no se hubiese fijado en ellos.

Ferrer abandonó su posición tras la mirilla del armario, se puso en pie, dio un paso hasta el otro lado de la puerta, la cerró y la abrió de nuevo, ahora todo lo despacio que pudo, demorándose en la contemplación del rayo de luz de la antigua y señorial lámpara del techo, que se deslizó como había hecho cuatro décadas antes hasta el lugar donde, durante el segundo previo a que Cristina los retirara, vio Aurelio Ferrer unos pies femeninos.

–En ese instante, entró en el despacho el soldado. Y lo que pasó a partir de ahí fue confuso. Tu padre cerró la puerta de golpe. Vi por la mirilla cómo se acercaba hasta un sillón y se dejaba caer en él, como si estuviese mareado. El soldado, con el respeto típico hacia alguien importante y también con mucha precipitación, comenzó a explicar mi fuga, una «peligrosa guerrillera» dijo que era. Pero tu padre no parecía hacerle caso. Miraba cada poco hacia el armario, hasta que de pronto se puso en pie con decisión, le pasó al soldado una mano por el hombro, muy amigable, y fue con él hacia la salida. Antes de salir y cerrar la puerta echó una última mirada hacia mi escondite. El muy cobarde, pensé yo, ni siquiera se atreve a delatarme dando la cara.

–Lógico. En su situación, ¿cómo iba a imaginar las cosas que pasaban por mi cabeza? Por supuesto, vi que había un cuerpo agazapado en cuanto abrí la puerta del armario, porque el rayo de luz, al deslizarse por el piso, captó instintivamente mi atención, y me llevó hasta los pies del suelo. Como ella ha dicho, igual que un foco de teatro. Pensé varias cosas, todo en décimas de segundo: primero me sobresalté, porque la zona de sombra comenzaba enseguida y los pies iluminados quedaban aislados, como si no perteneciesen a ningún cuerpo, como si los hubiesen cortado de un hachazo y dejado ahí; luego pensé que podía ser una broma de Larriguera, le gustaba hacer ese tipo de cosas. Pero todo eso era lo de menos. Lo verdaderamente importante era el vértigo que me asaltó. Justo entonces entró el soldado, y cerré la puerta de golpe para que no descubriera a la mujer. Me sentía asustado por lo rápido que latía mi corazón, tanto que tuve que sentarme. Cuando el soldado me contó lo de la fugitiva comprendí quién era la mujer del armario. Trataba de analizar lo que me había ocurrido, lo que me seguía ocurriendo: reviví cada segundo desde que había abierto la puerta, cada detalle, cada milímetro del recorrido del rayo de luz...

–¿Y? –se impacientó Luis.

–A la vista de aquellos pies de piel dorada... Ya sé

que te va a sonar a gilipollez. –Aurelio, que tal vez nunca había confesado esos sentimientos precisos o que, aunque lo hubiera hecho, los encontraba pueriles e incluso cómicos, indignos de la seriedad supuesta a un adulto, buscó apoyo en su mujer, que le tendió una serena sonrisa plena de complicidad; Luis la captó: evidenciaba tan antigua y profunda compenetración entre sus padres que sintió un asomo de vergüenza, casi sonrojo por su entrometida presencia; pero supo también que lo que Aurelio se disponía a contarle sólo podía ser cierto–. El caso es que me atravesó el cuerpo una corriente de sexualidad: así, como una descarga eléctrica. No una erección, ni una excitación de tipo fetichista, no, no; no te lo tomes a broma que va en serio... Justo lo que he dicho, una corriente de sexualidad. Por todo el cuerpo, como cuando un día de calor saltas a una piscina y la impresión del frescor te revitaliza. Duró una décima de segundo, porque ya he dicho que tuve que cerrar la puerta, pero fue suficiente. No podía creerlo: ¡había notado una chispa de deseo sexual! ¡De nuevo! Tan claramente como noté que se iba el día de la miliciana de Sevilla. Entonces, unos pies femeninos, todo lo que aquellos pies implicaban, me habían traumatizado, bloqueado sexualmente, puede decirse que eran el símbolo de mi impotencia, de aquello que existía para los demás pero a mí me estaba vetado para siempre. Y ahora, de pronto, así, de forma tan inesperada... No quería hacerme falsas ilusiones y mientras el soldado seguía a lo suyo, hablando sin parar, me esforcé por recordar los pies de Sevilla en todo su horror. Pero fue inútil, maravillosamente inútil: por mucho que me empeñara, seguía fascinado por estos otros pies, los nuevos, los mágicos, a los que el rayo de luz me había guiado como si fuera cosa del destino. Tal vez, si el soldado hubiera tardado un segundo más en entrar, yo habría tenido tiempo de examinar con detenimiento el objeto de mi adoración, y entonces, como pasa con todo en esta vida, me hubiese desengañado. Pero como el flash había sido eso, un flash, me quedé fascinado y ansioso de volver a abrir la puerta del armario. Tenía que ver de nuevo a la desconocida a cualquier precio. Por supuesto, no hice el menor análisis racional del asunto, ni falta que me hacía: era como un niño, la primera vez que siente atracción por el cuerpo de las mujeres. Agradecí la información al soldado y salí con él, tan contento que recuerdo que, en efecto, le palmeé la espalda. Y cerré la puerta por fuera. No quería que «la peligrosa guerrillera» volase. Imagínate: si llego a volver y veo que la mujer del armario ha desaparecido, habría pensado en una alucinación. Me habría vuelto loco, lo mismo me hago asesino en serie –bromeó Aurelio; Luis percibió que su padre comenzaba a relajarse. A Cristina le pasaba igual. Instintivamente, él también se relajó.

–Yo, por supuesto, no entendía por qué el hombre de la pajarita no me había delatado allí mismo. Y tampoco me paré a pensarlo, claro. Abandoné mi escondrijo para escapar, pero me topé con la puerta del despacho cerrada por fuera y descubrí que no había otra salida. Seguía atrapada, así que me armé con lo único que vi a mano, un abrecartas que cogí de la mesa, y me puse a esperar; no sé qué, pero a esperar. Al bastante rato, era ya de noche, me pareció oír algo en la calle... Me asomé a la ventana sin abrirla, apartando las cortinas con mucho cuidado. Frente a la embajada había varios camiones militares y un buen número de soldados formados. Junto a ellos, Larriguera y tu padre, frente a frente, se gritaban; aunque no podía oírlos, veía sus gestos furiosos. Aquello me dio esperanzas, tal vez el hombre de la pajarita no era uno de los cómplices de mi violador. Los invitados habían ido asomando poco a poco, y contemplaban inquietos y muy callados la discusión, que fue subiendo de tono hasta que, de pronto, Larriguera sacó su pistola, apuntó a tu padre muy de cerca, con el brazo extendido y el cañón casi pegado a su cara, y disparó. El fogonazo lo iluminó todo. Grité y me aparté de la ventana horrorizada; traté otra vez de forzar la puerta, que naturalmente continuaba cerrada. Pasado un rato me atreví a mirar de nuevo: en el jardín no se veía ya a nadie, ni militares, ni el cadáver de tu padre, ni nada. Por fin, el agotamiento me fue venciendo y me quedé dormida con el abrecartas bien sujeto, escondida otra vez en el armario. A mitad de la noche, alguien me zarandeó: me lancé sobre él con todas mis fuerzas, con el abrecartas en la mano.

–Era un abrecartas antiguo que apenas tenía filo. Menos mal; si llega a tenerlo, tu madre me habría matado allí mismo.

–¿Eras tú? ¿Y el disparo en la cara? –urgió Luis.

–Con la ventana cerrada, tu madre no lo oyó. Sólo vio el fogonazo. Pero no era un disparo, sino el flash de una cámara de fotos.

–¿Una cámara?

–Verás –continuó Aurelio–: yo estaba aterrado, tenía a Larriguera delante, furioso como nunca le había visto antes. Estaba convencido de que escondía a la prisionera y por eso no le daba permiso para soltar a sus perros en el edificio. Me habría disparado de verdad, seguro; pero el fogonazo lo sacó de la locura. Imagino que valoró la bronca que le iba a caer si mataba al embajador de España, y echó marcha atrás. Aquel fotógrafo me salvó la vida –concluyó Aurelio con gravedad, como si íntimamente estuviese dedicando un agradecimiento a su benefactor; luego, dedicando una mirada cariñosa a Cristina, adoptó un tono irónico–. Aunque de poco hubiera servido si dos horas después no le quito el abrecartas a cierta psicópata... Luchamos hasta que logré arrebatárselo, y luego me pasé toda la noche convenciéndola de que conmigo se encontraba a salvo. Menos mal, porque lo peor estaba por llegar.

–O lo mejor... –añadió Cristina con satisfacción que casi sonrojó de nuevo a Luis. Para sortear el acceso, apremió a sus padres para que le narraran los hechos posteriores.

–Esa hija de puta se va a acordar de mí en cuanto la pille –había amenazado Larriguera durante la visita que realizó a Aurelio a la mañana siguiente; no podía sospechar que Cristina le espiaba acuclillada tras la mirilla del armario–. La muy hijaputa... ¿Dónde habrá podido meterse?

–Ya estará lejos. Después de querer acuchillarme, salió corriendo –había respondido Aurelio, quitándole importancia a la supuesta fuga; y lanzó luego una deliberada socarronería–. Ayer a todo el mundo le dio por intentar liquidarme. Tu guerrillera con un abrecartas, tú a tiros...

–Venga, viejo, eso fue un mal pronto, ya conoces mi carácter –dijo Larriguera apelando de nuevo a la viril camaradería. Aurelio imaginaba que, tras reprenderle por amenazar en público al embajador español, su padre le había ordenado pedir disculpas, y a él le convenía ahora aceptarlas: amigarse con Larriguera podía ser útil para sacar a Cristina del edificio. Con una mueca cómplice, exhibió ante él un rollo de película fotográfica y mintió cínicamente:

–Claro que lo sé. Por eso he recuperado el negativo de la foto familiar que nos sacaron ayer a ti y a mí. Es mejor que no circule por ahí... Toma, agarra.

Aurelio puso en manos de Larriguera un extremo del carrete fotográfico que sacó de su bolsillo y tiró del otro con suavidad. Expuesto a la luz, el negativo fue velándose hasta convertirse en una inofensiva tira ondulada a la que Larriguera prendió fuego con el encendedor.

–Bien pensado, amigo, bien pensado... –susurró satisfecho, depositando sobre un cenicero el amasijo resultante; después caminó hacia la puerta, en posesión de nuevo de su campechana arrogancia–. Ah, y por la hijaputa no te preocupes. Para mí que está todavía dentro de la embajada, en alguna parte. Mis hombres rodean el edificio. Nadie puede salir ni entrar sin que me entere. Tarde o temprano la pillaré. Te lo jura tu amigo *Teté*.

–Y, en efecto, «mi amigo *Teté*» cumplió su promesa. Desde ese mismo momento, un camión militar se situó frente a la puerta de la embajada. Tu madre y yo sentimos terror. Ella porque, al ver a los soldados, entendió que Larriguera conocía su paradero y se proponía iniciar un sádico juego del ratón y el gato; y yo, porque tu madre decidió de inmediato intentar la fuga que, tanto si fracasaba como si no, suponía que no volvería a verla. Y ya estaba enamorado. Así de sencillo, sin remisión: había ocurrido a lo largo de la noche, a pesar de que la situación no era la más óptima. Pero su proximidad física quitaba importancia a todo lo demás. La idea de perderla me resultaba intolerable, y debió de ser esa angustia la que me dio locuacidad para convencerla de esperar hasta que los soldados descuidaran la vigilancia. Lo logré, y cada mañana lo primero que hacíamos era mirar por la ventana, suplicando con todas nuestras fuerzas una cosa.

–Pero una distinta cada uno. Yo, que los soldados hubiesen desaparecido para poder marcharme. Él, que continuasen allí para que no me pudiese ir. –Cristina miró a Aurelio; se sonrieron de una forma especial, plena, que culminaba los callados piropos mutuos previos. Luis intuyó que el propósito inicial de hacerle partícipe de los hechos había ido derivando, casi imperceptiblemente, hacia una rememoración privada y cómplice tras la que latían, en clave indescifrable para terceros, los matices de un pacto de amor que se mostraba vivo como el primer día. Les envidió, y deseó que alguien a quien pudiese corresponder le dedicase algún día a él una sonrisa similar.

–Tardaron en largarse dieciocho días, que vivimos encerrados en el despacho. En realidad, aquella convivencia tuvo cosas de película cómica, muchas veces nos hemos reído después: tras comprobar que nuestros guardianes seguían ahí, yo me encerraba en el armario, tensa y muerta de miedo. Era como mi lugar de trabajo, y en cuanto controlamos un poco la situación tu padre me fue llevando cosas: un pequeño sofá que sacó de otro despacho, un orinal, refrescos y comida... Y desde allí, para matar el tiempo, espiaba todo lo que pasaba en la sala, que era mucho porque Aurelio, para no dejarme sola, comenzó a despachar en ella. Incluso trasladó allí la celebración de dos recepciones, con su orquestina y su grupo de camareros: al son del vals, incluso descubrí algún amorío ilícito, señoras que pasaban notitas a militares vestidos de opereta, y cosas así.

–Ya te decimos, de comedia de Hollywood. Sólo faltaba por allí Cary Grant –bromeó Aurelio.

Luis comprendió que tras esa postiza referencia a detalles vistosos pero nimios se hallaba el deseo de no explicitar el momento concreto en que la relación se hizo adulta, sexual y eterna, y cooperó con sus padres cambiando de tema.

–La pena es que velarais la famosa foto... –dejó caer en tono ingenuo, a sabiendas de que la foto existía: no podía ser otra que aquella a la que su padre se había referido misteriosamente en alguna ocasión.

–¿Velarla? Parece que no conoces a tu padre... Veló otro carrete, para que Larriguera se quedara tranquilo. Quería la foto a toda costa, y buscó al fotógrafo que le había salvado. Trabajaba para una revista de sociedad y le dio el carrete muerto de miedo, no quería saber nada del asunto. Insistió en que ni siquiera era él quien había disparado la cámara. Por lo visto, en el momento álgido de la disputa un invitado le quitó la cámara y disparó el flash. Nunca averiguamos quién era, pero fuese quien fuese salvó la vida de tu padre. Y la mía. Y puestos así, también la tuya...

Cristina calló, alargó una pausa y adoptó un tono doloroso; Luis comprendió que no deseaba que la historia quedase a medias.

–Cuando Larriguera se hartó y levantó la vigilancia, lo primero que hice fue volver a mi pueblo. Aurelio me acompañó. Durante los dieciocho días de encierro lo que más me había obsesionado, lo peor de todo, había sido pensar en mis padres. Habían visto cómo los soldados me secuestraban, no sabían si estaba muerta o seguía viva, ni dónde y cómo estaría de seguir viva, que puede que fuera lo peor. Imaginarlos en esa angustia es algo que no se me ha olvidado nunca. Pero mi preocupación estaba infundada. Mis padres no habían experimentado la menor preocupación durante mi secuestro. No podían. Estaban muertos –añadió con la naturalidad casi frívola de quien al portar durante mucho tiempo un hecho monstruoso ha terminado por aprender a convivir con él–. Antes de irse del pueblo, los soldados lo habían arrasado completamente. Sólo quedaban ruinas y cadáveres abrasados. Supuse que los dos cuerpos negros y retorcidos que encontré junto a lo que había sido mi casa eran los de mis padres. Pero nunca lo he sabido con seguridad. Sólo pude suponerlo... Me vi perdida y sola, y creo que si tu padre no hubiera estado allí habría muerto. Así de sencillo.

–Pero estaba... Y ya sabes, Luis, lo convincente que soy cuando quiero.

Ahora era Aurelio quien aligeraba la situación con un toque irónico, y Luis, correspondiendo con una sonrisa desganada, dio por concluida su curiosidad: decidió que nunca trataría de conocer aquellas palabras de consuelo, ni de imaginar en qué momento decidió su madre aceptar la propuesta matrimonial del diplomático español que –como ella para él, por otra parte– había caído milagrosamente del cielo para salvarle la vida, enamorarse de ella y amarla para siempre. Conocía ahora el principio y el fin de la historia y era suficiente.

Entonces, como si hubiera sido largamente ensayado, la enfermera del turno de mañana de la clínica irrumpió en la habitación como un inesperado tornado de salud que abrió de par en par las ventanas, se horrorizó ante la caja de bombones colmada de colillas, sermoneó sobre los males del tabaco mientras acompañaba a Aurelio hasta el sofá, deshizo la cama en unos instantes para volver a hacerla en un tiempo aún menor y expulsó a Cristina y a Luis de la habitación mientras disponía sobre la mesa un medidor de tensión, un termómetro y un surtido de pastillas. El momento mágico de Luis con sus padres se había disuelto, pero un rato después, ya en casa, apenas abrieron la puerta y pisaron el vestíbulo, Cristina entró en la habitación matrimonial y regresó de inmediato con un sobre que tendió hacia su hijo. Luis lo tomó por un extremo, pero Cristina no lo soltó aún. Miró a su hijo fijamente a los ojos:

–Antes te lo hemos contado quitándole importancia, como siempre nos habíamos prometido que lo haríamos llegado el día. Pero la violación de Larriguera no fue una broma. En realidad, me hizo daño. Con el tiempo, pude llevar una vida sexual normal. Pero enseguida supimos que nunca podría tener hijos. Nuestra felicidad estaba a medias por su culpa. Toma, la única foto que guardamos de nuestro noviazgo –Cristina dejó el sobre en manos de su hijo y salió; pero a los pocos pasos se detuvo y se volvió.

–Tú fuiste nuestra victoria sobre él –dijo señalando hacia el sobre–. Cuando llegaste, volví a sentirme entera.

Y se fue. Luis tardó unos segundos en reaccionar. Luego abrió y extrajo la fotografía que a lo largo de los años miraría multitud de veces con orgullo, inquietud o rabia; pero en aquella primera ocasión –el día siguiente del 11 de septiembre de 1973: la coincidencia temporal con el golpe de estado en Chile le había permitido precisar siempre la fecha, que adquirió así brillo épico en el calendario de su vida–, la foto despertó en él una súbita y aplastante ola de amor hacia sus padres. Como homenaje a ellos, se propuso entonces que algún día la contemplaría en el lugar desde el que fue disparada.

Y ahora, casi veinte años después, se disponía por fin a cumplir su promesa.

Antes de abandonar el despacho de la embajada, echó un último vistazo a la estancia; luego cerró la puerta silenciosamente, en íntimo respeto hacia los espíritus de quienes, a pesar de las dramáticas circunstancias, fueron allí felices durante dieciocho días de 1947, y se dirigió hacia la escalera con la fotografía en la mano.

Ya en el jardín, ubicó el emplazamiento aproximado desde el que había sido disparada gracias al árbol de tronco retorcido que aparecía en el extremo derecho de la imagen; cerró los ojos, extendió y levantó el brazo hasta la altura de la vista y abrió los párpados lo más despacio que pudo; los excitados latidos del corazón le confirmaron que había sabido adornar el homenaje a sus fallecidos padres con toda la ingenua solemnidad que siempre se había propuesto.

El árbol de tronco retorcido, ajeno al paso del tiempo, era idéntico en la realidad y en la fotografía. Bajo sus ramas, se enfrentaban en la imagen de papel dos hombres jóvenes y altivos; también muy distintos entre sí: Larriguera, en uniforme militar y con expresión furiosa, sostenía la pistola a unos centímetros del rostro de Aurelio, que en mangas de camisa y con la pajarita anudada al cuello irradiaba, a pesar de la imprecisa nitidez nocturna de la fotografía en blanco y negro, la firme resolución de quien no va a renunciar a su dignidad aunque le vaya la vida en ello. El fogonazo del flash teñía la imagen con un fantasmagórico velo teatral que, paradójicamente, le daba su escalofriante autenticidad. Ferrer siempre había jugado a creer que, cuando por fin la contemplase en el jardín de la embajada de Leonito, le sería revelado algún mensaje extraordinario que los rescoldos de los espíritus de Aurelio y Cristina habrían mantenido vivo para él. Pero –como no podía ser de otra manera– el fetiche fotográfico permaneció mudo... La verdadera fotografía, Ferrer lo comprendió de repente, no era la que él sostenía, sino otra que podía captarse en ese preciso instante y en la cual un hombre patéticamente perdido en un jardín desierto buscaba en un trozo de papel inconcretas retribuciones sentimentales que él mismo era incapaz de imaginar. Pero aun así, tuvo su revelación. Dura. Seca. Veraz: «Tu padre está muerto. Tu madre está muerta. Tu mujer está muerta. Y tu hija está muerta: la has matado tú». Angustiado por la contundencia de la voz interior, comprendió que había ido a Leonito en busca de su propia muerte. Y supo que iba a encontrarla. Se apoyó en el tronco del árbol retorcido y palpó en el bolsillo la carta destinada a Marisol, tranquilizándose por el contacto con el sobre: no le importaba morir si, a cambio, se conocía la verdad que había destruido su vida. Es más, deseaba morir para que esa verdad se conociese. El deseo de morir era el único patrimonio legítimo que le quedaba, y retrasar su resolución final era una traición al recuerdo de Pilar y un sufrimiento innecesario.

De pronto, le urgió la necesidad de acelerar su entrevista con el misterioso líder indio. Tal vez ése era el camino que había elegido la muerte para esperarle.

Subió al coche y arrancó, satisfecho de comprobar por el retrovisor que el coche negro iba tras él; no intentó aproximarse ni adelantarlo, pero tampoco disimular que le seguía.

Atravesó la verja de entrada y la explanada frontal del hotel, y aparcó frente a la puerta; el coche negro se detuvo junto a la verja, tras cruzarla, y pareció dispuesto a esperar. Ferrer sopesó la posibilidad de aproximarse para precipitar los acontecimientos, pero la norma elemental de no mostrar impaciencia al contrincante se impuso sobre su impaciencia. Tranquilamente, entró al hotel y se dirigió hacia el bar del otro extremo del vestíbulo; a esa hora estaba desierto y silencioso, impregnado de serenidad por la luz caribeña del mediodía: un buen lugar para ser disfrutado por alguien despreocupado y feliz, pensó mientras ocupaba una mesa junto al gran ventanal, desde donde podía observar al coche negro. En ese momento, el director del hotel, reclinado junto a una de sus ventanillas laterales, hablaba con sus ocupantes.

–Señor… Eh, señor Ferrer. ¿Le importa?

Ferrer volvió la vista; una mulata joven y guapa, muy sonriente, con un sencillo vestido blanco con el nombre del hotel bordado sobre el bolsillo a la altura del pecho, sostenía ante él una cámara polaroid. Ferrer se encogió de hombros y la joven lo interpretó como una autorización. Disparó la cámara. Ferrer parpadeó, sobresaltado por el flash.

–Gracias, señor. Es para mi colección de famosos y famosas –comenzó a explicar la mulata–. La quiero completar antes de irme para el norte. Me voy a casar muy prontito, la semana que viene viajo para conocer a mi novio. Supo de mí por agencia, ¿sabe? Vio mi foto y se enamoró. Vive en el norte, no sé si lo dije. Con un bebito. Divorciado, el pobre. ¿Y sabe qué? Muy muy rico, de lo más millonario que hay por acá... ¿Quiere tomar algo? Mi nombre es Lili, soy la encargada del bar.

–Ahora no, gracias –respondió Ferrer, aturdido por la masiva información; Lili regresó discretamente tras la barra. El director del hotel entró al vestíbulo y se dirigió hacia él.

–Señor Ferrer –dijo–. El ocupante del coche negro que aguarda ahí afuera me comenta que desea entrevistarse con usted.

–¿Se lo ha dicho así, por las buenas? ¿Entrevistarse conmigo? ¿Ahora mismo? Bueno, pues perfecto, cuanto antes mejor.

–¿Le digo entonces que venga?

–Si hace el favor...

El director asintió y fue de nuevo hacia la salida. Una vez la hubo franqueado, Ferrer clavó la mirada en la puerta del vestíbulo, que desde su posición sólo podía ver de lado. ¿Qué aspecto tendría el Enemigo Público Número Uno de Leonito? O más lógicamente, y considerando el celo lógico que observaría respecto a su seguridad, ¿a quién habría mandado en su nombre? Ferrer se revolvió nervioso cuando vio asomar de nuevo al director del hotel; extrañamente, se demoraba en mantener la puerta abierta para alguien que, por su tardanza en aparecer, debía moverse con torpeza. Todas sus expectativas se desbarataron al ver por fin el aspecto del visitante, un anciano europeo de aspecto venerable en el que creyó reconocer algunos de los rasgos del Marlon Brando gordo y envejecido al que unas semanas atrás había podido ver de cerca, entre focos y técnicos, en su visita al plató de la película sobre Cristóbal

Colón que se rodaba por esas fechas. El anciano era igual de lento en sus movimientos, pero también igual de solemne e impresionante en la seguridad que lo animaba. Vestía pantalón ancho de lino blanco y alegre camisa floreada que chocaba abiertamente con su grave mirada de ojos indagadores y francos. Fue esa mirada la que permitió a Ferrer reconocer al hombre; se puso en pie, repitiéndose que lo que estaba viendo era imposible.

El anciano avanzó ayudándose de un bastón; en la otra mano portaba una carpeta. El director del hotel caminaba acompasando su paso al de él, y se encargó de hacer las presentaciones cuando llegaron junto a Ferrer.

–Caballeros, permítanme... Luis Ferrer... Jean Laventier.

Ferrer permaneció callado y boquiabierto, pasmado como un niño tímido ante su ídolo deportivo. La primera impresión no le había engañado: ¡el anciano era efectivamente Jean Laventier!

–¿Jean Laventier? ¿El... el verdadero? –preguntó con imprevista torpeza.

–No es un nombre tan raro –sonrió el francés, hablando español con suave acento francés–, imagino que habrá muchos otros. Depende de a quién se refiera con eso de el «verdadero».

–Me refiero al psiquiatra y humanista, al investigador de la mente humana y sus mecanismos, al candidato permanente al premio Nobel de la Paz... Mejor dicho, al hombre que ha hecho presión para que se rechace su propia candidatura al Nobel.

La referencia a la distinción sueca agrió casi imperceptiblemente el fondo de la mirada de Laventier. Con una señal amable, pidió al director del hotel que los dejara solos y ocupó un asiento ante la mesa de Ferrer, que se sentó frente a él.

–Dígame –quiso saber Laventier–, ¿habla usted francés?

–Sí… –acertó a contestar Ferrer; acrecentó su confusión el inesperado fogonazo del flash de Lili, que informada por el director de la personalidad del recién llegado acababa de incrementar su colección de fotografías de famosos–. Pero…

–¿Correctamente?

–Tout ce que vous pouvez imaginer. Mon père était bilingue, et il voulait que moi aussi je le fuisse. Donc, si vous le voulez bien nous pouvons continuer en français…

–No –rechazó Laventier con un gesto–. Nada de hablar francés. Necesito expresarme en español con precisión, y utilizar mi idioma me desconcentraría. Se lo agradezco, pero no. ¿Y leer? ¿Lee francés?

–Ya le digo, como el español.

Laventier suspiró aliviado.

–¡Gracias a Dios! Por supuesto, es lo que imaginaba. Siendo hijo de diplomático… Pero de pronto, antes, en el coche, he caído en la cuenta de que no estaba seguro… Habría sido un error imperdonable por mi parte. Nos hubiera hecho perder mucho tiempo.

–¿Tiempo? –aproximó Ferrer su cabeza a la del francés e, instintivamente, bajó la voz–. ¿Para qué?

Como si el tono confidencial hiciera innecesarios otros protocolos, Laventier abrió la carpeta que traía consigo y extrajo de ella un manuscrito.

–Para que lea usted esto. Está en francés, y de ahí mi inquietud ante su posible desconocimiento del idioma.

Ferrer alargó la mano, pero Laventier, con un gesto, le pidió paciencia. La inesperada situación trastocaba el esquema: era Laventier, y no Leónidas, quien le había seguido. Pero ¿para qué? No sabía si sentirse contento o contrariado, inquieto o relajado. Era una de esas veces en que ni siquiera a través de su desenvoltura profesional vislumbró un natural encauzamiento de la conversación. Literalmente, no sabía qué palabra debía decir a continuación. Pero Laventier lo hizo por él. Sin concesiones y directo al grano.

–Me precio de conocer bien a las personas, y con usted me he llevado una decepción, créame. Esperaba, a lo largo de esta mañana, haberle visto encaminarse hacia el hospicio. Dígame, ¿por qué no ha ido?

Ferrer lo miró perplejo.

–¿Perdone? –acertó a decir.

–El hospicio donde usted y su hermano crecieron... Discúlpeme, comprendo que mis palabras le resulten entrometidas. Pero insisto en que no tenemos tiempo, y eso me obliga a eludir determinados protocolos que, en otra situación, asumiría complacido. Permita que me explique. Hace ya dos años acometí una tarea que ha acabado por traerme hasta la circunstancia presente: estar sentado en este momento y en este lugar frente a usted. Debe saber que conozco su biografía, y por eso di por supuesto que iba a dedicar unos momentos a visitar el lugar del cual salió a la vida hace tantos años...

–¿Quiere decir que me ha seguido?

–No, no imagine nada parecido. Tan sólo leí en la prensa las notas que se le dedicaban con motivo de su visita a Leonito. Me interesaron e indagué un poco más, eso es todo. Amigo mío, debo reconocerlo: pensé que alguna clase de providencia le traía hasta mí. Una providencia de la que aún ignoro, dicho sea de paso, si es divina o diabólica... Pero permita que no adelante acontecimientos... Podría contarle mi historia desde el principio, pero es más justo y preciso, más riguroso, pedirle a usted que haga el esfuerzo de leerla.

Laventier dio dos golpecitos con la palma de la mano derecha sobre el manuscrito y lo depositó sobre la mesita situada entre ambos, acercándola con sus dedos hacia Ferrer, que no lo recogió ni lo giró hacia sí, prefiriendo exteriorizar cautelosa indiferencia en vez de la curiosidad que comenzaba a sentir.

–Le suplico que lo haga con toda la atención de que sea capaz, aunque me consta que muy pronto su interés estará enteramente captado. Por desgracia será así, se lo aseguro.

Ferrer giró el cuaderno. En la portada sólo había cinco palabras mecanografiadas en la esquina inferior derecha: El Niño de los coroneles.

–Naturalmente –prosiguió el francés–, no es un texto que haya escrito a la ligera, llevo mucho tiempo preparándolo. En realidad, pensaba dar a conocer su contenido de otra manera, públicamente, después de solucionar ciertas... formalidades. Pero su llegada, que más que una asombrosa casualidad ha sido una revelación, me indicó que debo entregarle a usted y sólo a usted este... tal vez legado sea la palabra adecuada. Así que en estos días me he dedicado a retocar el texto sabiendo que lo iba a leer y... Sí, ya sé que no es el mejor momento para pedírselo, conozco los asuntos que ocupan su tiempo. Pero debe prometerme que lo leerá... Le aseguro que esto es infinitamente más importante que la entrevista a cualquier caudillo indio, por muy difícil de encontrar que éste sea....

–No sé, comprenderá que me sienta... extrañado.

–Se lo ruego. ¡Léalo! –Laventier adelantó su cuerpo y clavó en Ferrer una mirada repentinamente teñida de crispación. Ferrer suspiró y bebió un sorbo de su copa mientras barajaba en la mente excusas convincentes y a la vez corteses que le permitieran eludir el misterioso compromiso. Pero a la vez, ¿cómo podía pensar en eludirlo?, se recriminó. ¡Se lo estaba pidiendo una de las personalidades del siglo! Ojeó el manuscrito esforzándose por mostrar indiferencia; distraídamente, leyó la primera línea.

> «Savez-vous pourquoi les hommes bons sont capables de tuer, M. Ferrer?»

»¿Sabe usted por qué matan los hombres buenos, Sr. Ferrer?», tradujo instintivamente... La frase le aceleró el ritmo cardíaco, como si estuviese escrita por un inquisidor clandestino que hubiera logrado introducirse en su mente para espiar a placer sus miedos y angustias. Aunque formulada con otras palabras, ésa era una de las innumerables preguntas que le atormentaban desde la muerte de Pilar; también una de las pocas para las que tenía respuesta: sí, él –que se consideraba un hombre bueno– sabía muy bien por qué matan los hombres buenos. Pero esa seguridad no impidió que le invadiese el miedo: ¿era posible que Laventier supiese que había matado a Pilar? La respuesta parecía ser: no, no podía saberlo.

Pero ¿y si lo sabía?

Levantó la vista hacia el francés para tratar de averiguarlo, consciente de que alguna muestra exterior de rubor o azoramiento habría delatado inconcretamente su excitación. Pero el sorprendido fue él: Laventier también le miraba con excitación, con apremio, con súplica sincera. Fue de pronto evidente que toda su imponente presencia física, todo lo que Ferrer conocía y admiraba de él, toda su carrera y su éxito carecían ahora de importancia: Laventier, en esos momentos, era tan sólo el desdichado portador de una tragedia personal grandiosa que necesitaba compartir con alguien. Concretamente, con él. Ferrer se conmovió sin saber por qué.

–De acuerdo –prometió; y era sincero–. Lo leeré.

El alivio pareció rejuvenecer el rostro del francés.

–Gracias –visiblemente emocionado, apretó las manos de Ferrer entre las suyas–. Muchas gracias. Esto, aunque no pueda creerlo ni entenderlo en este momento, une para siempre nuestros destinos.

El tono de Laventier era grave pero de ninguna manera ridículo: si Ferrer hubiese observado la escena desde fuera, o se la hubiese contado un tercero, habría expresado dudas sobre la seriedad del francés; pero teniendo a éste delante tal posibilidad resultaba frívola e incluso ofensiva. Laventier sacó una tarjeta de visita, la de otro hotel de la ciudad, y apuntó en ella el número de su habitación.

–Aquí es donde me hospedo. Cuando llegué a Leonito puse buen cuidado en ocultarme, pero pronto se reveló una cautela inútil... Disculpe, le estoy inquietando innecesariamente. Llámeme en cuanto lea el manuscrito, volveremos a reunirnos entonces. Ahora debo dejarle –añadió poniéndose en pie con ayuda del bastón–. Tengo una cita muy importante. Un cita de la que deseo dejarle constancia.

–Usted dirá... –Ferrer caminaba a su lado hacia la puerta del hotel.

–Ahora estoy citado... tras cincuenta años sin vernos... con Victor Lars –dijo Laventier, súbitamente ensimismado.

–¿Se supone que debo conocerlo?

Laventier inspiró con grave profundidad.

–No. Aún no conoce usted a Lars. Pero pronto lo conocerá, para desgracia suya. Es el autor de buena parte del manuscrito. El resto lo he escrito yo. –Laventier calló y alargó una pausa; luego levantó la vista hacia Ferrer–. Se dispone usted a visitar el infierno, amigo mío. Nunca me perdonaré haber sido yo quien le abra esta puerta. Se lo juro por...

Dudó como si no hubiera en su vida nada lo suficientemente importante para avalar un juramento. O tal vez, pensó Ferrer, lo hubo alguna vez, mucho tiempo atrás... En cualquier caso, el francés no terminó la frase: estrechó de nuevo la mano de Ferrer y salió. El coche negro le aguardaba junto a la puerta; arrancó apenas Laventier montó en él. Ferrer, perplejo, contempló cómo se alejaba y trató de ordenar la información que había recibido de Laventier... El manuscrito y la tarjeta de visita implicaban intenciones solemnes, presentimientos turbios e invitaciones al infierno... Y también una tragedia no por desconocida menos evidente: la que se adivinaba en el rostro de Jean Laventier, el hombre que había rechazado el premio Nobel de la Paz por razones que –Ferrer lo intuyó de pronto– se hallaban en el escrito que sostenía entre las manos.

Capítulo Tres

UN CABALLERO FRANCÉS...

¿Sabe usted por qué matan los hombres buenos, señor Ferrer? ¿Alguna vez lo ha sospechado, imaginado, vislumbrado en las personas cuyo trato ha frecuentado o en aquellos a los que profesionalmente ha realizado entrevistas? Yo, por desgracia, conozco bien la respuesta a esas preguntas, pues considerándome un hombre bueno –e incluso habiendo consagrado mi vida a la defensa de la bondad como razón principal y objetivo último de la existencia humana–, vi crecer dentro de mí, en un fatídico momento, el odio irracional que me llevó a planear la intriga criminal a la que estoy ahora dedicado. Pero no es ésa –no es sólo ésa– la razón por la cual le envío este puñado de folios. Créame, aunque inicialmente le parezca absurdo, que usted es el único destinatario posible de su contenido, pues su vida –al igual que la mía, al igual que la de quién sabe cuántos más, entre quienes sin duda se halla el desdichado Niño de los coroneles–, ha sido sin que usted lo sospeche marcada brutalmente por la existencia de Victor Lars, el hombre más feroz, inteligente y, por desgracia, seductor de todos los que he conocido, y tal vez de todos los que han poblado la Tierra. Le ruego que no abrigue inmediatos recelos sobre mi seriedad o cordura ante el melodramatismo de esta afirmación y me preste atención, aunque sólo sea por cortesía hacia las referencias que sin duda tiene usted de mi trabajo y persona. Le pido también disculpas por los aspectos de mi biografía que a continuación le narro, y que prometo exponer con la mayor brevedad que pueda: su conocimiento es imprescindible para la comprensión de los hechos que, por desventura, tanto nos interesan a usted y a mí.

Me llamo Jean Laventier, y nací en 1912 en Barrême, pequeña ciudad del sureste francés, en el seno de una familia dedicada desde generaciones atrás al negocio del vino. Tengo por tanto ochenta años, de los cuales he dedicado a la Psiquiatría más de sesenta, pues si bien no comencé mis estudios en París hasta 1932, no me añado ni resto méritos al afirmar que desde algún tiempo antes, ya cuando mi padre se empeñaba en enseñármelo todo sobre el negocio familiar y los compañeros de colegio comenzaban, como se suponía debía hacer yo, a interesarse por el sexo y los problemas prácticos de la vida, ocupaba la actividad de mis días una fascinación tan inexplicable como férrea por aquello que ahora mis colegas y yo llamamos «motivaciones del ser humano». ¿Quién tuvo la culpa de esa tendencia que amigos y clientes de confianza de mi padre, además de algún educador de miras estrechas, definieron como «deformación anormal»? ¿Mi madre, cariñosa y frágil de salud, cuando, sentados en el porche de la casa mientras caía la tarde, me relataba las novelas que marcaron su juventud, poniendo buen esmero en aclararme que D'Artagnan no era sólo el héroe fabuloso ni Quasimodo sólo el monstruo despreciable y despertando así en mí la obsesiva convicción de que tras cada hombre siempre se esconde otro u otros? ¿Mi autoritario padre, seco y distante siempre a la hora de la comida familiar, repugnante en su semiclandestina lascivia con las mujeres del pueblo y riguroso, casi malvado en la relación con sus empleados –normalmente, además, maridos o hermanos de esas mujeres–, y sin embargo, y contradiciendo ese rudo carácter que a mí me hacía rehuir y temer su presencia, desvalido y hundido, profundamente emocionado el día que murió mi madre y él, inesperadamente, me sorprendió explicándome mientras atardecía entre los viñedos que los campos que nos rodeaban estaban vivos y lo estarían siempre, mucho tiempo después de que él y yo mismo muriésemos, transmitiéndome en ese momento un desasosiego vital que desde entonces jamás me ha abandonado? ¿O fue la tragedia de Fabien? Fabien era un empleado de mi padre, un hombre que siempre había vivido en la naturaleza y que no hacía otra cosa que trabajar en los campos y compartir sus momentos de ocio con los muchos amigos que tenía, pues era un individuo alegre y sencillo, muy querido por todos. Un día avisaron a mi padre con carácter de urgencia. Quise acompañarle hasta la casa donde Fabien había vivido solo toda su vida, y allí descubrimos que se había ahorcado en su habitación. Nadie imaginó nunca la razón del suicidio, y con el tiempo su recuerdo se fue diluyendo entre la gente del pueblo, pero en mi mente infantil se grabó a fuego la imagen de su corpachón balanceándose silenciosamente al extremo de la soga que pendía del techo, y siempre pensé que aquella traumática y enigmática estampa fue, con el paso de los años, concluyente para reafirmar mi incipiente vocación y decidirme por fin a plantear a mi padre el irrevocable deseo de estudiar la carrera de Medicina en su rama de Psiquiatría. Y así, tras una pugna entre su obsesión por obligarme a perpetuar el negocio familiar y mi firme resolución, llegué a París al amanecer del 9 de julio de 1932.

De las ciudades hermosas, como de las personas amadas, albergamos siempre la osada convicción de que tan sólo nosotros conocemos determinado aspecto de su personalidad, como si ese secreto tesoro hubiera estado aguardando nuestra llegada para revelarse. Esa mañana, apenas deposité el equipaje en la pensión elegida al azar como residencia, corrí literalmente por París, aunque debería decir mejor que volé, si atiendo a la vertiginosa euforia de mis recuerdos. La ciudad era mía, y me entregaba el regalo de bienvenida de la inmortalidad, que sentí de pronto galopar por mis venas. Puede parecerle ridículo, pero sigo creyendo hoy que la soleada luz de aquella mañana estuvo reservada en exclusiva para mí por alguna suerte de dioses. ¡Tal era el color dorado del aire, tal la vibrante belleza de cada rincón, de cada sonido y cada silencio, de cada mujer, de cada olor y cada color, tal la violencia con que latía mi corazón y el torrente de vida con que el aire inundaba mis pulmones! ¡Tal mi ilusión juvenil de adentrarme por fin en el mundo tantas veces soñado! Sí, el momento más hermoso de mi vida... así lo decidí solemnemente cuando, saciado de felicidad, me detuve a recuperar el aliento en uno de los puentes sobre el Sena. Instantes antes, me había extasiado ante la fachada de Notre-Dame, más impresionante aún por la ausencia de visitantes a tan temprana hora, y luego la había rebasado, avanzando por la orilla del río sin volver la vista atrás, retrasando a propósito el momento, elogiado por mi difunta madre hasta la mitificación, de situarme en el centro de alguno de los puentes, girarme y disfrutar del hermoso espectáculo que desde ese punto ofrecía la parte trasera de la catedral. Por fin, cuando supuse que había avanzado bastante, me adentré en el puente que allí cruzaba el río y, situado en su centro, me dispuse a volver la vista atrás. Una emoción profunda me invadió al dedicar a mi madre aquel instante.

Ferrer abandonó por un momento la lectura. La imagen del joven Laventier ingenuamente eufórico frente a Notre-Dame le simpatizó y le llevó a evocar su propia primera visita a la catedral del Sena.

En la primavera de 1975, Bego y él decidieron invertir una inesperada entrada de dinero viajando durante tres días a París, ciudad que ninguno de los dos conocía aún. Decidida a demostrar a sus amigos y al resto del mundo que la ciudad puede conocerse en su totalidad en ese corto tiempo, Bego elaboró un completísimo recorrido turístico que ejecutaron con tesón maratoniano. Al amanecer del tercer día, tras apenas cuatro horas de sueño, el despertador les recordó que había llegado el turno de Notre-Dame, que según Bego era preciso visitar antes de la irrupción del habitual aluvión de turistas. Somnolientos como quien se dispone a emprender un penoso deber, él sugirió rifar quién abandonaba primero la sensual tibieza de las sábanas, y en la improvisada elaboración de las reglas del juego hallaron alicientes eróticos que resultaron inaplazables. Cuando llegaron a Notre-Dame, la plaza de la catedral estaba ya atestada de visitantes, y renunciaron a la visita. Poco después, en Madrid, supieron que Bego estaba embarazada. En tono jocoso, ambos alimentaron durante mucho tiempo la leyenda familiar de que Pilar fue concebida en París, durante aquel momento del amanecer en que ellos debían de haber visitado el entorno desierto de la catedral... Ferrer se inquietó: el discurso del francés le había llevado por segunda vez a pensar en su hija.

> ¿He dicho ya que era una temprana hora de un día de verano? Sí, recuerdo como si fuera ahora que la placidez era absoluta: costaba descubrir un atisbo de movimiento en el agua del Sena, y en las calles no se veía un alma. ¿Se trataba de un momento mágico, creado efectivamente para mí por París? Excitado, me atreví a creerlo así cuando comprobé que tampoco en las ventanas se apre-

ciaban signos humanos; traté de captar algún ruido, pero el silencio seguía siendo absoluto. Temeroso de romper el hechizo, no me moví, no respiré; comencé a girarme muy despacio, consciente de la presencia de la catedral a mi espalda y con el recuerdo de mi madre en el corazón. Sin embargo, un inesperado intruso irrumpió en mi sencilla puesta en escena, desbaratándola: adosada a una de las columnas centrales de piedra del Puente de la Tournelle –pues de él se trataba–, una placa conmemoraba el día en que fue abierto a la circulación: el 9 de julio de 1928. Me estremecí: ¡también nueve de julio! ¿Qué extraño mensaje entrañaba la coincidencia de fecha entre la inauguración del puente, cuatro años antes, y mi llegada a París? No hace falta decir que mi entusiasmo juvenil adjudicó a tal casualidad tintes místicos o legendarios: ahora se evidenciaba que era yo alguna clase de elegido. Fascinado y orgulloso, eufórico y feliz, imaginándome el centro del mundo, sentí que debía agradecer tan alto honor formulando algún juramento cuando menos homérico: no podía corresponder a París con una medianía. Y entonces, al girarme por fin, vi la catedral: un impacto de emoción me embargó. Sobrecogido, interpreté que Notre-Dame, con sus mil años de grandiosidad, se ofrecía como testigo de mi solemne promesa, fuese cual fuese ésta. Sabiendo que no podía defraudarla, juré que no tendría que arrepentirse de la confianza depositada en mí: algún día, mi trabajo y mi decisión me llevarían a culminar una tarea digna de la catedral que me apadrinaba. Algún día, juré con el corazón en la mano, haría algo realmente importante por el ser humano. Sentí que el espíritu de mi madre se conmovía en alguna parte, y casi lloré de felicidad por la épica de mi decisión... ¡Qué recuerdos despierta en mí la ingenuidad de aquellos sentimientos! Sé que su exposición ante un adulto puede resultar ridícula, pero deseo ser sincero –o tal vez lo necesito–, y sólo pido a quien esto lea que, antes de emitir cualquier juicio negativo, rastree en la huella que hayan dejado en él los primeros sueños juveniles... Notre-Dame me miraba, pensé ingenuamente entonces. Notre Dame me miraba, quiero pensar a pesar de todo ahora, cuando no soy sino un viejo envidioso de aquel joven lleno de ilusión que hace sesenta años abandonó la orilla del Sena dispuesto a ganar todas las guerras contra el mundo, íntimamente convencido de portar un honor depositado por los dioses sobre sus hombros. ¡Qué larga e inabarcable, qué eterna, le pareció en ese instante la vida! ¡Y qué ridículamente corta me resulta ahora, al volver la vista atrás!

Sí, siempre he considerado aquel momento el supremo, el más feliz de mi existencia, aunque desde los últimos acontecimientos ensombrece su recuerdo la circunstancia de que allí, en mi puente –siempre lo llamé así, osadamente ajeno al hecho de que su construcción esté dedicada nada menos que a la patrona de París–, al que muchos domingos a primerísima hora acudía con la esperanza de disfrutar de nuevo del silencio mágico que también imaginaba sólo mío, conocí a otro joven visitante habitual del lugar, fascinado como yo por él, que resultaría haber elegido también –¡en los meses siguientes, cuántos indicios de predestinación a la amistad eterna hallaríamos en esa casualidad!– la rama de Psiquiatría. Era Victor Lars.

Mi introvertido carácter se sintió de inmediato fascinado por él. ¿Qué decir sin correr el riesgo de parecer un sumiso e incluso ridículo enamorado? Tanto tiempo soñando con mi primera aproximación al estudio de la mente humana y él parecía saberlo o intuirlo todo sobre la materia, hasta ese punto era atrevida la apasionada y apasionante exposición de sus teorías. Aunque de escasa estatura, era apuesto y yo diría que verdaderamente guapo, matizado su atractivo por la profundidad e inteligencia de unos ojos negros que te atravesaban. No era rico, aunque sí ambicioso en extremo, y nuestra relación se basó al principio en el hecho de que la generosa asignación mensual de mi padre podía costear aventuras que mi amigo no podía permitirse pero sí proponer y dirigir. Con él vomité mi primera borrachera y besé a la primera mujer; con él, así lo pensé entonces, conocí el júbilo de la verdadera amistad. Compartíamos casi todo nuestro tiempo y, excepción hecha de los momentos dedicados a las juergas que yo pagaba, hablábamos continuamente de nuestra pasión común por la mente humana. Pero mientras a mí me excitaba profundizar con gravedad en el bien que la Psiquiatría podría hacer a personas enfermas, él se mostraba perplejo y divertido ante las inimaginables imbecilidades, éstas eran sus palabras, que un idiota adecuadamente engañado era capaz de cometer. Tal diferencia de percepción era la causa de nuestras únicas discusiones, siempre intrascendentes porque enseguida las disolvía alguna perspectiva lúdica que compartir. Ambos volvíamos entonces a ser los de siempre: Lars, inmune a los desánimos, líder de las iniciativas y poseedor de todos los secretos; yo, su hechizado y fiel escudero.

Habría pasado algo más de un año desde que nos conocimos cuando entró Florence en nuestras vidas. No exagero al afirmar que, ante su irrupción, París perdió brillo y pasó a ser el mero telón de fondo para las evoluciones de su deslumbrante personalidad. Me enamoré en el preciso instante en que la vi, ejerciendo las funciones de improvisada anfitriona en la entrada del cinematógrafo al que una noche Lars y yo acudimos atraídos por la fama escandalosa del film *Un perro andaluz*, que allí se proyectaba.

Aquella noche, tras la proyección, logramos sumarnos al grupo de bulliciosos exégetas de Buñuel que Florence capitaneaba. Lars y ella conectaron de inmediato, y dedicaron el resto de la noche a piropearse con brillantez y ambigüedad tales que nadie de los presentes, y yo menos que nadie, dudó que en los días siguientes se consolidaría el idilio. Sin embargo, no me conformé esta vez con el papel habitual de comparsa: estaba decidido a conseguir a Florence, a pugnar al menos por ella. Aunque no era fácil: verlos juntos era descorazonador y a la vez irresistible, se comprendía la admiración que despertaban a su paso: fascinantes, seductores, hermosos y osados, parecían reencarnaciones míticas o carismáticos mensajeros de un futuro que se presentía inmediato y resultaba inconcebible sin las consignas de bohemia modernidad que ambos pregonaban. Ella, musa de cineastas de vanguardia y heredera millonaria, acababa de regresar de un viaje a la India y se disponía a iniciar otro, de resonancias no menos legendarias, a las fuentes del Nilo, expediciones aventureras de halo misterioso y casi mágico que Lars vampirizaba hábilmente, casi hasta el punto de hacerlas pasar por experiencias propias; desde el primer momento, mi amigo buscó en la permanente explosión de vitalidad de Florence la plataforma idónea desde la que epatar a los demás, y tuvo la inmensa suerte de que ella, siempre ansiosa de notoriedad en fiestas y reuniones extravagantes, llevase meses buscando un, llamémoslo así, compañero de baile acorde con su valía, y decidiera distinguirle con tal honor público. Lars logró así incorporar algo de sus admirados referentes Byron y Rimbaud a un personaje, el suyo propio, con el que deslumbraba por igual a compañeros de estudios y compinches de juergas. Ante esa perspectiva, oculté con pudor y cautela mis sentimientos y llegué a sentirme afortunado por el mero hecho de respirar el mismo aire que mi amada, mísera compensación inicial que, para mi sorpresa, pronto se vio premiada por la amistad sincera, basada en sensibilidades insospechadamente paralelas, que fue surgiendo entre Florence y yo. Tal distinción me llenaba de orgullo y felicidad aun mayores porque en ese terreno sentimental Lars no lograba hacerme competencia. Bien, se decía mi orgullo entre el dolor y la euforia, él llegaría a ser el amante ocasional. Pero yo era el amigo, el amigo leal, el amigo íntimo, el amigo del alma... y lo sería para siempre. Por primera vez, Lars y yo nos enfrentamos abiertamente por los favores de Florence: sin perder la sonrisa, iniciamos uno contra el otro una feroz carrera cuya meta se presentó de golpe, inesperadamente, durante la excursión al campo que, apenas un mes después de conocer a Florence, realizamos los tres. El fin de semana fatídico del caserón de Loissy.

Propiedad de mi familia desde varias generaciones atrás, estaba situado a unos cien kilómetros de París; rodeado de terrenos en otra época ajardinados, había servido de lugar de esparcimiento veraniego a varias generaciones de los Laventier, pero ahora se encontraba deshabitado desde tiempo atrás, y sólo algún empleado de mi padre visitaba de vez en cuando sus grandes estancias vacías para comprobar que el orden del abandono continuase inalterable. Loissy seguía formando parte del patrimonio familiar tan sólo porque mi avispado padre mantenía la teoría de que esos terrenos, por su situación en relación a posibles ampliaciones de la red ferroviaria, valdrían algún día una fortuna, pero para mí tenía tanto interés como un armario lleno de ropa vieja, y jamás hacía mención a él. Un día que, por casualidad, hablé de Loissy a mis amigos, mostraron tal entusiasmo por conocerlo que les invité a pasar un fin de semana en el caserón sin luz ni agua corriente al que la imaginación de Lars enseguida supuso transitado por gemidos patéticos de almas en pena y fantasmales espíritus del mal. Durante el viaje en tren alimentamos todo tipo de tétricas visiones que, para excitación nuestra, parecieron presagiarse como posibles cuando la gran reja metálica, tras la que se recortaba la silueta del caserón contra el cielo rojizo del ocaso, chirrió sombríamente. Fascinados, mis amigos consideraron enseguida que nos encontrábamos en el decorado idóneo para una película vanguardista que Florence podría financiar y protagonizar y Lars, cómo no, escribir y dirigir, y su vehemencia creativa, que enseguida me contagiaron, halló un torrente de posibles motivos argumentales bajo las telas que cubrían los muebles de los salones, tras los apolillados aromas del gran dosel de la habitación principal, que según los anales familiares convertía en malditos todos los amores que bajo él se declaraban, o en la rotundidad dramática del pozo seco del patio, donde decidimos que indefectiblemente habría de tener lugar el desenlace del film. Nuestra calenturienta imaginación dedicó buena parte de la noche a profundizar en los matices de la película, pero tras la cena y las primeras copas la evidencia de que no éramos tres amigos, sino una mujer y dos hombres enfrentados por causa de ella, fue abriéndose paso hasta imponerse entre silencios más significativos a medida que llegaba el momento de acostarse. Quiso la suerte –los hechos demostrarían después que se trataba de la fatalidad, así de inofensivamente disfrazada, que sin que yo lo sospechase había decidido ya acompañarme durante el resto de mi vida– que alguna frase nimia propiciara una conversación sobre nuestras respectivas familias que desde el principio Lars trató de abortar con comentarios arrogantes e ironías de dudoso gusto; podía tener lógica: en alguna ocasión me había contado las múltiples desavenencias con sus padres y la consecuente ruptura definitiva en que la situación había desembocado un par de años atrás. Pero Florence, en cambio, se mostró repentinamente sincera y entristecida al relatar la muerte en accidente de sus progenitores, que con tan sólo quince años la había convertido en millonaria solitaria. Adiviné en su mirada que habría renunciado a su fortuna por echar el tiempo atrás y recuperar el derecho a la infancia feliz que le había sido arrebatada; su inesperada desvalidez me emocionó, y supe transmitirle mi solidaridad hacia sus sentimientos –y hacerlo con credibilidad que nos aproximó intangiblemente mientras Lars, obstinado en sus comentarios sangrantes, se iba quedando fuera del cada vez más estrecho círculo en el que pronto sólo cabrían dos– al narrarle mi propia historia, la muerte de mi madre y las discusiones con mi padre, mi llegada a París, mis secretos sueños de grandeza junto a Notre-Dame... Ésa, lo vi también en los ojos de Florence, fue la chispa que decidió mi victoria. Lars, acaso consciente también de ello, trató de recuperar su cetro a base de brillantez y referencias a nuestra película imaginada, pero ya era tarde para desbaratar lo irreversible: al poco, Florence y yo le dejamos solo. En la habitación nos besamos con suavidad acorde con el hilo de sensibilidad que se había tendido entre nosotros, y recuerdo que para relajar los nervios iniciales bromeé a propósito del dosel de leyenda sombría bajo el cual comenzamos a desnudarnos.

Detesto esa ostentación grosera y despreciable con que algunos hombres se jactan de las intimidades sexuales de sus amantes, pero no es ésa la razón por la que declino desvelar mi noche con Florence, sino el miedo de que, al compartir ese secreto, pudieran perder intensidad mis recuerdos, lo que de alguna manera equivaldría a olvidarlos. Baste, pues, saber que cuando despertamos felices y abrazados, con el sol del nuevo día iluminando ya el campo, nuestros labios fueron sinceros al susurrarse promesas de amor eterno. Del resto de aquel día inolvidable sólo guardo un único recuerdo ingrato: al abandonar la habitación para reunirnos con Lars no pregonamos nuestra eufórica nueva relación, pero tampoco la ocultamos, pues ambas cosas, por poco naturales, hubieran sido ridículas: no obstante, recuerdo aún mi nerviosa expectación por la reacción de mi amigo, al que tanto admiraba y quería, y cuya alegría ante mi felicidad, ante nuestra felicidad, tanto me hubiera complacido. Sin embargo, Lars fingió absurdamente no percatarse de la evidencia, lo que le abocó a una patética actuación de incontinencia verbal e irritabilidad por nimiedades del clima o del horario del tren con las que no conseguía disimular la verdadera causa, no aceptada ante nosotros, de su furia: su incapacidad de afrontar una derrota a la que sólo él –resultaba patente con su actitud– daba y había dado siempre parámetros de competitividad. Florence y yo, comprendiéndolo así, optamos por dejar pasar el día, dolidos y perplejos por el despecho amoroso que nuestro amigo se empeñó en demostrarnos. De regreso a París, tras despedirnos de él, Florence y yo nos sentimos libres para dedicar a las expresiones amorosas reprimidas a lo largo del día el resto de la noche, el resto de todas las noches siguientes... La pasión del primer día, lejos de adquirir visos de fugacidad que no hubieran sido inverosímiles, creció y se ramificó hasta el punto de asustarnos –o sea que era cierto, recuerdo que dijo ella, de pronto, una mañana... ¡Íbamos a ser así de felices siempre!–, y la fortuna de Florence permitía que París fuera nuestro: casi obscenamente, jugábamos a derrochar el dinero en el hotel más caro de la ciudad o lo regalábamos al primer borracho incrédulo que nos cruzábamos cuando la vitalidad que ambos nos contagiábamos dirigía nuestros pasos hacia los barrios bajos de París. Durante una semana vivimos aislados del mundo, a solas con nuestro amor, que sólo oscureció ocasionalmente el recuerdo del infantil despecho de Lars; por eso sentimos la mayor de las alegrías cuando, de regreso a la realidad, lo primero que hizo nuestro amigo fue recibirnos con un abrazo y pedir disculpas por su estúpido comportamiento; Florence, me dijo con sana envidia apenas nos encontramos a solas, era un sueño que me había tocado a mí y no a él, que tendría que conformarse con su amistad. Volvimos a ser el trío de siempre, aunque yo me sentía aún más feliz por la recuperación de mi amigo. Un amanecer, durante una de las secretas visitas solitarias que, por encima de amistades y amores, continuaba dedicando a Notre-Dame, me acodé en mi puente y, recordando las palabras de Florence, me sentí infinitamente agradecido con la vida. No era para menos: ¡iba a ser así de feliz siempre!

En esa tesitura eufórica, no me alarmé el día que Florence desapareció durante unos días. ¿Por qué habría de hacerlo si ése era su carácter y, además, pronto me entregó el cartero una misiva en la que explicaba su repentina ausencia? Esas palabras de letra menuda y a veces ilegible, que durante muchos años han sido el único recuerdo de ella que he podido acariciar, se ven ahora reducidas al lóbrego honor de alimentar el motor de mi venganza. A pesar del carácter íntimo de la posdata, la incluyo junto al resto de la carta porque interesa, y mucho, a mi narración: «Querido Jean: Me vas a matar cuando te enteres (bueno, no podrás matarme porque tú estás ahí y yo aquí, je, je...). Estoy en Roma y me voy a tener que quedar por aquí un tiempo. Gina, ya te he hablado alguna vez de ella (¿o no?, no sé, bueno, es igual, es una amiga íntima), tiene un gran problema con su marido y quiere que esté junto a ella. Yo le digo que no sé en qué la puedo ayudar, pero insiste y no tengo más remedio: una vez hizo mucho por mí. Te escribiré (hemos cogido su coche y estamos recorriendo Italia, así que no puedo darte una dirección fija). Posdata: estoy tumbada en la cama del hotel, tengo una gran terraza al lado, hace sol y calor, me acuerdo de ti, me voy a ir quitando la ropa, un te amo por cada prenda. Te amo... te amo... te amo... te amo...».

Lars, que se encontraba conmigo cuando recibí la carta –que, por respeto a mi intimidad con Florence, nunca le mostré–, alegó el carácter excéntrico e imprevisible de nuestra amiga para disculparla, y logró que no me preocupara durante una semana, casi dos. Pero a la tercera él mismo hubo de admitir su inquietud. Cada nuevo día aumentaba nuestro miedo, nuestra certeza de que algo había ocurrido. Lars, al fin y al cabo menos implicado emocionalmente, asumió la dirección de las pesquisas con una frialdad policial que le recriminé primero y agradecí luego, cuando comprendí que era el único camino efectivo. Pero nuestras únicas pistas –una carta sin remite sellada en Roma y la aguja de un nombre, Gina, en el pajar del censo italiano– se estrellaron contra la biografía aventurera de Florence, cuyo historial de viajes exóticos, lujosos domicilios provisionales y amantes de todas las razas provocaba sonrisas escépticas o paternales encogimientos de hombros en los policías a los que denunciamos la desaparición, e incluso en el detective al que contratamos para que la resolviera. La búsqueda fue tan inútil como sería ahora la pormenorización de las tristezas, dudas y miedos que atravesaron mi corazón: simplemente, los días sin noticias se acumularon en semanas y meses y éstos sumaron años. Para ser exactos, transcurrieron cincuenta y ocho años, cuatro meses y catorce días desde aquel 8 de abril de 1933 en que estaba fechada la carta hasta el 22 de agosto de 1991, el día que volví a saber de Florence.

Cuando el carácter definitivo de su ausencia fue haciéndose evidente, el mezquino instinto de supervivencia me llevó a buscar refugio en la realidad: retomé con energía mis estudios, la amistad con Lars creció, mi padre murió y me convertí en rico heredero, conocí y amé mortecinamente a otras mujeres, compré una casa en París y terminé con brillantez mi carrera, abrí un consultorio de creciente éxito y experimenté un tenue pero perceptible distanciamiento de Lars: nuestro juramento de amistad eterna se había ido debilitando con el paso de los años, pero también, y sobre todo, por mi rechazo hacia la vida cada vez más bohemia y desencaminada de todo rumbo que Lars eligió tras finalizar sus estudios. Sin embargo, no logré olvidar en esos años a Florence, aunque traicioné a veces su recuerdo, pues califico de traición el simple hecho de dar crédito, aunque fuese sólo durante un segundo, a las voces que, con injurias sobre la demostrada frivolidad de mi gran amor y su interés obviamente transitorio hacia mí, trataban de hacérmela olvidar, vulgarizar su memoria deslizando sugerencias que la situaban en cosmopolitas escenarios lejanos, convertida en aburrida esposa o alcoholizada vividora. A veces, la debilidad me hacía dar crédito a esos bulos, y en esos casos acudía al caserón de Loissy, que utilizaba como bálsamo, refugio y capilla: a solas, muchas veces apagando voluntariamente las luces, envuelto en el silencio de la noche o dejándome mecer por la audición obsesiva del vals que ella consideraba nuestro, deambulaba por las salas vacías rememorando nuestra primera noche o, insomne en la cama donde decidimos amarnos siempre, esperaba las luces del amanecer, que en ocasiones tenían la generosidad de regalarme vívidos retazos del momento, inolvidable aunque cada vez más lejano en el tiempo, en que abrí los ojos y la vi dormir junto a mí satisfecha y feliz, respirando con la cadencia serena de los bebés que nada saben del mundo y todo pueden esperarlo aún de él... Sí, sólo por esa imagen hubiera puesto la mano en el fuego: Florence se fue de mi lado contra su voluntad. Lo he creído todo este tiempo, aunque sólo ahora lo sé con certeza.

Me volví un hombre solitario e indiferente a cualquier cosa que no fuesen mis recuerdos y mi profesión, a la que me había dado por entero y que por suerte me apasionaba cada vez más, haciéndome todo lo moderadamente feliz que podía aspirar a ser. Muchos domingos, por la mañana temprano, acudía también a mi puente de la Tournelle, que seguía siendo un exclusivo refugio secreto a pesar de que, en ocasiones, despertaba en mí el recuerdo del incumplido juramento juvenil de grandeza; en tales casos, me apresuraba a continuar mi solitario camino, tras catalogar de tontería debida a la inexperiencia aquel sueño que parecía irremediablemente frustrado... Nunca, a lo largo de los años, pude sospechar que tendría una última oportunidad de cumplirlo seis décadas después de haberlo pronunciado, en un lugar perdido llamado Leonito.

Un día de mediados de 1938, la fatalidad llamó

a la puerta del gris mundo a medida que había construido a mi alrededor. Aunque, como ya he dicho, en los últimos tiempos me había distanciado casi definitivamente de Victor Lars, seguía queriéndolo como al hermano que nunca había tenido, y por eso me alteró tanto la noticia: había sido condenado a quince años de cárcel por fraude y estafa.

Aterrado, acudí de inmediato a visitarlo. Pero, para mi sorpresa, sonreía tras los barrotes como un anfitrión todopoderoso. ¡Ni siquiera en ese trance se rebajaba a mostrarse frágil, angustiado... desvalidamente humano! Se diría que para él era una cuestión de estilo exteriorizar desprecio hacia el sufrimiento que pudiera aguardarle; al menos, frente a mí: no logré desbaratar su coraza, no pude arrancarle una confidencia de miedo ni una demostración de arrepentimiento –me confesó con desparpajo, incluso acaso con algún matiz orgulloso, que las acusaciones eran ciertas: ¿por qué no podía un hombre pobre como él tomar cuanto necesitase de los mezquinos ricos de cuna?–, ni siquiera logré que aceptara un paquete de tabaco, ¡tan hermética era su torre de frío cinismo, de aislamiento! Cuando terminó nuestro tiempo, parecía que fuese él quien salía libre, mientras yo me quedaba entre aquellas cuatro paredes. Antes de irse, Lars sonrió por última vez. «Tranquilo, Jeannot –me dijo antes de salir escoltado por el guardián–. No sufras por mí. No estaré aquí mucho tiempo.»

Lars salía de mi vida, sin previo aviso y contra mi voluntad, provocándome dolor por él y por mí, convocando angustiosos fantasmas de tiempos mejores irremediablemente perdidos; el recuerdo de mi amigo enterrado en vida se reunía con el de la mujer que mi corazón no había podido olvidar para hacer aún más oscura mi existencia. Al abandonar la cárcel aquel día, sentí la soledad como un hachazo: intuí, y no me equivocaba, que venía a quedarse para siempre junto a mí. Pero además, podría haberlo considerado también el presagio de otra tormenta de muy distinta índole.

La historia afirma que los alemanes entraron en París a primera hora de la mañana del 14 de junio de 1940 pero, en lo que a mí respecta, es falso: en los días previos sentí la invasión varias veces, todas progresivamente intensas: cuando el veterano general Weygand, defensor de la ciudad, advirtió por radio a los parisinos que vivíamos «el último cuarto de hora», o cuando los aviones alemanes bombardearon París el 3 de ese mes, o cuando, justo la víspera de la ocupación, apareció la ciudad envuelta en un humo negro denso, casi tangible, que los más cabales achacamos a algún incendio o contaminación mientras, en voz baja, nos preguntábamos si no tendrían razón los que con dramatismo bíblico encontraban en ese aire negro la prueba de la tristeza de Dios o del festejo del diablo por lo que se avecinaba. Aquella mañana del 14, cerré puertas y ventanas de la consulta y del piso superior, que me servía de vivienda, y no me atreví a mirar hasta que el ruido, como si se colase por las rendijas, hizo temblar la casa y me obligó a asomarme a la calle en busca de aire fresco. Inicialmente no vi a los invasores, y fue ése el momento de mayor terror: París desierto por un instante eterno, vibrando a causa de un ruido sordo sin origen aparente. Al volver la vista hacia la calle principal me topé con una muralla de espaldas estáticas y calladas, sin duda rabiosas de impotencia, sobre las que, a cortos intervalos, pasaba veloz un cañón erguido, una ametralladora motorizada o el busto orgulloso de un oficial alemán que despreciaba mirar, o lo hacía con arrogancia, a los escasos parisinos vencidos que no habían abandonado la ciudad. Yo era uno de ellos: no tenía a dónde ir y me aterrorizaba, tal vez aún más que la llegada de los invasores, la perspectiva de un éxodo hacia ninguna parte en compañía de una multitud enloquecida. Permanecí encerrado dos días enteros; al tercero llamaron a mi puerta. ¡Qué humillante es el miedo! Aterrado por el rutinario sonido del timbre, congelé en el aire el movimiento que estaba iniciando cuando fui sorprendido y, sin atreverme a posar el pie en el suelo, me volví lentísimamente hacia la cafetera puesta sobre el fuego, suplicándole –sí, así de ridículo, lo recuerdo como si fuera hoy– que no me delatase con su borboteo. Tal vez me habría desmayado si madame Fontaine, mi enfermera, no se hubiera identificado entre susurros. Era una mujer pequeña y gruesa de sesenta años, sencilla y de escasa cultura, pero asombrosamente dotada para ese esmero cariñoso hacia el paciente que todo practicante de la medicina debe poseer, y admiraba mi carrera, mis conocimientos y mi persona hasta un punto de exceso que, cuando se traslucía en sus ingenuos comentarios privados o en sus bienintencionadas alabanzas ante los pacientes, lograba hacerme sonrojar. Fuera de lo estrictamente laboral apenas sabía nada de ella, pues desde que en su día la contraté, impresionado por sus impecables referencias profesionales, se había empeñado en levantar un muro de discreción alrededor de su persona. Ella misma afirmaba, entre risitas y expresivos encogimientos de hombros sofocados por la humildad, que carecía de biografía: era, simplemente, enfermera. Tras la invasión, resultaba mucho más verosímil imaginarla encerrada en su casa, expectante y temblorosa ante los nuevos acontecimientos –cuando no formando parte de cualquier despavorida columna de refugiados–, que aventurándose en las calles del París ocupado. Sin embargo, allí estaba, respirando con agitación, oculta a medias tras las desmesuradas gafas de concha que asemejaban su presencia a la de un búho revoltoso, aguardando las instrucciones que su idolatrado doctor Laventier tuviese a bien dictarle. Haciendo un esfuerzo por sobreponerme, conseguí transmitirle una serenidad de la que yo mismo carecía, y le sugerí que nos limitásemos a esperar. Dos semanas después, evitando meticulosamente cualquier ostentación que pudiera interpretarse como simpatía hacia los invasores, osamos abrir la consulta; lo decidí así porque, aunque carecía de sentido dadas las circunstancias de la ciudad, necesitaba la compañía de madame Fontaine tanto como ella la mía: en aquellos días estar solo resultaba insoportablemente aterrador. Día tras día, con el corazón en un puño, nos esforzamos por escenificar uno para el otro una normalidad improbable a la que la ausencia de clientes agregaba inverosimilitud. ¡Normalidad! ¿Tiene la más remota idea de lo que supone, tras años de basar tu vida en unos conocimientos, unas creencias, unas aspiraciones legítimas y nobles basadas en el respeto al ser humano, encontrarse a merced de una alimaña eufórica para la que esos sentimientos valen menos que un orgasmo o un trago de cerveza? ¡No, por lo que conozco de su biografía no lo sabe! Ni tampoco puede imaginar cómo se rebelaba mi espíritu ante el bárbaro atropello de Europa, en medio del cual yo disfrutaba del privilegio de no ser y no tener: no ser judío ni comunista, no tener propiedades golosas que confiscar ni seres queridos a los que dañar. Era uno de los afortunados a los que se permitía mirar hacia otro lado con la cabeza gacha. ¡Y aún me sentía agradecido! Porque, por mucho que en mi interior condenase a los verdugos, por mucho que mi conciencia gritara y se escandalizase mi mente, el miedo puramente físico que me dominaba era tan ilimitado que muchas veces después me he preguntado, sin osar darme respuesta, a qué simas de delación, de colaboracionismo, de traición hubiera accedido a descender si los alemanes me lo hubieran pedido. ¿Le extraña esta confesión?

Sí, Ferrer debió admitirlo: Jean Laventier tenía un notorio pasado de miembro de la Resistencia, del cual, según sus biógrafos, se habían derivado todos sus posteriores compromisos humanitarios... El instinto profesional le llevó a interrumpir la lectura para buscar en el final del manuscrito una firma que acreditase la validez periodística de la inédita confesión del francés. En la última página encontró algo que superó cualquier expectativa:

> El abajo firmante, Jean Albert Laventier Dautry, en plena posesión de sus facultades mentales, declara ser cierto todo lo que en este manuscrito se afirma, y muy particularmente el punto en el que el firmante se confiesa autor del asesinato que aquí se relata.
>
> Dado el atipismo de esta declaración, y por si alguien pudiera dudar de su validez, remito a mi testamento, en poder del notario Robert Constantine, de París, en el que queda cumplida constancia de la veracidad del manuscrito, del cual guarda el citado notario copia que a mi muerte se entregará al heredero único de mi archivo profesional y personal, señor Luis Ferrer Ferrer.
>
> En Leonito, a diez de junio del año mil novecientos noventa y dos.

Ferrer leyó dos veces el párrafo firmado de puño y letra por Laventier; el impulso inicial de llamar al francés para agradecerle el alto honor de nombrarlo su heredero –¿Cómo? ¿Por qué? ¿Para qué?– se vio desbordado por la confesión de asesinato, de la que por primera vez se hablaba abiertamente. ¿Laventier un asesino? ¿Y él su heredero? ¿Una herencia además fechada pocos días atrás? Retomó la lectura.

¿Le sorprende saber que soy un indigno cobarde, que la parte más encomiable de la biografía del gran Jean Laventier es falsa? Y sin embargo...

Una mañana irrumpieron dos soldados alemanes en mi consulta; uno de ellos, un joven de poco más de veinte años, se había cortado accidentalmente la mano y me pidió, en un francés torpe, que le atendiera la herida. Aunque ya había algo de humillante en la simple petición –mi consulta era de atención psíquica, no una enfermería de urgencias–, no era el momento de negarse: con servilismo instintivo que no pude evitar, desinfecté la herida y me dispuse a coser sobre ella un punto de sutura; así se lo advertí al soldado, pero no debió de entenderme o así lo fingió: al pincharle, respingó y me lanzó una mirada de sorpresa ofendida que traté de sedar con una disculpa cobarde: el pinchazo no podía haberle resultado más doloroso que una extracción convencional de sangre, pero a pesar de ello el soldado masculló algo a su compañero –que, indiferente, se encogió de hombros y encendió un cigarrillo frente al rótulo junto a la ventana que prohibía fumar–, esbozó una sonrisa que correspondí sin poder evitarlo y me abofeteó: una bofetada con la palma abierta, infamante y sonora como la que propina el payaso listo al payaso tonto; ruborizado, no supe qué hacer: tragué saliva, observé de reojo a madame Fontaine, que por respetuosa discreción dirigió la mirada hacia otro lado, y volví a mirar al alemán: feliz y orgulloso de su dominio de la situación, puso la mano frente a mí y me instó a proseguir; traté de controlar el temblor de colegial que me asaltó y volví a introducir la aguja; el soldado gritó de nuevo, exagerando esta vez a propósito el supuesto dolor, y con una sonrisa socarrona en los labios volvió a abofetearme. Por un instante, me asaltó la idea de que la situación se iba a prolongar por el resto de la eternidad. Madame Fontaine, acaso intuyéndolo también, se ofreció a terminar la tarea, pero el alemán la rechazó y me obligó a continuar hasta que, tras otras dos bofetadas que lograron poner en mis ojos lágrimas de rabia, pude concluir torpemente el punto de sutura y cerrar la herida. Sólo entonces se dirigieron hacia la salida; el segundo soldado ni siquiera nos había mirado. Traté de limpiar las gotas de sangre que manchaban mi bata, pero parecían dotadas de algún poder maligno, pues las frotaba y volvían a aparecer como si estuviesen previniéndome burlonamente del carácter irreversible de la vejación que acababa de sufrir. Madame Fontaine se aproximó y me aplicó una gasa sobre la nariz: en mi ofuscación, no me había dado cuenta de que la sangre no provenía de la mano del alemán, sino del rasguño que una de las bofetadas me había producido en el labio. De inmediato comenzó a atormentarme el orgullo herido; de nada servía el alivio que me ofrecía la evidencia: ¿acaso había tenido otro remedio que agachar la cabeza ante la ignominiosa agresión? ¿Quién no hubiera hecho lo mismo? La bondadosa enfermera me estaba haciendo esa pregunta cuando regresó el soldado. Sin perder la sonrisa, advirtió que volvería en los próximos días para que le cambiara el vendaje. Y añadió que entonces debería recibirlo adecuadamente vestido, con traje y corbata en vez de bata blanca. Acto seguido, se fue. Comprendí que no era un hombre malvado, sino un niño caprichoso vengándose en mí de quién sabe qué afrentas por parte del mundo de los adultos, y esa noche, como si yo también fuera un niño sometido a un poder arbitrario imposible de comprender, fui incapaz de dormir, acuciado por una angustia que, al día siguiente, cuando me preparé para acudir al trabajo, se concretó frente al espejo: yo, por comodidad y algún vestigio bohemio de mi primera juventud, había adquirido la costumbre de no llevar corbata. Era un hábito, conocido por mis pacientes y allegados, que casi se había convertido en un inocuo signo de identidad personal. Aquella mañana, tras infinitas dudas, me anudé ante el espejo la corbata oscura que guardaba para ciertas ocasiones y ajusté el nudo al cuello mimosamente, para evitar que el jovenzuelo uniformado que podía aparecer en cualquier instante interpretase como acto de rebeldía un involuntario descuido de mi aspecto. Confieso –y es la primera vez que lo hago; nadie, excepto usted ahora, conoce este detalle– que durante un segundo medité si debía lucir un alfiler sobre la corbata. El detalle no es nimio; al contrario, revela la esencia del miedo humano, su indignidad: ¿y si el soldado consideraba insuficientemente protocolaria una corbata sin alfiler?, me planteé con seriedad vergonzante; pero ¿y si entreveía alguna clase de burla hacia él en el hecho de portarlo? No se ría, Ferrer. Fue terrible ese rato en el que, para colmo, me vi obligado a contemplar mi rostro humillado y vencido. Cuando dejé el espejo atrás y bajé hacia la consulta, dolorosamente dispuesto a enfrentar la primera consecuencia de mi cobardía –la reacción de madame Fontaine–, encontré un inesperado recibimiento: la buena mujer adoptó un tono maternal para alabar mi juiciosa decisión, e incluso –el detalle me emocionó– había pedido prestada una corbata a un vecino por si mi mala cabeza me había recomendado la imprudencia de aparecer con el cuello desabotonado. Gracias a ese episodio, comencé a establecer con madame Fontaine una relación de confidencias íntimas impensable antes de la guerra. Fue por entonces cuando ella, que apenas escribía y leía lo justo para haber accedido tras mucho esfuerzo al título de enfermera, explicitó su rendida admiración por mí y por mi especialidad. Con tan rendida oyente –y animado por el hecho de que pasaban los días y las semanas y el soldado no aparecía, a pesar de lo cual acaté la cobardía de llevar corbata durante el resto de la ocupación– no tardaron en brotar en mi mente afanes de justa revancha. Era preciso enfrentarse al enemigo nazi a cualquier precio y sin miedo, razonaba yo ante la atenta enfermera. Sin duda, aquel anónimo soldado nunca imaginó que por su causa me adherí moralmente a la lucha clandestina que, según confusas noticias, se estaba organizando por toda Francia. Mi corazón y mi razón, afirmé ante la ingenuidad expectante y emocionada de madame Fontaine un día que recuerdo solemne, estaban irreversiblemente con la

Resistencia, y sólo esperaba poder demostrarlo. Sin embargo, la oportunidad de pasar a la acción se hizo esperar unos meses.

Estaría cercano el final de 1941. Me encontraba en el despacho, aprovechando la tranquilidad nocturna para revisar unas notas, cuando un ruido procedente de la consulta despertó mi atención. Extrañado más que temeroso –los nazis no necesitaban recurrir a la discreción para sus irrupciones–, salí a investigar, y descubrí en la oscuridad de la consulta a madame Fontaine: aunque inhabitualmente nerviosa, sonreía con un orgullo cuyo origen no identifiqué a primera vista; junto a ella se hallaban dos hombres de paisano tensos y ansiosos, acaso hostiles. Uno de ellos trataba de ocultar bajo la chaqueta la sangre que manchaba su camisa; el otro empuñaba un revólver. La enfermera, entre atropellos verbales, comenzó a explicar lo innecesario: era obvio que la Resistencia se encontraba en mi casa. Los latidos del corazón se aceleraron bajo mi pecho. Desde la calle, la ráfaga de un motor pasando veloz rompió el silencio tenso de nuestras miradas cruzadas. Miré por la ventana: un furgón alemán desaparecía en ese instante por la esquina y, antes de salir apresuradamente tras él, algunos soldados a pie, linterna en mano, buscaron durante unos segundos el rastro de la presa perdida que, por mediación de madame Fontaine, se encontraba en mi casa. Examiné al hombre herido percibiendo cómo la excitación pugnaba por contagiarse a mi pulso: la herida, un rasguño de bala, no era grave, y en las horas que restaban a la noche había tiempo suficiente para practicar la cura. Me sentía asustado pero pletórico. Salvar a aquel hombre iba a ser algo más que mi contundente respuesta moral al agravio del soldado alemán: representaba también mi enfrentamiento al fascismo, mi alineación con sus enemigos, mi pasaporte definitivo como ser humano digno de tal nombre. Previendo que la luz de la consulta pudiera despertar sospechas, subimos a mi casa por la escalera interior. Mientras el hombre del revólver se apostaba frente al acceso de la escalera, madame Fontaine y yo instalamos sobre la cama al herido, que, relajado al sentirse en manos amigas, se había desvanecido. La cura fue limpia y ejemplar porque la impulsaba algo más que la simple pericia técnica. Supongo que a causa de la confianza que le produjo mi decidida actuación, la enfermera, plena también de orgullo, me confesó que había traído a la consulta a los dos hombres porque colaboraba con la Resistencia a raíz del incidente con el soldado alemán. La indignación por el atropello a la ciencia y la dignidad humana que yo representaba le había resuelto a ofrecer sus servicios a unos vecinos cuya militancia había sospechado desde el principio de la ocupación; ahora, amparada en su inofensivo aspecto, hacía pequeños recados para el ejército de las sombras. Lo relató con encendidas palabras antifascistas torpemente calcadas de las mías; habría movido a risa de no ser por el peligro real que, en parte por respeto a mí, corría la leal enfermera. La miré atónito, emocionado por su valor. Animada por la admirada expresión que no pude disimular, se lanzó a planificar los pasos a seguir: habíamos curado al herido; ahora, lo acomodaríamos en la habitación de invitados hasta que se recuperase por completo; después... Sus palabras me hicieron regresar a la realidad. Interrumpí su euforia: me veo aún agarrándola por los brazos, pidiéndole en voz baja que se tranquilizara y me escuchase: el amanecer se aproximaba y el herido debía marcharse, su presencia podía ponernos en peligro, una cosa había sido salvarlo y otra arriesgarnos así... ¡No he olvidado, a pesar de las décadas transcurridas, cómo la decepción transformó el rostro de madame Fontaine! Ante la contundente elocuencia de su silencio, los razonamientos sobre nuestra seguridad y la cautela que ésta exigía fueron perdiendo fuerza en mis labios y acabaron por sonar a excusas reiteradas, inconsistentes, cobardes, inadmisiblemente contradictorias con mis hermosos discursos sobre la libertad. La mirada del rostro decepcionado fue transformándose en acusación concreta: todas mis arengas eran pura palabrería; mi mente, que comprendía, razonaba y exigía la necesidad de luchar junto a la Resistencia, se retiraba acobardada ante el terror físico que provocaban en mi cuerpo el sufrimiento y la muerte que la lucha podía conllevar. Fue un instante terrible: mis balbuceos se habían agotado y madame Fontaine continuaba obstinada en su silencio entristecido por la evidencia. Entonces despertó el herido; aprovechando la casual tregua, acudí junto a la cama. El hombre se encontraba bien y podía andar, y quería irse cuanto antes: su presencia era requerida en otro lugar, y él mismo dijo –para mi alivio frente a la enfermera– que su presencia podía comprometernos. Cuando antes del amanecer los dos hombres se fueron por fin, respiré aliviado; sin embargo, sentí durante el resto del día el mudo reproche de madame Fontaine. Al igual que tras el incidente con el soldado alemán, no hizo comentario alguno sobre mi comportamiento, pero su mutismo triste, roto apenas para dar los buenos días y las buenas noches o atender escuetamente a las cuestiones profesionales, fue una acusación que comenzó a obsesionarme; para otros tal vez habría sido fácil minimizar u olvidar la expresión pintada aquella noche en el rostro de la enfermera, algunos incluso habrían sabido neutralizar cualquier amago de remordimiento amparándose en el hecho irrefutable de que mi actuación, a la postre, había salvado al herido. Pero yo no podía engañarme: sabía –porque lo había demostrado ante la enfermera y ante mí mismo– que, en la guerra que nos había tocado vivir, me encontraba entre los cobardes que callan y dejan hacer al más fuerte.

Pasó el tiempo, un año y luego otro, sin que remitiera la opresión del remordimiento por mi actitud. La presencia de madame Fontaine era el fiscal, y afuera, en el París sojuzgado, el dominio nazi, que parecía efectivamente destinado a durar un milenio a pesar de los confusos rumores sobre victorias aliadas, se constituía en el juez que ratificaba mi condena de arrastrar a perpetuidad la cobardía que envilecía mi vida.

Un día en que todos esos sentimientos se revolvían de forma particularmente desasosegante, acudí en busca de alivio a mi capilla privada de Notre-Dame. Pero la catedral, lejos de socorrerme, se volvió un espejo desde el cual la imagen de mi propio pasado feliz me recriminó, con fuerza incontestable, la renuncia a los lejanos sueños juveniles; avergonzado por ser quien era y por no haber logrado ser quien había soñado ser, traté de restar importancia a mis frustradas aspiraciones catalogándolas de ensoñaciones adolescentes o propuestas irresponsables cabalmente rechazadas por la madurez, pero la abyecta argucia, al no lograr vencer a quién sabe qué último poso de íntima sinceridad, ensombreció aún más el reproche de Notre-Dame. A los treinta y dos años, me iba volviendo viejo y pequeño, melancólico e infeliz. Ni siquiera tenía a quién contarle mis tristezas ni, tal y como iban encaminadas las cosas, lo tendría nunca. ¿Merecía la pena adentrarse en un futuro que se presagiaba así de terminal?, parecían preguntarme las aguas revueltas del río... Entonces escuché el disparo. Instintivamente, me aferré a la barandilla del puente y busqué con la mirada: en París, por aquellos tiempos, cuando sonaba un disparo rastreabas el origen del tiroteo para alejarte en dirección contraria. Yo, al menos, así lo hacía. Pero aquel día no vi nada, lo que aumentó mi inquietud y me forzó a aguzar el oído mientras enfilé con cautelosa premura la orilla del Sena en dirección a Notre-Dame. ¡Qué grandeza de espíritu: un segundo antes coqueteaba con la idea del suicidio y ahora apretaba el paso hacia la protectora multitud anónima que caminaba frente a la catedral! Entonces dispararon de nuevo: esta vez, detrás de mí. Aunque no osé volverme, los sonidos a mi espalda dibujaron la escena: pasos apresurados aproximándose sobre el asfalto y angustiadas palabras en francés, al menos dos hombres; más allá, gritos en alemán y un motor cada vez más cercano. Y nuevos disparos: dos de pistola tan próximos que parecieron explosiones en mis oídos, y una ráfaga de ametralladora más lejana que parecía no cesar. El terror me paralizó al comprender: cuando unos segundos después pasasen a mi altura, los fugitivos contra los que disparaban los alemanes me convertirían en blanco involuntario de los disparos. Cerré los ojos: Notre-Dame fue lo último que vi, y me hizo pensar en mi madre; también, inesperadamente, distinguí el rostro dulce de Florence, su primer despertar en Loissy. Recuerdo que me sorprendió la irrupción de esa imagen ante el trance de la muerte. La ametralladora continuó disparando, el motor del coche rugió, prácticamente encima de mí. Luego el silencio y, enseguida, alguien abofeteándome: ¿el alemán de la consulta me recibía así en la eternidad del infierno? Abrí los ojos: un soldado me apremiaba para que le indicase el camino que habían emprendido entre callejuelas los fugitivos; con los ojos cerrados no había podido verlo y, entre sus gritos y golpes, traté, sin conseguirlo, de explicarle que nada podía contarle. Supongo que me habrían detenido de no ser porque el oficial ordenó al soldado que se sumara a la persecución de los patriotas, cuya pista, al parecer, habían recuperado. Me quedé solo, quieto y confuso, excitado por el terror pero también por la felicidad de seguir vivo. Unos pocos parisinos, entre ellos una niña de no más de doce años de pelo rizado que portaba un cesto con unas pocas frutas y flores, me observaban en silencio. Apremiado por sus miradas, que interpreté despectivas hacia mi actitud colaboracionista, y también por la posibilidad de que los alemanes regresasen a por mí, me alejé lo más rápidamente que pude, improvisando de camino una despedida visual de Notre-Dame, a cuyas proximidades no era prudente que me acercase en un tiempo que se adivinaba largo. ¡Hasta el santuario de mis sueños me arrebataba la vida!

Durante los días siguientes busqué, sin hallarla, cualquier referencia en la prensa a la captura o abatimiento de dos miembros de la Resistencia junto al Sena y, por supuesto, no mencioné a madame Fontaine el incidente. Nuestra vida cotidiana continuaba; utilizo el plural porque sería necio negar que a estas alturas, cumplidos casi cuatro años de ocupación, parecíamos un matrimonio mal avenido al que las circunstancias obligasen a continuar unido: ella necesitaba el sueldo y yo sus servicios, pues mis pacientes, una vez aclimatados a los nuevos amos de la ciudad, habían ido recuperando paulatinamente el ritmo de sus visitas. Aunque es obvio que no se lo pregunté, supuse que madame Fontaine continuaba trabajando para la Resistencia, lo que le daba sobre mí una posición de dominio que aprovechaba llevándose de la consulta, siempre con mi mudo consentimiento, pequeñas cantidades de medicinas o recetas que yo, porque pensaba que tal vez estaba así ganándome la redención, nunca me negaba a firmar a pesar de que cada rúbrica despertaba en mí el fantasma de la detención, la cárcel y la tortura. Sin embargo, recuperar el respeto de esa mujer era una fuerza que pesaba más en la balanza, de forma que puede justamente decirse que, durante aquellos años, la Resistencia sacó dosificado provecho al título de doctor en medicina que yo detentaba y madame Fontaine administraba.

Los meses pasaban en ese estancado entorno malsano. Casi nos habíamos resignado a él cuando de pronto, en la misma consulta, ante mis ojos, sufrió madame Fontaine un inesperado infarto. El funesto suceso me permitió, gracias a una fulminante actuación, salvar la vida de la enfermera y situarla así en una posición deudora que suavizó parcialmente mis remordimientos. Durante el mes que permaneció convaleciente en mi casa, término éste en el que insistí argumentando que sola no podía valerse, llegaron esperanzadoras noticias que ayudaron notablemente a la recuperación de la paciente: los norteamericanos habían desembarcado con éxito en Normandía y, según los más optimistas, entre los que se encontraba madame Fontaine, el fin del yugo nazi se aproximaba, y la liberación de París era cuestión de días. Exactamente, los ochenta que mediarían hasta el 25 de agosto de aquel año 1944.

Ningún análisis posterior sobre ambiguas intenciones del mando aliado, ninguna hipótesis sobre rencillas y desacuerdos entre los libertadores podrá nunca ensombrecer la memoria de aquel momento para quienes lo vivimos. Habíamos permanecido en la oscuridad y veíamos de nuevo el sol. París volvía a ser París y era de nuevo nuestro: cuando huyeron los últimos alemanes, la incontenible euforia que se adueñó de la ciudad empujó a todos sus habitantes a ocupar las calles el día del desfile del ejército de liberación. Yo llevaba años ansiando ese momento, pero a la vez lo esperaba con secreto miedo: ¿y si madame Fontaine, resultando ser uno de esos mezquinos espíritus revanchistas que ya habían alentado innobles apaleamientos y rapados de pelo por la ciudad, hacía pública mi actuación en la ya lejana noche del resistente herido? La inquietud que me atenazaba se concentró físicamente cuando la enfermera entró en la consulta aquel radiante día de la parada militar. Nos miramos en silencio, un instante de tensión sólo comparable a aquel otro en que ella y yo supimos que Jean Laventier era un cobarde. Pero madame Fontaine, con generosidad sincera que no he podido olvidar, se limitó a tenderme la mano para invitarme a disfrutar con ella de la fiesta de las calles. Aún no sé si me emocionó más la repentina liberación de mis temores o la grandeza de aquella mujer sencilla, inculta y valiente a la que interesaba la libertad y no los infames ajustes de cuentas. Aceptar su mano fue un honor que me llenó de renovado respeto al ser humano. En las calles reconocimos nuestra propia excitación en todos los rostros, en todas las lágrimas de felicidad, en todos los abrazos. Aparentemente, nada podía enturbiar el día. Sin embargo, desembocábamos entre la locura de la gente en los Campos Elíseos, vibrantes por el rugido de los carros de combate, cuando madame Fontaine me apretó la mano con una descarga de inesperada fuerza seca. Al volverme, comprendí en el acto la causa de la presión desmesurada que tensaba su pequeño cuerpo. Esta vez fueron inútiles mis intentos: el nuevo infarto la fulminó sin misericordia en medio de la fiesta con la que llevaba cuatro años soñando. Allí, entre la gente alborozada y el temblor provocado por los tanques, fui testigo de cómo el corazón de madame Fontaine, que había vencido al horror, era incapaz de resistir su finalización. Murió sin decir una palabra, sin emitir un suspiro que yo, arrodillado junto a ella, pudiese interpretar como gesto que viniese a explicitar el perdón sugerido minutos antes en la consulta. Me incorporé con ella en brazos, amagando en medio de la asfixiante euforia generalizada unos dubitativos pasos sin dirección concreta, hasta que la presencia de la muerta dejó de pasar desapercibida y, como el cuchillo al rojo en la manteca, nos fue abriendo paso entre las caras progresivamente graves y enmudecidas. Alguien, de pronto, reconoció el cadáver de madame Fontaine y lo gritó: ¡la muerta era la enfermera que llevaba años entregada a la liberación! Fue la chispa que empujó a la marea humana a rodearnos con un fervor que pareció obstinado en aplastarme. Sentí que me ahogaba, los fogonazos de una cámara me cegaron y confundieron, y acabé por perder el conocimiento. Cuando desperté, me encontraba acostado sobre el mostrador de un bar próximo; en una mesa yacía el cadáver de madame Fontaine; parecíamos pasajeros de un vuelo siniestrado al que sólo yo había sobrevivido. El propietario del local no pudo ocultar su alegría al susurrarme, como si fuera un secreto del que sólo él y yo pudiéramos sentirnos orgullosos, que el mismísimo Chaban Delmas –entre otros muchos luchadores de la libertad: la noticia de la muerte de la anónima heroína había corrido como reguero de pólvora– había desatendido durante unos minutos los actos de celebración de la victoria para rendir respeto al cadáver de la enfermera. Al parecer, el prestigio de madame Fontaine entre sus correligionarios era más grande de lo que yo había sospechado. Aún confuso, estreché manos y acepté abrazos –los primeros de mi nueva existencia, que tanto llegaría a odiar– sin comprender las efusiones que todos me brindaban: al fin y al cabo, me había limitado a fracasar en el intento de reanimar el corazón de la heroína, como repetí una y otra vez a los periodistas que ese día insistieron en hablar conmigo hasta el agotamiento. Cuando les pedí que se fueran, uno de ellos puso sobre la mesa una última cuestión: ¿era cierto que yo firmaba las recetas que, según rumor de algunos camaradas de la muerta, suministraba ésta a la Resistencia? Dichoso por el hecho de que la pregunta que mil veces había temido oír de labios de un torturador nazi proviniera de un reportero francés, no pude imaginar las consecuencias que tendría aquel simple «Sí, era yo quien las firmaba».

La noche de aquel interminable día no logré

espantar al insomnio. La consulta, donde me empeñé en esperar el amanecer dedicando mis pensamientos a madame Fontaine, estaba extrañamente vacía sin su presencia, pero a la vez parecía ocupada por ese espíritu que el destino había enviado a mi vida tan sólo para hacerme saber que yo era un cobarde, para enfrentarme a la desoladora evidencia de que mi ideario personal, tan férreo de apariencias, se desbarataba ante la menor mirada agresiva. De no haber muerto, madame Fontaine habría seguido trabajando conmigo; antes o después, el paso del tiempo hubiera disuelto el recuerdo de mi comportamiento durante la ocupación y, con él, cualquier posible reproche cuyo rigor, además, sería discutible: yo no había colaborado con los fascistas; me había limitado a no luchar contra ellos. Jean Laventier habría pasado a ser uno más de los cientos de miles de hombres y mujeres cuya dignidad, digámoslo así, no salió por completo airosa de la prueba de la guerra. Pero la muerte de la enfermera me tenía asignado otro papel.

«JEAN LAVENTIER, EL MÉDICO DE LA RESISTENCIA». El sensacionalista titular de prensa fue al día siguiente el cebo que atrajo las miradas de los franceses hacia la historia impresa del doctor que, bajo la inocente fachada de su consulta psiquiátrica, suministraba medicinas y recetas a la Resistencia a través de su enfermera. Reproducida a cuatro columnas, mi imagen portando el cadáver de la mujer que ya nunca podría decir la verdad constituyó la guinda emotiva de una aventura épica que la opinión pública, ávida de héroes, de inmediato mitificó. La espiral se desató cuando la pequeña florista que había sido testigo de mi aventura junto al Sena reconoció mi fotografía. De aquel día yo sólo recordaba los disparos que me rozaron y el terror que me paralizó, pero la muchacha –y tras ella, los demás testigos en cascada, autoestimulados por el reconocimiento del rostro del «Médico de la Resistencia» en el periódico– tenía grabada a fuego la imagen de un hombre valiente –yo– aguantando gallardamente el acoso del soldado alemán para no denunciar a los patriotas que huían. No tardó en visitarme un representante del recién instaurado gobierno para reclamar mi colaboración. Por pudor, por moralidad y por respeto a la muerta me opuse, pero él esgrimió los conceptos de patriotismo, deber y disciplina para negarme tal derecho: a mi pesar, posé para imágenes propagandísticas, discurseé en escuelas y hospitales y visité a heridos y convalecientes de mil afrentas. Mi consulta, tal vez no haga falta decirlo, adquirió notoriedad, y en la antesala se apelotonaban periodistas y curiosos –también nuevos pacientes: la impostura comenzaba a regalarme prestigio profesional– junto a comerciantes con proposiciones publicitarias insólitas y muchachas deseosas de besar al hombre que había aliviado el dolor de su novio, herido en el frente de la clandestinidad. No podía negarme a escucharles o estrechar sus manos, pero cada noche, en la cama, la usurpación del destino de madame Fontaine me roía la conciencia como el crimen no confesado que de alguna forma era, y de nada servía que brindara a su memoria cada momento de gloria que vivía como falso héroe. Resignado a convivir con esa esquizofrenia, me aferré a la esperanza de que, al capitular Berlín, el regreso paulatino a la normalidad iría disolviendo en la memoria colectiva el recuerdo, para mí ignominioso, del legendario «Médico de la Resistencia», pero unos días antes del primer aniversario de la liberación de París fui requerido para abrazar ante las cámaras a otro miembro del ejército de las sombras al que, según me anunciaron, conocía bien. El nerviosismo que me solía invadir antes de estos actos –calificado invariablemente por la prensa de encomiable modestia–, se alertó ante la posibilidad de que, por alguna razón, el recién llegado estuviera en disposición de descubrir mi engaño: explicar a estas alturas la falsedad de mis heroicidades me habría abocado a un aspecto nuevo, y esta vez público, de la infamia. ¿Quién podía ocultarse bajo el nombre de guerra de Boisset, cuyo historial patriótico incluía atentados contra los nazis y peligrosas tareas de espionaje para los aliados, pero también cárcel, tortura y una pena de muerte finalmente frustrada gracias a la oportuna irrupción de los libertadores? La incógnita –más inquietante porque Boisset había expresado su deseo de darme un abrazo «después de tanto tiempo»– iba a desvelarse para colmo en público, frente a las cámaras de los periodistas y la mirada de los próceres de la nueva Francia. El miedo a perder la inmerecida fama –¡de nuevo, contradicciones de la mezquindad!– me atenazó durante la noche previa al evento, se intensificó por la mañana durante el recorrido, pleno de inexplicables augurios negros, del coche oficial que me trasladó hasta los Campos Elíseos y se volvió insoportable cuando, al subir a la tarima, alguien me llevó hasta Boisset. Durante unos segundos, estudié los ojos inquietantemente familiares que a su vez me estudiaban a mí, pero era difícil o imposible reconocer las facciones de tiempos mejores bajo los trazos que la tortura y el sufrimiento psíquico habían dibujado en el rostro de Boisset. Sonrió: una hendidura entre cicatrices que no logró afear la intensidad de la emocionada mirada que se revelaba amiga. Con lágrimas en los ojos, me abrazó; cautelosamente, le correspondí. Las cámaras captaron el momento, pero ambos flotábamos ajenos a ellas: Boisset apretado a mí y conmovido; yo, intentando saber dónde había visto esa cara. Un oficial tomó entonces la palabra para pedir a los presentes que le acompañáramos en un viaje al pasado... 1941, una noche cualquiera del París ocupado. Dos patriotas, uno de ellos herido, huyen por las calles de la ciudad del acoso del enemigo y encuentran cobijo en la casa de un médico francés comprometido con la lucha de la libertad que les acoge y cura al herido, que puede así reintegrarse a la lucha. Gracias a las palabras del oficial reconocí de repente a Boisset: era el acompañante del hombre al que madame Fontaine y yo atendimos la noche maldita de mi flaqueza, el hombre que permaneció todo el tiempo fuera de la habitación, vigilando la entrada, y que por tanto creía ciegamente lo que no había visto pero los hechos parecían evidenciar: que yo salvé a su amigo y le ofrecí el refugio de mi casa. Recorrió mi cuerpo un alivio instintivo –nadie iba a descubrirme– que, con igual celeridad, me reprochó la conciencia. Para apartar de mí la confrontación de sentimientos, abracé de nuevo a Boisset: ahora sí reconocí en él al joven angustiado y luchador. También él me abrazó, más fuerte. Ante nosotros, únicos supervivientes de aquella noche, el oficial declamó entonces una plegaria por los ausentes de toda la guerra, encarnados en la enfermera que calladamente, desde las mismas entrañas de la bestia, luchó y dio su vida por la libertad, y el patriota herido que, «a pesar de los cuidados de este hombre», dijo señalándome, «murió poco después en las trágicas circunstancias que todos conocemos y pertenecen ya a la historia más heroica de Francia. Pido un minuto de silencio por Hélène Fontaine. Y pido un minuto de silencio por Jean Moulin».

Me recorrió un estremecimiento helado. Las sílabas se repitieron en mi mente muy lentamente, como si no quisieran concluir la conformación del nombre al que tuve que acabar por enfrentarme: ¡Jean Moulin! El destino –o la maldición en cuya existencia creí en ese preciso instante–, no contento con regalarme la fama de otro, me condenaba además a la gloria igualmente inmerecida de haber «salvado» no a un patriota cualquiera, no a uno más, sino a Jean Moulin, el mártir, el máximo héroe de la Resistencia francesa, uno de los símbolos mundiales de la lucha guerrillera contra el fascismo. Comprendí con terror que mi vida pertenecía desde ese instante al hecho falso que el azar amañó aquella lejana noche de 1941. La impostura adquiría ahora su verdadera magnitud, su carácter irreversible, su macabro brillo final. ¿Parezco excesivo? ¿Tal vez debería haber elegido consolarme pensando que lo único cierto era que ayudé a Boisset y Moulin, y lo demás eran elucubraciones? Puede ser; o, más decididamente, sin duda sí. Pero en mí pesaba más la propia sinceridad íntima: era consciente –como lo sigo siendo– de que ayudé a Jean Moulin tan sólo porque la presencia de madame Fontaine me forzó a ello, como subrayaba el sueño recurrente que por aquellos días me acosó hasta convertirse en pesadilla: podía ver a Jean Laventier trabajando solo en su consulta aquella fatídica noche... La enfermera se ha ido ya y escucho ruidos cautelosos en la entrada. Con igual prudencia, me asomo a la ventana sin encender la luz y distingo dos figuras, una de ellas ensangrentada, sobre las que no queda duda: hombres de la resistencia, enemigos del amo que castiga con dolor... Me veo sudar frío, correr de nuevo el visillo, regresar al despacho esmerándome en no hacer chirriar el suelo, cerrar la puerta por dentro, sentarme a la mesa y aguardar en la oscuridad, siempre en silencio, siempre aterrado, a que la proximidad del nuevo día obligue a los dos hombres a buscar otro cobijo... Imponiéndose al silencio que cubría los Campos Elíseos, el sollozo apenas perceptible de Boisset por el amigo muerto, por todos los amigos muertos, era un dedo acuciante clavado sobre mí. Quise escapar, confesar la verdad, llorar al menos como el hombre a mi lado... Pero me limité a aguardar la conclusión del minuto de silencio, a corresponder a los abrazos que por doquier me dispensaron emocionados franceses anónimos y a dejar pasar el día temiendo la llegada de la noche, que inevitablemente me abocaría al enfrentamiento con la conciencia. Para acallarla, ensayé un juramento, el de rentabilizar los beneficios de mi supuesta hazaña en favor de las ideas por las que Fontaine y Moulin habían muerto, pero esa inconcreta estratagema no podía esconder el nítido camino único que mi conciencia señalaba: para recuperar la dignidad debía contar la verdad sobre «El Médico de la Resistencia» sin más tardanza, al día siguiente mejor que al otro. Pero la decisión que la noche y la soledad hacían obvia se desdibujaba por la mañana, disminuida su fuerza por el miedo concreto a pronunciar la primera palabra de la confesión, a sentir en la carne el primero de los muchos desprecios a los que, esta vez sin retorno y hasta el día de mi muerte, me condenaría esa misma sed de héroes de la nueva Francia que tan vertiginosamente me había encumbrado. Resignado a la impostura, creí ver una salida airosa en el ejercicio de mi profesión, pero la carrera contra la gloria de los muertos estaba perdida de antemano. Como si fuera una de las ramas de la maldición, cada paso que humildemente intentaba el psiquiatra Jean Laventier recibía enseguida los apoyos que la entusiasmada patria prestaba al Médico de la Resistencia, y puedo asegurar que uno de los peores momentos de mi vida fue aquel en que acepté, de nuevo ante el amanecer de una Notre-Dame que la paz nos había devuelto a París y a mí, que mi vocación y mi verdadero talento –¿mi talento? ¿Lo podía demostrar? ¿Podía afirmar que lo poseía?– yacían abajo, muy hondo bajo tierra, sepultados por un destino falso al que no tenía el valor de renunciar y por el que, peor aún, estaba desistiendo de mis sueños, mis esperanzas y mi vida. ¿Dónde estaba aquel joven que, en ese mismo escenario, había jurado que haría algo realmente grande por el ser humano? Para no aceptar la desoladora derrota que esa pregunta sin respuesta entrañaba, me decidí a la aventura que llevaba tiempo maquinando, y esa misma mañana, apenas concluyó el rito fortalecedor de la salida del sol sobre la catedral, clausuré la consulta y me presenté ante la autoridad competente con un sencillo proyecto que deposité sobre la mesa. Renunciando a cualquier sueldo, generosidad que permitía mi situación económica personal, solicité las ayudas necesarias para inaugurar el centro Hélène Fontaine, que se especializaría en la atención psiquiátrica a víctimas de los horrores de la guerra: entre el cemento y el acero de la posguerra, una lanza en favor de la fragilidad de los sentimientos humanos. Los rigores financieros de la reconstrucción nacional, que no habrían costeado el proyecto de Jean Laventier, se doblegaron de inmediato ante la fama del Médico de la Resistencia y, cuando un año después abrimos el centro y atendí al primer paciente –una muchacha de mirada perdida obstinada en no hablar–, pude por fin descansar. El resto, público y notorio, coincide con mi biografía de compromiso con las causas humanitarias, compromiso que en señal de respeto a aquellos dos muertos lejanos decidí culminar con la renuncia al premio Nobel –es usted el primero en conocer la verdadera causa de esta renuncia– y con el crimen que, también en nombre de ellos, me dispongo a cometer.

Es imprescindible que sepa que, en paralelo a mi trayectoria oficial –que, lo reconozco, fue arraigando dentro de mí hasta hacerse gratificante, apasionada e irremplazable–, ha sido mi rutinaria existencia la de un hombre entristecido y mediocre que, como me había vaticinado Notre-Dame en los momentos bajos de mi vida, nunca logró encontrar a la persona que borrase el recuerdo de Florence. Dicen que sólo llegan a ser sublimes los idilios truncados contra la voluntad de los amantes antes del primer año de existencia, y yo reflexionaba sobre la veracidad de esa máxima durante los regodeos masoquistas en que indefectiblemente se transformaban las visitas que efectuaba al caserón de Loissy, que como monumento al recuerdo de ella conservé a pesar de las fabulosas ofertas que de continuo recibía por los terrenos, valorados hasta el disparate gracias a la construcción, prevista en su día por mi padre, de una cercana y transitada carretera nacional: podía escuchar su ruido remoto desde la habitación en la que un día, bajo el dosel de cuya maldición me reí entonces insensatamente, palpé por única vez la felicidad verdadera. Tenía ya asumido que había de finalizar así mis días, sumido en la melancolía por ese recuerdo. Sin embargo... Tras anunciar mi renuncia al Nobel, comenzó a llover sobre mí un aluvión de mensajes procedentes de distintos lugares del mundo. Todos pidiéndome que reconsiderara mi decisión.

Todos excepto uno.

Era un paquete rectangular cuidadosamente embalado y protegido por el plástico transparente de la empresa de mensajeros que lo entregó, cuya dirección era el único remite a la vista, y contenía un ejemplar de *The end of the Theter*, un relato de entre los menos populares de Joseph Conrad que sin embargo fue siempre mi favorito. Se trataba de una primera edición –la fecha de impresión correspondía al año en que fue escrito el libro, 1902–, pero lo que le daba un inesperado valor era la firma dibujada en la primera guarda: nada menos que la del propio Conrad, según atestiguaba una incuestionable certificación notarial que acompañaba al presente. Agradablemente sorprendido, abrí con la mejor de las disposiciones el sobre blanco, carente también de remite, que se hallaba en el interior del libro, y hallé en su interior una carta manuscrita con elegantes trazos de tinta negra; este tipo de misterios inocuos siempre lograban despertar mis simpatías, y me instalé cómodamente para leer el escueto texto de la carta, que decía así (se trata de una copia: el original permanece en la notaría de París, junto a las demás pruebas del crimen):

> A principios de este siglo no existía en el mundo honor más grande que ser Caballero de la Orden del Imperio Británico. Tu admirado Joseph Conrad, querido amigo, fue ele-

> gido para recibirlo; pero lo rechazó y hoy, en la inscripción de su tumba, sólo puede leerse, desnudo de calificativos, citas bíblicas o panegíricos inevitablemente desmerecedores, su escueto nombre. Y es que «sólo una cosa supera la gloria de aceptar la mayor distinción, y es la gloria de rechazarla». Me alegra que tú, como en su día Conrad, lo hayas comprendido así al desairar a la rancia academia sueca. Recibe mi más cordial enhorabuena por tu noble decisión. Afectuosamente, Victor Lars.

Victor Lars: nunca tres sílabas habían sido tan contundentes. La firma de mi antiguo amigo me provocó un escalofrío y una extraña excitación, y también un miedo difícil de clasificar: habían pasado más de cincuenta años desde que lo vi por última vez, sonriendo tras la reja de la celda –«Tranquilo, Jeannot. No sufras por mí. No estaré aquí mucho tiempo»– con el mismo aplomo cínico con que ahora, como si nunca se hubiera marchado, como si en realidad siempre hubiera estado cerca de mí, reaparecía en medio de un premeditado halo de secretismo que, si bien me hacía feliz por un lado, despertaba también interrogantes sobre las verdaderas pretensiones de la misiva. Mientras mis dedos, nerviosos, tamborileaban sobre la portada del libro, reparé en que Lars no había perdido su tendencia a marcar las reglas: ninguna dirección, ninguna pista... Me encontraba por tanto a su merced: ¿le asaltaría el capricho de reaparecer otra vez? Y, de ser así, ¿le apetecería satisfacerlo? Molesto por la perspectiva de aguardar la respuesta y por el trasfondo de estúpido forcejeo infantil del juego, me encaminé de inmediato hacia la dirección que figuraba en el albarán de la mensajería que había entregado el paquete. Estaba a unas pocas manzanas de mi casa y era uno de esos días en que el tráfico colapsa París, así que caminé, reflexionando durante el trayecto que me sentía gratamente inquieto por la irrupción del viejo y querido amigo en mi monótona existencia, y mi excitación creció cuando el encargado del almacén de la agencia me mostró un segundo paquete que debía serme entregado una semana después, ocultando también cualquier pista sobre su origen. Fue inútil que tratara de sobornar al empleado: hasta pasados los siete días –que consumí entre la impaciencia y el enfado: al final, Lars había logrado hacerme entrar en su juego; pero no importaba: ansiaba verle. ¡Teníamos tanto que contarnos!– no pude abrir el sobre, que, en este caso, contenía una carta. Ésta:

¿Nervioso, Jeannot?

Inciso para su información, Ferrer: Jeannot era el diminutivo con el que Lars me llamaba cuando pretendía irritarme –así, ya lo he dicho, lo hizo el día de nuestra última entrevista en la cárcel–; pero aquí no era ésa la función del arrogante guiño: el antiquísimo apelativo, de uso exclusivo entre ambos y por tanto secreto, me demostraba que era el verdadero Lars quien sonreía al otro lado del papel.

> Dime: ¿cuánto le has ofrecido al mensajero para que te entregue esta carta antes de tiempo? No habrá sido mucho, seguro; la generosidad extrema nunca estuvo entre tus defectos. Pero en fin, aquí la tienes: la prueba de que todo acaba por llegar o por regresar. Mírame a mí: aunque también podría decirse que en realidad nunca me fui… ¿No eras tú el que decía en uno de tus libros que el corazón, o como mínimo una parte de él, siempre se queda allí donde ha amado? Pues entonces, podría decirse que siempre he estado en París. Ahí, junto a ti, junto a la sombra difusa de lo que fuimos. Qué hermosos, aquellos años. ¡Qué felices! Y qué lejanos, más de medio siglo ya. No, la amistad tampoco se olvida. Me consta que también tú lo sabes porque

Sonó el teléfono. Ferrer interrumpió la lectura y estiró la mano para coger el auricular. El manuscrito le estaba creando la desagradable sensación de ser la pelota en un partido cuyas reglas no alcanzaba a vislumbrar, y el duelo dialéctico entre los dos ancianos comenzaba a resultarle indiferente.

–¿Sí? –contestó.

–¿Luis Ferrer? –preguntó con elegancia cautelosa una voz masculina cargada de convicción.

–Soy yo.

–Hola, Luis –se transformó la voz en afable y seductora, claramente amistosa–. Soy Roberto Soas.

Soas… El nombre le sonaba; alargó la mano hacia el informe de Marisol y buscó en el sumario el apartado correspondiente, que en este caso carecía de fotografía del personaje: «Roberto Soas, cincuenta y dos años, economista y coronel del Ejército del Aire español. Ahora está metido en el proyecto hotelero de la Montaña».

–Ah... ¿Cómo estás? –respondió Ferrer con cierto fastidio por la interrupción. Curiosa combinación, pensó: «militar y economista».

–Pues ya ves, muy ocupado. Pero llamo para darte la bienvenida.

–Hombre, gracias. La verdad es que todavía estoy un poco perdido –mientras hablaba, Ferrer continuó leyendo; ahora las notas manuscritas de la propia Marisol: «Yo definiría a Soas como una especie de gerente atípico, que lo mismo organiza una campaña publicitaria que da instrucciones al jefe de seguridad; en todo caso, tiene mucho poder y es un trabajador obsesivo, sobre todo desde que su mujer murió en circunstancias trágicas hace unos meses». Viudo: una corriente de simpatía hacia Soas invadió a Ferrer; no sólo porque su propia mujer hubiese fallecido tiempo atrás, sino porque la pérdida de Soas era reciente. Como la de Pilar. Ferrer arrancó la hoja referida a Soas y la guardó en su cartera.

–Precisamente porque te imaginaba perdido –continuaba Soas– me he permitido invitarte a la fiesta de esta noche. Presentamos la maqueta de nuestro complejo turístico en tu hotel, el Madre Patria, y creo que te puede gustar. Además, en el asunto que te ha traído, el de los indios, soy el máximo experto. El que se chupa todos los dolores de cabeza que provocan.

–Sí, estaría bien que me contases –dijo Ferrer sin demasiada convicción; distraídamente, mientras sostenía el auricular entre el hombro y la mejilla, comenzó a ojear el manuscrito. El texto de Laventier se alternaba con las cartas escritas, a mano y también en francés, por Victor Lars. Mientras hablaba, leyó al azar algunas líneas de éstas.

–Mira –seguía la voz de Soas–, la fiesta es a las diez. Bájate un poco antes y mi secretaria te buscará por el bar. Se llama Marta.

–Vale –admitió Ferrer–, y así hablamos tranquilam...

Se interrumpió de golpe, con la mirada clavada en una frase de Lars. Atónito, leyó un poco más. La voz de Soas era un murmullo que no escuchaba. De pronto, Ferrer sudó frío. Luego sintió, inconfundible en el estómago, la garra de la inquietud y del miedo.

–¿Luis? ¿Sigues ahí?

–Sí, sí… Roberto, disculpa. Luego hablamos. Hasta ahora.

Colgó. Fue entonces consciente del repentino silencio, que estúpidamente se empecinó en escuchar para retrasar el enfrentamiento con lo que acababa de descubrir y tenía terror de verificar. En un infructuoso intento de dominar la situación, se dijo que lo que había visto era imposible. Pero al analizarlo con objetividad descubrió que las fechas coincidían. Buscó el principio del párrafo y, tras otra pausa cobarde, se atrevió a leer de nuevo las palabras de Victor Lars. Esta vez muy despacio, como si tras cada letra se ocultase un secreto crucial del que pudiera depender su vida.

Llevaba semanas de malvivir en un charco inmundo, un ruinoso país americano de saldo cuyo nombre no te desvelo, tratando de introducirme en el exclusivo círculo de los militares dueños del poder mientras esperaba el momento de largarme a cualquier otro lugar, cuando la suerte me regaló una de sus conjunciones más inhabituales: ya sabes, lugar oportuno y momento oportuno. Fue durante una fiesta nocturna en la embajada española a la que había conseguido ser invitado. Al parecer, una subversiva se había introducido en el edificio y el embajador español negaba el permiso de registro. El oficial que estaba al frente del contingente militar, ante la oposición del diplomático, desenfundó su arma y le amenazó allí mismo, en el centro del jardín, delante de todos; le puso la pistola junto a la cara, y por cómo le ardían de furia los ojos sé que estaba dispuesto a apretar el gatillo. Calculando que la muerte del embajador español sería un engorroso asunto para este país de opereta, me dejé llevar por la intuición y actué deprisa. Arrebaté la cámara a un indeciso fotógrafo que miraba la escena con la boca abierta y pulsé el disparador: la luz del flash lo iluminó todo y, como el chasquido de los dedos de un hipnotizador, devolvió al energúmeno la cordura. El soldadito guardó el arma y se fue con sus hombres. Al día siguiente, suponiendo que mi oportuna actuación me abriría las puertas del palacio de gobernación, solicité audiencia al presidente. Cuál no sería mi sorpresa al averiguar que el oficial de la pistola, el energúmeno, era nada menos que su hijo. El presidente se mostró muy agradecido por mi ayuda, en verdad deseoso de recompensarme. Le hice saber que me encontraba eventualmente sin trabajo. Hablamos... y aquí me quedé. Aquí me quedé y aquí sigo, Jeannot, aguardando

Ferrer leyó el párrafo otra vez y luego otras dos veces más. Buscaba algo que contradijese la casualidad prodigiosa que se materializaba ante sus ojos, pero no lo encontró. Sin apartar la vista del papel, buscó en la cartera la fotografía. Casi con miedo, apoyó sobre la carta de Lars *El Enigma del Calcetín Morado* y mantuvo la imagen así durante unos segundos durante los que por primera vez en su vida experimentó que su mente, repentinamente vacía, era incapaz de hilvanar pensamientos. Victor Lars, que acababa de irrumpir en su vida a través de los folios escritos con intenciones todavía oscuras por el ilustre Laventier, era el hombre que con su actuación había impedido, sin saberlo ni buscarlo, que Larriguera matase a su padre la noche del primero de mayo de 1947... Durante toda la lectura, Ferrer se había mantenido en guardia ante la posibilidad de que Laventier pretendiese engañarle de alguna manera, manipularle para lograr de él ese «especialísimo favor que deseo pedirle». Por tanto, era previsible y legítima la utilización de guiños cómplices que atrajesen su atención y su simpatía. Sin embargo, era rigurosamente imposible que nadie, aparte de él mismo y de sus fallecidos padres Aurelio y Cristina, conociese la verdadera historia de la fotografía del primero de mayo, su crucial importancia para la familia Ferrer. Además, parecía evidente que el párrafo de Lars que tanto le había afectado estaba en el manuscrito sólo para dar continuidad al relato global más amplio del que formaba parte. No, si las palabras de los dos ancianos franceses eran ciertas –y, sin conocer a Lars, el prestigio de Laventier y sus descarnadas confesiones le concedían sobradamente el beneficio de esa credibilidad–, ninguno de los dos podía prever –y por tanto, tampoco utilizar– la excitación que en él iba a provocar el conocimiento de lo que no era sino una casualidad asombrosa: Lars estuvo también en la embajada de España en Leonito aquel día de 1947. Y, gracias a los favores obtenidos por su actuación de aquella noche, se había instalado en el país.

> Y bien, Ferrer. Antes de dejarle con Victor Lars y lo que de él nos interesa a usted y a mí, una última aclaración. Mi interés porque le alojaran en la habitación en la que ahora se encuentra no era gratuito; respondía a un afán de que, digámoslo así, estuviera usted ambientado mientras leía. Debe saber que, tras muchas pesquisas –pues Lars nunca me dijo desde dónde me escribía–, averigüé que, mientras buscaba un acomodo definitivo, mi amigo ocupó esta suite en la que se encuentra usted ahora. Durmió en su misma cama y contempló el mismo paisaje.
>
> Tal vez su mente había concebido ya al monstruoso Niño de los coroneles.

El mismo paisaje... Ferrer marcó el número de recepción.

–Quería hablar con el director del hotel.

Le pasaron.

–¿Algún problema, señor Ferrer? –preguntó la amable voz masculina.

–No, al contrario, todo bien. Verá... Tengo una curiosidad... Los libros de registro del hotel, ¿se conservan desde hace muchos años?

–Están en la caja fuerte. Son como un diario del establecimiento.

–¿Podría ver el del año cuarenta y siete?

–No veo por qué no… ¿Algo relacionado con un reportaje para su periódico?

–Sí –mintió Ferrer–. Si me lo bajase después, a la fiesta.

–Ah, ¿va a acudir? Magnífico. Y no se preocupe, yo se lo llevaré.

–Gracias.

–Estaba pensando… si va a sacarnos en el periódico tal vez le interese hablar con Raúl. Es el decano de nuestros camareros. Entró en el hotel de botones, cuando se inauguró en mil novecientos cuarenta y tres. Ahora lleva el restaurante.

–¿Estará en la fiesta?

–Naturalmente.

–Pues sí, sí me gustaría hablar con él.

–Cuando usted diga.

–La fiesta empieza a las…

–A las diez.

–¿Podrían avisarme a las nueve y media?

–Ahora daré la orden.

–Gracias. Hasta luego pues. Y dígales también que no me pasen más llamadas.

Ferrer colgó, tomó el manuscrito y se instaló en la mesa ante la ventana. El sol rojizo se retiraba hacia la línea del horizonte. Llegaba la noche… El mismo paisaje que contempló Victor Lars cuando «tal vez su mente había concebido ya al monstruoso Niño de los coroneles»… Ferrer se acomodó y buscó entre las páginas el momento en que comenzaba Lars la narración de su historia.

Capítulo Cuatro

... Y OTRO CABALLERO FRANCÉS

«Química inmersa en el azar: así nacemos y eso somos. Por esa causa morimos.» ¿Recuerdas, Jeannot? Era uno de nuestros lemas, uno de aquellos criterios de observación, según nosotros revolucionarios, que íbamos a aportar a la mojigata ciencia de nuestro tiempo. Supongo que, como en los demás «Teoremas Lars & Laventier», también en este caso ensayaríamos un enunciado. ¿Cuál podría haber sido? ¿Algo así como «Reacciones provocadas en el interior de un ser vivo por sucesos que, como consecuencia a su vez de otros sucesos, tienen lugar alrededor o dentro de ese ser»? No me hagas mucho caso, seguro que nuestra definición poseía más solvencia. Aunque la esencia de ese concepto no deja de ser cierta: química inmersa en el azar –sumida, diríamos aquí mejor– éramos tú y yo, acusando cada uno sus propias reacciones a los hechos que nos abrumaban, la última vez que nos vimos. Aún recuerdo tu estampa al otro lado de la reja –sería más preciso decir *del lado bueno de la reja*–, aquel día de 1938: angustiado por mí, solidario pero defraudado a la vez por la inesperada conducta criminal que confesé sin ambigüedades, entristecido por mi futuro pero –y tal vez soy injusto al pensar así– en parte satisfecho, una vez en la calle, de perder de vista al amigo que había coqueteado tan peligrosamente con el mundo del hampa. Seguro que tú también me recuerdas en aquel trance... ¿Permites que dibuje tu última percepción de mí? Probemos: ¿me viste fanfarrón, cínico a pesar de la condena de quince años, aparentemente dueño de la situación bajo el uniforme de recluso? ¡Ah, Jeannot, qué ajeno eres en tal caso al esfuerzo infinito que supuso para mí no suplicar cualquier esfuerzo por tu parte para liberarme! Deduje que, distanciados desde tiempo atrás como estábamos, esa patética actuación, asustándote, sólo hubiera acelerado tu despedida, y por eso preferí encerrarme en el silencio arrogante. Fuese como fuese, allí me quedé: la química de Victor Lars inmersa en el azar, de ramificaciones sólo pavorosas, de la química de la cárcel. Siempre, durante estos algo más de cincuenta años que han transcurrido desde entonces, me he preguntado qué habrías hecho si, prescindiendo de pudores absurdos, te hubiera pedido que me ayudases en nombre de nuestra vieja amistad. Pero no, no te asustes. No me he puesto en contacto contigo para que respondas a esa espinosa pregunta, sino a otra. Ésta:

¿Alguna vez, a lo largo de tu vida, te han detectado una enfermedad grave? De haber sido así, no será necesario que te pida el esfuerzo de recordar: tendrás bien presentes las reacciones de terror y vacío que provoca ese primer contacto con la proximidad de la muerte, y podrás comprender mi torvo estado actual de ánimo. Pero dado que tampoco quiero cansarte con el catálogo de mis síntomas de angustia, paso a exponerte la causa por la que te he escrito tantos años después. En realidad, se trata de una simple cuestión de negocios. Peculiares, ciertamente, pero negocios al fin. Y la culpa, dicho sea con cariño, la tiene tu frenética actitud profesional y humanitaria de todas estas décadas, ésa por la que has llegado al «alto honor de rechazar el premio Nobel».

Lo peor de mi situación –permíteme este pequeño prólogo ambiental– es saber que la muerte se acerca minuto a minuto, que tus días tienen un límite prefijado e ineludible que para colmo desconoces con exactitud. Los últimos meses de reflexión me han permitido concluir que, por lo demás, morir no es malo. Incluso, si ocurre de repente, puede ser bueno: ojalá, cuando llegue tu turno, no tengas tiempo de darte cuenta, puedo asegurarte que soy sincero al desearte esa paz que a mí me ha sido negada. Pero las cosas son como son, y aquí estoy: química a punto de pudrirse por la azarosa enfermedad que pretende frustrar la terminación de mi trabajo... que acabaría por frustrarla de no ser por ti. Porque ocurre que vas a vencer a la muerte en mi lugar. Gracias a tu colaboración, mi obra, que hasta la actual situación dramática he ocultado con celo obsesivo –es lógico: me iba la vida en ello–, obtendrá por fin el reconocimiento que merece. No se trata de un frívolo cambio de criterio: el anuncio del fin ha despertado en mí un inaudito afán de pervivencia, y hacer público mi pasado es la única forma de permanecer, aunque sea como el peor de los hombres, en la memoria colectiva. Tú me darás a conocer y, a cambio, culminarás tu propia carrera de salvador de la humanidad. De alguna manera, lo que soñamos tantas veces en nuestra juventud: los dos cruzando juntos el umbral de la gloria.

Por supuesto, sería más cómodo contártelo todo en persona, pero debo ser cauteloso: quiero la fama, no pasar el resto de mis días en prisión. Por eso debo insistir en llevar la iniciativa de nuestra insólita conversación. Y hablando de eso, basta de charla: ambos sabemos que, efectivamente, una imagen vale más que mil palabras, y ha llegado el momento de darte la primera.

En nuestro querido París, en el 85 de la

calle Laigle, vive un exiliado chileno llamado Óscar Fiorino. Tiene cuarenta y cinco años aunque aparenta más, como se puede apreciar en la fotografía que te adjunto, tomada el verano pasado. Por la vida que lleva, podría pensarse que ha superado los traumas de su detención y tortura en Chile entre 1973 y 1976. En la actualidad, colabora ocasionalmente en la prensa francesa y escribe piezas teatrales militantes, de las que, al estar de moda en Europa el tema de los exiliados sudamericanos, ha logrado estrenar dos. Como se imagina a salvo, todas las mañanas –él no sospecha que yo lo sé– escribe o lee en el café situado frente a su portal. Te pido que vayas a ese café llevando contigo un teléfono móvil, que identifiques por la fotografía a Fiorino y que, a prudente distancia y sin perderle de vista, llames al número del café, preguntes por él y, cuando se ponga al auricular, le digas «helado de menta y canela». Sólo eso, «helado de menta y canela». El resto lo verás con tus propios ojos.

El desafío tenía toda la apariencia de los irritantes juegos juveniles de Lars, pero la enfermedad mortal de mi antiguo amigo me obligaba de algún modo al respeto. Además, y como siempre, había sabido apretar las teclas exactas de la intriga: ¿qué, tan aparentemente importante, iban a ver mis ojos tras pronunciar las absurdas palabras?

Al llegar al café, marqué el número de teléfono apenas ubiqué a Fiorino, un hombre pequeño y rechoncho de barba canosa, más avejentado que en la fotografía incluida por Lars en su carta, que parecía reposadamente concentrado en sus papeles, dispuestos sobre una mesa cercana al ventanal. Cuando el camarero se acercó a él para comunicarle que le llamaban, tragué saliva: mi actuación tenía algo de mezquina e intolerable, y estuve a punto de colgar y marcharme. Pero era tarde: Fiorino desapareció tras la columna que llevaba a la cabina telefónica y, unos segundos después, escuché por el auricular el leve acento sudamericano de su voz aflautada. Tras una pausa dubitativa, me decidí a pronunciar las palabras mágicas: «helado de menta y canela». De inmediato me sentí ridículo; Lars, creí comprender, aparecería en ese instante carcajeándose de mi ingenuidad, intacta cincuenta años después, y nos abrazaríamos antes de dar paso a la narración mutua de nuestras vidas. Estaba reprochándome la facilidad con que había caído en la trampa cuando Fiorino, sin haber respondido una palabra, salió de la cabina. De inmediato supe que ocurría algo de extrema gravedad: demudado, el chileno miró a un lado y a otro y abandonó el café con precipitación tal que apenas me dio tiempo a seguirle tras recoger las carpetas y papeles que abandonó sobre la mesa. En la calle, lo vi caminar con la prisa decidida de quien conoce con precisión su itinerario; en dos o tres ocasiones tropezó con los transeúntes, y gracias a esos involuntarios retrasos pude seguirlo hasta la boca de metro de

Porte des lilas, por la que desapareció a toda prisa. Fui tras él y, con los pulmones al límite, llegué a tiempo de localizarlo en el andén: presa de creciente inquietud, receloso de la cercanía de cualquier viajero, caminaba sin parar, diez pasos en una dirección y otros tantos en la contraria, y miraba cada poco hacia la oscuridad del túnel por donde debía aparecer el tren. ¿A quién esperaba? La angustia de su expresión me decidió a dirigirme a él, y la devolución de sus carpetas era la excusa perfecta para abordarle. Me concentraba en la búsqueda de las palabras que debía utilizar para no despertar su recelo cuando el tren entró por fin en el andén. La gente se aproximó instintivamente hacia los vagones. Fue sin duda ese bullicio humano el que me impidió ver el momento en que Fiorino se arrojó a la vía: sólo escuché el frenazo, un siniestro golpe seco y los gritos aterrados de los testigos. Entonces, como una revelación, comprendí que Fiorino había seguido un plan exacto, previsto –y acaso ensayado durante años– para escapar, con la ayuda de la propia muerte, del espeluznante horror que entrañaban para él las palabras «helado de menta y canela». Huí de la estación como si fuera un asesino –¿Y no lo era? ¿Qué nombre se asigna a los que, aunque sea ignorándolo, dan el paso último para que culmine con éxito un asesinato escrupulosamente estudiado? ¿Y qué, sino eso, era lo que, con mi involuntaria colaboración, había cometido Lars con el chileno?–. A pesar de los muchos atenuantes con que la razón trataba de aliviarme, notaba la conciencia como un dolor físico en el pecho: había empujado a un hombre hacia la muerte. Lo había matado. Pero ¿había sido yo? Es decir, ¿era plenamente responsable de su muerte? Durante los días siguientes, que consumí aterrorizado y hundido, a solas con las reseñas periodísticas del suicidio de Fiorino, leí, en busca de alguna luz, los papeles que éste había abandonado al salir del café: contenían una obra teatral en proceso de escritura; era mediocre y simplista, puede que ridícula en algunos pasajes, pero eso no cambiaba mi implicación en la muerte de su autor. La presencia física de aquellos papeles me desasosegaba: arrojarlos a la chimenea era destruir pruebas –¿pruebas de qué?–, pero guardarlos se parecía demasiado a ocultarlas.

Habían transcurrido quince días de la muerte de Fiorino cuando el mensajero trajo otro paquete sin remite. Lo abrí con ansiedad: como si conociera mi impaciencia y hubiera visto mis desvelos a través de un agujero en la pared, Lars entraba directamente en materia.

> Sorprendente, el coraje del chilenito, ¿eh, Jeannot? E inesperado, además: pocas veces he visto resoluciones tan drásticas.

¿Resoluciones? ¿Así, en plural? ¿Se habían dado, pues, otros casos? La indignación me llevó a devorar la carta a trompicones, saltándome párrafos, dudando si llamar a la policía en ese mismo instante o esperar a la conclusión de la lectura, hasta que me di cuenta de que para comprender ésta en su totalidad debía comenzar de nuevo, desde el principio y sin interrupciones. Pero fueron inútiles los deseos de leer mansamente: abrí un cuaderno y comencé a anotar en él todas las ideas que pudieran servir a la detención de Victor Lars por el asesinato de Óscar Fiorino. No me preocupaba mi implicación, que asumiría con gusto ante cualquier tribunal: la patética angustia del desdichado exiliado chileno exigía justicia. Y yo iba a hacer todo lo que estuviera en mi mano para dársela.

Tal vez de entre los muchos detalles de nuestra última entrevista recuerdes, Jeannot, que juré no permanecer mucho tiempo encerrado. Debo reconocer que, en aquel momento, fue sólo un impulso instintivo con el que pretendí impresionarte, mantener ante ti algún resquicio de orgullo; pero enseguida el horror del encierro haría evidente que, en efecto, tenía que fugarme como fuera. Quiso la suerte que el hampón que se encaprichó sexualmente de mí, un tal Louis Crandell, resultara ostentar cierto poder en nuestra galería; esa circunstancia me liberó de verme forzado a satisfacer a otros amantes no menos repulsivos. Suyo en exclusiva, me obligué a ganar su confianza, y lo hice con tal tesón y habilidad que llegó a creerse depositario de mi amistad sincera. Curiosos mecanismos de la mente: yo mismo, a pesar de la aversión que me despertaba este jabalí primitivo y velludo, desarrollé hacia él una especie de aprecio derivado de la protección que me otorgaba; por la misma razón, le odié cuando, a mediados de 1939, finalizó su condena y me dejó solo, abandonado de nuevo al azar que esta vez aguardaba para mí en los ases de una grasienta baraja con la que se decidió quién pasaba a ser mi nuevo propietario sexual. Llegaron así meses terribles, en los que los enfermizos caprichos de mi nuevo amo, un viejo que reinaba en la galería gracias a los espléndidos sueldos que pagaba a su guardia pretoriana de presos y funcionarios, atormentaron y desquiciaron mi mente hasta el punto de que la guerra con Alemania era para mí un remoto rumor que sólo pasó a primer plano cuando se tuvieron noticias de la capitulación de Francia y de la ocupación de París: esta circunstancia, se ilusionaban algunos condenados a cadena perpetua, podría ser buena para la población reclusa. Y para mí, en efecto, lo fue.

Un día particularmente caluroso del verano de 1940, Crandell entró de nuevo en la galería; pero esta vez no como un convicto reincidente: vestía su corpulencia con un elegante traje cruzado, y sus maneras y aplomo parecían evidenciar alguna clase de ilimitado poder. Traía una orden de indulto a mi nombre y una propuesta que acepté sin apenas darle tiempo a exponerla. Ya en la calle, Crandell me explicó la esencia de los nuevos tiempos: Alemania era la dueña de París y de casi toda Francia, y pronto lo sería del mundo entero. Los invasores estaban reclutando un ejército paralelo, formado por civiles franceses, para actuar contra los últimos focos de resistencia. Crandell, designado para formar uno de los grupos operativos, había pensado en mí. Emocionado por la libertad, fui sincero al agradecérselo de corazón; unas horas después, la primera copa fuera de la jaula, el traje nuevo y el revólver que lastraba mi costado me hicieron sentir el dueño del mundo. Más aún que de los invasores, París era totalmente mío. Aunque, ¿qué importancia tenían en ese momento tales sutilezas? Mis compañeros de grupo, todos reclusos liberados para esta misión, y yo habíamos pasado de ser escoria arrojada por los jueces a un pozo ciego donde se nos apaleaba y violaba a sentir cómo los ciudadanos de bien, que habían alentado y aplaudían nuestra reclusión, temblaban ahora cuando llamábamos a su puerta.

Al poco de mi reclutamiento conocí al jefe de nuestro escuadrón de la muerte; sin duda, habrás oído hablar de Henri Chamberlain.

Por supuesto, conocía a este criminal de la peor ralea francesa; pero usted tal vez no, así que interrumpo su lectura para explicarle que el tal Chamberlain, alias *Laffont*, era un canalla sin escrúpulos que no dudó en poner su ambición y entusiasmo a las órdenes de la Gestapo. Tal y como cuenta Lars, fue efectivamente *Laffont* quien, consiguiendo la liberación de un puñado de presos comunes, organizó una banda criminal cuyo cuartel general de la calle Lauriston 93 provoca todavía hoy escalofríos en la memoria de los parisinos. Allí, *Laffont* y sus secuaces, sin mediar otros alicientes que el dinero y la ascensión personal, secuestraron, torturaron y asesinaron a cientos de antifascistas e inauguraron la lista despreciable a la que se añadirían, igualmente pletóricos y ansiosos de colaborar, Frédéric Martin *Ruy de Merode*, Georges Delfane *Masuy* y tantos otros... Nombres que ensombrecen la memoria histórica de Francia igual que ensombreció mi vida saber que a ese batallón infame debía añadir el nombre de quien había sido mi amigo.

Chamberlain era un hombre inteligente y muy ambicioso. Uno de esos elegidos que saben servirse del devenir histórico sin vacilar. Pronto quiso el azar que hiciese amistad con él: creo que distinguió enseguida que tenía en mí a un colaborador que podía aportarle ideas infinitamente más brillantes que las de los matones a los que, sin otra opción, había tenido que contratar; pura canalla que, como Crandell, servían para poco más que avasallar por la fuerza a sus víctimas, cualidad suficiente si el objetivo era tan sólo martirizar a los opositores al régimen nazi y quedarse con sus bienes a cambio, pero escasa cuando asomó en nuestro horizonte la posibilidad de medrar realmente. Supongo,

Jeannot, que sabes quién era Reinhard Heydrich.

Por supuesto, como todos los que padecimos la guerra, lo sabía; pero por si usted, de nuevo, no tiene una idea clara del personaje, le cuento quién era. Reinhard Heydrich nació el día siete de marzo de 1904 en Halle, cerca de Leipzig, en una familia

Aunque no era un experto en la Segunda Guerra Mundial, Ferrer supuso que lo que recordaba de Heydrich –el ambicioso ayudante de Heinrich Himmler en las SS fue un hombre brillante, cruel y carente de cualquier escrúpulo que, desde su despacho berlinés, supo extender la más brutal red represiva por toda Europa– sería por el momento suficiente, y saltó los párrafos que Laventier dedicaba a su biografía para retomar el relato de Victor Lars.

Francia entera debe odiarse a sí misma. Debemos, en el crucial campo de batalla de las ciudades y pueblos del país doblegado, obligar a cada ciudadano a cometer actos de vileza. La opción ideal –y por tanto el objetivo a cubrir– es que cada hombre, cada mujer, cada niño delate, conspire, traicione a su vecino, a su pareja, a su mejor amigo, a sus padres y a sus hijos. Que todos sean viles y sepan que lo han sido y que lo serán para siempre; y que todos, también, conozcan las vilezas de los otros. Que sientan vergüenza de mirarse al espejo y de mirar a quien se le cru-

ce por la escalera o por la calle, que esa vergüenza sea atroz e imperdonable y perdure durante lustros. Una Francia –una Europa– habitada por hombres, mujeres y niños que se sepan indignos de levantar la mirada nunca más tendrá fuerzas, legitimidad moral ni honor para hacernos frente. Ésa es la opción ideal. Ése es el objetivo a cubrir.

Palabras de Heydrich que me parecieron ciertamente inteligentes cuando las leí en una nota interna de la Gestapo que llegó a mis manos junto a la noticia de la inminente visita a París del jefe nazi, interesado, entre otras actividades, en conocer a los principales colaboracionistas de la ciudad. De nuestro grupo, sólo *Laffont* y su lugarteniente Crandell habían sido invitados a esa reunión, y yo maldecía al ver pasar ante mí, sin poder rozarla siquiera, la posibilidad de acercarme a Heydrich, con el que, estaba seguro, lograría sintonizar. Sin embargo Crandell, apenas se embriagara y abriese la boca, se pondría en evidencia ante el culto Heydrich, que desecharía la idea de encomendar al grupo de *Laffont* otra tarea que la de apalear compatriotas a cambio de quedarnos con sus neveras: yo seguiría siendo carroña despreciada igualmente por vencedores y vencidos. Y ese rol, al poco más de un año de haber abandonado la cárcel, ya me repugnaba. Quería comenzar 1942 con otras perspectivas, y Crandell era el único obstáculo: sabía, por la simpatía que *Laffont* me había demostrado en múltiples ocasiones, que de no mediar mi grosero ex compañero de celda sería yo quien lo acompañase a la cena ofrecida por Heydrich. Fríamente, resolví eliminar el problema. Pero era un asunto delicado: Crandell tenía en la banda partidarios que no tolerarían un ataque a cara descubierta. La solución, sin embargo, la sirvió en bandeja mi propio adversario.

En los últimos tiempos, cuando tomaba unas copas de más –circunstancia que se repetía con frecuencia creciente–, Crandell había adquirido la costumbre de hacer chanzas entre los compinches de nuestro grupo a propósito de las relaciones sexuales que, empujado él por el rigor del encierro y yo por la imperiosidad de su protección, habíamos ambos mantenido; paradójicamente, no tenía la jactancia otro objetivo que el de la broma viril entre camaradas, y de hecho era habitual que recurriese a ella antes de las juergas que organizábamos con regularidad en los burdeles de la ciudad, a las que yo había dejado de sumarme precisamente por los humillantes sambenitos que su zafia verborrea amenazaba con acarrearme. Unos días antes de la llegada de Heydrich, todos los miembros de la banda decidimos juntarnos alrededor de una mesa para estudiar nuestros intereses y estrategias de cara a la esperada reunión. Fijada la cita a las nueve, hice creer a Crandell que deseaba confiarle algo importante e íntimo, y aceptó verse conmigo antes de esa hora. Como había calculado, la primera copa a la que insistí en invitarle se convirtió en una segunda y ésta en una tercera. Cuando le rellenaron el vaso por cuarta vez, adopté un tono compungido para suplicarle que no airease en público las felaciones que había aceptado practicarle en el pasado. Su reacción fue también la prevista: rió escandalosamente, con alborozo ya alcoholizado, y comenzó, en ese mismo instante, a hacer chistes al respecto. Mis protestas y súplicas, mi fingido embarazo, sólo sirvieron para desbocar aún más su grosería. Crandell llegó a la cena más borracho de lo habitual; a *Laffont* le disgustó, y tuvo que mantener fría la cabeza para no censurar a su lugarteniente el desinterés que demostraba por nuestro objetivo: Crandell, sin saberlo, estaba ayudando a mi plan. Una de las veces que el malestar de *Laffont* se hizo particularmente notorio a todos los presentes, me decidí. Adoptando un tono agresivo, recriminé al borracho su actitud. Crandell no reaccionó entonces, pero sí lo hizo cuando pidió más vino al camarero y se lo volví a censurar. Torciendo la boca en gesto obsceno, afeminando repugnantemente su vozarrón y maneras, comenzó a desvelar todo aquello que yo, con doble intención, le había suplicado que callase. Eché leña al fuego aparentando vergüenza y nervios a punto de desatarse. Envalentonado por el efecto de su ataque,

Crandell persistió en él. *Laffont*, puse buen cuidado en cerciorarme, endureció con disgusto la mandíbula y se decidió a poner orden. Mi humillación pública duró unos pocos minutos, pero a ninguno de los presentes le gustó. Terminada la velada, me ofrecí a acompañar al borracho a casa. Todos pensaron que quería recriminarle en privado su actitud. Salimos en medio de un grave silencio roto sólo por las afeminadas chanzas etílicas de Crandell: junto a la puerta, manoseó mi sexo entre risotadas supuestamente campechanas que nadie le secundó: fue el último favor que me hizo. Ya en la calle, lo maté con el revólver que él mismo me había regalado: un disparo en la boca, mientras se tragaba de rodillas el cañón del arma entre sollozos y súplicas repentinamente serenas, y los otros cinco en el sexo que en el pasado me había obligado a chupar todas esas veces de las que no debería haber alardeado. Que no te sobrecojan la resolución y el valor físicos implícitos en esta confesión: mi supervivencia exigía el esfuerzo, y el endurecimiento verificado en la cárcel me dio fuerzas para llevarlo a cabo. El corpachón de Crandell flotando en el Sena fue mi pasaporte al respeto definitivo del grupo: ninguno de mis colegas volvió a referirse al asunto, y todos vieron en el ensañamiento entre las piernas la evidencia de que lo había matado yo. También *Laffont*. El día que me invitó a comer a solas hizo alguna referencia cómplice, me atrevería a decir que incluso humorística, a la primitiva personalidad de Crandell, cuya brutalidad a la hora de trabajar, aunque eficaz, no cumplía los requisitos de sutileza e inteligencia que en aquellos momentos precisaba mi anfitrión para impresionar a Heydrich, con el que íbamos a reunirnos al día siguiente él y yo; suspiré de alivio: el primer peldaño estaba superado.

Retozón como cualquier otro mamífero, el ser humano tiende a conformarse con los objetivos alcanzados si éstos son suficientemente gratificantes: la reunión en los salones del Grand Hotel entre Heydrich y los fascistas franceses fue una prueba viviente de ello. Muchos de los notorios colaboracionistas allí presentes –que de no ser por determinados matices patibularios podrían haber pasado por honrados comerciantes de ultramarinos festejando las provechosas ventas del año– escucharon las palabras de Heydrich con atención protocolaria, sin captar la invitación a mejorar nuestra prosperidad que subyacía en las palabras del brillante orador al que aplaudieron intercambiando gestos de aprobación. Si enseguida me resultó evidente que aquella caterva de patanes estaba sobradamente saciada con los despojos que arrancaban a latigazos a sus víctimas, ¿cómo no iba a resultárselo al inventor de la represión inteligente? En estas circunstancias, era lógico el gesto de desagrado que Heydrich mantuvo tras su alocución, como también lo fue que, cuando logré sortear el círculo de los que le adulaban y me presenté osadamente como psiquiatra especializado en técnicas represivas, insistiera para que permaneciese a su lado. Influyeron, debo también decirlo, mi dominio del alemán, que me permitía comunicarme matizadamente con él, y, por supuesto, nuestras afinidades estéticas. Si en alguno de los libros de tu biblioteca se reproduce una fotografía de Reinhard Heydrich, abandona por un momento la lectura y búscala. ¿Ves sus manos? Blancas, esbeltas, de elegantísimos dedos sensuales... nítidas, concluiría yo. Manos de violinista –Reinhard lo era, y dicen que muy bueno– que por fuerza debían sentirse asqueadas ante la proximidad de las zarpas peludas y torpes, proclives a la palmada ruidosa y el apretón sudoroso, que pululaban aquella noche a su alrededor. Tras la cena de protocolo llegó el momento de dar paso al agasajo putañero que mi jefe y sus colegas habían organizado para la delegación nazi. Apenas había la orquesta concluido la segunda pieza, Heydrich, enigmático de repente, me apartó del ruidoso trajín de acarameladas mujerzuelas y se ofreció a mostrarme algo que sin duda despertaría mi interés. Picado por la curiosidad, lo seguí tras poner buen cuidado en pedir al suspicaz *Laffont* autorización para ello, e instantes después recorría, lleno de orgullo, la calurosa noche parisina de agosto de 1941 a bordo del Mercedes descapotable oficial de Reinhard Heydrich, que me hacía cómplice de sus ironías sobre los inconvenientes de las reuniones concurridas como la que habíamos abandonado. El aire que me azotaba el rostro llenaba mis pulmones de hermosas perspectivas de éxito a corto plazo.

Sin duda no has olvidado nuestras ya remotísimas visitas a los burdeles de París. Pocos, de entre nuestros amigos y conocidos, nos creían cuando afirmábamos que la prioridad de tales incursiones no era el sexo, sino, ¿te acuerdas?, continuar exprimiendo juntos la noche con el aliciente que a ésta le daba la disponibilidad de cuerpos femeninos hermosos y anónimos que a veces ni siquiera utilizábamos. El mismo espíritu, puedo afirmarlo, presidió la visita con Reinhard a la para mí hasta entonces desconocida Sombra Azul, exclusivo burdel que dirigía una dama parisina de mirada altiva y apretón de mano firme. «¿Un poco de música para amenizar nuestra charla?», no he olvidado que dijo Reinhard cuando, tras atravesar los pasillos y salones extrañamente solitarios del local, tomamos posesión del lujoso reservado hasta el que la dama nos había precedido. Asentí, y entonces entró la insólita orquesta: dos mujeres desnudas, rubia una y morena la otra, tan hermosas que su irrupción, más que excitarme, me embelesó; para evitar que mi anfitrión pensase que regalaba a un patán, ensayé una sonrisa de suficiencia y pregunté por los instrumentos. «Ellas son los instrumentos», sentenció Reinhard mientras hacía un gesto: de inmediato las putas, sumisas como ingenios mecánicos, iniciaron una coreografía lésbica plagada de sonidos sexuales a la que Reinhard, viniendo a recordar que la interpretación era únicamente música para amenizar nuestra charla, dio la espalda con indiferencia tras mostrarme el sencillo mecanismo que regía la dirección orquestal: chasqueó una vez los dedos y la partitura de gemidos se ralentizó automáticamente; los chasqueó dos veces, y arreció de inmediato hacia un crescendo que otro chasquido devolvió al volumen inicial de sugerente envoltorio sonoro para nuestra conversación. Ésta resultó particularmente instructiva: aunque para entonces yo ya imaginaba que la guerra sólo buscaba instaurar a un nivel sin precedentes una estructura de amos y esclavos garantizada por mercenarios uniformados, jamás me había enfrentado a sinceridad tan descarada como la de mi nuevo amigo. Reinhard concebía la guerra como una empresa –fue la primera vez que escuché un término mercantil aplicado a un proceso político, aunque no sería la última– cuyo motor de arranque había sido el acceso al poder, otorgado a través de las urnas por la manipulable imbecilidad nacionalista de una *mayoría suficiente* de alemanes, ignorantes del futuro de servidores más o menos bien remunerados que, según su nivel de utilidad, les aguardaba tras la victoria; sin embargo, las tenaces oposiciones que habían surgido y seguían surgiendo en Europa al paso del nazismo obstaculizaban el proyecto. Hombres como los que mientras nosotros hablábamos celebraban su grosera juerga en el Grand Hotel estaban preparados para terminar con los opositores encadenados a los potros de tortura, pero, fiándose en exceso de esa brutalidad, despreciaban temerariamente el valor humano, y no acababan de comprender que sin la erradicación definitiva de la última chispa de rebeldía la empresa nunca se asentaría por completo. Y ahí era donde podía entrar yo, concluyó Reinhard mientras chasqueaba los dedos, esta vez tres veces: las putas acometieron entonces una representación de clímax erótico que fui invitado a observar en profundidad. Supe entonces por qué estábamos intimando allí y no en otro lugar: «Una de las dos mujeres es una conocida profesional de la prostitución –reveló mi nuevo amigo poniendo cuidado en ocultar cuál–. Si juega bien sus cartas puede enriquecerse, y lo sabe; la otra, sin embargo, se esfuerza por excitarte por otra razón. Te invito, o mejor, te reto a que averigües cuál. Dispones del resto de la noche». Me dejó entonces con las dos mujeres, y pude disfrutar de ellas: eran perfectas, sublimes; todos sus movimientos, incluso cada uno de sus suspiros, estaban encaminados a profundizar otro poco más en los matices de mi placer, y nada alteraba sus vehementes entregas de objetos sexuales resignados al carácter irreversible de su condición, pero tenían prohibido hablar de cualquier cosa que no estuviera en relación directa con mi satisfacción y, por mucho que escruté en detalle a cada una de ellas, me fue imposible entrever siquiera una aproximación de respuesta para la pregunta de Heydrich, que me desveló el misterio a la mañana siguiente: «La segunda mujer se esfuerza por excitarte porque mantenemos secuestrada a su hija, y la seguridad de la pequeña depende de que tu satisfacción sea la que esperas y no otra inferior», explicó mientras las dos putas, arrodilladas frente a mí a la espera de nuevos caprichos, exhibían en sus rostros una obscenidad irreprochable que impedía averiguar quién era la profesional y quién la angustiada madre; lo absoluto de esa sumisión me excitó con morbo que iba más allá de lo puramente sexual: era el punto más álgido que la posesión de un ser humano podía alcanzar. Reinhard, divertido por mi entusiasta reacción, me dio a las dos putas como regalo de bienvenida a su nuevo equipo y anunció que iba a dar órdenes a su ayudante para que me proveyera de fondos y salvoconductos y pusiera bajo mi mando una pequeña dotación de la Gestapo. ¿Psiquiatría aplicada a las técnicas represivas? Ahora iba a tener oportunidad de demostrarlo... Ignoro si fui capaz de disimular la brutal descarga de adrenalina que la perspectiva del éxito me inyectó. Si manejaba con inteligencia esa oportunidad de oro, podía alcanzar objetivos ni siquiera entrevistos entonces. Por supuesto, no sabía entonces que Reinhard Heydrich financiaba por toda Europa proyectos como el mío, atractivos a pesar de su abstracción, indefinición o incluso inconsistencia esencial, y lo hacía sin esperar de ellos resultados brillantes o siquiera útiles para sus objetivos, sólo porque le divertía contar a su alrededor con una dispersa cohorte de cachorros brillantes dedicados a inventar juegos para él. Sin duda, debí parecerle candidato idóneo para esa exclusiva selección. Me advirtió que deseaba resultados en un tiempo razonable que ciframos en tres meses y se despidió, dejándome a solas con el regalo: la primera orden que como su nuevo propietario di a las putas fue prohibirles que me permitieran entrever el menor vestigio de su verdadera identidad. Ese desconocimiento me fascinaba, y disparó salvajemente mi deseo por ellas durante los largos meses que las disfruté en la Sombra Azul. No creas, Jeannot, que me he demorado en matizar algunos detalles en apariencia superfluos de esta escena por una tardía vocación de pornógrafo: lo que ocurrió aquella noche es crucial para el asunto que ahora nos interesa, pues no es gratuito afirmar que aquellas dos mujeres fueron la madre del Niño de los coroneles. Más exactamente, su primera madre: no sería justo olvidar a las que vendrían después.

Decidido a no renunciar a mi suerte pesase a quien pesase, fui a despedirme de *Laffont*. Me felicitó con frialdad, pero a los pocos días ardieron misteriosamente los dos amplios pisos del centro de París que mi ya ex jefe me había entregado como recompensa por los primeros trabajos a sus órdenes: ahora, no cabía duda, tenía como enemigo a uno de los hombres más peligrosos de la ciudad, y el mensaje del fuego, que tal vez había sido sólo el aperitivo de represalias más contundentes, me decidió a trasladarme a algún lugar discreto alejado del centro de la ciudad. En concreto, pensé en el hogar de ciertos antiguos socios de los que aún no te había hablado: mis queridos amigos, los alegres archivizcondesitos de Chândelis, inmejorables y legítimos representantes de esa ralea aristocrática que lo ha heredado todo sin merecer nada. Por mi casual amistad con ellos, y gracias a sus relaciones y su dinero, había logrado poner en pie tres años antes un negocio inmobiliario de brillo tentador que yo propuse y los archivizcondesitos avalaron; y gracias de nuevo a ellos –a su cobardía y mezquindad esta vez–, fui la cabeza de turco que pagó los delitos de estafa derivados finalmente de aquel asunto. Eran culpables, pues, de esa estancia en la cárcel que tú ya conoces, y si la deuda no estaba aún saldada era sólo porque no había encontrado una forma de revancha adecuada a su pretendida alcurnia.

Los de Chândelis palidecieron cuando descendí del coche oficial de la Gestapo y los saludé con mi sonrisa más amplia y esos mismos modales plebeyos de los que tan despectivamente se habían reído la última vez que nos vimos, cuando, en el mismo jardín, dos gendarmes me esposaban sin contemplaciones ante sus indolentes miradas de clasista satisfacción. Estreché la mano de él y besé las mejillas de ella, notando en cada contacto sus respectivos desasosiegos: acobardado ante la posibilidad de una represalia inminente, al borde mismo del temblor físico el del archivizcondesito Luc; temeroso pero arrogante, estirado a pesar de la adversidad de las circunstancias el de su frígida consorte Henriette. Pude detectar el mezquino alivio de sus respiraciones cuando, aparentando mundana frivolidad y omitiendo a propósito cualquier referencia al pasado, les expliqué que mis nuevos amigos nazis buscaban un entorno como el que nos rodeaba en ese momento para ubicar la sede de cierto proyecto que yo dirigía; servil como sólo puede serlo un aristócrata despojado de sus prebendas, el archivizcondesito se apresuró a poner su palacio y la ancestral exquisitez de su esposa y de él mismo a mis órdenes, y esa misma noche me instalé en el dormitorio principal, que gentilmente me cedieron.

Al día siguiente comenzaron a trabajar los hombres que, para entonces, ya había puesto Heydrich a mi disposición, y un mes después los sótanos del palacio estaban acondicionados para el propósito de adentrarme en el conocimiento de la tortura, imprescindible para desembocar posteriormente en esa «psiquiatría especializada en técnicas represivas» que había presentado como fruto de mi creatividad: debía familiarizarme con los secretos del dolor físico, que sólo conocía por la asistencia ocasional a los interrogatorios de los calabozos de *Laffont,* así que una calurosa noche de verano me enfrenté a solas con un joven resistente que, siguiendo mis órdenes, me había sido entregado intacto. Recurrí en primera instancia al acercamiento cordial de cigarrillo compartido y solidaridad paternalista, pero el joven, como yo había esperado, no tardó en escupirme su desprecio. Entonces le golpeé, lo más fuerte que pude, con el revés de la mano. La inefectividad de mi afeminado golpe –recordarás que yo no era un hombre fuerte– provocó un momento absurdo y, a pesar de todo, puede que incluso cómico. Ambos nos miramos a los ojos: él, atónito por mi inesperada inexperiencia o desconcertado por las verdaderas intenciones que ésta podía ocultar, y yo, irritado por el dolor en la mano y la sofocante sensación de ridículo –de no ser por el lóbrego entorno, supe que el prisionero se habría reído–, que me empujó a salir del calabozo en busca de ayuda. Primera lección aprendida, Jeannot: el trabajo rudo y sucio no era para mi sensibilidad, y además no tenía por qué serlo: sólo fue necesaria una llamada para que esa misma tarde comparecieran ante mí cinco especialistas distintos de los que aprendí que el cuerpo humano es una máquina de asombrosa resistencia al que sin embargo, y aunque parezca imposible, siempre se puede exprimir un poco más de dolor. El primero de los torturadores demolió a martillazos los dientes del prisionero, el segundo arrancó con alicates las esquirlas adheridas a las encías y el tercero clavó en éstas largos clavos gruesos que el cuarto utilizó como conductores eléctricos; parecía imposible que el joven, puntualmente reanimado tras cada desvanecimiento, pudiese seguir encontrando fuerzas para gritar, y sin embargo lo hizo cuando el quinto hombre aplicó la llama de un diminuto soplete a las heridas de su castigada boca. Para ese momento, ya había escupido mil veces la información que poseía y suplicado otras mil que le permitiésemos volver a escupirla, pero eso, para su desgracia, carecía de interés para mí. Sólo ordené parar cuando uno de los verdugos me advirtió que el prisionero podía morir, algo que no quería por el momento: si el castigo, hasta entonces aplicado exclusivamente a su boca, había sido tan instructivo, cabía pensar que descender por el resto del cuerpo me permitiría mostrar a Reinhard conclusiones y avances del proyecto que le había logrado vender: esa psiquiatría aplicada al suplicio de la que hasta la fecha, en realidad, yo nada sabía aunque me había comprometido a elaborar para unas semanas después un primer informe de resultados. Pero no era tan sencillo: durante el descanso que hasta la mañana siguiente concedí a los torturadores, visité al detenido en la celda. Sólo veinticuatro horas después de su altivo compromiso con la Francia Libre era un despojo apenas humano que emitía, semidesvanecido y ajeno a mi presencia, un prolongado y tenue lloriqueo. Pero algo no funcionaba: si el resultado obtenido por los cinco torturadores había sido tan indiscutible y contundente, ¿qué falta hacía la psiquiatría en el proceso? En otras palabras, ¿qué falta hacía yo? De pronto, me aterró la visión de un sonriente Reinhard, diciéndome en nuestra siguiente cita que, aunque había sido divertido saludarme, no veía en mi trabajo nada interesante o útil que justificase una prórroga de nuestra relación; me vi en la calle, a merced de la revancha que, no me cabía duda, *Laffont* sólo aplazaba para no enemistarse con el poderoso jefe nazi. Era imprescindible encontrar algo novedoso, y la clave tenía que estar allí, en ese mismo momento y en ese mismo lugar, ante mis ojos, oculto en alguna parte del fardo de carne sollozante, pensé mientras me acercaba para observar al detenido de cerca. Se encogió contra la pared y dejó de gimotear e incluso de respirar, expectante y tan aterrado que su mirada era incapaz de apartarse de mí. Cada vez más cerca, escruté en profundidad el fondo de aquellos ojos a los que sólo el pavor impedía derrumbarse. Era pavor hacia mí, hacia mi mirada y respiración, hacia mi sonrisa socarrona o hacia el menor amago ceñudo, hacia cualquier manifestación que pudiese denotar la gestación en mi mente de un capricho maligno. Sin embargo, yo sabía que bajo ese pavor latía también el odio, aunque estuviese momentáneamente anestesiado por el sufrimiento. Si en ese instante liberaba al joven, ¿cuánto tardaría en volver a la lucha? ¿Y por cuántas veces habría el odio multiplicado su temeridad y resolución contra nosotros? La única forma de neutralizar la potencial amenaza de ese individuo concreto pasaba necesariamente por su eliminación física: por tanto, nadie que entrase en nuestros calabozos debería salir con vida de ellos y, según eso, la obtención de datos con los que eliminar nuevos enemigos era el objetivo único de la tortura. Sin embargo, me propuse encontrar otro: una terapia que mediante la aplicación científica del sufrimiento físico y mental eliminase del individuo toda capacidad de iniciativa agresiva: en términos coloquiales, la castración del toro trasplantada al terreno de la mente humana. Nuestros enemigos, convertidos en mansos bueyes de los que nada hubiese que temer. Por ahí se barruntaba la aportación personal que me permitiese consolidar mi posición, y a su búsqueda me apliqué sabiendo que no andaba sobrado de tiempo. A fin de que todo el proyecto fuese desde el principio ajeno a logros preexistentes, me propuse encontrar verdugos y víctimas insólitas y, en esa tesitura, quiso nuestro viejo amigo el azar que los pasos de uno de mis habituales paseos nocturnos me llevasen hasta una sombría taberna de los barrios marginales.

El encargado charlaba con los dos únicos clientes, que parecían habituales, mientras ultimaba los preparativos previos al cierre. Al fondo del bar, acodado en la esquina de la barra ante un vaso de vino barato, un borracho de carnes consumidas y estatura ridícula mantenía una agria disputa con alguien invisible situado en el interior de su copa. Pidió otro vaso de vino y, cuando el camarero se amparó en la avanzada hora para eludir servirle, nos sobresaltó a todos con un furioso acceso de insospechada ferocidad: el odio contra el mundo ardía en su mirada, y su voz, rasposa como si el perro rabioso que parecía llevar en las entrañas le hubiese arrancado a dentelladas las cuerdas vocales, consiguió estremecerme. Cuando el camarero, guiñando a los otros clientes un ojo cómplice que delataba la cotidianidad de la escena, le respondió con un bufido amenazador, el hombrecillo, súbitamente acobardado, se retiró como un perro acostumbrado al castigo físico, pero su expresión siguió escupiendo odio demente. Fue ese contraste el que, sin saber muy bien por qué, me empujó a convidar al infeliz en otro lugar. Como había previsto, se mostró receloso al principio, pero acabó por aceptar. Transcurrió así una larga noche en la que, tras algunas sencillas maniobras para despertar su confianza, averigüé que se trataba de un desgraciado con las facultades alteradas por la mezcla precisa de enfermedad mental congénita, soledad y sufrimientos provocados por sus estancias intermitentes en prisión. Por todo ello, Tuccio –así se llamaba: sólo Tuccio. Sin apellido ni pasado. Sin futuro– era una máquina de despecho en estado puro a la que el alcohol provocaba iracundas violencias que, para exacerbar aún más su irritación vital, sólo despertaban la carcajada ajena. Perfecto para un plan todavía inconcreto que, sin embargo, puse en marcha de inmediato.

Los de Chândelis no dieron crédito cuando, en la mitad de esa misma noche, tras obligarles a saltar de la cama y presentarse a la carrera en el salón –cómo me divertía la falsa naturalidad con la que, para no contradecirme ni despertar mi enfado, aparentaban celebrar como verdaderamente ocurrentes estos marciales sobresaltos–, les presenté al inmundo Tuccio, al que había prohibido lavar su ropa o asearse, como mi nuevo secretario, un personaje muy apreciado por las autoridades de Berlín; Luc y Henriette se esforzaron en aparentar que les resultaba verosímil la importancia, a todas luces imposible, del grotesco hombrecillo, e incluso lo presentaron con hilarante protocolo al desconcertado personal del palacio.

Al día siguiente, la primera comida en tan grotesca compañía me resultó más grata a medida que Tuccio se embriagaba y volvía la situación insoportable con eructos y ventosidades que los cada vez más inquietos anfitriones trataban de ignorar. Esperé a los postres para anunciar que el palacio, y todas sus dependencias, y todas sus posesiones y personas, pasaban en ese instante a ser propiedad de mi amigo, que podría utilizarlos a capricho: un despojo humano, marginado a palos por la vida, amo y señor de un entorno de cuento de hadas... Los de Chândelis –me satisfizo sobre todo la mirada de escandalizado odio hacia mí que Henriette trató de disimular sin conseguirlo– rieron ruidosamente mi ocurrencia hasta que se produjo la entrada de los seis miembros uniformados de las SS que vigilarían desde ese momento el estricto cumplimiento de la orden. Los comensales –y en particular el propio Tuccio– me miraron consternados y llenos de incertidumbre.

Inicié el Experimento Tuccio –además de por un simple afán de venganza hacia los archivizcondesitos, cuya humillación en esas circunstancias me divertía contemplar– porque intuía que algo interesante para mis investigaciones podía derivarse de la observación de ese cúmulo de despecho viviente convertido en amo del paraíso reservado hasta ahora a otros. Convertir al bufón en rey fue un proceso que encontró serios obstáculos: al principio, el desgraciado no se creía que el mundo hubiese girado tan favorablemente, y el recelo lo llevaba a aislarse como un animal doméstico temeroso de sus amos. Tuvo que mediar un estallido histérico del archivizcondesito para que Tuccio, al enfrentarse a él, descubriese sorprendido que los SS se ponían a sus órdenes. Debió de ser en ese momento cuando despertó su maldad acobardada, humillada y apaleada durante toda la vida. ¡Y cómo lo hizo! Al poco tiempo, el ala del palacio dedicada al experimento era una ciénaga-prisión por cuyos pasillos atestados de excrementos y selectos residuos gastronómicos vagaban los archivizcondesitos y sus sirvientes, obligados por la presencia de los SS a representar exquisita normalidad mientras se esforzaban por esquivar, como alimañas aterrorizadas, cualquier encuentro con el hombrecillo devenido en monstruo de insospechado sadismo con el que, sin embargo, debían sentarse a comer y cenar manteniendo las más encantadoras maneras mundanas. Ya imaginarás que, primario como era, Tuccio basaba su reinado en la humillación física de sus vasallos y en el disfrute sexual de sus vasallas, dedicando especial atención, en los respectivos terrenos, a Luc y Henriette. Obviamente, y por eso mismo, eran también los archivizcondesitos el objeto principal de mi estudio y observación. Hasta sólo dos meses antes habían sido personas seguras de sí y de la inviolabilidad de su exclusivo entorno, seres fuertes, invencibles y superiores a los mortales comunes. Unas cuantas sesiones de tortura física convencional, como las que seguían practicándose en los sótanos, habrían doblegado su espíritu sólo temporalmente: sin duda, una vez devueltos a la normalidad de su castillo habrían terminado por encontrar en él consuelo y refugio donde lamer sus heridas. Mi plan, sin embargo, se había propuesto el quebranto de sus mentes a través de la destrucción de esos refugios últimos, los reales y tangibles y también los imaginarios o recónditos. Mis dos putas de la Sombra Azul me habían dado la idea: ambas –cada una por su propia razón– vivían según la regla diáfana y única de satisfacer mis caprichos, que yo, llevado por el afán científico, había ido degenerando hacia límites cada día un poco más crueles y repugnantes en busca de algún conato, por mínimo que fuese, de rebelión. Pero ninguna de las dos había reaccionado, ni siquiera durante las sesiones más duras. ¿La causa de tal abnegación? Sin duda, la claridad de las duras reglas del juego: en sus mentes se había conectado un circuito de seguridad, según el cual todas las depravaciones que les obligaba a ejecutar eran trámites a superar en aras de la supervivencia de la hija, en un caso, y de la mera ambición en otro. Todo tenía una razón lógica –aunque a ellas pudiese parecerles demoníaca–, y eso permitía a mis esclavas no perder la razón: sabían que yo, dictador de las reglas de su vida y de su muerte, buscaba únicamente extraer placer de sus cuerpos, y nunca, por ejemplo, me hubiese divertido despellejando la pierna de alguna de ellas, porque eso hubiera estropeado para siempre mi apreciado juguete. Pero, ¿y si ese caprichoso amo de sus vidas aplicase, en vez de una diabólica lógica, una diabólica ausencia de lógica? ¿Si su capricho fuese efectivamente despellejar la pierna del juguete sin esperar ningún placer a cambio, aunque fuese innecesario, sólo porque sí? ¿No destruiría eso el refugio último en el que se amparaba la cordura de la víctima? Me atrevía a afirmarlo, y el progresivo hundimiento de los archivizcondesitos era la prueba de que me encontraba en el camino acertado. Por supuesto, se trataba sólo de un primer paso, que no llevaba –no aún– a la «castración del toro», y era necesario profundizar en el experimento, trasladarlo a otros estratos sociales, encontrar la fórmula infalible que lo hiciera extrapolable y garantizase la destrucción de cualquier refugio mental imaginable. Ése era, más o menos, el discurso que había preparado para la próxima visita de Reinhard: aunque consciente de sus fisuras y lagunas, de sus golpes de efecto en algunos casos huecos, contaba a cambio con la espectacularidad de algunos de los resultados obtenidos: sabía que a Reinhard le divertiría la terrible situación del palacio lo suficiente para seguir confiando en mí, incluso para entusiasmarse con mis progresos, y esperaba ansiosamente la llegada de mi jefe y amigo. Todo iba bien, muy bien.

Demasiado bien: en la mañana del 27 de mayo de 1942, dos guerrilleros de la resistencia checa disfrazados de obreros dispararon sobre el Mercedes descapotable de Reinhard. Aquel día sustituía al chófer habitual del Mercedes, enfermo de repente, un soldado inexperto que, al iniciarse el tiroteo, frenó en vez de acelerar. Esa circunstancia lo decidió todo. Aunque Reinhard había repelido a tiros el ataque, alcanzando a uno de los guerrilleros, recibió heridas a consecuencia de las cuales murió el 4 de junio: la Historia, tras seducirme, me traicionaba y abandonaba a mi suerte. El mundo que estaba empezando a construirme se derrumbó a mi alrededor.

Toda aquella noche deambulé meditabundo, solitario, sombrío… de veras asustado; el miedo a *Laffont* –unas semanas antes, sintiéndome a salvo en mi parcelita de poder, había mostrado en público mi arrogante desprecio hacia él, que no tuvo otra opción que amenazarme abiertamente– y la inquietud por el futuro me angustiaron, cercanos y tangibles como nunca. El amanecer me sorprendió caminando cansado y entristecido por las solitarias orillas del Sena junto a las que, ¿lo recuerdas?, tú y yo nos conocimos.

Y fue entonces cuando te vi.

Sí, amigo mío. Al principio pensé que la vigilia me provocaba alucinaciones. Pero no, Jeannot: eras tú; más gordo y avejentado, como cansado y con algo de derrotado pero sin duda tú, acodado en el pretil del Puente de la Tournelle y, al parecer, sumido también en negros pensamientos. Sinceramente emocionado, sentí el impulso de aproximarme y abrazarte, pero la intuición me aconsejó cautela. Poniendo buen cuidado en no ser visto te observé y luego, cuando echaste a andar hacia Notre-Dame, la curiosidad me movió a seguirte. Conocí así la existencia de tu consulta –«Jean Laventier, doctor en psiquiatría», rezaba la humilde placa de la fachada: ¿era ésa la patética culminación de tus sueños de gloria?– y las ventanas de la que debía de ser tu casa, y deduje que la mujeruca que a la hora del almuerzo salió del inmueble era tu ayudante. ¿O se trataba de tu esposa? Tal vez, durante nuestros intensos meses de separación, te habías casado con esa, discúlpame, antípoda de las diosas sexuales que siempre habías imaginado que te depararía la vida: una existencia vulgar y acaso –¿por qué no?– feliz, pero tan alejada de tus anhelos juveniles como contraria a tus gustos estéticos era la impecable corbata que, para mi sorpresa, lucías en tu cuello, tan reacio a esa sumisión social... Digo «tus» anhelos, pero debería hablar en plural. Porque, apostado frente a tu puerta en ese momento adverso de mi vida, me resultó imposible no verme de algún modo reflejado en la placa que simbolizaba tu éxito mediano, irrelevante, estancado y gris (entonces desconocía que esa fachada era el hábil disfraz que te permitió, durante tanto tiempo, ocultar a la Gestapo tus hoy míticas actividades clandestinas). Al poco, abandonaste la casa y subiste a un viejo automóvil. Ya emocionalmente enredado en el espionaje de tu persona y circunstancias, utilicé mis credenciales para requisar otro coche en el que te seguí con discreción. Un par de horas después, tomamos el desvío del viejo caserón de tu familia que yo había visitado en una ocasión. ¿Qué podías hacer allí tú solo?, me pregunté. ¿Una amante? ¿En tan inhóspito lugar? Abandoné el coche a una distancia prudente de la verja de entrada y me acerqué con cuidado hacia la casa. No logré verte durante el resto de la tarde, hasta el anochecer, cuando las luces de la sala principal me permitieron identificar tu silueta. Casi enseguida escuché la música: un viejo vals que, según creía recordar, estaba entre tus favoritos. ¿Me equivoco al afirmar que lo bailaste solo, tomando entre tus brazos al aire por pareja? La noche había caído ya sobre el caserón solitario, aislado como una tumba en medio del campo, y únicamente destacaba en la oscuridad tu silueta moviéndose en el centro del rectángulo luminoso de la ventana; el sonido fantasmagórico del vals, repitiéndose una y otra vez, acabó por estremecerme. Impelido por un miedo súbito e inexplicable –no supe a qué: ¿a la oscuridad nunca temida antes? ¿Al desvarío mental que parecía anunciar tu espectral pareja? ¿A mi futuro? ¿A los tiempos felices de la juventud que, irreversiblemente perdidos, habían degenerado en ese siniestro baile con la nada que espiaba separado de ti por la oscuridad?– corrí hacia el coche y no dejé de conducir hasta que, con las nuevas luces del alba, entré en París. El desasosiego, en contra de lo que había esperado, no se diluyó a medida que el día, al asentarse, me devolvía a la inquietud por mi situación personal.

Curiosamente, ninguna orden de Berlín había venido a despojarme, tras la muerte de Reinhard, de las prebendas oficiales: mis subalternos seguían cuadrándose cuando aparecía ante ellos y las dos putas seguían siendo de mi propiedad. Con rabiosa decepción, estaba a punto de aceptar que mi insignificancia en el escalafón de la Gestapo era tal que ni siquiera justificaba el despido, cuando el piloto de un vuelo especial se presentó ante mí con la orden de trasladarme a Berlín: Heinrich Himmler quería verme. Él en persona.

Seis horas después, el todopoderoso nazi me invitaba a sentarme frente a él en un amplio sofá que no había elegido únicamente por su comodidad: sobre una mesita, muy cerca de nosotros, se encontraba la máscara mortuoria de Reinhard Heydrich. Supe después que Himmler, del que se decía que podía haber instigado el atentado contra su ambicioso subordinado, conservó ambiguamente esta reliquia durante meses: ¿tributo al camarada muerto o trofeo de caza recordatorio del poder absoluto de su poseedor? Sin mediar pausas que permitiesen elucubrar una respuesta a la cuestión, Himmler puso sobre la mesa la agenda que había sido de Reinhard y la abrió por la página en la que mi difunto protector, durante nuestra primera entrevista en la Sombra Azul, había anotado mis datos sin otra intención que la de entregárselos a su ayudante. Para un paranoico de la fiscalización como Himmler, los círculos de tinta que rodeaban las palabras «Victor Lars» –había querido el azar que Reinhard los trazase mientras me enunciaba las ventajas de pertenecer a su equipo–, más el hecho de que en los ficheros sobre colaboradores de las SS había una carpeta con mi nombre que nada contenía en su interior –lógico, pero nadie más que yo y el muerto podíamos saberlo–, sólo podía significar que el aprecio de Reinhard hacia mi trabajo y mi persona eran acordes al tan celoso secretismo que Himmler quiso imaginar y agigantó. ¿Quién era ese Victor Lars que tan clandestinamente colaboraba con el fallecido?, me interrogó con amabilidad. ¿Cuál era mi trabajo? Heydrich había fallecido antes de que pudiese entregarle una sola línea de mis, por otra parte, inexistentes conclusiones, y no podía desaprovechar ese factor... Me atreví a mirar a Himmler a los ojos, adopté un tono grave y, poniendo por testigo a la máscara mortuoria que ninguna de mis mentiras podía enmendar, presenté el balbuciente experimento Tuccio –del que, a mi conveniencia, sólo revelé difusas líneas maestras– como un proyecto asentado que entusiasmaba a Heydrich y del que no había constancia escrita a causa precisamente de su envergadura, de la importancia que él le había concedido. Enardecido por mi propio discurso, al que daban alas el interés de mi oyente y su mirada ocasionalmente aprobatoria, logré transmitirle mi entusiasmo, y esa misma tarde regresaba a París con un encargo personal de Himmler, que tal vez vio en la absorción de mi talento una victoria póstuma sobre su ambicioso ayudante fallecido. Fuese como fuese, debía presentar lo antes posible un informe amplio sobre mis avances en el campo de «la aplicación del dolor mental como alternativa al dolor físico». No tenía tiempo que perder: había vendido algo que no existía y tenía que inventarlo a toda prisa. Pero no fue difícil. Tú recuerdas mi convincente oratoria, y entenderás por tanto que, con el adecuado apoyo de fotografías y películas filmadas en mi laboratorio de torturas, el primer informe que envié, «La tortura como arma de futuro», resultase convincente: me fueron concedidos más fondos, el grado de capitán de las SS –como tal vez ignoras, Himmler era muy proclive a premiar con graduaciones militares a los civiles cuyo trabajo e iniciativa le resultaban satisfactorios–, y recibí la invitación personal de mi nuevo jefe para acompañarle en algunas de sus visitas a los campos de concentración. Tal y como haces ahora en tus cotizadas conferencias, arengaba yo en esos casos a los oficiales que los dirigían o iban a dirigirlos; por supuesto, tus charlas eran distintas de las mías en lo superficial –tú, por ejemplo, te explayabas y te sigues explayando sobre la importancia que adquiere la educación infantil en la erradicación del racismo, y yo hablaba de lo conveniente que resultaba, como primer trauma de choque, obligar a las más recatadas de entre las prisioneras recién llegadas a exhibirse desnudas, una por una, ante los oficiales del campo–, pero idénticas en lo esencial: los dos dábamos a nuestros oyentes lo que querían oír; los dos sacábamos halagos, aplausos y beneficio económico de ello; los dos éramos lo mismo: charlatanes de maneras elegantes. Y tú, reconócelo conmigo, mucho más que yo, que al fin y al cabo trabajaba forzosamente apartado de la vida pública. ¡Qué bien rentabilizaste tu apoyo a la Resistencia! Y qué bien, no tengo más remedio que admitirlo, supiste ocultarlo durante los años de la ocupación. Aunque también fue cuestión de suerte: coincidió que nunca hiciste nada sospechoso –y por tanto nada sospechoso pude yo ver– durante las semanas que te seguí. Porque has de saber que, después de aquel casual encuentro junto al Sena, y una vez estuvo mi prosperidad asegurada por Himmler, me empeñé en saber más de ti. Imagino que buscaba materializar el reencuentro de nuestra amistad, y por eso, durante aproximadamente tres meses, eligiendo días o noches al azar, me apostaba frente a tu consulta y espiaba tu actividad. Eras, como yo, un hombre solo; puede que eso te salvara: distraído por esa solidaridad, no fui meticuloso en la observación de otros detalles que hubieran podido llevarme a conocer tu actividad clandestina. Pero eras tan rutinario y mediocre... Pronto deduje que la mujeruca no era tu esposa, sino tu empleada, y que no tenías hijos, ni amigos relevantes, ni siquiera conocidos con los que compartir una conversación estimulante. Sólo destacaban tus ocasionales visitas, siempre en fin de semana, al viejo caserón familiar: el vals, tu baile con el fantasma... rigurosamente solo en el centro de la oscuridad, Jeannot... ¿Practicabas alguna forma de brujería o te aguardaba tras el baile una niñita atada a la cama?, me preguntaba yo, apoyado en el árbol del jardín que había convertido en punto de observación. ¿Rezabas o estabas simplemente chiflado? La curiosidad me llevó una mañana a inspeccionar el caserón, tras comprobar que estabas ocupado en la consulta y no podrías por tanto interrumpirme: no hallé nada, excepto mis propios recuerdos de aquella noche que pasamos tú y yo en compañía de cierta dama de la que ambos estábamos enamorados, y fue ese momento el que marcó mi progresivo desinterés hacia ti: tal vez porque te dibujabas como un hombre prematuramente envejecido y aburrido, abandoné la idea de propiciar un encuentro contigo y fui abandonando tu estéril vigilancia. Además, a finales de aquel año 1942, comenzaron a reclamarme otros asuntos.

Siempre me he preguntado si fui yo el primero en entrever el desastre. Supongo que no, pero puedo asegurarte que sí fui uno de los más diligentes en planear mi salvación personal, azuzado por la disposición sobre el tablero que adquirían las fichas de la partida bélica. En octubre y noviembre, las catastróficas derrotas de El Alamein y Stalingrado habían venido a sumarse a la de principios del verano, cuando el intruso americano había machacado en Midway a nuestro socio japonés. Mis aspiraciones de lograr un puesto de privilegio en el nuevo orden que surgiría tras la guerra pasaban por la victoria. Pero ¿y si perdíamos? Aunque seguía trabajando con normalidad –de hecho, diseñé métodos que fueron aplicados con éxito en los campos de concentración, lo que aumentó la estima que Himmler me tenía–, comencé a librar, sobre ese supuesto adverso, mi propia guerra. Una derrota del Reich, razoné, convertiría Europa en un campo de tiro contra los nazis y sus simpatizantes. No habría ningún sitio seguro en el territorio europeo ni en el del enemigo americano, y las posibilidades quedaban reducidas a Asia, África y América del Sur, lugares en los que las sospechas que un ciudadano francés pudiese despertar serían acalladas, mejor que de cualquier otra manera, con dinero: en concreto, y para no ser erróneamente optimistas, oro, joyas o dólares. No podía contar con los inmuebles a mi nombre, que me serían arrebatados tras la eventual derrota, ni con la saneada cuenta bancaria en una moneda, la legal, que perdería en tal supuesto todo su valor. No, necesitaba recaudar fondos en cualquiera de esas tres monedas universales, y la astucia recomendaba hacerlo con cautela y sin compartir con nadie mis inquietudes: yo mismo había apoyado con entusiasmo –y ejercido en dos ocasiones– la invitación de Himmler a denunciar a todo aquel cuya voluntad de victoria flaquease. Por todas estas perspectivas brindé el primer día de 1943; por todas ellas puse en marcha mi plan de salvación, en el que, ya te lo adelanto, tu involuntaria colaboración sería crucial.

Era una trama compleja, porque a la ya referida discreción que debía guardar se sumaba la necesidad de seguir desempeñando con normalidad mis funciones, que exigían la emisión de puntuales informes cuya elaboración no podía eludir. Mi objetivo, al ser doble –salir indemne caso de que ganáramos, pero también caso de que perdiéramos–, parecía sugerir una vida igualmente doble: la primera, la del comandante –recibí el ascenso como regalo de Navidad– Victor Lars, continuó su curso con aparente normalidad: en lo profesional, seguía entregado a mi laboratorio, cuyos resultados mostraba a los militares y científicos interesados en el especial decorado de Chândelis, donde los archivizcondesitos y su celador Tuccio componían, además de un instructivo experimento sobre los límites de la degradación humana, una introducción al tema tan llamativa y amena como pueden resultar las atracciones de un zoológico previas a una conferencia sobre vida animal; sobre todo desde que arrebaté a Tuccio la llave de la bodega para que, rabioso por una abstinencia que sólo yo podía aliviar, endureciera a mi satisfacción las condiciones de vida de sus anfitriones. En lo personal, inicié relaciones de noviazgo con una necia berlinesa y con su madre; la afirmación no es gratuita: Vera hija siempre se desplazaba acompañada por Vera mamá, que sin duda fue la que le inculcó la adoración por el uniforme alemán en cuyo alto estado mayor había servido hasta su muerte el marido y padre de esta Vera bicéfala. Me casé con ella en octubre de 1943. Mi esposa era tan escasamente agraciada que parecía víctima de alguna clase de sordo retraso mental, pero eso no me impidió lisonjearla en público –y hacerlo meticulosamente: formaba parte del plan–, escribirle durante mis ausencias pegajosas cartas de amor que, no me cabía duda, Vera madre leía y exhibía orgullosa ante sus amistades, y, claro está, montarla hasta lograr el embarazo imprescindible para mis intenciones: la flor y nata de la familia militar alemana no podía sino creer que formábamos una familia feliz. A la vez, mi vida clandestina me permitió –por razones que te oculto de momento porque están relacionadas con tu participación en los hechos– reunir la ansiada fortuna en oro y joyas. Excepto algún detalle de orden menor, mi fuga estuvo lista justo a tiempo: la cuenta atrás se puso en marcha el 6 de junio de 1944, cuando los norteamericanos desembarcaron en Normandía.

Comenzaron a proliferar a mi alrededor los sudores fríos, las desbandadas y los chantajes del Führer a sus oficiales destacados fuera de Alemania: como yo había previsto, las familias de los militares de alta graduación comenzaron a servir de aval que persuadiese a éstos de incumplimiento de órdenes o tentaciones de deserción. En ese sentido, el comportamiento de mi familia fue ejemplar, si bien es cierto que nunca llegaron a saberlo: el día que decidí escapar, Vera madre, Vera hija y la mofletuda Vera nieta –que nació a tiempo para que pudiese yo exteriorizar, durante la ceremonia del bautizo, una adoración paternal que no dejó dudas a la Gestapo sobre la efectividad que sobre mí tendría su chantaje– se quedaron en Berlín para garantizar que mantendría mi fidelidad al Führer. Gracias a su abnegación tuve libertad de movimientos para regresar a París en agosto de 1944, pocos días antes de la liberación de la ciudad.

Para no tentar a la adversidad, borré con extremo cuidado mi rastro. Comprobé que en Chândelis se habían eliminado elementos identificativos del laboratorio de tortura y supervisé personalmente la eliminación de los testigos; por alguna razón que en ese momento no alcancé a comprender, perdoné la vida de Tuccio, Luc y Henriette: no me impulsó la piedad, sino la certeza de que su hilarante relación no había llegado al límite. También asistí a la desintegración de la

Sombra Azul, cuya artificiosidad de paraíso falso quedó patente en los detalles de la precipitada fuga del otrora impecable encargado del bar: sudoroso y sin peluquín –la primera vez que lo veía sin él: el detalle adquirió la extraña capacidad de compendiar el derrumbamiento del Reich–, se esforzaba, con ayuda de una pupila también acalorada, en el absurdo empeño de arrastrar hacia el coche que aguardaba en la puerta un gigantesco reloj de pared que, de pronto, comenzó a cantar la hora. El hombre y la mujer callaron como si hubieran sido sorprendidos en el peor de los actos, se miraron con angustia, más aterrorizados y hundidos a medida que sonaban campanadas y, cuando el reloj enmudeció, lo dejaron caer y se dirigieron hacia la salida desolados como autómatas a punto de agotar las baterías. Mis dos putas –la curiosidad por los sentimientos que experimentaría al verlas por última vez me había empujado hasta el burdel– habían desaparecido sin dejar rastro. En la celda vacía de sus presencias, las sábanas de seda de la cama –que, inexplicablemente, alguien había dejado impecable, como lista para albergar una noche de boda– y las argollas y látigos engarzados a las paredes me parecieron lúgubres vestigios de otra época: de pie junto a la entrada, sin decidirme a adentrarme en la habitación o conectar siquiera la luz, me sentí visitante del museo de un pasado, el mío propio, al cual pertenecían mi juventud y el ejercicio del poder que la había hecho gloriosa. Un pasado que se me escapaba, que se me había escapado ya entre los dedos... No podía sospechar entonces que mis dos putas –así, indisociadas e indisociables: una sola persona en mi percepción– habrían de merecer, en ese balance último que los viejos con tendencia a la introspección autobiográfica no podemos evitar bosquejar, el rango más alto de mi aprecio, el de la mejor mujer, la más importante, la única jamás olvidada de mi vida gracias –así he terminado por concluirlo– a su fascinadora condición de objetos carentes de voluntad, al hecho de que, una por la simple seriedad profesional y la otra por el amor a una hija que tal vez, sólo tal vez, seguía aguardando en alguna parte, lo entregaban todo sin exigirme a cambio que fuese puntual a la hora de la cena, satisficiese su instinto maternal o las obsequiase con patéticos detalles cotidianos de cariño. Un día, más de un año después de la debacle parisina, volví a ver a la mitad rubia de mi maravillosa mujer: yo era ya un fugitivo de mi pasado; tras haber permanecido unos meses escondido, aguardaba por fin un tren en el andén de una estación que no voy a nombrarte porque sería irresponsable y desagradecido dar pistas sobre las etapas del éxodo americano que tantos utilizamos después de la guerra. La vi de pronto: sola y tensa, asiendo con las dos manos una pequeña maleta desvencijada, hermosa como siempre a pesar de que iba vestida, mataba el tiempo en el andén como cualquier otro viajero solitario. No me vio, pero aun así levanté, inquieto, el cuello del abrigo, y noté cómo se apoderaba de mí, más que el miedo, una extraña tristeza: averiguar de esa forma su identidad ignorada a propósito durante tanto tiempo –cosa que ocurriría al ver quién acudía a recibirla en el punto de destino– se me antojó deprimente y casi físicamente doloroso, como si fuera yo un marido ingenuo descubriendo de repente la infidelidad de su esposa adorada, aunque en ese momento acaparara mi atención el peligro que la puta rubia podía representar: no podía arriesgarme a viajar durante seis horas –era obvio que esperaba el mismo tren que yo, un pequeño convoy de sólo tres vagones: una ratonera donde por fuerza acabaríamos por toparnos– con alguien capaz de reconocerme que, de poder, lo haría además con feroz satisfacción. ¿Las posibilidades de eliminarla en el populoso andén? Ninguna. ¿Arrastrarla hasta la puerta del vagón, una vez iniciado el viaje, y tirarla en marcha? Imposible sin que opusiera resistencia. Nuestro tren maniobró hasta situarse en la vía; comenzaron los viajeros a subir a él tras despedirse de sus acompañantes. Ella seguía quieta, sin hacer el menor ademán de subir al tren; entonces consultó nerviosamente la hora y miró con impaciencia hacia la entrada de la estación... Tal vez, pensé, esperaba a otra persona. Y en efecto: una mujer de unos setenta años y aspecto humilde, pequeña y regordeta, llegó hasta ella gestualizando las causas de algún retraso imprevisto. La puta rubia recriminó cariñosamente su retraso mientras la acompañaba hacia el vagón. Respiré aliviado –mi compañera de viaje era la otra– y, ya tranquilo, las observé: había emoción en las miradas de ambas, y un sentimiento intangible de tristeza intensa –la ausencia de un tercero o terceros a causa de la guerra, me pareció lógico suponer– flotaba sobre la despedida. La vieja subió al tren; yo también, un par de vagones más allá. La máquina arrancó; los acompañantes de los viajeros comenzaron a despejar el andén tras algún saludo último con la mano; la puta rubia –¿había un principio de lágrimas en su mirada?– fue la única que caminó unos pasos aferrada a la mano de la otra, levantando la voz para hacer audibles sus últimas frases entrecortadas; cuando el tren comenzó a tomar velocidad, tuvo que soltarse, pero aún avanzó unos pasos con el brazo extendido y luego, una vez parada, permaneció en pie en el andén ya desierto, inmóvil, como si estuviera concentrada en convocar deseos de felicidad y esperanza para la otra. Un impulso me lanzó a atravesar corriendo la longitud del convoy. Desde la plataforma del furgón de cola, la vi mirar por última vez el tren antes de girarse con parsimonia melancólica y caminar hacia la salida. Me quedé observándola, tratando de hacer mía la ilegítima sensación de que era yo la persona a la que había ido a despedir, que a mí estaba dedicada la tristeza ligeramente desolada de sus pasos desganados, que me quería a su lado y sufría por mi ausencia... Pero no lo conseguí: todo lo que tenía de ella –todo lo que me pertenecía de ella– era, además del recuerdo del placer que me había dado, el enigma todavía hoy fascinante sobre su verdadera identidad.

La ley de la oferta y la demanda es clara e infalible como pocas: tanto da que la apliques a la adquisición de obras de arte o de abono natural, a la trata de blancas o la compraventa de títulos nobiliarios. Durante los tiempos que siguieron al desastre del Tercer Reich, fue también inflexible con los huidos: la cotización de los oficiales nazis, y particularmente la de los entusiastas y brillantes como yo, había bajado en picado, y para ninguno de nosotros fue sencillo encontrar un lugar donde ubicarse con garantías de seguridad y satisfacción. En mi caso, me encontré además con un obstáculo inesperado: apenas desembarqué, fui atracado y apaleado por un grupo de maleantes, probablemente compinchados con algún miembro de la organización que me llevó a América. Me arrebataron el oro, abandonándome medio muerto en las cercanías del poblacho perdido donde, teóricamente, debía aguardarme el coche que me trasladaría al siguiente punto de destino. Durante días convalecí en un hospital público, y cuando recibí el alta pude sobrevivir gracias a la reserva de dólares que había ocultado en el interior de mi corbata. Por supuesto, en todo ese tiempo no dejé de buscar remedio a mi situación, que resultaba más irritante porque en Francia seguía, intacta en su escondite, la jugosa parte de mi fortuna que no había podido llevar conmigo. Llevaba semanas de malvivir en un charco inmundo, un ruinoso país americano de saldo cuyo nombre no te desvelo, tratando de introducirme en el exclusivo círculo de los militares dueños del poder mientras esperaba el momento de largarme a cualquier otro lugar, cuando la suerte me regaló una de sus conjunciones más inhabituales: ya sabes, lugar oportuno y momento oportuno. Fue durante una fiesta nocturna en la embajada española a la que había conseguido ser invitado. Al parecer, una subversiva se había introducido en el edificio y el embajador español negaba el permiso de registro. El oficial que estaba al frente del contingente militar, ante la oposición del diplomático, desenfundó su arma y le amenazó allí mismo, en el centro del jardín, delante de todos; le puso la pistola junto a la cara y, por cómo le ardían de furia los ojos, sé que estaba dispuesto a apretar el gatillo. Calculando que la muerte del embajador español sería un engorroso asunto para este país de opereta, me dejé llevar por la intuición y actué deprisa. Arrebaté la cámara a un indeciso fotógrafo que miraba la escena con la boca abierta y pulsé el disparador: la luz del flash lo iluminó todo y, como el chasquido de los dedos de un hipnotizador, devolvió al energúmeno la cordura. El soldadito guardó el arma y se fue con sus hombres. Al día siguiente, suponiendo que mi oportuna actuación me abriría las puertas del palacio de gobernación, solicité audiencia al presidente. Cuál no sería mi sorpresa al averiguar que el oficial de la pistola, el energúmeno, era nada menos que su hijo. El presidente se mostró muy agradecido por mi ayuda, en verdad deseoso de recompensarme. Le hice saber que me encontraba eventualmente sin trabajo. Hablamos... y aquí me quedé. Aquí me quedé y aquí sigo, Jeannot, aguardando insomne el momento fatídico, asomado a la misma atalaya desde la que durante tanto tiempo he visto la vida a mis pies, sometido a la rigurosa crueldad de un reloj peculiar aunque, como todos los relojes, indiferente al tiempo que segundo a segundo me va robando: existe frente a la entrada de la bahía próxima a mi propiedad un faro cuyo haz, con los colores de la bandera nacional por quién sabe qué delirio de supuesta actividad lúdico-turística, completa su giro, día y noche, exactamente cada sesenta segundos, como calculé y comprobé a lo largo de los años mientras, aquí mismo acodado, reflexionaba sobre los próximos pasos de mi carrera americana o celebraba los éxitos de ésta; ahora, cada vez que los rayos de luz recorren la barandilla de mi terraza con su inagotable precisión, sólo sirven para recordarme que me queda un minuto menos... Acaba de hacerlo en este instante: luz azul mientras escribía los puntos suspensivos, rojo ahora, mientras acabo esta frase: otro giro y otro minuto menos, decididamente no tengo tiempo que perder. No tenemos, amigo mío, tiempo que perder. La renuncia al premio Nobel, golpe publicitario genial ante el que me descubro, te ha puesto en la primera plana de periódicos y programas de televisión: ese revitalizado prestigio es el vehículo idóneo para que, a través de ti, se hagan públicas mis actividades de las cinco últimas décadas. Tal vez te estés preguntando si no debo fidelidad a algún equipo, empresa u organización. La respuesta es afirmativa y negativa a la vez: reconozco que respetar hasta el último momento la fidelidad pactada sería, además de sancionable por la otra parte, lo éticamente justo; pero no me permitiría cumplir el deseo de verme reconocido. La traición no me preocupa: ¿qué harán mis jefes –en realidad no son exactamente jefes. ¿Socios? Tampoco; tampoco exactamente– cuando lo cuente todo antes de morir? ¿Matarme? Mi trabajo –que, te lo aseguro, nunca ha consistido

> en aplicar corrientes eléctricas a un cuerpo inmovilizado– te intrigará e interesará sobremanera. En realidad, ya lo ha hecho: ¿o has podido quitarte de la cabeza la muerte del chilenito Fiorino? Seguro que no. Espero tu respuesta y ansío el momento de que nos reunamos de nuevo. Inmerso en mi narración me olvidaba de subrayar que será un enorme, enorme placer, volver a ver a una de las pocas personas interesantes que he conocido. Un abrazo.

Ésta es la carta que Lars –explicando luego el tortuoso sistema que debía utilizar para comunicarme con él– me escribió. Tal vez usted, al leerla influenciado por el hecho de hallarse en la misma habitación que ocupó él hace años, sostiene en estos momentos mi escrito como en su momento sostuve yo el suyo: lleno de perplejidad e indignación.

Había terminado de leer con las primeras luces del alba, y tal vez eso afiló mi energía. Los recortes sobre la muerte de Fiorino y la obra de teatro que el desdichado ya nunca terminaría me recordaron el deber que inicialmente me había impuesto: poner a Lars ante la justicia. Para ello era imprescindible seguirle el juego, pero su intolerable arrogancia me llevó a actuar por instinto antes que con frialdad y análisis y, casi a renglón seguido, redacté y envié al desconocido número de fax que Lars me facilitaba una respuesta iracunda y contundente en la que exponía –con nobleza absurda que no debí cometer– mi intención de denunciarle y perseguirle con todos los medios legales a mi alcance, y le escupía además todos y cada uno de los puntos de mi cólera y desprecio. Tal vez esto último, el desprecio explicitado a un canallesco psicópata, fue lo que lo provocó todo. Según mi abogado, al que puse al corriente de la situación, la carta de Lars no era prueba de indicio claro de delito, pues podía también tratarse de la broma bien armada de alguien retorcido en cuya localización, dificultosa y puede que imposible, no cabía esperar que se implicasen los sobresaturados y pragmáticos servicios policiales. Siguiendo su consejo, solicité opinión a un profesional de la investigación; para alguien que, como yo, jamás se había planteado contratar a un detective y por tanto sólo tenía de esta figura las tópicas referencias cinematográficas, fue una sorpresa comprobar que, según las solventes fuentes que consulté, era una mujer la mejor detective de París. De cincuenta y tantos años, corpulenta y pequeña, con el brillo de la auténtica inteligencia en la mirada, Anne Vanel dirigía con voz suave y maneras educadas a un nutrido equipo de profesionales jóvenes, hombres y mujeres, que parecían reverenciarla: Vanel coincidió con mi abogado en que la policía no dedicaría un minuto al peculiar asunto y se comprometió a elaborar un primer informe del mismo en el plazo de dos semanas. La espera se me antojó interminable y, como si en esa indagación pudiese hallar pistas que aportar a la efectividad de la detective, dediqué el tiempo a rememorar mi ya lejanísima amistad con Lars. La evocación fue imponiéndose imperceptiblemente, casi diría que a traición, sobre el enfado y el afán de justicia, y desembocó en una depresiva añoranza del propio pasado que acabó por enfrentarme, a pesar de mi estado de salud razonablemente bueno, a la idea de mi propia muerte, que por simple ley natural no podía acechar demasiado lejos. Contra esos lóbregos pensamientos me esforzaba por rebelarme cuando llegó una nueva carta de Lars. Era seca y no menos iracunda que la mía. Pero no era eso lo peor.

> No has querido por las buenas, Jeannot. A ver por las malas: ¿es que no he sido claro al pedirte tu colaboración, al explicarte que te necesito? ¿Es que no has entendido que, para darme a conocer, nadie reúne el nivel profesional, de un lado, y el conocimiento de mi pasado y persona, por otro, que reúnes tú? ¿Qué crees, que no he indagado otras posibilidades? ¡Claro que hay periodistas de fama mundial que pagarían millones por lo que yo deseo revelar! Pero no me conocieron como tú, y sería el suyo un retrato incompleto, frío e incomparablemente inferior; eso, sin contar con la probabilidad de que concediesen en sus escritos más importancia al impactante tema que a su genial autor; también hay jueces e historiadores, científicos y humanistas… pero ¿quién de ellos ha rechazado el Nobel? Esa catapulta mediática fue lo que, tras mucho meditarlo, me decidió a escribirte. Ahora no puedes rechazarme. Aunque quieras. Así que, ya que no he con-

seguido inflamar el supuesto afán justiciero –que, ahora lo veo, poca consistencia tiene– del «Médico de la Resistencia», apelaré al instinto de hombre, de ser humano que se pretende digno, de Jean Laventier. Apelaré a tu odio, Jeannot; lo avivaré... Dime, ¿dónde prefieres que te hiera? ¿En el sentido del honor de médico y caballero? ¿En ese tan cacareado valor que te convirtió en heroico pacifista francés y mundial? ¿En el corazón de tu imperio humanista? Pero no, que tú decidas nos llevaría tiempo y carecemos de él, así que permíteme que sea yo quien elija... Olvidemos por un momento tus dedicaciones humanitarias, la grandeza de tu espíritu y lo que representa esa «mirada de un niño desvalido» a la que tanta importancia dabas en algún anuncio reciente de televisión, y centrémonos en tus instintos primarios. Hablemos de Florence.

Al ver escrito el nombre de la mujer que amé, supe que Lars lo había tenido en mente desde el principio. Como el as en la bocamanga del jugador. Sentí miedo de verdad. Miedo físico.

¿O no fue primario tu orgullo cuando, al conseguir por fin poseerla, me restregaste la victoria con maneras ancestrales de macho arrogante? Sé que no la olvidaste cuando se fue a Italia porque tú mismo, involuntariamente y sin explicitarlo, me lo permitiste saber durante aquellos días del París ocupado en que te seguí y te vi vagar por el caserón de Loissy (no es que me haya acordado de pronto del nombre; es que en mi anterior carta aparentaba haberlo olvidado) como una sombra herida de muerte. Así supe que el recuerdo de Florence no sólo había sido lo más importante de tu vida: también seguía siéndolo. Supongo que con la edad se habrá remitido aquella pasión, pero aun así probaré a ver cómo reaccionas ante las nuevas noticias. Puede que guardes su última carta; sí, eres de ésos, de los que escuchan el vals que le gustaba a su amada, de los que bailan con su espectro, de los que se regodean en su masoquista desesperanza... De los que guardan las cartas de amor. ¿La tienes a mano? Probablemente sí, ya de joven eras muy fetichista, pero por si me equivoco, permite que te recuerde algunos de sus párrafos, aquellos que, como si así preservases íntegras las posibilidades de su regreso, te negabas a mostrarme. Ya ves que no era necesario. Los conocía bien, los había escrito yo. Aunque no, no es exacto: en realidad, no fue mi mano la que trazó las palabras. ¿No me crees? ¿Quieres que te lo demuestre? ¿Por ejemplo con lo que decía la posdata? Allá va, imagíname caricaturizando un tono afeminado y frunciendo los labios: «Hace sol, estoy tumbada en la cama, desnudándome, un te amo por cada prenda que me quito»...

Ferrer volvió las páginas del manuscrito hasta regresar a la carta que, por indicación expresa de Laventier, había dejado señalada.

> «Posdata: estoy tumbada en la cama del hotel, tengo una gran terraza al lado, hace sol y calor, me acuerdo de ti, me voy a ir quitando la ropa, un te amo por cada prenda. Te amo... te amo... te amo... te amo...»

No le costó imaginar el mazazo que debió suponer para Laventier la evidencia de que Lars, en circunstancias que sólo cabía imaginar siniestras, había tenido la carta en sus manos antes que él. Ferrer notó removerse y comenzar a latir en las venas la inquietud por la relación de sus padres con Lars.

> Y luego repetía varias veces «te amo», ¿verdad, Jeannot? Algo así: lo siento, mi memoria no da para más. Aunque sí recuerdo qué era cierto y qué falso en aquel texto. Por ejemplo, Florence no se estaba quitando la ropa porque ya estaba desnuda. Y hacía sol, sí; pero no donde ella se encontraba (que, desde luego, no era Italia). Y aquí se acaba esta carta, cuécete un poco en su jugo. O, si tienes mucha prisa por saber más, coge el coche y vete a Loissy. Allí, junto al fonógrafo que guardas como una reliquia, te espera otra carta. Sí, no te sorprendas, aunque ahora no pueda desplazarme tengo por todo el mundo colaboradores para estos pequeños encargos que tanto me

gustaba hacer personalmente a mí antes de que me atacase un amago de infarto en mi habitual suite de Madrid, durante mi última gira europea.

¡Lars en Madrid! ¡Y no esa única vez, a juzgar por la familiaridad con que se refería a su hotel! Ferrer visualizó tenebrosas ramificaciones del súbito presentimiento que le asaltó: Lars coincidiendo en alguno de los actos sociales que sus padres frecuentaban, sentado incluso a su misma mesa, departiendo amablemente con ellos... preguntándoles con encantadora cortesía por su hijo. La asociación de ideas fue más allá: Lars, desde la seguridad de un coche de cristales ahumados, espiando a Bego mientras llevaba a Pilar al colegio; o departiendo amablemente con ambas tras la fachada de encantador caballero anciano que sin duda era su especialidad impostar.

¿Por qué no? ¿Qué me habría impedido estar allí? Todo está a mi alcance, también –o sobre todo– los más íntimos santuarios de aquel a quien me propongo acosar. Sólo tuve que dar las órdenes precisas y mi mensajero se desplazó hasta Loissy para depositar la carta. Corre a leerla. Florence te espera.

¿Tan poco has tardado, Jeannot? No, no te inquietes, no te estoy observando, carezco de cámaras de control remoto e ingenuidades similares; simplemente, tiene lógica que, apenas terminada mi nota anterior, hayas ordenado a tu chófer que te traiga hasta aquí: ¿me equivoco al pensar que, dentro de los márgenes que te imponen el exceso de peso y ese bastón que siempre llevas en público, has entrado al caserón con precipitación y has corrido hasta el fonógrafo en busca de esta carta? Pues ya la estás leyendo; ahora, despide al chófer con la orden de regresar mañana a recogerte. Bien, ya lo has hecho... Estamos por fin solos: es el momento de confesarte que en mi primera carta larga no te he dicho toda la verdad; en realidad, he mentido con cierta holgura en determinados pasajes. En algunos casos se trataba de una cuestión de seguridad, de impedir que por tus propios medios pudieras aproximarte a mí o a determinados fragmentos de mi pasado: el nombre de Chândelis –tal vez te has molestado en comprobarlo– es falso, aunque no lo que ocurrió en el palacio que requisé para instalar mi laboratorio de tortura; en otras ocasiones te he mentido con el objetivo –no alcanzado, evidentemente– de ablandar tu sensibilidad para predisponerla en mi favor: por ejemplo, en la estación de tren desde la que emprendí la huida no sentí angustia alguna por el futuro de soledad que me aguardaba; y tampoco vi a la puta rubia: igual que a su compañera morena, la maté en el burdel, como el testigo incómodo que era, antes de que los americanos entraran en París. De todos los sentimientos que, a propósito de ella, he reflexionado y matizado, sólo la fascinación que ejerció sobre mí la ignorancia sobre cuál de las dos era la puta profesional y cuál la abnegada madre es cierto; eso, y el hecho de que no hay nada como la sumisión mental absoluta de un cuerpo hermoso desnudo. Pero como ves, se trataba de maquillajes de la verdad de orden secundario. Sin embargo, hay otra mentira verdaderamente importante que, sin duda, ya te intrigó durante la anterior lectura: tu colaboración, involuntaria pero decisiva, en el éxito de mi plan de fuga. ¿A qué me refería?, estoy seguro de que te preguntaste al leerlo... Durante la ocupación de París, coincidiendo con mi conocimiento de la muerte de Heydrich, en junio de 1942, recuerdas que te encontré por casualidad en el Sena, te seguí hasta Loissy y te vi bailar a solas con el espectro que, lo comprendí de inmediato, sólo podía ser de Florence... A partir de aquella visita, Loissy fue mi segunda casa, el cuartel general desde el que ejecuté los preparativos de mi plan de fuga que, como recordarás, debía permanecer oculto para todo el mundo y especialmente para mis colaboradores directos. Consistía este plan en el secuestro y cobro de rescate de personas adineradas. Gracias a Loissy el espacio donde mantener discretamente ocultos a mis futuros prisioneros estuvo resuelto: la amplia bodega del caserón y sus oscuros sótanos eran celdas que nadie descubriría, ya que, como me demostraron las telarañas que cubrían las puertas el primer día que me aventuré a inspeccionar el lugar, tú nunca bajabas a ese subsuelo de moho y oscuridad. Por tanto, tenía ya mis mazmorras secretas y clandestinas: compartes conmigo el honor de haber sido copropietario de la única prisión de Francia que la Gestapo desconocía. Veamos ahora a mis víctimas. Te preguntarás a quién se le podía exigir un rescate en el París ocupado: lógico, yo también me lo pregunté... Todas las fortunas expoliables estaban ya expoliadas, y sus nuevos titulares, al detentar el poder, eran intocables. Entonces, ¿a quién secuestrar? Reconozco que el problema me estancó durante algún tiempo; hasta que un día, mientras me acicalaba en Berlín para acudir a la ópera con Vera madre y Vera hija, el espejo me mostró a la víctima ideal: fascistas franceses que, como yo, estuviesen ya preocupados por la fuga y se dedicasen a atesorar, más o menos clandestinamente, valores con los que iniciar una nueva vida. En una palabra, mis propios colegas. Naturalmente: ¿cómo no lo había pensado antes? Con mis conocimientos y contactos, no fue difícil encontrar a las víctimas concretas o incluso crearlas a medida: en dos ocasiones me encargué de que sendos ayudantes temporales a los que había contratado fueran pagados con oro. Eran hombres jóvenes, sin ataduras, a los que yo mismo hice ver los tiempos difíciles que se avecinaban y las ventajas de ocultar su fortuna en lugares secretos, y fueron los primeros a los que llevé hasta Chândelis con la promesa de una especialísima orgía, los primeros a los que, tras narcotizar sus bebidas, encadené a las paredes de tu bodega. No podía entretenerme en chantajear a los familiares de la víctima con ayuda del convencional goteo del paso del tiempo: en mi particular planteamiento cada segundo contaba. El secuestrado debía entregarme sus bienes en un tiempo mínimo, y la tortura era la herramienta adecuada. Aún recuerdo la primera experiencia: violenta y trabajosa, angustiosa incluso desde mi perspectiva de verdugo; nada tenía que ver observar y dirigir sesiones de tortura con ejecutarlas personalmente; los detalles –desnudar al sujeto para desprotegerlo por completo, amordazarle contra su voluntad, oler de cerca su sudor– se volvían sórdidos y contagiosos en su obscenidad, y la aplicación de dolor con los escasos medios de que disponía, ardua de por sí, veía acrecentada su dificultad por el hecho de que, al menos en dos de los casos, la rabia por mi traición volvió a los prisioneros iracundos y temibles, verdaderamente aterradores a pesar de su inmovilidad: sabían, porque no podía extraerse otra conclusión, que en cuanto hablaran estarían muertos. De hecho, comprendí enseguida que el suplicio debía ser continuo y particularmente espeluznante, a fin de que la víctima, superados pronto sus límites de resistencia al dolor, desease con fervor la muerte y, para lograrla, se apresurase a entregarme su tesoro. Los torturaba sin descanso, día y noche, con toda la ferocidad que era capaz de improvisar sobre la marcha, pues allí no disponía de sofisticados ingenios mecánicos. Cuando me cansaba, y para no perder tiempo en desplazamientos, recuperaba el aliento allí mismo, entre los aullidos y excrementos del prisionero, pero otras veces me veía obligado a regresar a París para atender compromisos ineludibles, en cuyo caso los dejaba encadenados y amordazados, lo que espoleaba mi inquietud mientras aparentaba tranquilidad en la reunión o el cóctel que había requerido mi presencia: temía, sobre todo al principio, que el prisionero se liberase por sus propios medios e irrumpiese, furioso y ensangrentado, donde yo me encontraba. También imaginaba que alguna casualidad te llevaba a descubrirlos; porque has de saber que en tres ocasiones coincidiste con ellos; incluso en una de ellas, mientras te regodeabas una y otra vez con el vals que, remoto, llegaba hasta la mazmorra, yo torturaba a una de mis víctimas más tercas, un pistolero gascón. Descubrí así, al amordazarlo para que sus gritos no llegaran hasta ti, que el dolor humano se duplica, se triplica, se multiplica hasta el infinito cuando la víctima no puede gritar: pegado al rostro del gascón mientras separaba la piel de su tórax, pude observar cómo los alaridos obligados a permanecer dentro de su cabeza se hinchaban como un globo y amenazaban con reventar las venas del cuello o hacer saltar lejos de sí los globos oculares. Aquel gascón fue también el último de mis inversores: con él consideré satisfactorio el tesoro reunido y pude abandonar la tensa actividad que, a esas alturas, había llevado ya a la Gestapo a tratar de esclarecer las extrañas desapariciones nombrando a un sagaz investigador especial que incluso llegó a fisgonear peligrosamente en las proximidades de mi entorno: hubiera sido penoso ser fusilado por un ejército vencido, al borde del desastre y la desbandada. Pero en fin, cosa pasada; ahora, Jeannot, baja a la bodega. Los cadáveres de mis víctimas están –supongo que allí siguen– en el gran tonel hueco que hay a la derecha de la puerta; en cuanto a los lingotes de oro que no pude llevar conmigo, deben de continuar bajo la octava baldosa de piedra del suelo, contando desde la entrada. Quédatelos en concepto de alquiler de la mazmorra y sal enseguida al jardín: ahora llega lo verdaderamente importante. Acércate al viejo pozo que, en aquella lejanísima visita que Florence, tú y yo hicimos al caserón, tan siniestro nos pareció. ¿Sigue seco? ¿Sigue tapada su boca por la cubierta abatible de madera? Si es así, y si tus fuerzas te lo permiten, levántala. O tal vez a estas alturas, verificado el hecho de que no miento por el vistazo que has echado al interior del gran tonel y bajo la octava baldosa, te imaginas ya quién ha reposado tantos años ahí abajo, al fondo del estrecho agujero de oscura humedad. No quise que ocurriera, pero no me dejó otra opción. Cuando, con la excusa de prepararte una fiesta sorpresa, la convencí para que me acompañara a Loissy, mi única intención era seducirla y satisfacer el deseo intolerable que, azuzado por la circunstancia no menos intolerable de que eras tú quien la poseía, me carcomía sin remedio. Estaba dispuesto a tomarla como fuese, e imaginaba que ella, sensibilizada por mi resolución tanto como por el solitario entorno, acabaría por concederme los favores sexuales que tan liberalmente regalaba a otros. Pero no: tuvo que resistirse; es más, con esa convicción que la caracterizaba, amenazó con denunciarme apenas llegase a París. Vi que hablaba en serio, y claro está que no lo podía consentir. Estaba realmente furiosa, y eso la hacía más bella, más excitante, más codiciable. Fui más fuerte y la violé, y luego, ya relajado, decidí, mientras miraba su cuerpo desvanecido, qué hacer con la inesperada situación. No te entretendré con mis elucubraciones, aunque sí con la conclusión que extraje de ellas, con la que sin duda tuvo que ver algún transitorio estado de ofuscación. La até a la cama y, cuando despertó, seguí montándola. Su rabia crecía y hacía crecer mi deseo. La mantuve así, sujeta a la cama en la que os habíais acostado, un día, y luego dos, y luego tres. En mi mente se iba abriendo camino la necesidad de solucionar de alguna manera el comprometedor asunto, cuya gravedad se hacía más patente por la angustia que te atormentaba y por tu resolución, que como recordarás enfrié con lógica en más de una ocasión, de acudir a la policía, pero ningún amago de raciocinio resistía al deseo que me despertaba la posesión de Florence. Al quinto día –tal vez para entonces mi subconsciente ya había asumido que no podía salir viva de allí– la obligué a escribir la misiva que luego un conocido italiano te remitió a París. Florence fue lista hasta el final: accedió a escribir la carta porque, en su primera versión, introdujo, entre las palabras de contenido sexual que me divirtió dictarle, una referencia a cierto dosel cargado de leyendas bajo el que estaría durmiendo en su alojamiento italiano. La alusión nada me dijo, y probablemente nada hubiese significado tampoco para ti, pero algo de su precisión, de su aroma a contraseña, me recomendó no pasarla por alto. El intento le costó a Florence un castigo: castigar sus intentos de rebeldía era maravilloso, y lo siguió siendo hasta que tu decisión de pasar un fin de semana solo en Loissy me aconsejó quitarla de en medio. Ni siquiera se me pasó por la cabeza ocultarla en la bodega: la estrangulé y la arrojé al pozo desde el que ahora su calavera te mira. Jamás imaginé que tantos años después aquel cuerpo, o más concretamente su esqueleto, me serviría para espolear tu adiposa desidia vital.

Anne Vanel llegó tres horas después de que la llamase, apenas me recuperé del impacto provocado por el descubrimiento del oro enterrado y de los esqueletos envueltos en telarañas del fondo del tonel: algunos de ellos todavía mantenían la mandíbula desencajada en un alarido terrorífico, como si el momento del fallecimiento, lejos de culminarse en un último suspiro apacible, se hubiese producido en medio de un intenso sufrimiento concreto. No quería implicar aún a la policía, pero necesitaba el consejo de un profesional. Vanel controló rápidamente la situación: sus hombres, con ayuda de equipo trasladado desde París, extrajeron al amanecer otro esqueleto, éste fragmentado por el frío paso de las décadas, del fondo del pozo. No detallaré los sentimientos que me anonadaron, pues imagino que son obvios; sólo diré que sigue despertándome entre sudores fríos la idea de que, si Lars no hubiera reparado en la referencia al dosel con la que Florence me lanzaba un desesperado mensaje de socorro, hubiera podido salvarla. Encerrado en la vieja habitación de nuestro amor, donde también había tenido lugar la prolongada violación de Lars, me pregunté, observando hundido desde la ventana a los hombres de Vanel concluir el trabajo, si esa retorcida jugada del destino no justificaba mi rendición definitiva a la tristeza que en esos momentos me invadía. Este día fatídico que vi de nuevo a Florence era, como ya he dicho antes, el 22 de agosto de 1991: la fecha, podía decirse, en que enviudaba de la mujer amada, de la mujer al menos mitificada. Tal vez, si Lars no se hubiese cruzado en nuestro camino, me encontraría en ese momento llorando a la mujer fallecida de muerte natural tras cincuenta años de felicidad común en el castillo de Loissy, donde nos habríamos trasladado al finalizar la guerra... tal vez el césped estaría verde y luminoso, como el resto de la vegetación del jardín que ahora veía desnudo y salpicado de zarzas sobre la tierra seca... Sólo una cosa me impidió decidirme a abandonar mi cuerpo a la muerte: el destello súbito de una palabra jamás pronunciada ni considerada: venganza. «Voy a buscarte, Victor Lars –repetía la ira en mi cabeza; y notaba cómo ese afán insuflaba coraje y juventud a mis venas–. Y cuando te encuentre te mataré»... Sé, sin embargo, que tal afán se habría ido disolviendo con el paso de las horas, apenas mi habitual frialdad analítica se hubiese asentado de nuevo sobre el arranque de odio: en tal caso, usted nunca habría sabido de mí ni de lo que tanto le afecta de Victor Lars... Pero, cuando caía ya la tarde, Anne Vanel golpeó suavemente en la puerta, entró, se sentó junto a mí y, con encomiable delicadeza hacia mi dolorosa circunstancia, me dijo: «Iba a llamarle justo cuando usted lo ha hecho. Hemos estado estudiando el material que me entregó. Y sé dónde se encuentra Victor Lars».

Azuzado por la urgencia, Ferrer dejó el manuscrito a un lado, buscó la tarjeta que Laventier le había entregado por la tarde y marcó con impaciencia el número de teléfono anotado en ella: Laventier había hablado de una cita con Lars, y le aterraba la idea de que se vengase de él, de que lo matara sin darle tiempo a esclarecer la relación que le unió a Aurelio y Cristina.

–¿Hotel Atlántico, dígame?

–Quería hablar con la habitación doscientos seis. Señor Laventier.

–Un momento...

El telefonista pasó la llamada. Sonó el hilo musical, una versión descafeinada de alguna banda sonora de los sesenta. Nadie levantaba el auricular al otro lado. Volvió a hablar el telefonista.

–Lo siento, señor. No contestan.

Ferrer colgó. El teléfono sonó antes de que hubiese podido retirar la mano.

–Son las nueve y media, señor.

La fiesta... Ferrer pensaba en una excusa para no acudir cuando el recepcionista continuó:

–Me dicen que Raúl le espera.

–¿Raúl? Ah, sí... Bien, bajaré ahora...

Ferrer colgó, se cambió a toda prisa y salió de la habitación apresurado por el deseo de hablar con el viejo camarero. En su cabeza resonaban las palabras que, estaba cada vez más convencido, afectaban a su vida de forma insospechadamente ominosa.

> Voy a buscarte, Victor Lars. Y cuando te encuentre te mataré.

Capítulo Cinco

¡¡¡MUERTE AL REY DE ESPAÑ

–Así es, señor. Entré a trabajar en el hotel en el año cuarenta y siete, de botones. Tenía catorce años.

Raúl era un mulato canoso que a pesar de sus kilos de más lucía con elegancia el impecable esmoquin blanco que lo distinguía como jefe de sala del restaurante del hotel. Parecía un hombre de espíritu sereno, satisfecho de sus logros. Ferrer, al estrecharle la mano, había percibido que era feliz o se hallaba cerca de serlo.

–El caso es que estoy escribiendo sobre un hombre que se hospedó aquí por entonces, y quería saber si usted lo recuerda.

–¿El año cuarenta y siete? –enarcó Raúl las cejas para subrayar la insuficiencia del dato.

Ferrer abrió el libro de registro que le había prestado el director del hotel y fue deslizando el dedo índice por las casillas correspondientes a los meses: Lars, según sus propias palabras, debía de haberse hospedado poco después del primero de mayo. Y, en efecto, no tardó en hallarlo, con el apellido ingenuamente maquillado: un nombre anotado con mayúsculas, probablemente por el recepcionista de turno, y a su lado el trazo escueto y puntiagudo de una firma apresurada: Victor Lasa, 4 de mayo de 1947... El francés había aprovechado bien su tiempo: apenas setenta y dos horas después de haber disparado el flash fotográfico en la embajada ya podía permitirse la mejor habitación de la ciudad. Y sin duda se sentía a salvo: Lasa en sustitución de Lars era un disfraz poco sofisticado. Pero tal vez precisamente por eso resultaba más seguro que otros.

–Aquí está –dijo volviendo el libro hacia Raúl–. Ésta es su firma. Lasa. Victor Lasa. ¿Lo recuerda?

Una expresión de franca alegría animó a Raúl.

–¡Cómo no! ¡El señor Lasa! *El Mesié,* le llamábamos entre los botones. Aunque hablaba muy bien nuestro idioma, tenía un notable acento francés. Y dejaba espléndidas propinas. *Mesié* Lasa, claro... –el mulato sonrió ensoñadoramente, como si asociase el nombre a hermosas épocas de su propio pasado; tan expresiva reacción de cordialidad desmanteló el meditado cuestionario que Ferrer había preparado.

–¿Era... eh... un hombre rico? –improvisó al azar.

–Para mí, entonces, lo parecía. No tenía otra referencia que las propinas de los demás clientes, normalmente mucho más bajas. Y luego comprobé que además de parecerlo lo era.

–¿Luego?

–A lo largo de los años.

–¿Es que lo siguió tratando?

–Siempre que venía por aquí, ya como simple visitante. Alguna fiesta, alguna reunión de negocios... En el hotel, como cliente, estuvo... –consultó el libro de registro–. Sí, lo que pone aquí: hasta el final del cuarenta y siete. Y parte del cuarenta y ocho también.

–¿Recuerda hasta cuándo? –Ferrer se recriminó no haber pedido el libro de registros del año siguiente: podría haber conocido la fecha exacta de cambio de residencia de Lars.

–Principios de verano, más o menos. Luego debió de instalarse en otro lugar, supongo que su propia casa. Pero cuando la ocasión lo requería nos honraba con su presencia. El señor Lasa era un hombre importante. Bueno, y sigue siéndolo.

–¿Sigue siéndolo? ¿Sabe a qué se dedica?

–Negocios. Y durante muchos años, magníficas relaciones con el régimen de los coroneles... Supo aprovecharlas, supongo.

–¿Conoce por casualidad su dirección?

–En eso siempre fue extremadamente discreto. Yo le he tratado y le trato sólo en el hotel.

Ferrer sintió un escalofrío.

–¿Le trata? ¿Quiere decir que aún suele venir?

–Por supuesto; aunque cada vez menos, a causa de la edad. Pero lo normal, en un acontecimiento como el de hoy, sería que estuviera aquí. Le gustan mucho estas reuniones.

Ferrer lanzó una mirada inquieta hacia la entrada del jardín, por la que seguían accediendo los invitados a la fiesta. Raúl consultó expresivamente su reloj y Ferrer captó la indirecta.

–No se preocupe, no le entretengo más. Pero dígame, ¿cómo era el señor Lasa?

–¿De aspecto físico, quiere decir? No muy alto, apuesto, de pelo blanco... de trato enormemente cordial. Seductor, diría yo. Y también le diré que era, si me permite una opinión puramente personal...

–Por favor...

–Un hombre bueno.

«Un hombre bueno»... Con esa expresión comenzaba Laventier su manuscrito... «¿Sabe usted por qué matan los hombres buenos, señor Ferrer?»

–¿Bueno? ¿En qué sentido?

–En el único que tiene la palabra. Ayudaba a la gente. Le gustaba hacerlo. Y le sigue gustando. A mí, por ejemplo, me recomendó para un ascenso en al menos dos ocasiones. Al parecer, admiraba mi profesionalidad. Dos ocasiones que a mí me consten, me lo contó al jubilarse el que por entonces era director del hotel. Y le aseguro que lo hizo por pura generosidad. Igual que con todos los demás, hombres y mujeres de Leonito. Necesitaba personal para sus empresas y siempre prefería contratar a gente humilde. Ya le digo, un hombre bueno –concluyó Raúl–. Y ahora, si no desea nada más...

–Únicamente que, si recordase algo que me permitiera localizar al señor Lasa y hablar con él, me lo haga saber.

Raúl asintió con una levísima inclinación de cabeza y se alejó. Ferrer, ya a solas, caminó hacia el bar de Lili: toda la actividad estaba concentrada en el jardín, y la tranquilidad de la desierta barra en penumbra era lo que necesitaba. Apoyó el libro de registros sobre el mostrador y pasó el dedo sobre la vieja rúbrica de tinta: más de cuatro décadas atrás, sobre ese punto exacto del papel, Victor Lars había garabateado la firma que él rozaba ahora. Le estremeció pensar que, aunque mínimo, se trataba de un contacto físico con él. Como el de estrecharle la mano. Como el de imaginarlo cerca, tal vez en el jardín o a punto de llegar a él... La proximidad de «un hombre bueno». Cerró el libro de registros y sacó del bolsillo el manuscrito de Laventier, preguntándose por qué el francés no respondía a su llamada.

> El cadáver de mi pobre Florence fue arrojado a la humedad del pozo completamente desnuda, quemadas las yemas de los dedos y machacada la dentadura a martillazos para evitar posibles identificaciones, sin el menor miramiento, sin el menor atisbo de respeto: un despojo de carne del que convenía librarse, un zapato viejo que por el más monstruoso de los azares permaneció durante medio siglo a dos pasos de la persona que lo hubiera dado todo por rescatarlo, por darle un entierro digno, por ofrecerle la fidelidad inútil de mi dolor eterno... Mientras ella se pudría en su mazmorra de soledad yo bailaba nuestro vals abandonado a la melancolía... ¡Cuántas veces desde el fatal descubrimiento hube de entrever que su espíritu, sobreviviendo irracionalmente y durante décadas al cuerpo descompuesto, revivía por la cruel llamada de esa melodía maldita para, entre patéticos alaridos, suplicarme inútilmente que asomase la cabeza a la boca del pozo! La rabia por esa imagen, sin duda la más insoportable de las que he padecido, fue la que, sobresaltándome puntual apenas el agotamiento me concedía unos momentos de sueño, acabó por espolearme para vencer a la depresión inapetente e insomne que, tras la exhumación, alarmó a mis más cercanos

colaboradores durante la larga semana que permanecí encerrado en mi despacho, ejerciendo a la vez de fiscal y defensor de mis sentimientos y mi razón; la rabia por esa imagen, finalmente, iluminó también en mi mente al juez que, a pesar de todo, renunció al afán de condena a muerte contra Lars con el que la pena y el odio me habían tentado y me tentaban: mi enemigo me provocaba para que partiese en su busca dejando que guiase mis actos el primer impulso vengativo. Pues bien, yo iría a por él; pero, lejos de dejarme arrastrar por esa reacción de ira primitiva que sin duda había sopesado él como sutil forma de victoria sobre mis principios, perseguiría tan sólo ponerlo ante un tribunal que juzgase sus crímenes conforme a derecho. Ése sería su peor castigo, su derrota incuestionable ante la justicia de la que siempre se había burlado. Alentado por tal perspectiva, un horizonte de redención para todas las calladas cobardías de mi vida, que ni siquiera la renuncia al Nobel había logrado aliviar, pareció dibujarse por fin, e incluso algún espasmo de mi lejanísimo juramento juvenil revivió por el renovado compromiso con mis principios. ¿Cómo podía sospechar entonces que acabaría por violarlos, arrastrado por un torbellino insólito y atroz, inimaginable entonces pero concretado hoy, mientras escribo, en el arma que aguarda en mi maletín el momento inminente de mirar a los ojos de Lars antes de darle obscenamente muerte? Cuando mi ingenua y civilizada decisión estuvo tomada pedí a Anne Vanel que acudiera a verme. Ella había afirmado saber dónde se encontraba Lars, y le supliqué que contraviniese su obligación de informar a las autoridades de los macabros hallazgos de Loissy hasta que estuviéramos en disposición de detenerlo. Para mi sorpresa, aceptó de buen grado, aunque no lo hizo por dejadez profesional o altruista solidaridad conmigo, con Florence, con el chileno Fiorino, con el misterioso Niño de los coroneles o con todas las otras víctimas que la continuación de la biografía de Lars parecía prometer... Vanel aceptó porque consideraba que la resolución del excepcional caso que tenía entre manos iba a disparar su prestigio y cotización. De hecho, el exhaustivo informe que traía consigo demostraba que había trabajado y estaba trabajando con entusiasmo.

Decía así:

AFFAIRE LAVENTIER

París, 30 de septiembre de 1991

Estimado M. Laventier:

Paso a detallar los procesos de investigación que mi equipo ha desarrollado a partir de los escritos firmados por Victor Lars (en adelante VL) que confió usted a nuestra agencia con fecha 28/8/91.

Los pasos previos de nuestra encuesta estuvieron encaminados a elucidar la veracidad de las cartas de VL: en alguna ocasión las bromas bien tramadas han supuesto para nuestra agencia y nuestros clientes enojosas pérdidas de tiempo, y dedicamos a detectarlas todo el rigor de los primeros esfuerzos (los macabros restos humanos de Loissy, hallados después de la elaboración de este informe, nos habrían ahorrado la sutil cautela). Debo decir que, de tratarse de una broma, habría sido sin duda la mejor urdida de todas las que desde esta casa hemos desenmascarado. Pero lamentablemente el manuscrito de VL no es ninguna broma, como a la postre han demostrado los hallazgos antedichos.

Una vez aclarado este punto, decidimos seguir dos líneas maestras de trabajo:

1.– VICTOR LARS EN PARÍS DURANTE LA OCUPACIÓN ALEMANA.

La investigación sobre Louis Crandell, sicario de «Laffont» al que VL confiesa haber asesinado para ocupar su puesto en la entrevista con Reinhard Heydrich que tuvo lugar, según el manuscrito, «en agosto de 1941», figura escuetamente reseñada en los archivos policiales que se conservan de la época. Es un primer punto a nuestro favor: llegado el caso de un juicio, la confesión escrita por VL de aquel remoto asesinato podría ayudar a decidir la balanza en su contra.

El rastreo de los otros «crímenes parisinos» de VL –descartando el de las dos prostitutas anónimas de La Sombra Azul: son «cadáveres inexistentes» y por tanto inservibles como base acusatoria–, acabó por llevarnos hasta los denominados «archivizcondesitos de Chândelis». Como el propio VL dice, se trataba de un nombre inventado, pero la sordidez de la historia, sumada al hecho de que el propio VL, caprichosamente, los dejara vivir al término de la guerra, nos empecinó en la búsqueda. A pesar de que VL tuvo buen cuidado en no dejar fisuras en la narración de esos hechos, olvidó un cabo suelto que precisamente a causa de su simplicidad y transparencia tardamos semanas en descubrir, aunque nos llevó por último hasta los «archiviz-condesitos» (por tratarse de conocidos miembros, ya fallecidos, de nuestra aristocracia no dejamos constancia escrita de sus nombres auténticos, que sólo le revelaremos en persona, al igual que haremos con esa pista –todavía hoy a disposición de cualquiera que se moleste en consultarla– que acabó por conducirnos hasta ellos).

La pista a la que alude Vanel no es otra que el sumario del juicio que condenó a Lars por fraude y estafa en 1938. Allí, lógicamente, figuraban los nombres de los desdichados aristócratas, que al haber estado implicados en el asunto declararon como testigos. Por respeto al criterio de Vanel tampoco yo dejo escrito sus nombres auténticos, y recurro, como ella, a llamarles Conde ** y Condesa **, y a denominar simplemente Palacio al lugar donde, durante muchos años después de la guerra –y, claro está, sin que Lars tuviera noticia de ello–, tuvo lugar la historia espeluznante que la detective descubrió.

*A la fecha de nuestra investigación, los dos nobles habían fallecido ya: el Conde ** en 1955 y su esposa dieciséis años después, en 1971. Sin embargo, tres años después de enviudar, la Condesa ** casó en segundas nupcias con un médico más joven que ella –al que llamaré Doctor **– que vive aún y accedió a recibirme.*

La entrevista fue cordial hasta que nombré a VL y exhibí el manuscrito. Entonces, mi anfitrión sufrió un ataque de angustia que obligó a suspender nuestro encuentro. Antes de salir, me dispuse a re-

*cuperar el manuscrito, pero el Doctor ** se aferró a él con extraña resolución. Tres días después, fue él mismo quien, con voz que delataba agotamiento o depresión, me llamó por teléfono. Acudí de inmediato a verle, y escuché de sus labios la historia de la que era único superviviente.*

*El día de agosto de 1944 en que VL huyó del Palacio tras asesinar a todos sus ocupantes, le divirtió dejar vivos a los miembros del insólito menage-à-trois formado por los Condes ** y el patético canalla Tuccio. Fue la Condesa ** quien, apenas se vio libre, tomó la iniciativa: con ayuda del Conde ** redujo y encerró al ya inofensivo Tuccio –la dotación de SS había huido ante el avance aliado– en una de las mazmorras que habían albergado los experimentos de VL. El plan –al que el Conde ** no se opuso: los dos largos años de tortura física y mental lo habían convertido en un pelele depresivo a merced de las pesadillas que desde entonces nunca logró apartar de sí– era aguardar a que la normalidad imperase de nuevo en París y en Francia y poner entonces al detenido en manos de la justicia, pero mientras ese momento llegaba un enfermizo proceso tuvo lugar en la mente de la Condesa **, y la tentación de hacer sufrir a Tuccio lo que él le había hecho sufrir a ella fue irresistible. Primero fue el placer simple y en parte pasivo de observar la angustia por el cautiverio y privaciones a que lo sometió, pero pronto, tras aprovechar su debilitamiento físico para encadenarlo, comenzó a castigarle personalmente, disfrutando de su dolor o del sollozo aterrado que el carcelero convertido en reo emitía cuando el sonido de apertura de los ce-*

*rrojos le anunciaba la llegada de su torturadora. Así, y aunque la normalidad acabó por regresar a París, la Condesa ** se negó a desprenderse del juguete de su odio. Cuando en 1955 murió el Conde **, la viuda pudo haber hallado en la trágica circunstancia el ánimo necesario para dar por finalizada la pesadilla del sótano, pero los meses de soledad rigurosa que siguieron al fallecimiento del marido acabaron por precipitar su mente hacia la locura. Para entonces –once años después de la liberación de París, once también del calvario de Tuccio–, las posesiones expoliadas por los alemanes le habían sido ya restituidas, y decidió un día reiniciar su olvidada vida social: contrató sirvientes, ventiló de recuerdos del pasado el Palacio y comenzó a ofrecer fiestas y recepciones sin renunciar al secreto placer que le suministraba el sufrimiento de su cautivo clandestino. Cuando sopesó la posibilidad de un nuevo matrimonio, la búsqueda de pretendiente estuvo dictada y dirigida por la demencia que ya regía todos los actos de su vida: el joven y ambicioso doctor carente de fortuna personal con el que se casó, lo hizo sabiendo que se contaría entre sus obligaciones maritales el cuidado y atención del cuerpo enfermo que envejecía entre padecimientos en el sótano... Cuidarlo y atenderlo para que pudiese aguantar más sufrimiento.*

*El Doctor ** hizo aquí una pausa y respiró profundamente, como si estuviese en realidad aspirando valor para continuar: «A cambio de compartir la fortuna de los Condes **, acepté el pacto monstruoso... Me vendí a él. Logré mantener vivo a Tuccio hasta 1968: en total, sufrió veintitrés años de* *encierro –nunca salió ni un solo minuto de la diminuta celda disimulada en el sótano– durante los que no se ablandó la ferocidad de mi esposa. De hecho, su vida quedó tras el fallecimiento malsanamente vacía. Vivía para atormentar a Tuccio y creo que acabó por morir, tres años después y con la razón ya por completo desquiciada, a causa de su ausencia. En su lecho de muerte me confesó que se sentía feliz. Podía morir tranquila, dijo. Gracias a mí, que conocía la horrenda historia porque había sido copartícipe de ella, Tuccio seguiría sufriendo, aunque sólo fuese en mi espíritu. En una palabra, seguiría vivo en mí... Cuando me quedé solo, traté de quitar importancia a la maldición, pero no fue posible. Aunque enterré a Tuccio bajo toneladas de cemento que cegaron para siempre su celda, el espectro del desdichado, unido al de mi esposa, ha seguido durante estos diecisiete años aquí... –el Doctor ** se tomó en este punto cierto tiempo para meditar, antes de pronunciarla, su siguiente, simple y terrible palabra– conmigo», concluyó abarcando el Palacio con un gesto de la mano; al principio me sorprendió la aparente inocencia de su frase, pero reparando en su mirada, pura angustia viva en medio del abatimiento acobardado del cuerpo encogido, comprendí su verdadera dimensión terrorífica.*

Aunque no lo incluyó en su informe, Vanel me confesó a título personal que abandonó el Palacio apresuradamente, desasosegada por la imagen del Doctor ** hundido en silencio en el sofá del gran salón del Palacio donde, apenas se quedase solo, sus remordimientos volverían para atormentarle... Vanel adjuntó al informe una serie de portadas y reportajes del año 1971 entresacadas de las revistas del corazón: fotografías del esplendor juvenil de la Condesa ** y también de su lujoso entierro, con el ataúd custodiado por el viudo cabizbajo al que ni los compungidos pésames de los representantes de las casas reales europeas parecían poder consolar. Me estremecí al recordar que una vez, mucho tiempo atrás, la Condesa ** y yo fuimos presentados durante una recepción con motivo del 14 de Julio. Aquel día mantuvimos una frívola conversación sobre ópera –lo recuerdo con precisión porque logró irritarme a causa de su insistencia en opiniones extravagantes–, sin imaginar que el espíritu de Victor Lars, que tan fatalmente decisivo había sido en la vida de los dos, era el nexo que nos unía por encima de las inocuas discrepancias musicales. Y ahora, la Condesa ** me había legado, además del odio todavía insatisfecho que en su día legó también al Doctor **, una pista a utilizar: llegado el caso, podría exhumarse el cadáver de Tuccio. Lars no había sido responsable directo de su muerte, pero sí causa primera de ella, y como en el caso de Crandell, así lo confesaba en su carta. Tal vez los hechos podrían impresionar con efectividad a un juez... Dos circunstancias incriminatorias ciertamente endebles, pero las únicas que, por el lado de París, había conseguido sumar Vanel al osario del jardín de Loissy. La pista americana de Lars fue, afortunadamente, mucho más fructífera.

2.– VICTOR LARS EN AMÉRICA (DESDE SU HUIDA DE FRANCIA HASTA HOY).

La narración de VL es meticulosa al ocultar la fecha de su viaje a América, y por tanto no tuvimos otra opción que la de movernos a ciegas: aventuramos que dicha huida habría tenido lugar entre 1944 (liberación de París) y, calculando por lo alto, 1955 (los nazis que para entonces no habían abandonado Europa habían muerto o se encontraban eficazmente ocultos y no necesitaban por tanto huir), y partimos de esta conjetura para el siguiente razonamiento escalonado:

A.– Por la referencia de VL a ciertos sucesos que tuvieron lugar en la embajada española del país americano al que arribó, sabemos que dicho país mantenía, a la fecha de los hechos, relaciones diplomáticas plenas con España; la Oficina de Información Diplomática del Ministerio de Asuntos Exteriores español nos facilitó los datos que nos permitieron establecer una primera lista de países a los que pudo viajar VL: Argentina (cuyas relaciones diplomáticas con España fueron establecidas el 26/2/39), Bolivia (relaciones desde el 2/2/50), Brasil (23/3/50), Colombia (6/5/50), Costa Rica (26/4/51), Cuba (17/7/52), Chile (14/7/51), Ecuador (4/8/50), El Salvador (5/10/50), Guatemala (15/11/54), Haití (6/10/49), Honduras (21/11/50), Leonito (1/3/47), Nicaragua (11/46), Panamá (27/10/51), Paraguay (9/9/48), Perú (12/1/50), República Dominicana (14/4/50), Uruguay (22/1/53) y Venezuela (4/49). En total, veinte países.

B.– Al narrar los anteriormente referidos sucesos de la embajada española del país que lo acogió, VL dice en un momento concreto: «... el exclusivo círculo de los militares dueños del poder...». Este dato redujo la primera lista a trece nombres: Argentina (Juan Domingo Perón llegó al poder a través de las urnas en 1948 y gobernó hasta 1955, en que fue derrocado por el general Onganía; se trata pues de siete años de proceso teóricamente democrático, pero determinadas crisis internas y el hecho de que Perón gobernase de hecho como un dictador nos aconsejaron no descartar inicialmente que éste hubiera sido el destino de VL), Bolivia (Junta militar del general Ballivián Rojas en 1951-52), Brasil (general Eurico Gaspar Dutra, 1946-51), Colombia (entre 1950 y 1953, dictadura de Laureano Gómez y guerra civil, y entre 1953-57, dictadura del general Gustavo Rojas Pinilla), Cuba (1952-59, dictadura de Fulgencio Batista; la llegada de Fidel Castro hace virtualmente imposible que un fugado nazi permaneciera en la isla, pero pudo saltar desde allí a otro país. Por el momento, no desechamos la pista cubana), Haití (dictadura de Paul Magloire entre 1950-56), Honduras (dictadura de Tiburcio Carías entre 1933-1949), Leonito (triunvirato de los coroneles Larriguera, Canchancha y Menéndez durante todo el período que nos interesa), Nicaragua (dictadura de Anastasio «Tacho» Somoza durante todo el período que nos interesa, aunque en 1947 se suceden dos presidentes-títere del dictador: L. Argüello y B. Lacayo), Paraguay (dictadura de Higinio Moríñigo entre 1940-1948 y desde 1954, dictadura del general Alfredo Stroëssner), Perú (dictadura de Manuel Odría entre 1948-1956), República Dominicana (dictadura familiar de Trujillo durante todo el período que nos interesa) y Venezuela (dictadura del coronel Carlos Delgado Chalbaud entre 1948-

1950). Trece países y una extensión territorial equivalente, de puro inmensa, a no tener nada. Aunque:

C.– El concepto geográfico nos permite eliminar de la lista a Paraguay: a pesar de las condiciones óptimas que la dictadura de Stroëssner ofrecía a los nazis huidos, el país carece de mar (y VL dice: «... apenas desembarqué, fui atracado y apaleado por un grupo de maleantes, probablemente compinchados con algún miembro de la organización que me llevó a América.»).

D.– Y es precisamente el mar el que nos lleva al punto crucial.

«... existe frente a la entrada de la bahía próxima a mi propiedad un faro cuyo haz, con los colores de la bandera nacional por quién sabe qué delirio de supuesta actividad lúdico-turística, completa su giro, día y noche, exactamente cada sesenta segundos (...) Acaba de hacerlo en este instante: luz azul mientras escribía los puntos suspensivos, rojo ahora, mientras acabo esta frase: otro giro y otro minuto menos, decididamente no tengo tiempo que perder».

VL escribe estas palabras en un momento psicológicamente bajo en el que se detectan tendencias melancólicas por el paso del tiempo e incluso depresión por la proximidad de la muerte. Durante ese leve ataque de desaliento baja la guardia y nos da –o se le escapa– un concepto clave: los colores rojo y azul que, solos o en compañía de otros colores, forman parte de la bandera del país donde se oculta. De un golpe, este dato reduce drásticamente nuestra lista a seis países: Colombia, Cuba, Haití, Leonito, República Dominicana y Venezuela.

Pero además, la existencia de «un faro de actividad lúdico-turística» nos permite descartar a Haití, paupérrimo territorio despreciado por las rutas turísticas, mientras que la referencia a una «bahía próxima a mi propiedad» no parece conciliable con el régimen cubano, especialmente si, como ya anotábamos más arriba, ese hacendado fuese a la vez un improbable nazi oculto en la Cuba castrista.

Éste fue el punto que marcó el tránsito a la investigación sobre el terreno. Nos dispusimos a viajar a los cuatro países –Colombia, Leonito, República Dominicana y Venezuela– que podían albergar un faro de haz azul y rojo, pero no fue necesario: una rutinaria visita a las oficinas de turismo correspondientes nos permitió averiguar que al principio del verano de 1970 seis faros «con los colores de la bandera nacional en su haz luminoso» fueron encendidos por primera vez en otras tantas entradas marítimas a sendos complejos turísticos inaugurados en esa época en la costa caribeña de Leonito. En estos momentos, sólo esperamos autorización de usted para trasladar hasta allí a un equipo que localice el faro que se divisa desde la propiedad de VL (adjunto copia de presupuesto suplementario con los gastos de desplazamiento).

Pero sea cual sea su decisión, es preciso que reflexione sobre un punto que he dejado para el final por su importancia, en mi opinión, capital.

Como acabo de decir, VL «baja la guardia y nos da –o se le escapa– un concepto clave», el del faro. Pero ¿se le escapa realmente? Me veo en la obligación de anotar la posibilidad de que no sea así. La opción uno –la lógica, la aparente– sería por tanto:

D1.– A VL, espontáneamente deprimido, se le escapa el dato del faro gracias al cual le descubrimos sin que lo sospeche. Correcto; pero sería ingenuo no proponer:

D2.– VL, fingiendo estar espontáneamente deprimido, nos hace creer que cae en ese error. De esta manera, mientras lo imaginamos desprevenido, él sabría que le acechamos. Esta opción, que reconozco retorcida, me ha sido sugerida por el innecesario derroche detallista («... un faro cuyo haz, con los colores de la bandera nacional por quién sabe qué delirio de supuesta actividad lúdico-turística...») con que VL, tan directo en sus descripciones, tan escueto y escurridizo siempre, nos regala de forma aparentemente distraída.

Esa profusión tan oportuna, sumada a mi intuición profesional, es la que me obliga a formular la cuestión con la que concluyo este informe:

¿Sabe VL que estamos sobre su pista?

Más aún:

¿Ha sido él quien ha propiciado su localización?

Y, de ser así:

¿Nos está esperando?

–*¡Ah, los libros! Todas las preguntas tienen veraz respuesta en los libros...*

La voz masculina, impostada y solemne, sobresaltó a Ferrer; cerró instintivamente el manuscrito y se giró en guardia: un anciano de mirada beoda le obsequiaba con una sonrisa torcida de dientes amarillentos que resultaba siniestra a pesar de sus intenciones amables o tal vez a causa de ellas.

–... *a menos que quien escribiera esos libros desease engañar a la posteridad*... ¿Le gusta la cita? Es de Balzac –el anciano depositó sobre la barra la copa que sostenía en la mano derecha y extendió ésta hacia Ferrer–. Permita que me presente, señor Ferrer. Mi nombre es Casildo Bueyes.

Ferrer no pestañeó ante el nombre. Se limitó a estrechar la mano extendida procurando mostrarse áspero y cortante para no propiciar la verborrea del borracho: el apretón de Bueyes fue inesperadamente fibroso y cordial para alguien cuya lengua resbalaba al vocalizar. Ferrer miró a los ojos del anciano: brillaron con fuerza sincera por un instante, como si sólo fueran capaces de sobreponerse al aturdimiento etílico una vez y quisieran que fuera ahora, cuando apretaba la mano de su interlocutor. Ferrer, a pesar de la prevención, quiso recompensar el esfuerzo con una amabilidad:

–Encantado. ¿Nos conocemos?

–Lo dudo, aunque yo... decían que era el mejor periodista de Leonito. En otra época... –explicó con voz cavernosa–. Ahora prefieren decir otras cosas...

Apuró la bebida con ansiedad que a Ferrer le pareció teñida de melodramatismo con un punto masoquista; esa teatralidad, pausada a causa de la inseguridad etílica, le confería un halo patético y a la vez irreal, como si fuera un personaje milagrosamente trasplantado a la realidad desde una película de terror de los primeros tiempos del cine sonoro. De pronto, una alegre voz femenina increpó con afecto al viejo periodista.

–No me sea tostachón, don Bueyes. ¡Alto el ánimo! –Lili, llevando una bandeja con restos de bebidas, llegó hasta ellos. Tras depositarla sobre el mostrador apoyó la mano sobre el hombro de Bueyes en un mohín solidario que frivolizó con tono cantarín–. ¿Quién le dice esas cosas malas? ¡Gente flemona y pinche! ¡Ni caso!

Bueyes alzó su vaso vacío.

–Sin rellenarme la copa, Lilita, esa amabilidad se queda en nada. Y sirve también a mi amigo español –dijo señalando a Ferrer.

–¡Ah, don Bueyes! ¡Cuánto echará de menos mis copas cuando me case y me instale en el norte! ¡Ni un vaso de agua más voy a servir! Menos a mi novio, a ése le serviré lo que quiera y hasta lo que no quiera. Bueno, novio no, marido; ya para entonces marido... –Lili guiñó un ojo a Bueyes y se volvió hacia Ferrer–. ¿Y usted, don Ferrer? –preguntó pegándose a él y jugueteando con el cuello de su camisa como una muñequita melosa y deliberadamente estúpida; de pronto, le lanzó una mirada de inteligencia y señaló con un seco gesto de las cejas hacia Bueyes:

–Cuidado, el alcohol lo encabrita de pronto y ya no se le puede sujetar –advirtió en voz baja y precisa antes de pasar al otro lado de la barra.

–Lo de siempre para mí –pidió Bueyes a Lili; la petición, a pesar de su trivialidad, adquirió en los labios del periodista el mismo tono sórdido que empañaba toda su actitud–. Y para mi amigo, lo que él quiera.

–Pues... –Ferrer no quería beber con el viejo, pero intuía que si se negaba provocaría su insistencia–. Gin tonic, por favor.

–Bien, amigo Ferrer –dijo el periodista–. Me perdonará que le haya abordado así, pero luego, en la vorágine de la fiesta, iba a ser más difícil saludarle.

–Tranquilo –minimizó Ferrer con un gesto mientras calculaba la edad de Bueyes: ¿habría tratado a Lars en el cuarenta y siete? ¿Y después, en cualquier otro momento de su vida? Decidió probar suerte–. De hecho, yo también deseaba conocerle. No sé si sabe que estoy aquí para escribir sobre Leónidas. Pero es que además... –tomó de la barra el libro de registros; Bueyes no le dejó concluir.

–¡Justo de eso quería hablarle! –atajó; la referencia de Ferrer había devuelto a su mirada el puntual brillo de serenidad–. De Leónidas y de la Montaña Profunda.

Lili depositó las copas frente a ellos; Bueyes la tomó como si encerrara un presagio favorable y la izó en un desmañado brindis que Ferrer secundó con desgana, arrepentido de haber dado pie a la conversación del borracho.

–¡Por la verdad! –clamó Bueyes.

Ferrer consintió con una sonrisa forzada.

–¡Quietos! ¡Así, sin pestañear! –Lili, con la cámara polaroid en las manos, se agachaba en busca de un buen ángulo para inmortalizar el momento. Apenas la mulata disparó la cámara, Ferrer miró de nuevo a Bueyes.

–Pero antes de hablar de la Montaña, dígame... ¿Conoció o conoce, o ha oído hablar de un tal Lasa? Victor Lasa.

–¿Lasa?

–Francés de origen. Un hombre de negocios bastante afecto al régimen de los coroneles. Y, según tengo entendido, bien conocido aquí.

Lili disparó de nuevo el flash y, acto seguido, puso entre los dos hombres la primera fotografía que había generado la polaroid.

–Recuerdito, cortesía de la casa –anunció sonriente antes de regresar al trabajo.

–Lasa... –Bueyes seguía rebuscando en su memoria vacía.

–En realidad se apellidaba Lars.

–Así, por el nombre... Tendría que consultar mis archivos.

–¿Me hará ese favor? –preguntó Ferrer con gravedad.

–Claro... –aceptó Bueyes de buen grado, consciente de que disponía ahora de un inesperado comodín que le garantizaba la atención de Ferrer–. Mañana, cuando nos citemos, tendrá datos sobre... –Bueyes sacó su pluma del bolsillo de la camisa, tomó la polaroid de la forzada pose de brindis y se dispuso a escribir sobre su dorso–. ¿Cómo ha dicho que se llama?

–Victor Lasa. O Victor Lars. Sé que llegó a Leonito en mil novecientos cuarenta y siete. En concreto, en el mes de mayo ya estaba aquí.

Bueyes raspó inútilmente el plumín contra el papel: el cargador de tinta estaba vacío. El periodista se quedó consternado, casi asustado, como si hubiera descubierto en el hecho nimio un augurio nefasto; durante unas inacabables décimas de segundo miró la pluma con tan terca fijación que a Ferrer le estremeció: no pudo evitar verse a sí mismo junto al cadáver de su hija, acobardado ante el folio en blanco en el que nunca llegó a escribir la confesión del crimen. El mismo pánico en estado puro que entonces se había adherido para siempre a él latía ahora en la mirada de Casildo Bueyes.

–Seca... –musitó el periodista, extraviado de pronto en algún olvidado pozo de su vieja película de terror–. Y vacía...

Ferrer, impaciente por romper su propia percepción siniestra, sacó un bolígrafo del bolsillo.

–Use éste. ¿Y dice –preguntó, apresurándose a cambiar de tema– que vamos a citarnos mañana?

–¿Mañana? –Bueyes anotó las dos opciones del nombre de Lars en la polaroid y la guardó en el bolsillo. La tarea, aunque mínima, pareció cumplir la función de trasladarlo de regreso a la vida–. Sí, sí, debemos vernos mañana sin falta. Tiene que conocer la historia. Tiene que publicarla.

–¿Yo? Es una historia suya...

–¡Mía...! –lanzó Bueyes otra risita, ésta nítidamente siniestra–. No, yo estoy ya fuera de juego. Hace falta un periódico de verdad, no como los de aquí. Y un periodista también de verdad... ¡Cuidado! –lanzó una mirada alarmada sobre el hombro de Ferrer–. ¡Ya vienen!

Ferrer se volvió: una joven menuda y sonriente, elegantemente ataviada con un liviano traje crema, se acercaba desde el jardín hacia la barra del bar. Su apariencia afable negaba la supuesta amenaza sobre la que pretendían advertir los ojos desorbitados del borracho, de cuya fiabilidad volvió Ferrer a dudar.

–Bien, sea como sea... –se apresuró a preguntarle–: ¿Cuál es esa historia?

El borracho dudó antes de decidirse a aproximar su rostro al de Ferrer y hablarle en voz baja.

–Lo que está pasando en la Montaña Profunda. Lo que está pasando pero, sobre todo, lo que ha pasado ya.

–¿Qué tal si va a por esa información sobre Lasa ahora mismo, regresa y adelantamos la reunión de mañana a dentro de un rato?

–¿Y todo esto? –Bueyes abarcó con un gesto la amplitud de la fiesta–. ¡Es usted el invitado de honor!

–Cuestión de prioridades. Me parece más importante lo que me ofrece usted.

La mirada del viejo periodista agradeció, incluso emocionada, el inesperado reconocimiento. Bueyes se puso en pie; su cuerpo se movió con torpeza, pero su mirada vencía de nuevo al embotamiento alcohólico.

–Eso sí, si se llega a publicar… Si llega a publicarla, me gustaría que citara mi nombre. Sólo eso, citar mi nombre. Dándole la importancia que considere oportuna. ¿De acuerdo? –la cuestión parecía crucial para Bueyes. Ferrer fue sincero al comprometerse.

–De acuerdo –dijo; y le tendió la mano derecha, que Bueyes estrechó de nuevo con resolución–. Una cosa más… He oído hablar de una atracción turística, seis faros con las luces de la bandera de Leonito… ¿Le suena?

–El turismo es para la gente feliz, amigo. Vuelvo en diez minutos, ni uno más. Mi casa está aquí al lado.

Bueyes caminó hacia la salida: un solitario desecho de película en blanco y negro en medio del espectacular colorido de la fiesta tropical, ajeno a ella como ajenas a la euforia publicitaria del consorcio turístico habían sido sus palabras... «Lo que está pasando en la Montaña Profunda. Pero, sobre todo, lo que ha pasado ya»...

–¿Señor Ferrer? –dijo la joven del traje crema plantándose frente a él–. Soy Marta, la secretaria de Roberto Soas.

–Ah, sí… –reconoció Ferrer poniéndose en pie–. Me habló de ti. ¿Qué tal?

–Disculpe que me haya demorado en recogerle, pero…

–No importa.

–En estas cosas siempre hay problemillas de última hora. Sólo problemillas, ¿eh? Nada serio… ¿Vamos hacia nuestra mesa? Roberto todavía tardará un poco, pero me ha insistido mucho: Marta, cualquier cosa que necesite el señor Ferrer…

–Sí, sí hay algo que necesito –dijo Ferrer mientras comenzaban a caminar hacia el jardín; Marta lo miró con sonrisa expectante–. Es cierta información. ¿Has oído hablar de seis faros iguales, con los colores de la bandera de Leonito...? Una cosa de turismo...

Marta se plantó frente a él y comenzó a temblar en una caricatura de paroxismo terrorífico que desconcertó a Ferrer:

–¡Brrrrrr...! ¡Sangre y muerte! ¡Espíritus malignos! ¡La maldición de los Hombres Perro!

Desorbitó un instante los ojos antes de recuperar su perfecta sonrisa. Ferrer la imitó.

–¿Qué es? ¿Una leyenda, o algo así?

–Más o menos –explicó Marta mientras reiniciaba la marcha; comenzaron a atravesar la masa de invitados alegres que hablaban, bebían o bailaban; el volumen de la orquesta caribeña obligó a la joven a levantar la voz–. Ocurrió cuando estaban los coroneles en el poder, en las ruinas de los faros uno y dos que antes me preguntaba, los que destruyó el ciclón del año setenta y uno. Todos los hoteles de lujo que había fueron arrasados, y como nunca se reconstruyeron, esa zona quedó abandonada.

–¿Y los otros cuatro faros?

–Siguen tal cual. En sus alrededores viven muchos de los ricos de Leonito. De los muy ricos, para ser exactos.

–Pero los faros uno y dos –insistió Ferrer– han estado abandonados desde entonces.

–Nadie se acerca por allí, sólo algunos turistas con ganas de pasar aventuras. Como la pareja de italianos que vieron a la manada de Hombres Perro. Mire, ya estamos.

La mesa estaba situada al pie de un pequeño escenario de madera sobre el que había un micrófono y, al fondo, junto a la detallada maqueta de lo que sería el complejo La Leyenda de la Montaña, una gran pantalla de vídeo. Ferrer sólo se sentó tras comprobar que podía vigilar la barra de Lili, donde se había citado con Bueyes. Marta ocupó el asiento a su izquierda. Sobre el mantel había únicamente cubierto para tres, lo que dio a Ferrer una idea del trato preferente que, por razones todavía ignoradas, le reservaba Soas.

–Roberto no ha vuelto aún –Marta señaló la silla vacía a la derecha de Ferrer, frente a la que reposaban sobre el mantel, junto a una botella abierta de buen vino y una copa a medias, unos papeles y un bolígrafo que alguien había abandonado precipitadamente–. Siempre está de aquí para allá, liadísimo.

–¿Cuándo fue? Lo de los Hombres Perro.

–Yo tendría diez años. Sobre el setenta y cinco.

–¿Qué pasó exactamente?

–Nada especial, la verdad es que nada. Se limitaron a aparecer. Eran seis o siete, estaban desnudos, con el pelo de la cabeza muy largo, casi cubriéndoles el cuerpo, y se movían a cuatro patas, con mucha habilidad. Como perros. O lobos... Lobos con aspecto humano.

–¿Atacaron a los italianos?

–¡Qué va! ¡Estaban muertos de miedo! Salieron huyendo.

–¿Nada más? ¿Salieron huyendo y ya está?

–Pues sí. Se habló del asunto sólo porque los italianos le dieron mucho bombo. No se les volvió a ver, pero desde entonces, para asustar a los niños, se hablaba de los Hombres Perro. Aunque en la manada había también mujeres, y eso sí que de pequeña me daba miedo... ser una Mujer Perro. No sé qué me imaginaba...

Las luces se apagaron y se conectó la pantalla de vídeo. La orquesta concluyó su tema y un foco cenital iluminó el micrófono del centro de escenario. Desde las bambalinas, derrochando alegría falsa de presentador de concurso televisivo, un hombre corpulento caminó hasta él y aguardó que el público acabara de ocupar sus asientos y le prestara atención.

–Buenas noches a todos –dijo, satisfecho al parecer por la potencia con que la megafonía expandía su voz–. Bienvenidos a este acto de presentación de La Leyenda de la Montaña. Antes de nada, me gustaría decirles que ésta es una velada de virtualidad televisiva. Desde esta pantalla va a saludarnos, en directo desde la cima de la Montaña Profunda, el consejero delegado del proyecto, señor Arias, que se ha trasladado hasta allí para supervisar el inicio de las obras, que recomienzan de forma definitiva mañana. ¿Señor Arias? ¿Buenas noches?

El presentador se volvió hacia la gran pantalla de vídeo, que permanecía muda. De pronto, surgió desde la megafonía un intenso zumbido que se mantuvo en el aire durante unos instantes, al cabo de los cuales desapareció dejando tras de sí un reguero de miradas alarmadas que trataban de no parecerlo. Recobrado el silencio, sobrevoló el jardín una generalizada risita nerviosa que el presentador alentó desde el micrófono.

–Nuestro consejero delegado siempre encuentra la forma de hacerse escuchar... ¿Señor Arias? ¿Sí? ¿Buenas noches? –el presentador, sosteniendo una gran sonrisa de falsa tranquilidad que a veces dirigía hacia el público, formulaba sus preguntas hacia la inmisericorde pantalla muda mientras una gota de sudor se deslizaba por su frente–. ¿Nos escuchan allá?

Ferrer observó que el desconcierto del presentador se contagiaba paulatinamente al público. La mayoría de los espectadores se miraban sin saber qué hacer cuando una pastosa voz masculina que Ferrer conocía inundó con segura suavidad la megafonía.

–Lo que ocurre es que nuestro amigo Arias sabe cuántas mujeres hermosas se encuentran hoy aquí, y quiere hacerse esperar –el tono irónico se hizo de inmediato con la simpatía de los presentes–. Propongo que, para darle aún más envidia, escuchemos un poco de música. Maestro...

Encadenando literalmente con la última sílaba de la voz, la orquesta atacó una pieza de salsa mientras los camareros, sincronizados con la alegre melodía, comenzaron a recorrer las mesas rellenando vasos vacíos. Marta se reclinó hacia Ferrer.

–Ese que ha hablado era Roberto.

–Sí, he reconocido su voz. De antes, cuando hablamos por teléfono.

–Ya ha visto, siempre está al quite.

–Marta –Ferrer decidió aprovechar la pausa concedida por el fallo técnico–. ¿Dónde están situados los faros?

–¿Conoce bien el mapa de Leonito?

–Sólo por encima.

Marta meditó un instante, se levantó y fue hacia una de las mesas promocionales de La Leyenda de la Montaña. Ferrer, al seguirla con la vista, vio a Casildo Bueyes al otro lado del jardín, en el vestíbulo, indicándole por señas que le esperaba en el bar de Lili; devolvió al periodista un signo de asentimiento. Marta regresó con un prospecto publicitario en cuyo dorso podía verse un sencillo plano de la costa atlántica de Leonito; sobre él, en rojo, se había resaltado la situación del que sería futuro centro turístico.

–Mire... Están aquí, justo al sur de la Montaña Profunda –marcó con el roce de la uña una zona del mapa de Leonito.

–Casi pegados a ella... –murmuró Ferrer. Levantó la vista hacia la pantalla de vídeo; continuaba muda y oscura, pero a la luz del dato que acababa de conocer le pareció siniestramente animada: apenas unos pocos kilómetros separaban el ancestral refugio de Leónidas de la guarida en la que, también durante décadas, Victor Lars se había ocultado. Y se ocultaba aún.

Una prisa repentina por escuchar a Casildo Bueyes, que tal vez disponía de información más solvente sobre los Hombres Perro, le impulsó a levantarse. Se preguntaba cómo librarse de la amable Marta cuando el chirrido de la pantalla de vídeo vino en su auxilio. La secretaria de Soas adoptó por primera vez una actitud ligeramente preocupada.

–Lo siento, pero voy a ver si me necesitan...

Se alejó tratando de mantener la sonrisa.

Sin pérdida de tiempo, Ferrer atravesó en sentido inverso la masa de invitados ahora enmudecidos, llegó al bar de Lili y buscó al viejo periodista con la mirada. Pero la barra estaba desierta.

–¿Y el señor Bueyes? –preguntó a la mulata–. Acabo de verle venir hacia aquí.

–Se encontró con un amigo y marcharon juntos. Pero tranquilo, don Ferrer, dijo que era un momentito. No se preocupe, le digo yo que volverá enseguida. Ha olvidado esto.

Lili sacó del mostrador interno de la barra un whisky casi aguado: los cubitos de hielo, flotando casi disueltos, parecían huérfanos a punto de perecer abandonados. Ferrer, sin saber por qué, se quedó mirándolos fijamente por unos instantes.

–¿Hay por aquí un teléfono público? –preguntó a Lili; era el momento de intentar encontrar de nuevo a Jean Laventier.

–Junto a la puerta de los servicios. Va con fichitas, ¿tiene?

Ferrer negó con la cabeza. Lili salió de la barra.

–Voy a recepción a por ellas.

Ferrer decidió ocupar la espera con el manuscrito. Cuanto más avanzase en la lectura, mejor podría encauzar la conversación con Bueyes.

¿Sabe VL que estamos sobre su pista?

Más aún:

¿Ha sido él quien ha propiciado su localización?

Y, de ser así:

¿Nos está esperando?

Reconozco, Ferrer, que la posibilidad tan cabalmente planteada por Vanel me inquietó. Pero muy irrelevante habría sido mi objetivo de justicia si hubiera flaqueado ante la innegable verosimilitud de la amenaza; de forma que, reafirmado a pesar de todo en mi afán, sopesé una única cuestión: ¿encargaría a Vanel la búsqueda concreta de Lars en el pequeño país centroamericano o viajaría yo mismo hasta él? Esta segunda opción, a pesar de las disuasorias circunstancias de mi edad y precaria salud, emponzoñó mi voluntad como el virus de una enfermedad o la magia de una irresistible drogadicción, si bien acepté las argumentaciones de Vanel, que aconsejaban delegar en manos jóvenes y experimentadas la acción ejecutiva de la primera aproximación a Lars.

Dos solventes especialistas franceses, hombre y mujer que cubrían a la perfección la apariencia de matrimonio en viaje turístico, aterrizaron en Leonito a principios de 1992.

A los pocos días enviaron ya su primer «Informe de faros».

Ferrer examinó la detallada documentación gráfica de los franceses, que Laventier reproducía en su manuscrito; los faros, situados al sur de la Montaña Profunda tal y como había señalado Marta, venían numerados de norte a sur y del uno al seis; por tanto, el faro número seis era el más alejado de la Montaña, y los números uno y dos los más próximos a ella.

> *Erigidos al dictado de los accidentes geográficos, los seis faros, separados unos de otros por distancias que median entre los 5.413 y los 8.167 metros –en el menor y mayor de los casos, respectivamente–, cubren una distancia costera de treinta y nueve kilómetros.*
>
> *El área abarcada por los faros tres, cuatro, cinco y seis alberga hoteles de lujo y selectas residencias privadas de militares, millonarios y miembros destacados del régimen (entre los que VL podría perfectamente, e incluso probablemente, encontrarse). Sin embargo, la inestable situación política del país, al provocar que se extremen las medidas de seguridad en la zona, ha impedido por el momento*

verificar la localización: nuestra solicitud de hospedarnos en cualquiera de los lujosos hoteles aludidos ha sido denegada por razones de seguridad, y una excursión en barca por la costa, de la que esperábamos obtener alguna información de interés, fue acremente interceptada por una patrullera de la Armada de Leonito.

A la espera de hallar una forma de acceso efectiva, nos disponemos a inspeccionar mañana, si las circunstancias lo permiten, los faros uno y dos. Destruidos en el año 1971 por un ciclón, nunca fueron reconstruidos, y tampoco se reabrieron los hoteles e instalaciones turísticas a las que daban acceso, pero determinados rumores populares sitúan en esos lugares legendarias apariciones de extraños seres vivientes, y la opinión de algún opositor político consultado, al apuntar la posibilidad de que en esas ruinas fuese instalado un temible centro clandestino de represión de enemigos del régimen, nos decide a efectuar una visita.

«Temible centro clandestino de represión»... Supe al leer estas palabras que Lars estaba ahí, que siempre lo había estado. Y que efectivamente me estaba esperando... a mí solo, como puntualizó brutalmente su siguiente mensaje.

Era una típica caja cilíndrica de sombreros, de color malva, a la que estaba prendido un sobre; se percibía la sutileza de algún caro perfume, y todo podía recordar a la mimosa puesta en escena de un festejo amoroso. Abrí la carta.

> ¡Qué hermoso es tener amigos comunes, Jeannot! Hoy, mientras paseaba por los al-

rededores de mi finca, recogiendo setitas y grosellas que primorosamente atesoraba en un delicado cestito de mimbre, me he topado con una encantadora pareja de recién casados que, asómbrate, han resultado ser conocidos tuyos. Por supuesto, los he invitado a tomar el té y, mientras el mayordomo disponía el servicio y seleccionaba la cocinera las mejores pastas y agasajos, hemos hablado del faro que ilumina mi propiedad. Me halaga y sorprende, Jeannot, que unas volátiles palabras mías, inocentemente redactadas en un momento de especial sensibilidad, hayan despertado en tus amigos y en ti tanto interés; por contra, debo también expresarte mi decepción: ¿por qué no te has dignado a venir en persona? ¿Los achaques te recomendaron eludir la duración de un vuelo transatlántico? ¿O me tenías –y me tienes– miedo? ¿A mí, a tu viejo amigo, al anciano que sólo espera de ti la benevolencia de una mínima atención? ¿No comprendes que, con tu actitud, me obligas a tirar del sedal? Tus amiguitos se resistían al principio a conversar sobre el tema, pero cuando he insistido para que tomaran un segundo té, éste sí *realmente* helado, han aceptado hablarme de tus planes. Según me explican, sí tienes previsto viajar hasta Leonito (ya que lo has descubierto, puedo mencionar el nombre del país que me acogió) para visitarme, pero siempre después de que ellos –para eso han venido– hubieran compilado

> un dossier que incluyera, además de todos los datos posibles sobre mi actual filiación, pruebas sobre mis actividades del pasado que permitieran solicitar una extradición... ¡Ah, Jeannot! ¡Abre bien los oídos y escucha la magnánima prueba de mi amistad! Tan ansioso estoy de verte que, a fin de que decidas cuanto antes reunirte conmigo, voy a abreviar tal gestión dándote todas esas pruebas que necesitas. Para empezar, voy a entregarte un dato del que carecías: mi mansión se halla situada frente al tercero de los faros que tan amplio revuelo han armado en tu pacífica existencia. No es necesario, pues, que envíes a nadie más para precisarlo.

Ferrer localizó y señaló el tercer faro en la detallada reproducción topográfica de los detectives franceses: estaba a menos de treinta kilómetros de la Montaña Profunda. Y a trece del primer faro y seis del segundo, que habían albergado el centro de represión de infausta memoria y también la aparición –¿de repente, tal vez no tan improbable?– de los Hombres Perro.

> A fin de ahorrarte trabajos y sinsabores, te voy a regalar un crimen nuevo, exclusivo para ti, que me dispongo a cometer ahora y que grabaré en un vídeo que te entregaré cuando nos reunamos. Con él en las manos, no tendrás que esforzarte en localizar pruebas: te aseguro que cualquier juez del mundo lo aceptará como tal, y sólo será ya cues-

ción de venir a recogerme como fruta madura. Mientras, y a modo de aperitivo, te incluyo en la sombrerera un adelanto de lo que en el vídeo se recoge. Guárdalo con cariño, ha sido creado para ti por un reputado artesano; confío en que constituirá, a la vez, un hermoso recuerdo de tus amigos, que tan amena velada me han deparado. Por cierto, que sepas que han cometido el pecadillo de insistir en una inofensiva mentira, la de que son marido y mujer; mi intuición no les ha creído, pero, generoso como siempre, he decidido otorgarles la oportunidad de evidenciar que era yo el equivocado, y nada me ha parecido más lógico que pedirles, dado que ambos son jóvenes y sanos y viven además los primeros e irrepetibles momentos de la pasión erótica, que demuestren la veracidad de su intimidad realizando el acto sexual ante mí y los amigos que, a medida que departíamos al calor de las deliciosas pastas caseras, se han ido sumando a la reunión. Tal vez la propia curiosidad suscitada ha sido la culpable del bloqueo sexual de mi joven invitado y por eso, al sentirme en parte culpable, decidí ayudarle irrigando un poco de sangre a las venas de su miembro viril.

Abrí la sombrerera: en su interior, un pene humano disecado en erección penetraba en una vagina quirúrgicamente diseccionada y manipulada también por un taxidermista. Un engarce mecánico permitía dotar de movimiento a la repulsiva parodia de cópula. A un lado, cortadas con pericia y entrelazadas en cruel caricatura de gesto amoroso, reposaban las sendas manos derechas gracias a las cuales pudimos verificar la identidad dactilar de los protagonistas de la macabra unión sexual.

Fue la única vez que vi a Vanel asustada e indecisa: quería claudicar, y tuve que hacerle ver que ahora, por fin, disponíamos de un doble asesinato sobre el que apoyar una acusación formal contra Lars. Como él mismo sugería, sólo se trataba de recogerlo como fruta madura. Pero esta vez iría yo. Sabiendo que el ojo invisible de Lars me vigilaba, renuncié voluntariamente a toda cautela y rechacé los diversos planes que Vanel me propuso para llegar a mi destino sin ser visto: el día 11 de enero de 1992 –el diario que a estas alturas ya llevaba me permite ser preciso con las fechas de mi empresa– embarqué en el aeropuerto de Orly con destino Leonito. Como si Lars hubiera podido leer en mi mente, tres días antes de la partida llegó una nueva carta cuyo contenido reproduzco ahora. Creo poder afirmar que le empujará a ayudarme en mi empeño vengador.

> En la sanguinaria corte de opereta de los Larriguera me sentí como Robinson en la Isla sin Inteligencia.
>
> Calcula mi panorama, Jeannot: con treinta y siete años a la espalda, no era viejo como el dictador cercano a los sesenta ni jovenzuelo como su desbocado vástago, que ni siquiera alcanzaba la mayoría oficial –no

digamos ya la mental– de edad, y mientras debía mostrarme con *El Viejo* cauto, astuto y cabal para preservar el inconcreto nombramiento de «asesor» con el que había decidido distinguirme, en presencia de su heredero –apodado, para afilar la afrenta a mi dignidad, *Teté*– no tenía otro remedio que despabilar mi energía, mi sonrisa y mi olvidada capacidad de hacer chistes para

–¡Restablecieron la comunicación con la Montaña! –gritó Lili a su lado, sobresaltándole–. ¡Ya van a hablar desde allá! Tenga sus fichas, yo voy a escuchar.

Depositó sobre la barra unas fichas de plástico y corrió hacia el jardín. Ferrer se encaminó hacia los lavabos y localizó el teléfono junto a la puerta del servicio de caballeros. Lo descolgó e introdujo la ficha, marcó y esperó: el recepcionista del hotel Atlántico le informó de que Laventier no había regresado aún. Colgó, irritado, y se dispuso a regresar al jardín. Entonces reparó en la sangre.

Se deslizaba con suavidad por debajo de la puerta del servicio. Ferrer se acercó con cautela y golpeó la puerta con los nudillos, sintiéndose remotamente ridículo. Dudó y abrió por fin la puerta; confiaba en que alguna razón inocua lo explicase todo, pero supo por la injustificada resistencia con que topó su empuje que había un cuerpo al otro lado. Paralela a la conciencia repentina del miedo le asaltó una inesperada determinación: empujó hasta que la puerta cedió y entró.

El cuerpo de Casildo Bueyes, que se hallaba sentado en el suelo con el hombro izquierdo recostado contra la puerta, se inclinó por el impulso hacia el otro lado y quedó en quebrado reposo, apoyado el cuello sobre el borde de la taza del primer inodoro, con la cara colgando hacia su interior. La herida que seccionaba el cuello había dejado de sangrar minutos atrás, y parecía ahora una fea boca sorprendida a mitad de una obscena imprecación muda: todo era silencio –a excepción de un goteo regular que resonaba en alguna parte–, y sin embargo flotaba inexplicablemente en el aire el eco de la lucha que Bueyes había mantenido con su asesino o asesinos; prueba física de ella era la tubería de la cisterna, desencajada de su hueco en la pared, desde donde crecía en dirección al suelo una inexorable mancha oscura de humedad. Ferrer buscó en los ojos abiertos del periodista alguna clase de angustia metafísica, pero sólo halló la evidencia de un dolor carnal infinito por el pavoroso trance hacia la nada que le había tocado en suerte. En los últimos instantes, sin embargo, una obcecación que a Ferrer le emocionó por heroica se había sobrepuesto al dolor: la mano derecha de Bueyes aún agarraba con desesperación la pluma seca y sin tinta que apenas un rato antes, en el bar, se había quedado mirando extrañamente conmovido; ahora caían desde el plumín, a intervalos de uno o quizá dos segundos, gruesos goterones de sangre cuya colisión contra el charco del suelo provocaba el metódico ritmo que rompía el silencio. Ferrer no pudo evitar pensar en el whisky a medias, último de su vida, que Bueyes había dejado sobre la barra y, a modo de homenaje al muerto probablemente ingenuo y sin duda inútil, tomó la pluma de la mano helada del muerto, recuperó el capuchón del suelo y lo colocó sobre el plumín. Sin saber por qué, al cabo de unos instantes de vacilación acabó por guardarse la pluma en el bolsillo derecho de la camisa, sobre el pecho, y luego buscó con la mirada el mensaje que Bueyes había escrito con su propia sangre. Lo encontró en la pared, junto a la taza del inodoro, un poco por encima de ella, en medio de una maraña de convencionales grafismos escatológicos: torpes trazos rojos hacia los que se aproximaba amenazadoramente la mancha de humedad de la pared eran la patética memoria única del paso de Casildo Bueyes por la tierra. Más que el afán de interpretarlos, a Ferrer le asaltó la urgencia de dar al cadáver la dignidad de ser extendido sobre una camilla, y tras limpiarse toscamente la sangre de los zapatos abandonó a toda prisa los servicios para comunicar a Lili el macabro hallazgo y traspasarle así la iniciativa de informar al director del hotel, que a su vez se responsabilizaría de recibir a la policía.

Salió en busca de la mulata, pero Lili, como todos los presentes en la fiesta, continuaba ante la pantalla de vídeo, que a juzgar por el entusiasmo del presentador a través de la megafonía parecía al fin capaz de conectar con la Montaña Profunda. El contraste entre el festejo y la soledad del cadáver de Bueyes, cuyas referencias a los sucesos de la Montaña cobraban ahora inesperada importancia, inspiró a Ferrer una súbita ocurrencia y también la necesaria osadía para acometerla; se coló tras la barra de Lili sin dejar de vigilar el mar de espaldas atentas a la pantalla. Abrió el cajón donde la mulata guardaba su polaroid, cogió la cámara, la llevó al lugar del crimen y fotografió el mensaje de Bueyes justo a tiempo: tras disparar la placa, la mancha de humedad pasó sobre las palabras escritas con sangre, que pronto desaparecerían para siempre, convertidas en diminutas piezas del rompecabezas de la pared descascarillada.

Con la imagen a salvo en su bolsillo, devolvió la cámara a su lugar, regresó al lugar que le correspondía frente a la barra y apuró de un trago la copa que su mano encontró en primer lugar: sólo al depositarla de nuevo sobre la barra, ya vacía, comprendió que se trataba del whisky de Bueyes. No concedió importancia al macabro detalle. Inspiró un par de veces y, más sereno, buscó con la mirada al director del hotel, que atendía, como el resto del público, a la pantalla.

Ferrer se adentró en el jardín para informarle de su descubrimiento. En ese instante se apagaron las luces del jardín y la imagen del consejero delegado Arias provocó un espontáneo aplauso entre los presentes. Ferrer miró hacia la pantalla.

Arias era un triunfador de rasgos impecables y anodinos cuyo traje a medida desentonaba con la sensación de paupérrima improvisación que transmitía la luz de un único foco manual dirigido sobre su rostro, que a pesar de todo lucía recién peinado e inmaculadamente afeitado.

–Soy Carlos Arias, consejero delegado de La Leyenda de la Montaña –dijo con un extraño temor en la voz que intrigó a Ferrer y le obligó a detenerse y prestar atención.

–Y bien que se hizo esperar –apostilló el presentador, provocando una generalizada sonrisa cómplice.

Arias no fue partícipe de ella.

–Estoy aquí como invitado de los indios leonitenses, legítimos propietarios de la Montaña Profunda que nosotros hemos atacado y saqueado, y a la cual pretendemos masacrar salvajemente –dijo sin poder evitar que algún tartamudeo evidenciase su desasosiego; convocado por sus palabras, el silencio planeó sobre el jardín con solidez casi física–. Ellos han interceptado el coche en el que yo viajaba para pedirme que envíe este mensaje de paz y justicia. Quieren que les haga saber que también obra en su poder, por completo operativa, toda la dinamita y explosivos robados a la compañía a lo largo de estos meses.

–¡Y hablan de paz y justicia! –se indignó una voz entre el público.

–Pero –prosiguió Arias como si hubiera escuchado al espontáneo y quisiera apaciguarlo– dado que no desean la guerra, van a mostrar por última vez su afán de buena voluntad. Ahora voy a leerles un comunicado de Leónidas.

Arias tomó una hoja de papel que alguien le pasó desde detrás de la cámara y leyó:

–«Los capataces de la compañía constructora saben bien que disponemos de explosivo suficiente para hacer mucho daño. Y lo vamos a hacer a menos que cesen los ataques contra nosotros. Mucho daño. Y ahora, si quieren volver a ver vivo a Arias –al leer su propio nombre, un gallo grotesco que no despertó sonrisa alguna entre los presentes surgió de la garganta de Arias– deben entregarme a un hombre. Un hombre que no debe temer nada de mí. Mañana por la mañana quiero a mi lado al periodista español Luis Ferrer. Debe tomar el tren de suministros que sale de Leonito esta noche y aguardar a que yo le recoja en un punto del camino que naturalmente no voy a desvelar».

Ferrer, en el centro de la masa de espectadores, sintió cómo todas las miradas se clavaban en él. Un rubor casi colegial le asaltó, y agradeció que Arias continuase leyendo y acaparara de nuevo la atención:

–«Ferrer es un periodista de reconocida seriedad, y

esta vez queremos contar lo que aquí está ocurriendo a alguien que nos escuche de verdad. Y una última cosa: no duden de nuestra capacidad de acción, se lo advierto. Sigue operativa al cien por cien, como a todos los asistentes a esa fiesta les resultará evidente a las doce en punto de la noche».

La conexión terminó de golpe. Todos los presentes se miraron con impaciente expectación, y más de uno consultó maquinalmente el reloj: quedaban cinco minutos escasos para las doce; el instinto profesional de los cámaras se revolvió en la búsqueda infructuosa de algún objetivo concreto que fotografiar; sobre el escenario, el presentador soltó una absurda risita nerviosa y sintió que era su deber decir algo.

–Bien, sugiero que mantengamos la calma.

–¡Un cadáver! ¡Hay un cadáver! –oyó Ferrer gritar a su espalda–. ¡En los servicios! ¡Un hombre degollado! ¡Hay sangre por todas partes!

El director del hotel corrió hacia el lugar del que había provenido la alarma; los invitados le siguieron en masa y, tras consultarse unos a otros con la mirada, los músicos y camareros abandonaron también sus puestos para presenciar de cerca el morboso acontecimiento.

Ferrer se quedó solo en el jardín, fija todavía la mirada en la pantalla de vídeo ahora muerta. Se apoyó en el borde de una mesa cercana y cogió al azar una de las copas olvidadas sobre ella: el color de la cerveza mediada, tibia y sin espuma desde rato atrás, le recomendó devolver el vaso a su sitio. Despacio, como si no quisiera alterar con sus movimientos la desasosegante quietud de la fiesta abortada, metió la mano en el bolsillo y extrajo la polaroid: los colores y formas, fijos ya sobre el papel, reproducían el mensaje garabateado por Bueyes. Era ilegible a primera vista. Ferrer, consciente de que, absorbidos por la humedad los trazos de la pared del servicio, era el único depositario del macabro testamento, se sentó a la mesa, puso la fotografía frente a sí y bolígrafo en mano comenzó a descifrar letra por letra las dos líneas que componían el texto: eme, u, e, erre, te, separación, a y ele en la primera línea, y –más confusas y débiles a medida que la vida escapaba de las venas de Bueyes– erre, e, i griega, separación, de, e, separación, e, ese, pe, a y eñe. «Muerte al rey de Españ»

El mensaje, inacabado pero comprensible, le decepcionó por absurdo –¿qué animadversión, tan fuerte además como para dedicarle los últimos instantes de vida, podía alentar a Casildo Bueyes contra Juan Carlos de Borbón?–, pero un detalle enigmático llamó poderosamente su atención: abrían el texto, justo antes de la primera letra, tres tajantes signos de admiración que convertían una imprecación dubitativa e incluso estúpida –«Muerte al rey de Españ»– en la resuelta declaración de una adivinada enemistad eterna: «¡¡¡Muerte al rey de España!!!». ¿Por qué desperdiciar para trazarlos una décimas de segundo que podrían haber sido preciosas en la aportación de otros datos?

Entonces le sobresaltó la cómica explosión: un breve chisporroteo de traca infantil o festejo popular proveniente de la maqueta de La Leyenda de la Montaña le hizo volverse a tiempo de ver cómo una lengua de fuego, mínima pero zigzagueante y veloz, recorría silenciosamente la construcción en miniatura haciendo arder a su paso los hoteles de lujo, toboganes acuáticos y playas privadas a escala. Mientras se aproximaba a la maqueta en llamas, Ferrer pensó que se habría tratado de un atentado ridículo de no ser por la precisión y pericia que su ejecución implicaba: Leónidas o sus hombres, tras entrar en la fiesta burlando toda vigilancia, habían dispuesto su ingenio incendiario para que, además de eficaz, resultase puntual: superpuestas, las agujas del reloj marcaban exactamente las doce de la noche. Efectivamente, podían hacer daño. Mucho daño.

–¡Pero qué pedazo de cabrón! Dice que a las doce en punto y a las doce en punto... TLAC: degüella al periodista –voceó alguien enfurecido. Los invitados regresaban en grupitos cabizbajos o airados; entre los semblantes más circunspectos destacaban el del director del hotel y el de su acompañante: un militar, el primero que Ferrer veía desde su llegada a Leonito.

–Leónidas no ha matado al periodista –atajó Ferrer con firmeza. Las miradas de los recién llegados se clavaron gravemente sobre él, y decidió que era más prudente no emitir juicios de resolución que podía resultar sospechosa. Con un gesto señaló hacia la maqueta quemada–. Creo que el atentado al que se refería era ése.

El director del hotel se acercó a los restos humeantes de la maqueta y los observó con íntima desolación, como si fuera el responsable directo de las renegridas miniaturas.

–¿Me permite un instante, señor? –se aproximó a Ferrer el militar. Era obvio que no surgía de la fiesta; vestía traje de campaña e iba desarmado, aunque incomprensiblemente lograba transmitir la sensación de que acababa de despojarse del revólver a fin de no alarmar a los civiles con los que tuviera que cruzarse; sus rasgos toscos, de cruces remotos entre indios y españoles, parecían tensos y recelosos, tal vez incluso mortificados por la obligación de tratar con alguien ajeno a la vida cuartelaria–. Soy el capitán Rodrigo Huertas. A la vista de la petición de Leónidas, es mi obligación analizar con usted la situación y pedirle, en nombre del gobierno de Leonito...

–Que le acompañe a la Montaña Profunda –Ferrer terminó la frase con una sonrisa, divertido por el desconcierto que provocó en el militar su presta disposición colaboradora–. Le aseguro que estoy deseando hacerlo.

Proveniente del cielo, un ruido ensordecedor se concentró entonces sobre el jardín y levantó una inexplicable tormenta de viento que estremeció a los presentes, insufló movimiento a los manteles y copas de palmeras y arrastró por el aire sillas y vasos. El helicóptero aterrizó sin miramientos en el centro del jardín. El capitán Rodrigo Huertas invitó a Ferrer a acompañarle hasta el aparato; se abrió una portezuela por la que el militar se coló al interior. Ferrer, cohibido por la desmesura de la irrupción, no se decidía aún a seguirle cuando desde el asiento del piloto una mano masculina le tendió un casco, indicándole por gestos que se lo ajustara. Al hacerlo, el atronador rugido de los rotores se convirtió en un tolerable murmullo.

–Disculpa la precipitación –habló en su cabeza una voz que no le era desconocida: la había escuchado un rato antes, atrayendo a los invitados hacia la pista de baile a través de la megafonía del jardín con el mismo tono sereno y seductor con que ahora llegaba hasta él por los auriculares interiores del casco–, pero la situación no nos deja más opciones.

La mano que le había tendido el casco continuaba abierta ante él, flotando enigmática en la oscuridad del interior del helicóptero; la fantasmagórica visión disparó en Ferrer la alarma infinitesimal de una desconfianza instintiva, pero el piloto se inclinó entonces hacia él y la luz del jardín le otorgó los rasgos de un afable rostro de sonrisa y mirada francas enmarcadas también por un casco dotado de micrófono.

–Soy Roberto Soas –dijo la voz en la cabeza de Ferrer, que observó cómo las palabras coincidían con el movimiento de los labios del piloto: el micrófono le permitía hacerse oír con elegante seguridad, como si repartiese cartas en una selecta mesa de juego, incuestionablemente superior a la vibración infernal que sacudía el jardín entero–. Lamento conocerte de forma tan ruidosa.

Ferrer calculó que no habían transcurrido ni quince minutos desde que Leónidas exigió su presencia en la Montaña: la celeridad con que Soas había reaccionado era admirable, aunque los detalles de su vestuario –camisa de seda e impecable pantalón de pinzas, adecuados para una fiesta pero no para pilotar un helicóptero militar– sugerían que Soas se había desplazado a toda prisa, apenas escuchada la exigencia de Leónidas, hasta un aeródromo militar cercano.

Ferrer estrechó la mano en el aire, aceptando el impulso que le ofrecía para ayudarle a subir a bordo. Instalado en el asiento del copiloto, giró para observar la cabina –a su espalda, como para corroborar la primera impresión de Ferrer, el capitán Huertas enganchaba en ese instante la funda de una automática a su cinturón– y miró después a tierra: a unos pasos, alborotados el equilibrio y la corbata por el ventarrón artificial, el director del hotel daba instrucciones a sus empleados mientras el invitado de la voz airada explicaba los pormenores del atentado al círculo de invitados que se había formado a su alrededor: un mundo afable y fácil de dominar que Ferrer se disponía a cambiar por la Montaña Profunda de Leónidas... Por la Montaña Profunda de Victor Lars. Revisó el sucinto equipaje que la celeridad de la partida había dispuesto que llevase consigo: la cartera con sus fotografías, el manuscrito del francés y, en el bolsillo interior de la americana, la carta en la que confesaba a Marisol la verdadera causa de la muerte de su hija. Para su sorpresa, no le aterró ni afligió el estupor de admitir que ésas eran sus únicas posesiones sobre la tierra.

–¿Listo para despegar? –le preguntó Soas; Ferrer se volvió hacia él y respondió afirmativamente con un decidido gesto de cabeza. Soas sonrió y golpeó con el dedo índice el micrófono del casco de Ferrer–. Habla por aquí. Los inventos están para utilizarlos.

Ferrer asintió y habló al micrófono levantando ingenuamente la voz, como si de todas formas tuviese que hacerse oír por encima de la hélice.

–¡Listo para despegar! ¡Y encantado de hacerlo! –no mentía: el corazón le latía en el pecho con la fuerza de una promesa desconocida e inimaginada.

–Pues vamos allá... Espero que te guste volar en helicóptero –deseó Soas con la gran sonrisa de seducción que resumía y justificaba su calidad de incuestionado líder de La Leyenda de la Montaña–. Y espero que te guste desentrañar mentiras...

Despegó.

El vértigo de la succión hacia el cielo impidió a Ferrer responder a Soas.

Capítulo Seis

EMBOSCADA EN EL DESFILADERO DEL CAFÉ

En la sanguinaria corte de opereta de los Larriguera me sentí como Robinson en la Isla sin Inteligencia.

Calcula mi panorama, Jeannot: con treinta y siete años a la espalda, no era viejo como el dictador cercano a los sesenta ni jovenzuelo como su desbocado vástago, que ni siquiera alcanzaba la mayoría oficial –no digamos ya la mental– de edad, y mientras debía mostrarme con *El Viejo* cauto, astuto y cabal para preservar el inconcreto nombramiento de «asesor» con el que había decidido distinguirme, en presencia de su heredero –apodado, para afilar la afrenta contra mi dignidad, *Teté*– no tenía otro remedio que avivar mi energética sonrisa y mi olvidada capacidad de hacer chistes para mantener vivo su favoritismo súbito hacia el nuevo «amigo francés» que tan imaginativo compañero de juergas resultó enseguida para él: «mon-a-mí», me llamaba subrayando a propósito la defectuosa pronunciación mientras apoyaba su mano en mi hombro, como si fuese yo un mono traído de las remotas junglas de Europa. Mi futuro se dibujaba similar al de otros patéticos adoradores de los Larriguera: condenado a la adulación eterna, adiposo antes o después por el envilecedor transcurso de la inactividad, estancado en una medianía económica calculada por mis amos para permitirme vivir entre lujos pero no independizarme o conspirar... No era mi terreno óptimo la gran hacienda bananera de fronteras internacionalmente aceptadas en la que, en chascarrillo de *El Viejo* que *Teté* había adoptado como divisa, «los machos deben llevar pistola y las mujeres... nada». ¿Acaso no merecía otro destino mejor quien había sabido atrapar en sus redes a Heydrich y a Himmler, me preguntaba mientras deambulaba irritado por las solitarias playas de la paradisíaca celda que me había tocado en desgracia? Tan infranqueables parecieron durante unos meses sus muros que llegué a maldecir no haber permitido que Larriguera jr. reventase la cara del terco embajador español... No imaginaba entonces, claro está, que mi suerte cambiaría de nuevo gracias a otra sesión fotográfica de muy distinta índole.

Mi amistad con los Larriguera pronto se

ramificó hacia las otras dos familias en el poder, las de José León Canchancha y Walter Menéndez. Los tres coroneles eran honorables caballeros que no daban su palabra a la ligera: habían jurado repartirse a partes iguales Leonito y lo cumplían a rajatabla; también en lo referido a sus vástagos, futuros titulares del triunvirato hereditario, fueron particularmente celosos: decidieron que sus hijos se llevarían mejor si tenían la misma edad, y para hacer realidad tal cuestión de estado se encerraron con sus respectivas consortes en maratonianas sesiones de procreación que, a fuerza de insistencia, acabaron por alumbrar la identidad de edad casi exacta de los cachorros. El día que *Teté* cumplió dieciocho años –tres semanas después que el primero de sus predestinados socios y cuatro antes que el segundo– su padre le hizo dos regalos: un tercio de la titularidad del Ministerio Leonitense de Seguridad Interna –los otros dos, ¿es necesario subrayarlo?, estaban ya reservados– y un billete para New York en compañía de su cosmopolita «mon-a-mí», que dirigiría la iniciática inmersión en la oferta de la Gran Manzana.

Al principio de nuestra estancia me resultó particularmente humillante supervisar el vestuario y modales del bárbaro en restaurantes y burdeles de lujo, y ni siquiera me divertía el estupor que evidenciaba ante la paleta de pescado, cuya utilidad no sospechaba, o su zozobra por el hecho, para él insólito, de que las selectísimas prostitutas le ofreciesen a besar, antes que otra cosa, una mano encopetada. Fue en una de esas veladas exquisitas cuando, embrutecido por la bebida de calidad a la que no estaba acostumbrado, cometió el error de insultarme en público. No mitigó mi rabia que únicamente cuatro putas anónimas e irrelevantes fueran testigos de la humillación: mi orgullo decidió matar a *Teté* aunque eso supusiera renunciar a las ventajas del exilio caribeño, y si no lo hice apenas nos quedamos solos fue porque su estado etílico hubiera anestesiado los matices con que deseaba enriquecer su tránsito. Aquella noche, pues, durmió como un bebé, ajeno por completo al hecho de que su ángel de la guarda, fija la vista en el techo y renovada la irritación por cada uno de sus ronquidos beodos, maquinaba para él rigurosos destinos.

Por la mañana, *Teté* había olvidado su lamentable comportamiento de la víspera, lo que vino a constituir un valioso aliado del plan que comenzó a materializarse al atardecer de aquel mismo día, durante una visita supuestamente lúdica a los bajos fondos de New York. Como había esperado, mi protegido se sintió a sus anchas entre las mujerzuelas vocingleras y los contertulios macerados en ginebra, y no dudó en entregarse a un jolgorio ramplón que duró setenta y dos horas ininterrumpidas. La noche que lo iba a matar, la tercera, dejé que se rindiera a la saturación alcohólica sobre el camastro de la apartada pensión del Bronx que con tanto esmero había seleccionado para él, y envié inmediato aviso a los desocupados portuarios que había contratado como ejecutores de mi venganza. Mientras llegaban, alimenté mi odio observando a *Teté*: grosero y desnudo, dormía con la entreabierta boca babeante y el miembro viril tan relajadamente inflamado por la satisfacción reciente o el barrunto de previsibles agasajos matinales que me pregunté si el sopor etílico no supondría un serio obstáculo para la percepción eficaz del dolor que le aguardaba; a caballo de esa duda tomé su mano, la elevé en el aire y la dejé caer: no reaccionó; pellizqué con fuerza su muslo, también sin resultado. Contrariado, masajeé su pene en busca de alguna respuesta y, esta vez sí, obtuve un ronroneo goloso; fue esa burla implícita hacia mis planes de revancha y hacia mí mismo la que me detuvo a meditar un cambio de rumbo: hacer una travesura satisface, pero hacerla con inteligencia excita. Obtuve una cámara fotográfica del servicial conserje nocturno y, como cabía esperar, no me costó predisponer a los tres mercenarios hacia el nuevo plan. Cumplido éste, ya de día, abandoné la pensión, deposité los negativos en el laboratorio y regresé a nuestro lujoso hotel de la Quinta Avenida.

No fue hasta bien entrada la tarde cuando, machacado por los rescoldos de la monumental borrachera, *Teté* reapareció y aceptó mi solícita sugerencia de someterse a una cura tibia de agua caliente, aspirinas y masajistas: no recordaba detalle alguno de la víspera, y le había sorprendido, al despertarse, no encontrarme en los alrededores. Entre guiños de viril camaradería, le recordé que había desaparecido en compañía de dos hermosas señoritas, y la mentira le complació: sentía su cuerpo satisfactoriamente maltrecho de placer, dijo sin sospechar que su frase favorecía de forma inesperada mis propósitos.

La carta, a su nombre, llegó dos días después; cuando el botones se la llevó hasta la cama aguardé, aparentemente absorto en la lectura del diario, el estallido de cólera, pero *Teté,* en vez de saltar entre imprecaciones revanchistas, se acercó arrastrando los pies con pasitos desolados, noqueado por el impacto que le había provocado la fotografía que llevaba en la mano. Cuando me la mostró, fingí asombro –y un punto de íntima decepción de amigo: estos detalles humanistas son los que dan verosimilitud a las mentiras de rango– ante la imagen que lo mostraba desnudo sobre la colcha de la cama de la pensión, ofreciendo su grupa al miembro erecto de un velludo rufián cuyo rostro escamoteaba con toda intención el encuadre; a un lado, los penes tiesos de otros dos fornicadores anónimos aguardaban impacientes su turno de penetrar al futuro presidente de Leonito, cuyo desvanecimiento etílico real adquiría en la imagen la apariencia de un éxtasis erótico incontestable. Aparentemente solidario con su angustia, levanté la vista hacia *Teté*: la ira y la incredulidad parecían a punto de implosionar en el rostro de mi enmudecido pupilo; y también el miedo: ¿cómo reaccionaría el hosco *Viejo* ante la prueba de la depravación de su cachorro? ¿Qué sería del prestigio del futuro amo de la Finca Nacional si llegaba a circular entre sus compinches de uniforme –y también entre los esclavizados ciudadanos de a pie– la explícita imagen, que para colmo, y según anunciaba una socarrona carta adjunta, era sólo la primera y menos jugosa de la serie? *Teté* se dejó caer en la silla más próxima y me aseguró entre sollozos que no recordaba nada de la horrenda escena; juré que le creía –y era cierto: entre foto y foto, entre coreografía obscena y coreografía obscena, había verificado personalmente que continuase inconsciente– y, cual inquebrantable hermano entristecido por su dolor, fingí crecerme ante la adversidad para ponerme al frente de la negociación con los inexistentes chantajistas. A los ojos de *Teté*, el tira y afloja fue intenso y desabrido: cuando abonábamos una cantidad –¿hace falta decir que, al abandonar el hotel con el correspondiente maletín lleno de billetes, no me dirigía al lugar de la supuesta cita con los criminales, sino al banco cercano donde el director, ablandado ya por los sustanciosos ingresos anteriores, se apresuraba a recibirme entre reverencias?– y la pesadilla parecía concluida, una nueva imagen pornográfica venía a ajustar nuestros respectivos desasosiegos, el impostado mío y el verdadero de *Teté*, al que atormentaba más que ninguna otra cosa la posibilidad, sutilmente avivada una y otra vez por mí, de que su cuerpo hubiese disfrutado con la celebración homosexual: ¿qué otra explicación cabía para su bienestar, a estas alturas ya mil veces maldecido, de la mañana de autos? Yo bajaba la vista, agravaba la expresión y abría los brazos, impotente y compungido por la evidencia que lo estigmatizaba para siempre... Cuando la broma había costado a *Teté* los cien mil dólares que constituían sus ahorrillos, engrosados en sus pinitos como saqueador juvenil de Leonito, decidí concluir la comedia con un toque de melodrama, y la mañana de nuestro regreso le entregué, solemne, los negativos que certificaban sus recias inclinaciones platónicas; emocionados, ambos juramos –*Teté* con la mano izquierda sobre el corazón y la derecha ceremoniosamente elevada; yo soplando en su dirección un matasuegras invisible– guardar el terrible secreto, y la mismísima Estatua de la Libertad fue testigo del pacto eterno que me unía para siempre con el bobo apócrifamente sodomizado que pronto heredaría un país.

Teté, como primera muestra de agradecimiento, me designó apenas aterrizamos Consejero del Ministerio Leonitense de Seguridad, tal y como yo mismo le sugerí: la caprichosa elección con que fui distinguido no disgustó ni sorprendió a los tres lobos veteranos, acostumbrados desde siempre a ejercer la arbitrariedad, y aunque el propio nombramiento de mi amigo entrañaba más parafernalia simbólica –compartida además con los otros dos herederos del triunvirato– que poder ejecutivo real, me permitió acceder a algunas de las reuniones que hasta entonces se celebraban a puerta cerrada; ya no se me consideraba sólo «mon-a-mí»: si jugaba bien las nuevas cartas podía recuperar la dignidad que correspondía a mi talento.

Aunque los coroneles representaban el propotipo ideal del dictador americano malvado, zafio y codicioso, carecían de sentido de futuro y afán de superación. Sus necesidades vitales no eran complejas: sujetar a toda costa las riendas del poder –para lo que disponían de un elemental sistema represivo basado en la brutalidad–, expoliar desde esa situación de privilegio los recursos del país a fin de mantener sus arcas llenas –y literalmente: en dos ocasiones vi, perplejo, cómo se portaban hasta la sala de reuniones presidenciales cajones llenos de oro o papel moneda– y, gracias a esta seguridad financiera, dedicarse a «vivir la vida», como ellos mismos definían al trasiego de diversiones ramplonas y esencialmente sexuales que se repetían por palacetes, fincas y playas acotadas para el disfrute privado. Lo más sorprendente era que mis propuestas para modernizar la rentabilidad de sus inversiones –primer objetivo en el que puse mi empeño: era sencillamente ridículo que los millones de dólares robados al país estuviesen amontonados, muchas veces en toscos rollos de billetes, en cajas de seguridad de bancos extranjeros elegidos al azar y no probando suerte en otras formas de inversión más rentables– despertaban sus recelos: ¿qué era yo?, parecían preguntarse, ¿un ominoso hechicero que en vez de sapos despellejados y filtros humeantes utilizaba para sus embrujos tablas de cálculo y cotizaciones bursátiles? Tuve que realizar tres operaciones brillantes con mi propio dinero –en realidad, el de ellos: ¡era tan fácil engrosar delante de sus narices, y sin que lo percibiesen, el de por sí generoso sueldo con que me remuneraban!– hasta que comprendieron que se podía obtener beneficio comprando, en el momento preciso, seda en China o solares urbanos en San Francisco. Poco a poco fui ganando su confianza, y el día que, gracias a una única gestión particularmente afortunada, gané para ellos un millón de dólares decidieron nombrarme Ministro de Economía. Rechacé el cargo –la seguridad del anonimato era por aquellos años, y es aún hoy, la obsesión que me ha llevado a actuar siempre en la sombra– a cambio de lo que desde aquel día instauré como remuneración de mis servicios: paquetitos de acciones de esta empresa, paquetitos de acciones de aquélla... Empecé la década de los cincuenta siendo un hombre próspero que no dejaba de incrementar su fortuna, y calculaba feliz que en unos pocos años el tiempo habría borrado en Europa todo vestigio de mi recuerdo, de forma que, tranquilo en lo referente a mi seguridad, podría regresar a mi venerado París. Pero el destino –de nuevo él– tenía otros planes, y por eso puso en mi camino el intento de magnicidio del 7 de febrero de 1952.

Por supuesto, no era mi aún humilde persona el objetivo de tal plan criminal, pero sabido es que en el criterio de los terroristas no computa la misericordia hacia quienes componen los cortejos de sus víctimas. La bomba oculta, que pretendía acabar de un solo golpe con las dos patas del triunvirato presentes en la inauguración de una ostentosa escultura –tres jinetes, ¿hace falta decir quiénes?, cabalgando heroicos hacia nebulosas cotas de gloria sublime–, estalló con precisión profesional que, para fortuna mía, no pudo prever el asfixiante calor de la jornada: su apremio provocó el desmayo de una de las mujeres del séquito, y por esa causa los próceres –y quienes les acompañábamos– demoraron unos segundos cruciales su llegada al emplazamiento del artilugio, que al reventar descabezó úni-

> camente a los tres jinetes de piedra. En el caos posterior nadie supo identificar a la mano que se ocultaba tras la agresión, y todos –yo, como responsable de Seguridad, el primero– mostramos nuestro asombro ante el primario mensaje que reivindicó el atentado en nombre de una comunidad de trogloditicos indiecitos enquistados en una guarida de ratas llamada la Montaña Profunda.

Ferrer dio un respingo: en ninguna de las múltiples cábalas sobre la relación entre Victor Lars y sus padres había imaginado al francés relacionado con la Montaña y sus implicaciones, es decir, los indios leonitenses y Leónidas.

Se puso en pie, meditando. El techo del compartimiento del tren militar era bajo, y se golpeó la cabeza contra él. Afuera, al otro lado de la ventanilla, la noche discurría silenciosa entre los desérticos parajes que conducían a la Montaña Profunda, y la velocidad impuesta por la máquina, aunque moderada, provocaba algún movimiento de aire fresco. Eran las tres de la madrugada: faltaban dos horas para el amanecer, y a partir de ahí Leónidas podía aparecer en cualquier momento. Ferrer no disponía de mucho tiempo para concluir la lectura, sin contar con que Roberto Soas pronto daría por concluida la reunión que celebraba en el compartimiento contiguo y vendría a interrumpirle.

–Paso a verte en cuanto acabe –le había dicho una hora antes, al descender del helicóptero que les trasladó desde la fiesta del hotel hasta el cuartel donde les aguardaba, listo para partir, el tren de avituallamiento en el que ahora se encontraban–. Tengo que aclarar un par de cosas con la gente de mi equipo, cosa de media horita.

Entonces Soas, fielmente escoltado en todo momento por el capitán Rodrigo Huertas, había dejado solo a Ferrer, que una vez habituado al traqueteo del tren logró concentrarse en la lectura del manuscrito. Lo tomó de nuevo, convencido de que era mejor utilizar el margen de tranquilidad nocturna en la lectura que en la elaboración de incomprobables teorías sobre la relación entre Lars y la Montaña.

> Al parecer, los indios leonitenses habían vivido durante siglos en esa inhóspita esquina del país sin molestar a nadie, y siendo molestados sólo cuando, cíclicamente, rebullían determinadas leyendas sobre el supuesto tesoro oculto en el interior de la tal Montaña. Mi llegada a Leonito había coincidido con una de esas fiebres de codicia, aunque yo, enfrascado en mi propia prosperidad, no supe hasta el día del frustrado atentado que casi me cuesta la piel que León Segundo, el hijo del triunviro José León Canchancha, se había encaprichado desde meses atrás en la búsqueda de ese tesoro mítico, provocando una serie de tropelías ecológicas y humanas que esos salvajes habían decidido vengar con su atentado fallido. Ni ellos ni los coroneles llegaron a imaginar jamás lo feliz que me hizo aquella declaración de guerra. Gracias a ella pude pasar de nuevo a la acción.

> Como primera medida, reuní a un grupo de jóvenes seleccionados entre las filas del ejército regular por su talento innato para la violencia. Animados por la impunidad que les otorgué, los Pumas Negros –así los bautizó la imaginación, al fin y al cabo adolescente, de *Teté*, que fue nombrado su jefe honorífico– asaltaron un poblacho indígena donde cabía pensar que los indios se abastecían, degollando a sus habitantes con injusta racionalidad: ni más ni menos muertos que treinta, diez por cada una de las esculturas ecuestres descabezadas en el atentado fallido; la escalada de violencia no se hizo esperar, y pocos días después tuvo lugar la llamada Emboscada del Desfiladero del Café, que gracias a la publicación en prensa de las declaraciones del único superviviente espeluznó a la opinión pública del país y decidió a los coroneles a darme carta blanca en la represión de los insurrectos. La Emboscada del Desfiladero del Café tuvo lugar el 16 de marzo de 1952.
>
> Iba a ser un día caluroso, pero aún no había amanecido cuando

Lars se lanzaba a narrar en detalle el suceso. Ferrer, contrariado, consultó de nuevo su reloj: no podía detenerse en narraciones precisas como la anunciada del Desfiladero del Café y saltó las páginas hasta que el francés retomó el relato de su ascendente carrera en Leonito.

Como todas las guerras, y más si son civiles, ésta se emponzoñó pronto con la comisión de actos de barbarie que encontraban inmediata represalia amplificada en el campo contrario. En este tira y afloja, en el que, también como siempre, el odio progresivamente irreversible era el único vencedor, mis coroneles y yo teníamos las de ganar, dueños como éramos de la fuerza, pero ese matiz no me impidió percibir que el pueblo de Leonito simpatizaba íntimamente con los indios que habían osado enfrentarse a los expoliadores de uniforme. Sin duda contribuía a esta apreciación un hecho que no tardó en hacerse legendario: la llamada Montaña Profunda, amigo mío, parecía no existir a pesar de su monumentalidad visible desde tierra, mar y aire, pues sólo *no existiendo* podía darse explicación al hecho de que tras cada batida, tras cada emboscada, tras cada frustrante –por escasa en resultados– confrontación armada se desvaneciesen los indios en el aire. La causa de su sorprendente invisibilidad, claro está, sólo podía hallarse bajo tierra, en cuevas subterráneas de entrada secreta que tarde o temprano descubriríamos, pero eso no resolvía el enigma de su avituallamiento: el tupido bosque que rodeaba la Montaña no era propicio para la siembra, y el cerco militar que estrechamos alrededor de cada acceso garantizaba que no llegase a los sitiados una sola taza de arroz; sin embargo, su resistencia no se debilitaba. Antes al contrario, parecía crecer y vigorizarse, y pronto se concretó en golpes más eficaces.

Algo más de un año después del primer atentado, los indios consiguieron su objetivo: una bomba explotó en el interior del mismísimo palacio, enterrando bajo toneladas de cascotes a los presentes en el consejo de ministros rutinario; las primeras noticias hablaron de que los tres coroneles y sus hijos se hallaban entre las víctimas. Yo, que providencialmente me encontraba en el aeropuerto, camino del cercano Haití para resolver, a petición de mis jefes, cierto embrollo económico del dictador Paul Magloire, valoré de inmediato las consecuencias de la deflagración –quedaba abierto un insondable vacío de poder–, y fue la ansiedad por conocer la nueva disposición del tablero la que me afanó en asumir el mando de las brigadas de rescate, a las que pronto se sumó el joven Menéndez, ausente de la reunión fatídica a causa de un lance amoroso. El primero de los cadáveres en salir a la luz fue el del coronel José León Canchancha, el dictador menos dotado neuronalmente del trío: un orangután que, acaso consciente de sus limitaciones e inseguridades, se refugiaba en una pétrea máscara de crueldad entrenada para no sonreír jamás, objetivo que en la presente circunstancia lograba sin esfuerzo. Canchancha y yo siempre nos habíamos mirado con distante respeto, y no lamenté su muerte; sin embargo, sí me alegró ver asomar, en trozos mínimos pero identificables, a Walter Menéndez, cuya apariencia de bobalicona bondad me había desconcertado desde el principio: mejor verlo muerto que seguir tratando de imaginar merced a qué conocimiento sobre terribles secretos de sus socios seguía tan sólidamente aferrado al poder. En cambio, suspiré de alivio al ver aparecer, escupiendo polvo y sangre y por tanto vivo, a mi querido *Teté*: hubiera sido incómodo no contar con él en los planes de futuro que allí mismo, entre expresiones falsas de abatimiento y rabia ante la carnicería, me di a elaborar sin dilación. Los zapadores también lograron extraer con vida al vástago de Canchancha y a Larriguera *El Viejo*: habían sobrevivido los tres cachorros –con uno de los cuales me unía un eterno pacto de amistad– y el anciano que más me apreciaba. Obviamente, el reparto de cartas de la Muerte me había favorecido.

Como yo, Jeannot, has sido testigo de la Historia desde distintos puntos de vista: fuimos niños felizmente indiferentes al transcurso de la Primera Guerra Mundial y hombres jóvenes arrastrados por el torrente de la Segunda, y hemos visto, desde entonces hasta nuestra lúcida vejez, operar muchos cambios en los gobiernos del mundo. Todos, los dos lo sabemos bien, con un denominador común: su condena de antemano a la caducidad, al fracaso, a la desaparición final inimaginable durante los momentos iniciales de multitudinarias euforias públicas y victoriosas banderas al viento. Yo lo sabía cuando me sumé, al día siguiente de la tragedia, a la reunión apresuradamente improvisada en el Palacio de la Presidencia de Leonito; lo sabía y, sin embargo, redacté un ardiente discurso trufado con citas de la Biblia, Pío XII y Goebbels –en este último caso, claro está, sin nombrar al autor– que el superviviente *Viejo* Larriguera leyó por radio con el objeto de tranquilizar al país y también de tranquilizarse a sí mismo: el magnicidio había desatado una situación que ni siquiera yo sospechaba. Fueron miles los leonitenses que, espoleados por el golpe de los indios, se lanzaron a la calle para exigir la expulsión definitiva de los coroneles. La policía se empleó a fondo para reprimir a los manifestantes, pero su violencia sólo consiguió echar más combustible a la hoguera de la rabia popular. En el palacio, el *Viejo* gritaba órdenes furibundas aferrado a un vaso de whisky permanentemente lleno, mientras *Teté* y los otros dos huérfanos, incapacitados para tomar decisiones eficaces, se multiplicaban con objeto de hacer frente a las decenas de líneas de fuego abiertas por sorpresa en los lugares más inesperados de la capital. La situación amenazaba con desbordarse... Al anochecer del cuarto día de disturbios, la imagen de un grupo de soldados cargando de dólares el avión presidencial me trajo desasosegantes recuerdos del desastre parisino del Reich, y un mazazo depresivo me agolpó la sangre en los talones... La noche, Jeannot: de nuevo larga, triste y solitaria, de nuevo mensajera del final... Podía verme a mí mismo: casi diez años más viejo pero condenado otra vez a un incierto comienzo, a una vida en sombras, a la indignidad de una huida temerosa de volver la vista atrás... Al ritmo de tiroteos remotos, descontroladas columnas de humo se elevaban desde distintos puntos de la ciudad hacia el rojizo cielo del nuevo día. Tal vez me decidió ese color del aire, tal vez fue la esencia mágica y vertiginosa de las luces del amanecer... El hecho es que mi química se sulfuró de pronto: yo era superior a la ira, al afán de libertad y a la inteligencia de los civiles armados que avanzaban en revanchista desorden hacia el palacio. Sí, las llamas de la ciudad podían consumirlo todo, pero no a mí. Noté cómo la determinación crecía en mi interior, observé los dos objetos sobre la mesa que a lo largo de la noche habían configurado mi sesudo dilema –el maletín con la documentación de acceso a las cuentas repartidas por los bancos más discretos del mundo y el revólver cargado: empezar de nuevo o acabar de una vez–, y la idea del suicidio fue una revelación irresistible y lúcida como ninguna otra de mi vida. Amartillé el arma, abandoné el despacho, entré en la habitación donde el *Viejo* dormitaba a solas su borrachera, apoyé el revólver contra su sien, lo disparé, lo puse en la mano derecha del cadáver, dediqué una última mirada de control a la verosimilitud del escenario, regresé a mi asiento frente al amplio ventanal y me dispuse a esperar, impávido como el jugador que ha apostado su alma al diablo y sabe que su mirada no debe mostrar debilidad ante el envite de los rivales. Una hora después entró en mi busca *Teté*, pálido y excedido por la recién descubierta autoinmolación de su papá. Tal y como me había dedicado a ensayar en esos sesenta minutos eternos de meditación, puse la mano sobre su hombro, le hablé de la responsabilidad política e histórica que le correspondía aceptar, del poder que era ahora de él y de sus dos socios, y le sugerí que me diese carta blanca para resolver la crisis. Me consta que nuestra aventura neoyorquina pesaba en él cuando, bajando la vista, asintió.

Siguiendo mis órdenes, los Pumas Negros no acuchillaron, no ametrallaron y no bombardearon; se limitaron a recorrer los barrios obreros secuestrando niños elegidos al azar y depositándolos en un pequeño campo de fútbol al aire libre que, a pesar de su carácter de recinto insólito para estos menesteres, elegí por su perfecta visibilidad desde todos los puntos de la ciudad. Acatando, como buen cristiano, las enseñanzas del Nuevo Testamento en general y del episodio de Herodes en particular, ordené que los diez primeros niños fueron ahorcados de la grada más alta. Los verdugos no les ataron las manos –lo que confirió al inútil combate contra la asfixia una conveniente espectacularidad–, pero sí cubrieron con capuchas sus rostros: de esta forma, los rasgos eran irreconocibles; o, dicho de otro modo, podían ser los de cualquiera de los secuestrados. El espectro de esta lotería macabra e inmisericorde –pues en ningún momento dejaron los Pumas Negros de alimentar, como un mecanismo indiferente, las sogas mecidas al viento– recorrió con inusitada rapidez las filas de los rebeldes. A mediodía, todos los civiles armados sabían que sus hijos *podían* hallarse en la escalinata del patíbulo; a primera hora de la tarde, una comisión negociadora enarboló desesperada bandera blanca y suplicó una audiencia que sólo concedí dos calculadas horas después para hacerles saber que los ahorcamientos finalizarían únicamente cuando la ciudad recuperase la calma y se hubiesen entregado setecientos ochenta hombres, diez por cada uno de los soldados caídos en las refriegas. Por la noche la ternura paternal se había impuesto sobre las inconcretas reivindicaciones socializantes, y con las primeras luces del alba los rehenes infantiles fueron canjeados por los setecientos ochenta hombres y mujeres que por no haber sido más prestos en la rendición llevaban sobre sus conciencias el peso de ciento setenta niños

> muertos, pues la efectividad de la victoria me había recomendado no relajar el ritmo de los ahorcamientos hasta que los represaliables exigidos, y ni uno menos, se encontrasen arrodillados sobre la grava del patio ante las bocas de las ametralladoras. Apenas veinticuatro horas después del suicidio del *Viejo* Larriguera, la paz se había restablecido, y el silencio que flotaba sobre la ciudad me saludaba –a título íntimo y personal pero, te lo aseguro, de sobra gratificante– como incontestable ganador de la partida. El flamante triunvirato en el poder me encomendó, a la vista de mi demostrada capacidad resolutiva, la reestructuración de la seguridad del Estado; insistiendo en mis sagradas demandas de anonimato, acepté el encargo: a partir de ese instante, nadie más iba a echarme de casa. Y como primera medida, me impuse el reto de una represalia que desalentase futuras tentaciones revolucionarias.
>
> Setecientas ochenta almas, setecientos ochenta cuerpos con sus piernas y manos para aplastar y sus vísceras para

Tres golpes suaves, casi tímidos, sonaron en la puerta del compartimiento.

–¿Luis? Soy Roberto.

Ferrer cerró el manuscrito, lo depositó sobre la mesa y se levantó para abrir; a medio camino, una cautela repentina le hizo retroceder y ponerlo boca abajo para preservar el título y la portada de miradas indiscretas. Pareciéndole aún insuficiente, lo pensó mejor: vació la pequeña mochila con elementos de aseo que le había suministrado un soldado al subir al tren y, antes de abrir la puerta, ocultó en su interior el manuscrito.

Soas sonreía en el pasillo con una bandeja en las manos.

–He traído un poco de café. Hora de desayunar.

–¿A las cuatro y pico de la madrugada?

–En el Caribe amanece sobre esta hora... ¿Ves?

Soas señaló hacia el exterior; Ferrer, siguiendo su indicación, miró a través de la ventanilla: al otro lado, la noche comenzaba a disolverse pausadamente.

–Espero que te guste solo, malo y aguado. Es lo que dan de sí la cafetera y mi habilidad.

Era una broma de puro protocolo; Soas ni siquiera sonrió al decirla y, apenas la hubo pronunciado, se sentó y adoptó un tono serio.

–Estaría bien que habláramos cinco minutos con calma, antes de tu cita con el Enemigo Público Número Uno.

–¿Opinas eso de Leónidas?

–Es una forma de hablar. Yo, precisamente, soy uno de los que más lo han defendido. Entiéndeme, su causa y sus reivindicaciones, los derechos de los indios. No su lucha armada. No hay forma de que entiendan que les estamos ofreciendo una fortuna por largarse. Y un sitio de puta madre donde ellos quieran.

–¿Eso es así de verdad o es propaganda?

–Te lo garantizo. Mira... Indios que vivan en la Montaña deben quedar, hablo desde que yo estoy al mando de esta empresa, desde principios del noventa, cuatrocientos, quinientos, mil como mucho. Un tercio de ellos, gente mayor. Y niños otros tantos. Por lo que yo sé, que ojo, no lo he visto, sólo lo he oído, viven en algún poblado perdido de su famosa Montaña.

–Eso me interesa. Lo de que desaparecen.

–Leyendas. Como las que hablan de su fabuloso tesoro. ¿Las has oído?

–Todo el mundo las ha oído –dijo Ferrer mientras pensaba: «e incluso los coroneles se empeñaron en buscarlo. Y los indios les declararon la guerra por eso». Pero prefirió callárselo; los datos del manuscrito eran un comodín que prefería seguir manteniendo oculto–. ¿Qué hay de cierto en ellas? Porque se remontan a la época de los conquistadores.

–Mira, Luis, aquí el único tesoro que hay es esto –y volvió a señalar hacia el exterior: el tren atravesaba ahora una llanura de lejanos horizontes rojizos a causa del sol naciente–. Tierra, paz, clima... Yo lo llamo materia prima. Y no es propaganda. Cuando lleguemos a la Montaña y veas lo que vamos a hacer allí, me entenderás. La Leyenda de la Montaña va a ser uno de los complejos turísticos más lujosos del mundo. Pero –levantó, solemne, el dedo índice– está en nuestros estatutos respetar la Naturaleza. ¿Sabías que nuestras instalaciones van a funcionar con energía solar? Respetar la Naturaleza y el entorno humano. Pregunta en Leonito a quien quieras: todos están locos por que se inaugure, saben la cantidad de puestos de trabajo que va a generar. Este país es otro, Luis. Hay democracia. Y la democracia va a durar muchos años, en cuanto entran capitales sólidos en estos países se terminan los golpistas. Aquí vamos a montar una competencia directa para Costa Rica, ya lo verás. Todo, claro, si Leónidas se aviene a razones.

–¿Qué alega para no querer irse?

–Eso. Que no quiere irse. Que él y sus indios están bien allí.

–Vamos a ver –Ferrer hizo una pausa para trazar un esquema mental–. Corrígeme si me equivoco... Por lo que yo sé, había una guerra de guerrillas. Hablo antes de la democracia.

–Justo, entre los coroneles y los indios. Pero se trataba, sobre todo, de una situación enquistada llena de rencor, demasiado rencor. Ten en cuenta que se hicieron muchas salvajadas por ambos bandos. Pero entonces Leónidas no era aún el jefe. Apareció hace relativamente poco, más o menos a la vez que triunfaba la revolución, puede que un poco después. Ahora bien, cuando los coroneles tuvieron que largarse y La Leyenda vio por fin la luz verde, el primer paso fue negociar con los indios. Los malos de la película ya no estaban. Llegaban nuevos tiempos para todos. Pero entonces apareció Leónidas, dispuesto a dar guerra, y nunca mejor dicho. Probablemente era un resentido con cualidades de líder. Habría perdido a los suyos y buscaba venganza, yo qué sé... Pero convenció a los indios para ponerse de su lado. Atentó contra las obras, contra los obreros... Y no te voy a ocultar que se montaron operativos para darle caza a vida o muerte. Ya con la democracia aquí. Pero no hubo forma. Has visto su último golpe, el secuestro del consejero Arias. Y la bombita en la fiesta para acojonar.

–El secuestro sí, pero su puesta en libertad también. Eso anunció hace –Ferrer consultó su reloj– casi cinco horas. Entonces, ¿en qué quedamos? ¿Quiere negociar o no?

Soas volvió a suspirar.

–Soy de los que quieren creer que sí. Por eso voy

contigo a la Montaña. Para ver si también puedo hablar con él. Mejor voluntad por mi parte… Porque no sé si sabes que ya hay un sector del grupo financiero que quiere mandar La Leyenda a tomar por el culo.

–Ahí está: una escisión.

–Tú lo has dicho… Tienen un sitio cojonudo en Santo Domingo para montar una cosa parecida y allí no hay problemas.

–No, no… Me refiero a los indios. Una escisión entre los mismos indios –corrigió Ferrer. Soas le miró con atención, invitándole con su silencio a continuar–. Es la única explicación: la mitad quiere irse de la Montaña y la otra mitad no. La mitad está a favor de seguir con los atentados y la otra mitad quiere negociar. Y de ahí surgen las aparentes contradicciones.

–Una especie de mini guerra civil entre ellos… No se me había ocurrido. Puede ser. Muy posiblemente…

–Supongo que para eso quiere verme. Para contarme lo que pasa en la Montaña Profunda –«y sobre todo, lo que ha pasado ya», regresó a la mente de Ferrer la enigmática matización de Casildo Bueyes antes de morir; pensó que era el momento de referirse al periodista asesinado–. Por cierto, decía en su comunicado que deseaba hablar conmigo porque era un periodista de verdad, algo así. ¿Qué problemas ha tenido hasta ahora con los periodistas? Trató con Casildo Bueyes, ¿no?

Soas hizo un gesto despectivo.

–Eso fue una coña increíble. No era asunto mío, pero resultaba patético verle funcionar. A Bueyes, digo. No sólo porque estuviese siempre trompa, es que además era un fósil. Hizo este recorrido conmigo un par de veces, y había que ayudarle a subir y bajar del vagón. Una cosa demencial. Pero era el corresponsal oficial acreditado por el gobierno de Leonito en esta guerra. Por el gobierno de la democracia.

–Un poco raro, ¿no? Muy raro.

–Bueyes era uno de esos tíos que sobreviven a lo que les echen. Supongo que necesitaría dinero y logró el nombramiento, Comisionado para Asuntos Indios, o algo así de pomposo se llamaba. Pero era como si no existiese, todos pasábamos de él.

–Sin embargo, averiguó algo.

–¿Ese mindundi?

«Sí. Ése. Y por eso lo asesinaron», pensó Ferrer; pero sólo preguntó:

–¿Crees que lo mató Leónidas?

–¿Quién si no?

Ferrer calló, meditando la abierta respuesta de Soas. Sintió la tentación de preguntarle qué significaban para él las palabras «¡¡¡Muerte al rey de España!!!», e incluso deseó mostrarle la polaroid que guardaba en el bolsillo, pero no le pareció prudente revelar que había descubierto antes que nadie el cadáver de Bueyes.

–Así que soy un personaje especial –sonrió, de pronto, Soas.

–¿Cómo?

–Aquí lo pone –dijo señalando la página de la libreta de Ferrer encabezada con «R. Soas»–. ¿Puedo? Me apetece saber cómo has resumido mi vida.

–No he sido yo, sino mi jefa. Arranqué esta hoja de su informe. Dice que eres eso, un personaje especial.

–Especial... –repitió de buen humor Soas mientras ojeaba las notas–. Aquí dice que soy un líder nato.

–También lo dice tu secretaria. Parece admirarte...

–No es a mí –Soas retomó el semblante serio–. Es a mi empeño. Quiero que todo el mundo en Leonito mejore su nivel de vida con La Leyenda. No es a mí –repitió antes de regresar a las notas–. «Coronel del ejército del aire español en excedencia.» En realidad, no es exactamente una excedencia...

–Lo sé.

Ferrer procuró expresar en la concreción de la respuesta, y en la mirada que quiso hacer de repente grave, su pesar sincero por el fallecimiento de la esposa del otro; Soas le miró brevemente, y Ferrer supo por su mirada que lo agradecía. Y también que, a su vez, conocía y sentía las circunstancias de la muerte de Pilar. Aunque se tratase de pesar por las circunstancias falsas del inexistente suicidio, Ferrer lo agradeció de igual forma: era pesar sincero. Prolongó un instante la pausa por si Soas quería explayarse sobre sus sentimientos de viudo y, con la misma cortesía, cambió de tema al hacerse patente el silencio del otro.

–¿Sabes quiénes son los Hombres Perro? –preguntó de pronto. Era la primera de las cuestiones relacionadas con Victor Lars sobre las que se había propuesto sonsacar a Soas–. Por lo visto, lo sacaron todos los periódicos.

–Alucinaciones, hombre. No me jodas. Y fue en el setenta y cinco, hace casi veinte años. Los turistas, italianos eran, creyeron ver a un grupo de tíos y tías en pelotas, saltando a cuatro patas.

–¿Creyeron ver o vieron?

–Pues sí, creyeron ver o vieron, ¿qué más da? ¡Hombres Perro...! ¡Serían «hippies» que acababan de ver *Easy Rider,* y estarían follando!

–Según he oído, tenían el pelo muy largo.

–¿Y cómo lo tenían los «hippies»? –insistía Soas en bromear.

–Largo hasta medio muslo –se esforzó Ferrer por mostrar la seriedad de su pregunta–. Y se asustaron al ver a los turistas.

Soas se le quedó mirando; tardó un par de segundos en contestar:

–Luis: ¿qué quieres que te diga? Procuro sacar adelante un proyecto de miles de millones. Tengo que descojonarme de esas cosas. Y procurar que se descojonen los demás. ¿Lo entiendes? Mi problema es Leónidas. Y mi problema es el retraso en las obras. Y mi problema es que la mitad de los inversores quieren largarse a Santo Domingo. Ah, y mi problema puede ser también, y digo puede porque me lo acabas de descubrir, la escisión entre los indios. Ésos son mis problemas. Y lo demás... Vale, los turistas italianos vieron a media docena de tíos desnudos a cuatro patas. De acuerdo, los vieron. De acuerdo, tenían el pelo hasta medio muslo. De acuerdo, se asustaron y salieron corriendo. ¿Y?

Extendió los brazos y enarcó las cejas, expectante; Ferrer reconoció que le resultaba simpático. Se disponía a interrogarle sobre los faros de leyenda maldita y el nombre españolizado de Victor Lars cuando un golpe seco sacudió a los dos hombres en el aire. La silla de Soas salió disparada contra la pared del vagón y Ferrer rodó por el suelo. Desconcertados, se pusieron en pie y salieron al pasillo.

El soldado de guardia se levantaba del suelo, atontado, y recomponía su aspecto. Afuera se escuchaban gritos alarmados y confusos. Soas bajó la ventana; en su mano, sin que Ferrer hubiese observado cómo ni cuándo, se había materializado una pequeña pistola negra. Se asomaron al exterior.

De los vagones de la tropa descendían los soldados adoptando atropelladas posiciones defensivas. Una ráfaga de ametralladora, desde la cabeza del convoy, rasgó el aire.

–¡Hijos de la gran puta! ¡Salgan! ¡Bajen a dar la cara! ¡Hijos de puta!

El eco, indiferente, devolvió primero los disparos y luego los gritos.

–Es Huertas –masculló Soas hacia Ferrer; saltó del vagón y corrió hacia la cabeza del tren. Ferrer regresó al compartimiento, se ciñó a la espalda la mochila con el manuscrito y salió detrás de Soas.

Por su condición de único civil, se sintió desplazado en medio del movimiento generalizado que le pareció un espectáculo esencialmente ilógico: histeria humana transgrediendo, sin causa racional a la vista, el impresionante paraje natural cuyas paredes de piedra le hicieron pensar en una calle insólitamente estrecha festoneada de altísimos edificios: igual de opresiva resultaba la serena belleza, iluminada por el sol del nuevo día, del desfiladero en cuyo corazón se había detenido el tren.

Sonó otra ráfaga de ametralladora: Huertas, ahora Ferrer sí pudo verlo junto a la cabeza del tren, disparaba en dirección a los riscos.

–¡Hijos de puta! ¡Bajen si tienen huevos!

Soas –de pronto seco, efectivo y predispuesto a la violencia; Ferrer se preguntó cuándo fingía: ¿ahora o a lo largo de la civilizada charla del tren?– llegó en ese momento junto al iracundo militar y le arrebató la ametralladora como quien quita el juguete a un tonto o a un niño. Ferrer se acercó demasiado tarde para escuchar las palabras con las que Soas había logrado sedar a Huertas, que ahora mascullaba para sí.

–No tienen huevos de bajar. Creen que pueden hacerlo otra vez... Creen que pueden hacerlo otra vez...

–¿Qué ocurre? –preguntó Ferrer a Soas en voz baja; la crisis de Huertas recomendaba hablar con cautela para no reavivar la locura del militar, y Soas apartó unos pasos a Ferrer.

–Son fantasmas, sólo fantasmas. Ya ha pasado... –dijo enigmáticamente, sin apartar la vista de Huertas. Luego se volvió y caminó hacia la máquina del tren, donde un grupo de soldados examinaba con perceptible pánico lo que había obligado al tren a detenerse. Ferrer le siguió de nuevo, con una pregunta en la boca:

–¿Qué clase de fantas...?

Se paró en seco, espeluznado.

Unas pocas horas antes, al descubrir el cadáver de Casildo Bueyes, había pensado que nada podría resultarle más terrorífico que la expresión de sufrimiento e impotencia del viejo periodista; ahora supo que estaba equivocado. Dio dos pasos más; los soldados, al ver que avanzaba junto a Soas, se apartaban sin tratar de impedirle el paso. Ferrer sacudió la cabeza para ahuyentar el zumbido que le vibraba en las sienes, pero el sonido, exterior a él, provenía del torbellino de moscas que se cebaba sobre la carne informe cuya visión precisa desdibujaba el propio enjambre.

Delante de la máquina, dos troncos cruzados en aspa y clavados en tierra, erguidos, a los lados externos de los raíles, taponaban la vía. Clavado de pies y manos a los cuatro extremos de la improvisada cruz y dislocado por el rictus de la muerte, colgaba el cuerpo desnudo de un hombre. Estaba completamente despellejado. Excepto de cuello para arriba: los verdugos habían respetado la cara para que pudiese ser identificado sin asomo de duda; y en efecto, Ferrer lo reconoció de inmediato.

–El consejero Arias –dijo en voz baja, tratando de convencerse a sí mismo de que el guiñapo humano que tenía frente a sí era el ejecutivo que sólo unas horas antes había leído por televisión el mensaje de Leónidas. Arias tenía los ojos muy abiertos, fijos en un punto más allá de cualquier posibilidad de ubicación, y Ferrer, durante unos segundos, fue incapaz de apartar su mirada del obsceno contraste entre la carne sanguinolenta expuesta al aire y el rostro fofito satánicamente respetado al que la permanencia casual de dos detalles cotidianos –la barba incipiente, de un par de días sin rasurar, y el peinado en el que aún podía distinguirse la raya lateral– hacían más pavoroso.

–Parece que tenías razón –le dijo Soas; Ferrer lo miró sin comprender–. Hay dos bandos entre los indios: el que leyó ayer el mensaje y el que ha hecho esto.

–Sí –dijo Huertas sumándose a ellos; frío y tenso, parecía nuevamente dueño de sus actos–. Y es el segundo de ellos el que nos ha metido en esta trampa.

Pegada a sus palabras, una explosión en la cola del convoy sacudió la tierra con violencia de terremoto. La ilusión sísmica se expandió durante unas décimas de segundo y remitió hasta transformarse en una gigantesca nube de humo, polvo y calor que barrió el suelo y cubrió a los presentes sin excluir el cuerpo de Arias. Huertas y Soas corrieron hacia la cola seguidos de los soldados; Ferrer, tras unos instantes de duda, fue tras ellos para no quedarse a solas con el crucificado, al que dedicó una última mirada de sobrecogida conmiseración. Fue en ese instante cuando, sin que él fuera consciente aún, captó en el rostro del cadáver el elemento discordante, ilógico, anormal: la semilla de la mentira.

Al disiparse por completo el polvo de la explosión, apareció el amasijo de raíles arrancados literalmente del suelo. Ferrer tragó saliva –el camino de regreso estaba cerrado– y miró a los profesionales que podían hacer frente a la situación: Huertas, Soas y los soldados escrutaban las paredes de piedra entre las que ahora se hallaba encajonado el tren; ningún movimiento delataba la presencia de los agresores ocultos, pero todos podían sentir que se encontraban ahí, acechando en silencio.

–Cabo –susurró Huertas en voz muy baja, como si temiera alterar la virginidad muda del paisaje; el cabo, cauteloso y asustado, se aproximó a él sin poder apartar la mirada de la inquietante paz de los riscos–. Escolte al personal civil hasta su vagón.

Ferrer, que no captó la referencia específica a él, permaneció quieto.

–¿No me oyeron? Los civiles fuera –repitió, otra vez entre dientes, Huertas mientras desbloqueaba muy despacio el cierre de su pistolera. Soas, a pesar de su condición de militar, optó por dejar la iniciativa al oficial leonitense; indicó a Ferrer que le siguiera y ambos comenzaron a retroceder hacia la cabeza del tren. No se habían apartado más que unos metros del grupo de hombres uniformados cuando empezó otro terremoto infernal.

La tierra y la madera del tren comenzaron a escupir esquirlas de sí mismas al ritmo fragoroso de las ametralladoras ocultas que disparaban desde los riscos. Ferrer se encontró de pronto en el suelo, tragando polvo seco. Alguien lo había empujado y tiraba ahora de él, y pensó que se trataba del propio sonido de las balas, inexplicablemente materializado en irresistible fuerza succionadora. Un segundo después se hallaba bajo el tren, sobre la vía, a resguardo del fuego. En la estrechez del refugio, Soas se abrazaba a su cuerpo con la fuerza del más desesperado amante; Ferrer supo que era él quien lo había arrastrado hasta lugar seguro; por tanto, también quien le había salvado la vida. Permaneció todo lo quieto que pudo, repitiéndose que las balas que se incrustaban en la tierra al alcance de su propia mano no eran capaces de atravesar la estructura metálica que le cubría. Enterró la cara en tierra y se cubrió la cabeza con los brazos, en un gesto instintivo que no pretendía protegerle sino acallar el insoportable ruido de los disparos. Apenas cuarenta y ocho horas antes, había aterrizado en Leonito procedente de Barajas, el aeropuerto de Madrid, la capital de España, la seguridad de Europa... No podía creer que se encontraba realmente en una situación que había visto innumerables veces en el cine, rodeado por los indios en un paraje de *western*. No, no podía ser, se estaba repitiendo cuando le asaltó el recuerdo de la carne *realmente* desollada de Arias. Sintió un escalofrío denso e interminable, y tardó unos segundos en comprender que el sonido que se imponía sobre el tiroteo era el grito que salía de su propia garganta.

–Luis... Luis...

Cuando le faltó el aire, inspiró con todas sus fuerzas y siguió gritando.

–Luis... Luis... ¡Coño, Luis!

Soas lo zarandeaba con violencia.

–¡Calla ya, hostia!

Ferrer, sobre todo por vergüenza, se empeñó en recuperar el control de sí mismo y lo logró; guardó silencio y miró a su alrededor: las ametralladoras habían dejado de disparar. Todo era silencio, aunque el calor de la tierra acribillada y humeante parecía tener sonido propio. Más tranquilo, miró de nuevo a Soas, que parecía, como siempre, dueño de la situación.

–Joder, casi me dejas sordo... –dijo, ciertamente irritado–. ¿Estás mejor?

Ferrer asintió pero, al moverse, se sintió mojado; pensó con súbito pudor que se había orinado encima, aunque la humedad se repartía uniformemente por toda su ropa, a lo largo del cuerpo: sudor, el suyo y el de Soas, lo notó cuando el otro se separó unos milímetros de él.

–Voy a salir –dijo.

–¿Estás loco? –Ferrer lo agarró del brazo; le aterraba irracionalmente la idea de quedarse solo–. Es mejor esperar, Huertas llamará por radio y vendrán a recogernos. En el helicóptero de antes...

–No –dijo Soas–. Desde las paredes que nos rodean, un helicóptero queda a tiro al descender y también al elevarse para salir. Un francotirador, uno solo, puede derribarlo.

–¿Un francotirador? –repitió Ferrer tratando de recuperar el aplomo–. ¿Así, tan fácil? Venga, es imposible. Hablamos de un helicóptero, un helicóptero militar. Tiene...

–Ya ocurrió.

–¿Ocurrió?

–Hace tres meses, cuando se intentaba acabar con Leónidas por las malas. Hizo exactamente la misma jugada que hoy, atrapó al tren de obreros que subía hacia la Montaña, lo sitió y esperó. Cuando los helicópteros vinieron en su ayuda derribó a uno.

Ferrer repasó mentalmente toda la documentación que había estudiado sobre las últimas escaramuzas con Leónidas: en ninguna se hablaba de trenes emboscados ni de helicópteros derribados.

–No se dijo nada de eso.

–Es feo que una pandilla de desarrapados se descojonen del ejército –respondió Soas, y no pudo evitar sonreír ante la expresión escandalizada de Ferrer, que adquiría matices de comicidad en las presentes circunstancias–. Coño, Luis, que eres periodista. Dime alguna guerra en la que se cuente toda la verdad... Y tampoco fue tan grave; en términos estrictamente militares, me refiero: se perdió el helicóptero con su dotación, pero los obreros pasaron. Leónidas –matizó– los dejó pasar. Sólo los necesitaba para atraer a su presa. Por eso esta vez no vendrá ningún helicóptero. Sería caer dos veces en la misma trampa.

–¿Sería? ¡Ya habéis caído! ¿O esto no es caer? ¿Me puedes explicar por qué hemos cogido este camino, si sabíais eso?

–Eh, eh, eh… –atajó Soas–. Te recuerdo que viste por televisión, igual que yo, el mensaje de Leónidas. Parecía sincero, y hasta era lógico. No había por qué temer que nos engañase. O, más exactamente, nadie había pensado en la explicación que se te ha ocurrido hace un rato, la escisión entre los indios. Está claro: el sector negociador mandó el mensaje televisado… y el sector guerrero ha hecho esto.

–Pero si sabe que no vendrán más helicópteros –razonó Ferrer, más relajado–, ¿para qué engañarnos? ¿Qué hay en este tren que pueda interesarles? ¿Llevamos armas o…?

–No. Es un tren rutinario de suministros de material

de construcción. Lleva una escolta de veinte hombres medianamente armados, muy poca cosa...

–¿Entonces?

–Parece claro. Le interesas tú.

–¿Yo? Pero si ya me tenía... Vengo para hablar con él, para escuchar lo que tiene que decir. Vengo voluntariamente, ¿qué sentido tiene secuestrarme?

–Vienes para hablar con Leónidas, si aceptamos que Leónidas es el sector negociador. Pero esto lo ha hecho el otro sector, sea quien sea quien lo manda. Y sin duda, te quiere para otra cosa.

–¿Para qué otra cosa? –a la mente de Ferrer regresó de golpe la imagen de Arias desollado.

Soas lo miró sin decir nada; un silencio de elocuencia inquietante.

–Voy a salir –dijo por fin; y comenzó a deslizarse hacia afuera–. Por este lado no han disparado, me he fijado durante el tiroteo; sólo están apostados en una de las paredes. Al menos de momento. Tal vez no son tantos... Veré qué dice Huertas.

–Eh, Roberto...

–¿Sí?

–¿Es de fiar? Huertas... ¿Qué le pasó antes? ¿A qué fantasmas te referías?

–Es una vieja historia, muy famosa en Leonito. Pero no sé si es muy conveniente que la sepas en las circunstancias presentes.

–Te aseguro que sí –atajó Ferrer.

Soas lo meditó un instante y se acercó de nuevo a él.

–El padre de Huertas, militar también, murió en una emboscada parecida a ésta, hace muchos años. Los indios emboscaron un tren lleno de soldados y los mataron a todos. Bueno, primero los capturaron vivos y luego los torturaron durante días. Fue horrible. Los desollaron, los quemaron vivos... Clavaron los cuerpos a las paredes externas del tren y soltaron los frenos. El tren se deslizó por la vía cuesta abajo, hacia la capital, aterrorizando a su paso ciudades y pueblos, hasta que pudo ser detenido. Hubo un solo superviviente, que contó los detalles espeluznantes, por si no estaban lo suficientemente claros. El padre de Huertas era uno de los oficiales que murió. Huertas era entonces un niño, y vio a su padre abierto en canal, con las tripas clavadas a la cara. Se hizo militar por despecho, supongo. Por odio.

–Vale. ¿Pero por qué ese ataque de histeria?

Ahora sí se deslizó Soas al exterior.

–Todo ocurrió exactamente aquí, en este lugar. El Desfiladero del Café.

Ferrer sintió un frío repentino.

–La Emboscada del Desfiladero del Café... –dijo en voz baja.

–Eso es, en el año cincuenta y dos. ¿Ves como hasta tú has oído hablar de ella? Espérame aquí. Y toma.

Soas colocó su pistola junto a la mano de Ferrer y se alejó.

Durante unos segundos, Ferrer fue incapaz de moverse. Luego buscó a tientas la mochila y extrajo de ella el manuscrito de Laventier. A pesar de la incómoda postura, con la estructura del tren sobre él, a diez centímetros de su nuca, y de la presión asfixiante del calor del sol en el aire, buscó apresuradamente el punto donde Victor Lars se había detenido a narrar la Emboscada del Desfiladero del Café.

tuvo lugar el 16 de marzo de 1952.

Iba a ser un día caluroso, pero aún no

había amanecido cuando el tren se vio obligado a detenerse ante el señuelo de inspiración dantesca que obstaculizaba el paso: despellejado y atado en aspa, el cuerpo de un militar cualquiera capturado días antes reclamaba la estremecida atención de sus compañeros de armas. Apenas los soldados se apearon, un alud de piedras bloqueó la vía a su espalda, y una tormenta de fuego y plomo procedente de las paredes del cañón les obligó a ocultarse tras las rocas, en el interior de los vagones o bajo la estructura del tren. Desplegada la trampa, volvió la tranquilidad. Durante horas, los soldados ocultos sufrieron la incertidumbre y la sed.

Bajo la estructura metálica, Ferrer comenzó también a experimentarlas; sobre todo incertidumbre: la exactitud milimétrica de la trampa del pasado con la que él estaba viviendo le abocó a la angustiosa sensación de ser, por encima de la racionalidad que reclamaban las coordenadas temporales, un pasajero del tren de 1952. Y sólo una conclusión lógica procuraba algún alivio al desasosiego: tenía que haber una razón que explicase el perverso paralelismo. Y a la fuerza debía encontrarse en las palabras de Lars.

Cuando algún soldado incauto osaba abandonar su escondrijo encomendándose al engañoso silencio, caía abatido por un disparo puntual, y la serenidad del paisaje era cada poco rasgada por el vuelo de fardos de paja; lanzados ardiendo desde las rocas sobre las inmediaciones del tren, venían a elevar unos grados cruciales el de por sí asfixiante calor. La desesperación desplegaba sin prisa sus alas, aunque una patrulla que logró romper el cerco abriéndose paso a tiros alentó durante unas horas la esperanza de un pronto auxilio. Fatal error: los fugitivos fueron capturados vivos y pronto los gritos del suplicio matizaron, espeluznantes e interminables, el miedo y la sed abrasadora de los sitiados, que se rindieron al alba del siguiente día. Los indios comenzaron entonces su orgía de vísceras abiertas en canal, pieles desolladas y antorchas aplicadas a la carne desnuda. Muertos o aún agonizantes, los cuerpos atormentados de los soldados fueron claveteados al maderamen exterior del tren, que con los frenos desbloqueados inició una frenética carrera cuesta abajo: la locomotora, que se diría viva o gobernada por el fantasmagórico protagonista de algún relato gótico, sorteó milagrosamente todo peligro de descarrilamiento antes de ser por fin detenida a las afueras de la capital. Para entonces, había atravesado pueblos y ciudades con su catálogo del infierno a cuestas: los leonitenses –hombres y mujeres, viejos y niños– que se asomaron

Sonó un disparo, solitario como los descritos por Lars en su recreación de la emboscada. El eco lo repitió a lo largo del Desfiladero mientras se levantaba en el aire un caótico rumor de voces acaloradas; Ferrer, inmóvil y sin respirar, las identificó como pertenecientes a los soldados, que al parecer realizaban algún tipo de actividad en la cabeza del convoy. Sin duda, dedujo con alivio, apartaban el cadáver de Arias para dejar el paso libre.

De inmediato sonó otro disparo: su eco rebotó en las rocas varias veces antes de ser engullido por el silencio. Ferrer se esforzó por oír cualquier sonido que le permitiera suponer que el desbloqueo de la vía continuaba, pero no lo consiguió.

los leonitenses –hombres y mujeres, viejos y niños– que se asomaron al paso del tren fueron testigos de la crueldad de los indios de la Montaña Profunda, cuyo salvajismo agigantaría la rumorología popular a partir de las declaraciones, machaconamente reiteradas por la prensa, del único soldado superviviente. Sí, Jeannot, desde aquel día de 1952 toda iniciativa contra los indios, por brutal que pareciese, encontró eco en la simpatía ciudadana. Si estás maliciando que mi aportación al asunto pudo ser más activa de lo que aparenta a simple vista, te adelanto que no vas descaminado. Porque, ¿cómo si no podría haberte expuesto determinados detalles de la Emboscada? ¿Cómo sabría que detuvo el tren un aspa clavada en tierra y no, por ejemplo, el desmantelamiento de los raíles? ¿Cómo que la muerte del infeliz sujeto a la madera fue por desollamiento y no por estrangulación o degüello? ¿Cómo que los soldados se rindieron al alba o que los intentos de fuga eran abortados por francotiradores precisos? ¿Es que acaso el balbuceo del superviviente precisó detalles como el de los fardos de paja ardiendo o la hora en que se inició el asalto? No, amigo mío: la Emboscada del Desfiladero del Café ocurrió realmente, pero no fueron los indios quienes la concibieron y dirigieron, sino yo, que ordené a los Pumas Negros ejecutar la celada, sitiar y torturar a los cautivos –realmente, claro está: no había otra forma de lograr la pretendida sensación de verosimilitud– y fijar los cuerpos al tren, que si se deslizó sin incidentes no fue por designio diabólico o divino, sino por la atenta conducción de un maquinista oculto en el que los espectadores del tremendo espectáculo itinerante, espantados, no repararon. ¿Plan atrevido? Tal vez, pero la calidad de la puesta en escena convirtió a los indios en odiados enemigos públicos, y yo tuve manos libres para actuar en su contra. Entiéndeme: no es que careciera de ellas antes de mi pequeña farsa; pero digamos que gracias a esta pantomima logré encauzar el aparato de represión de los coroneles hacia unas esencias de sutileza insólitas hasta la fecha. La Emboscada del Desfiladero del Café inauguró una serie de dramas sanguinarios cuya orquestación, batutada por mí desde la sombra, predispuso a la opinión popular a favor de toda acción armada que se iniciase contra la Montaña y sus crimina-

> les habitantes, que por su parte, y al carecer de medios de comunicación proclives a su causa y defensa, sólo podían limitarse a desfogar su rabia perpetrando algún atentado esporádico.

¿La trampa en la que se encontraba era falsa? A raíz de lo leído, Ferrer se atrevió a creerlo así. Falsa a pesar de los cuatro soldados que podía ver, muertos junto a la vía, desde su posición. Y tal vez –probablemente, pues parecía descartable una repetición casual de los hechos– los atacantes de hoy conocían la puesta en escena de cuarenta años atrás. ¿Quién se la había contado?

Rememoró los detalles del asalto desde que el frenazo había interrumpido su conversación con Soas. Y fue entonces cuando se revolvió en su subconsciente el rictus del consejero Arias: ciertamente desollado, ciertamente torturado y ciertamente muerto. Pero sin afeitar... El relámpago de una intuición: Ferrer la atrapó al vuelo y no la soltó. Miró su reloj: eran las seis de la mañana; sólo seis horas antes, a las doce menos escasos minutos de la noche, había visto al consejero vivo, leyendo por televisión el mensaje de Leónidas. Aunque parecía inquieto, su imagen era impecable: bien vestido, peinado y acicalado. Impecablemente afeitado. En las pocas horas transcurridas entre su comparecencia televisada y la aparición de su cadáver era imposible, físicamente imposible, que su barba hubiera alcanzado la longitud –de al menos un par de días sin rasurar– que exhibía en el aspa de madera. Reduciendo la ecuación al nivel más simplificado de la lógica –A, intervención televisada; B, cadáver clavado–, una de las dos proposiciones tenía que ser falsa. Y la evidencia de la vía señalaba sin opción de duda hacia A. Pero Ferrer había sido testigo del mensaje en televisión... Recurrió a la lógica de nuevo: el mensaje emitido con *apariencia* de conexión en directo era en realidad diferido; había sido grabado un par de días antes de la muerte de Arias con la intención de hacerlo pasar por auténtico en la fiesta del hotel. Y quien hubiese urdido ese engaño era también autor del asalto al tren. Asalto que, como el del año cincuenta y dos, era falso a pesar de los muertos auténticos: peones sacrificados, como entonces, por un objetivo ignoto de autor desconocido. ¿O no tan desconocido? Si Lars estaba tras el primer engaño, podía estar también detrás de este segundo. Aunque estuviese enfermo o incluso agonizante... Pero ¿lo estaba? Ferrer oyó un ruido a su espalda e, instintivamente, ocultó el manuscrito en la mochila.

Soas se agachó de pronto junto a él; la expresión de su rostro era tensa y apresurada. Ferrer se preguntó si debía contarle su descubrimiento.

–Ni rastro de los indios –dijo–. Huertas opina que se han largado. Nosotros nos largamos también.

–¿Largarnos? –Ferrer se atrevió a salir de su refugio y se sentó en la vía, junto a Soas–. ¿A dónde?

–La Montaña está a unas horas de camino, y allí sí pueden aterrizar los helicópteros. Es lo más sensato. Y lo más rápido. Huertas ha mandado ya una patrulla para que reconozca el camino. En cuanto vuelvan nos vamos.

–¿Hay muchos muertos?

–Siete.

Ferrer se estremeció: siete vidas segadas para hacer creíble una mentira. Entonces cayó en la cuenta de que las ametralladoras habían comenzado a disparar cuando Soas y él se apartaron de los soldados. Tal vez ésa era la orden recibida por los tiradores ocultos en las montañas, no matar a los dos civiles: experimentó un alivio físico infinito y egoísta, como si la temperatura del sol hubiese descendido de pronto hasta un nivel soportable y el aire entrase fresco en sus pulmones.

–¿Y los dos disparos que se han oído?

–Intentos de desbloquear la vía. Intentos fallidos, allí han caído dos soldados.

Un francotirador vigilaba que nadie se acercase al obstáculo. Como en 1952.

–Quedan trece hombres –continuó Soas–. Dieciséis con Huertas y nosotros dos. Vamos –se puso en pie con decisión.

–¿Ya? ¿No esperábamos a la patrulla?

–Será más seguro esperar en el vagón. Lo han fortificado.

Ferrer siguió a Soas; de nuevo se sintió tentado de compartir con él la inesperada información facilitada involuntariamente por Lars, pero decidió fiarse de la intuición que le recomendaba desconfiar de todo y de todos.

Su compartimiento estaba en semipenumbra, iluminado sólo por los tajos de luz que se colaban entre las rendijas de la burda protección de la ventana, improvisada con las puertas de madera arrancadas al armario. Soas le aconsejó que, de todas formas, se mantuviese alejado de ella y fue al encuentro de Huertas. Ferrer se quedó solo, de pie en medio del pequeño espacio rectangular, aliviada su inquietud por la convicción de que, a pesar de todo, no era una de las víctimas previstas en la representación que se tejía a su alrededor. Fuese cual fuese ésta.

Su único antídoto contra la angustia de la espera era el manuscrito, y al abrirlo de nuevo le asaltó el recuerdo de Jean Laventier en el vestíbulo del hotel apenas dieciséis horas antes, un momento que sin embargo le pareció ahora remotísimo. ¿Dónde se encontraba Laventier? ¿Por qué no había respondido a sus mensajes? Desde un buen número de páginas atrás, ni siquiera había interrumpido el relato de Lars –como hasta entonces había hecho puntualmente– para narrar sus propios pasos en Leonito. Esa circunstancia propició que Ferrer se sintiese víctima de un presagio que lo dejaba aún más desamparado en el ataúd rodante clavado en el centro del Desfiladero del Café. La última vez que vio a Laventier, éste se dirigía a ver a Victor Lars, y él mismo expresó su inquietud por la cita. ¿Y si había acudido al encuentro de su enemigo y ahora estaba...? Ferrer prefirió combatir la intuición buscando en el manuscrito cualquier pista que, a través del relato de la ascensión de Lars tras la abortada revolución de Leonito, desbaratase su verosímil presentimiento: el de que Laventier era ya cadáver. Asesinado, como tantos otros, por Victor Lars.

> Setecientas ochenta almas, setecientos ochenta cuerpos con sus piernas y manos para aplastar y sus vísceras para destripar, con sus miembros para retorcer y sus mentes –y sus memorias, sus conocimientos, su información– para exprimir: el hecho de que un bendito atentado me hubiese aupado a la posición que repentinamente disfrutaba no era contradictorio con mi empeño de conocer al traidor que había franqueado

la entrada de palacio a los terroristas, quienes sin duda intentarían a la menor oportunidad concluir su trabajo. Hasta entonces, yo había torturado a individuos aislados o amontonados en grupúsculos de a lo sumo cinco o seis. Ahora, los casi ocho centenares de prisioneros me produjeron un vértigo desconocido pero sorprendentemente similar a la excitación de saber que una mujer te aguarda, sumisa, en el dormitorio cuya llave sólo tú posees. Una vez desnudados los presos –desgarrando sin miramientos las ropas de los hombres, obligando a las mujeres a despojarse de las prendas ante las miradas hambrientas y socarronas de mis verdugos–, los Pumas embutieron sus bocas con bolas de trapos y taponaron sus ojos con vendas empapadas en líquido inflamable, detalle que los mantuvo en tensión permanente cuando fueron colgados por las manos desde alturas individualmente calculadas para que sólo las plantas de los pies pudiesen, y eso tras un esfuerzo sobrehumano, apoyarse en el suelo sembrado de cristales rotos. Mentes aisladas, Jeannot, cuerpos incapaces de concentrarse en otra cosa que no fuese su propio sufrimiento... voluntades sometidas –o a punto de hacerlo– que dejé a su suerte durante cinco días devastadores: puedo asegurarte que existe un momento en que el reo desea, más que cualquier otra cosa sobre la tierra, que su tortura concreta comience. Nada es más aterrador para un ser humano que la percepción, segundo a segundo, de una interminable Nada metafísica alimentada para colmo por el capricho –que la víctima sabe risueño, infinito... juguetón– de otros seres humanos. Al amanecer de este sexto día les concedí ese alivio: ordené a mis hombres encender los sopletes y me acomodé para estudiar la silenciosa orgía de cuerpos amordazados retorciéndose por las caricias del fuego. Curtidos en la vejación de mujeres y el apaleamiento de hombres, a los Pumas les desconcertaba la rigurosa prohibición de aplicar quemaduras mortales, e incluso los más impulsivos, ignorantes de que la tortura es, como la relojería o la buena mesa, un acto de precisión creativa, protestaron e incluso amagaron una insubordinación cuando les ordené abandonar los cuerpos quemados a otros cinco días de reposo atroz. Cuando éstos transcurrieron, entré a solas en mi jardín de estalactitas humanas: ciegos y mudos pero no sordos –los amordazadores habían puesto buen cuidado en dejar libre ese sentido–, los cuerpos se tensaban patéticamente ante los sonidos reposados que revelaban mi desplazamiento entre ellos. Sabiéndome el dueño absoluto de aquel silencio que sólo rasgaba el murmullo húmedo de aisladas incontinencias intestinales, elegí sin prisa el cuerpo espigado de un adolescente y, plantado ante él, comencé a desanudar la venda de sus ojos; el roce de mis dedos desató en el preso una convulsión de aterrorizadas coces al aire, y hube de esperar a que el agotamiento se impusiera sobre el miedo para concluir mi tarea. Mi corazón, también desbocado, latía cuando la venda cayó. Siempre recordaré la mirada de aquel joven. Pero no por el terror que supuraba –y que era la evidencia más clara del éxito de mi tratamiento–, sino por el salto en el tiempo que me regaló: mágicamente, volví a aquella primera noche de París en que, a solas, escruté el rostro de mi primer torturado, buscando la chispa que me permitiese ofrecer a los nazis «algo diferente», un avance significativo en el terreno donde me proponía descollar. Desoyendo todo instinto cauteloso, solté los brazos del joven leonitense, que cayó a mis pies como un fardo indefenso y lloriqueante, sumiso sin remisión: aunque sus brazos estaban dislocados, la causa que lo inmovilizaba e impedía reaccionar, atacarme acaso, era el pánico en estado puro. Aquel ser –llamarlo hombre sería generosidad o ceguera– era un cadáver que respiraba, un imposibilitado para cualquier cosa que no fuese la sumisión expectante, la demostración viva de mi victoria sobre él a través del sufrimiento. Y como en su momento el resistente parisino, aquel despojo chamuscado me mostró un camino.

Esa misma tarde, un furgón sin matrícula lo arrojó ante la puerta del hogar familiar, en un humilde inmueble del sector más desfavorecido de la capital. Desde otro coche, observé en sus padres la indefinible mezcla de júbilo por el regreso y horror por los detalles de ese regreso, la rabia impotente de sus hermanos, el silencio obstinado y aparentemente irreversible de la indiecita que imaginé su novia... el bullicio de visitantes que enseguida comenzó a desfilar por el portal: compañeros de armas de la fallida aventura revolucionaria que llegaban a la casa circunspectos y altivos y salían de ella desencajados ante el poder que había convertido al entusiasta camarada en un muerto vivo. Pretendía que el castigo infernal aplicado al joven recorriese la ciudad y el país entero de boca en boca, como un reguero de pólvora que agigantase hasta ilimitadas dimensiones apocalípticas la leyenda de mi revancha: el plan preveía mantener vivos a mis rehenes –espantosamente vivos, para ser precisos– e ir liberándolos con cuentagotas a fin de avivar las brasas del horror popular, de aumentar la incertidumbre sobre el paradero de los seres queridos en una ciudadanía acostumbrada, hasta entonces, a la represión animalesca, carente de tapujos y sutilezas, sin duda brutal y posiblemente efectiva, pero carente de los matices de terror metafísico que yo introducía: los setecientos ochenta desaparecidos, lejos de haber sido fusilados tras su detención –lejos de estar beatíficamente muertos–, vivían sumidos en una pesadilla azuzada por diablos sin rostro que no tenían otra ocupación que la de extraer nuevos, inimaginables e infinitos sufrimientos a sus cuerpos y almas. Por siempre y para siempre: aprended que el infierno, queridos y queridas, no es un cuento de la Biblia. Existe y te mira en este instante, meditando si le gustas lo suficiente para invitarte a pasar un fin de semana en su mansión. Me proponía ampliar mi laboratorio del castillo parisino a las dimensiones de un país entero, y ensimismado en esa traslación a la realidad del antiguo sueño no consideré los recovecos del factor humano, que me traicionó esta vez desde mis propias filas: los impacientes Pumas Negros, hartos de medias tintas y ansiosos de carne y sangre, aprovecharon que algún asunto me reclamó fuera de la ciudad para entregarse a una orgía de muerte que se saldó con la dilapidación gratuita e irresponsable de mis rehenes. A mi regreso, los vi alineados sobre el patio, muertos, expuestos para que sus familiares pudieran reconocer los cadáveres y recuperarlos, liberados de mi plan. Mis jefes, los tres flamantes coroneles, no encontraron escandalosa la ración de brutalidad, que tan bien encajaba con sus instintos, y hube de reprimir cualquier protesta. Pero aquella experiencia me obsesionó: si los Pumas habían osado desobedecerme apenas les di la espalda, ¿qué les impediría, crecidos como estaban por la impunidad de su acto, permitirse nuevos desmanes? No, mi seguridad –sagrada por encima de cualquier otro concepto– no podía estar en manos de un puñado de carniceros caprichosos. Necesitaba crear una guardia de corps a mi medida, un cuerpo de elite vacunado contra la tentación de iniciativas propias, perros de la guerra desencadenables sólo por el chasquido de mis dedos... Y la revelación tuvo lugar un amanecer en que paseaba por mi solitaria playa privada. A lo lejos, arrodillada junto a la orilla, distinguí la figura de una niña, posiblemente hija de alguno de los sirvientes. Me aproximé con cautela innecesaria: la atención de la pequeña estaba absorta en algo que se movía sobre la arena y no se inmutó por la irrupción de mi sombra. Volvió su rostro sin mirarme, lo justo para que la viese apoyar el dedo índice sobre los labios en demanda de silencio, y regresó a su tarea. Aproximándome un poco más, me acuclillé a su lado: frente a ella aleteaba dolorosamente un pescado herido al que la marea parecía haber arrojado a la playa. Con sumo cuidado, la niña le echaba agua sobre el lomo sanguinolento sirviéndose de un cuenco improvisado con las palmas de sus manitas unidas, y la imagen habría tenido todo ese almíbar de las postales pintadas por colectivos de huerfanitos inválidos de no ser porque el animal era un tiburón de longitud respetable y expresión espeluznante. Y, sobre todo, porque la pequeña no mojaba sus branquias para aliviar su agonía, sino para prolongarla: así lo revelaban su mirada hechizada y la resolución con que, cada vez que su víctima amenazaba con rendirse a la muerte, introducía una mano en la herida para convulsionar su sufrimiento. La escena se prolongó durante más de dos horas, durante las que mi mente flotó en una extraña serenidad convocada por aquella niñita que irradiaba pureza: nada ensuciaba la nitidez de su maldad vocacional. Ella me dio la idea: manipular –criar– niños desde la más tierna infancia para que, al llegar a la juventud, sus cuerpos y mentes fuesen autómatas incapaces de concebir otro objetivo que el de obedecer –hasta la muerte si ello fuese necesario– al amo que les había dado la vida y el fanatismo. El plan, ciertamente, tenía en contra su imprescindible extensión temporal, que preferí considerar una ventaja en vez de un impedimento: mis pretorianos particulares estarían listos cuando mi vejez comenzase a anunciarse. No antes, de acuerdo; pero tampoco después: y en medio estaría el excitante recorrido por una nueva forma de conocimiento.

Tras descartar para la tarea a los recién nacidos, cuyo proximidad tanto denigra, decidí buscar un niño –uno solo para empezar: el primero de un experimento cuyas dimensiones y consecuencias no podía entonces ni remotamente imaginar– de dos o

> tres años, un espíritu todavía moldeable que hubiera superado sin embargo la edad ignominiosa.
>
> Y lo encontré a las afueras de la ciudad, en un orfanato

Ferrer se quedó paralizado sobre la palabra; tuvo que empujarse a seguir leyendo.

> regido por un imbécil idóneamente bondadoso: se mostró conmovido por mi deseo de conceder una oportunidad en la vida a alguno de sus pupilos, que mi teórica generosidad eligió entre el amplio muestrario de caritas expectantes una mañana de diciembre de 1955.

Ferrer se puso en pie y dio dos pasos hasta la silla donde reposaba la americana. Sacó del bolsillo interior el sobre, extrajo la segunda de las fotografías que había traído consigo desde Madrid y volvió a sentarse frente al manuscrito. Era una vieja imagen virada al sepia y con las aristas de su formato rectangular desdibujadas por el paso del tiempo. Mostraba, alineados por estaturas en dos filas, a dieciocho niños de entre dos y doce años que posaban con disciplinada paciencia ante la cámara, vestidos con burdas batas grises bajo las que asomaban las esqueléticas pantorrillas desnudas; además del vestuario, a todos los igualaba el rapado de pelo y cierta sombra de temor o perplejidad en la mirada. En el espacio de cielo grisáceo situado sobre las cabezas de los más altos alguien había escrito una inscripción con letra torpe obstinada en aparentar elegancia o solemnidad: «25 de diciembre de 1955, Navidad, Orfanato Leonito». Concentró su mirada en el ángulo inferior de la imagen: dos niños pequeños –exactamente, de tres años–, acuclillados uno junto al otro, muy juntos. Dos niños idénticos: él y su hermano gemelo. La misma mano que trazó las cuidadosas letras de la inscripción había dibujado alrededor de ellos una línea circular que los diferenciaba de los demás huérfanos. Según le habían contado después a Ferrer –él era demasiado joven para recordarlo–, Panizo, el entregado médico y maestro encargado del hospicio –«el imbécil idóneamente bondadoso»–, había preparado dos copias iguales de la fotografía para los niños, que en ese momento se preparaban para reunirse con sus respectivos padres adoptivos: Aurelio y Cristina Ferrer en su caso.

Y Victor Lars –lo sabía ahora– en el de su hermano.

> La primera visita a la camada de huérfanos y bastardos desestimados por sus progenitores biológicos me deparó una adversidad inicial: coincidía que la mayoría de los internos eran ya unos mozalbetes, y sólo había dos niños que rondasen la edad –alrededor de tres años– que me interesaba; sin embargo, el revés ocultaba una cara positiva: ambos eran gemelos. Y además estaban particularmente unidos: un inesperado obsequio para mis intenciones, sobre todo cuando supe que uno de ellos había sido adjudicado en adopción a un matrimonio español y estaba a punto de salir hacia Madrid. De inmediato comuniqué a Panizo –así

se llamaba el estúpido director del centro que, creyéndome un misterioso mecenas, me nutriría de huérfanos durante años– que me quedaba con el otro. Pensando siempre en lo mejor para sus pupilos, él había pensado enviar a España al más desvalido de los chiquillos, y hube de convencerle de lo contrario: mi plan necesitaba precisamente a ése, el más moldeable.

Me lo llevé una mañana de enero de 1956. Tras despedirse de su hermano –ninguno de los dos era consciente de hallarse ante un adiós definitivo, lo que por fortuna impidió que la separación degenerase en una eclosión de abrazos o lloros–, se acomodó a mi lado en la parte trasera del coche oficial, aparentemente resignado a mi compañía, pero apenas atravesamos la verja que delimitaba el orfanato se pegó al cristal posterior y, ahora sí al borde de las lágrimas, comenzó a gritar el nombre de su hermano, que observaba quieto y callado, con los ojos muy abiertos, cómo nuestro coche se alejaba. El histérico arranque lacrimoso fue espectacular, y estuve tentado –me contuvo saber que mi orgullo se hubiera resentido indefinidamente ante tal derrota– de dar la vuelta, dejar en tierra al llorón y llevarme al silencioso. Sentí también el impulso de abofetearle, pero no parecía un principio adecuado para ganar la confianza del niño, y opté por recurrir al sentimentalismo seductor, mezcla de verdad y mentira, que tan bien sé impostar: la promesa de que pronto volvería a ver a su hermano –afirmación falsa– porque yo conocía su destino en Madrid –afirmación verdadera– logró transformar sus chillidos en hipidos entrecortados, y éstos en lagrimones callados que acabaron por agotarle y rendirle al sueño.

Cuando despertase, el orfanato estaría ya muy lejos.

Una explosión muy cercana arrojó a Ferrer de nuevo a la realidad.

–Luis, deprisa. Nos largamos.

La voz le hizo volverse hacia la puerta. Soas, en el umbral, le apremiaba.

Ferrer asintió mecánicamente, pero le llevó unas décimas de segundo ubicarse de nuevo en el compartimiento a oscuras del tren atrapado; la despedida de la mañana de 1956 revivida desde el ángulo de Lars le había sobrecogido: aquel día él vio a su hermano subir de buen grado al coche negro, y siempre había pensado –sin duda porque siempre había querido pensarlo así– que el recorrido hacia su nueva vida había sido tan placentero e ilusionado, a pesar de las lógicas inquietudes, como el vuelo del propio Ferrer a España unos días después. El conocimiento de la desgarrada llantina de su hermano era un impacto que le acertaba en el centro del corazón treinta y seis años después de haber sucedido, aunque con menor fuerza que el hecho de saber que era él quien, por dos veces –la decisión inicial de Panizo, el impulso de Lars de volver atrás para canjear al recién adoptado–, había estado a punto de irse con Victor Lars aquel remoto amanecer de 1956.

–Rápido, rápido –urgía Soas. Ferrer todavía tardó unos segundos en cerrar el manuscrito, y al otro no le pasó desapercibido el extremo cuidado con que lo guardaba en la pequeña mochila que dispuso como único equipaje.

–Listo –dijo Ferrer, de regreso ya a la realidad. Sólo entonces reparó en el olor a quemado. Y en la tensión del rostro de Soas, al que siguió sin rechistar, repentinamente contagiado de su angustia. Mientras recorrían el estrecho pasillo se escucharon otras dos explosiones en el exterior del tren, y enseguida una tercera.

–Granadas incendiarias –explicó Soas. El olor enrarecía el aire y lo volvía ardiente. Entraban al compartimiento de Huertas cuando Ferrer vio el humo negro que comenzaba a inundar el vagón.

El capitán, de espaldas a ellos, escrutaba el exterior a través de una rendija de la fortificada ventana. Se volvió de pronto: parecía extrañamente ensimismado, ausente. Ferrer percibió que a duras penas lograba controlar el pánico que le oscurecía la mirada. Soas arrancó la sábana de la litera y comenzó a rasgarla. Huertas se aproximó a la mesa y barrió la superficie con el antebrazo; no fue un gesto melodramático, sino ejecutado con incongruente lentitud: dos tazas de café se rompieron al estrellarse contra el suelo, pero Huertas no se inmutó. Cogió un grueso rotulador rojo y comenzó a dibujar sobre el tablero despejado. Soas abrió la pequeña nevera y empezó con movimientos precisos a destapar botellas de agua mineral, una tras otra. Ferrer los miraba desconcertado, sin acabar de decidir si lo que carecía de lógica era la celeridad serena con que Soas empapó de agua tres de los trozos de tela o la aparente demencia de Huertas al lanzarse a escenificar lo que podría parecer una clase de teoría militar.

–Caballeros: estamos aquí, en este punto –en el centro del tablero el capitán dibujó dos líneas paralelas que representaban el Desfiladero del Café, y enmedio de ellas una cruz que señalaba el tren; luego trazó otra cruz más grande cerca del borde este de la mesa–. Y aquí está la Montaña. Nos separan de ella treinta kilómetros.

Huertas comenzó a emborronar con el rotulador el espacio entre ambas cruces; al raspar contra la mesa, la punta emitía un quejido chirriante que parecía fascinar al capitán.

–Si partimos ahora mismo, señores, llegaremos a la Montaña al anochecer. A ustedes los recogerá el helicóptero y esta noche dormirán en la cama del hotel, a salvo de todo tumulto. La estrategia a seguir...

Soas le arrebató el rotulador y le entregó uno de los trapos mojados. Ferrer vio cómo temblaban las manos de Huertas: el hasta entonces rudo militar, obviamente derrumbado durante el ataque con fuego de ametralladora, parecía ahora un muñeco ridículo vestido de uniforme.

–El tren está ardiendo –le escupió Soas secamente–. Ordene que lo evacuemos o lo ordenaré yo.

–¿Propone, entonces, una retirada a tiempo y en orden, imagino, riguroso?

Otra granada explotó, este vez al otro lado de la pared de madera. El fuego se propagó de inmediato: Ferrer nunca había visto llamas tan cerca de él. El cuerpo de Huertas comenzó a temblar. Soas entregó a Ferrer el segundo trapo mojado, agarró por el cuello de la guerrera a Huertas y lo empujó fuera del compartimiento. Ferrer salió tras ellos. Un soldado arrodillado en el pasillo, con su rifle apuntado en alto hacia ningún lugar concreto de los riscos, los miró angustiado.

–Evacuen el tren –logró susurrar Huertas.

–Ya oyó –gritó Soas al soldado– ¡Vámonos! ¡Hacia la cabeza del tren, a la base de las rocas! ¡Es la única posibilidad! ¡Hacia la cabeza, a la base de las rocas!

El soldado salió a toda prisa. De inmediato se oyeron sus gritos retransmitiendo la orden a los demás.

–¡A la cabeza del tren, a la base de las rocas! ¡A la cabeza del tren, a la base de las rocas!

Soas tomó la mano inerte en la que Huertas sostenía el trapo y la llevó hasta la boca del capitán.

–Con fuerza –le instó a apretar la improvisada mascarilla antes de lanzarlo fuera del tren. Luego se volvió hacia Ferrer.

–Cuando corran hacia las rocas, quédate quieto y haz lo que yo haga.

Ferrer lo miró asustado: había algo de conspiración criminal en sus palabras, pero intuía que pegarse a Soas era la única esperanza. En el exterior comenzaron los disparos: los primeros soldados, corriendo despavoridos, debían de haber abandonado ya la protección del humo. El tiro al blanco había comenzado.

–¿Tienes mi pistola? –preguntó Soas mientras se anudaba en la nuca la tela mojada ceñida a la cara.

Ferrer asintió: la llevaba en el bolsillo del pantalón.

–Si llega el momento, ya sabes para qué usarla.

Ferrer no lo sabía, pero aun así la empuñó como si de esa presión contra la culata dependiera su vida. Soas saltó del vagón. Ferrer, ciegamente, fue tras él.

El tren era una larga antorcha horizontal. El humo negro impedía respirar y abrasaba los ojos y la garganta, pero suponía una barrera protectora contra la puntería de los tiradores apostados en las alturas. Ferrer se pegó el trapo a la cara. La humedad le alivió.

–¡Hacia la cabeza del tren, a la base de las rocas! ¡Hacia la cabeza del tren, a la base de las rocas! –repetían, como el eco, las voces perdidas entre el humo de los soldados. Ferrer vio a Huertas: alucinado en medio de la nube negra, había desenfundado la pistola. Una figura irreconocible en medio de la confusión corrió hacia el capitán. Huertas disparó al asaltante tres veces, histéricamente: el cuerpo cayó muerto; era uno de los soldados. Ferrer no se detuvo a enjuiciar el dramático error: se volvió hacia el único que podía sacarle de allí.

–Ahora –le dijo Soas con voz tranquila.

«¿Ahora qué?», pensó Ferrer. Pero fue tras él cuando Soas corrió, agachado, fuera de la humareda. El cielo azul y el aire limpio le obsequiaron un instante de infinita euforia –podía respirar y ver– antes de arrojarlo a la percepción del miedo: estaba a tiro. Trató de tranquilizar el ánimo repitiéndose que la emboscada era una pantomima cuando un disparo alcanzó al soldado que en ese instante salía a la luz a un par de metros de él: la bala le explotó en la cara. El cuerpo cayó entre convulsiones, con el rostro convertido en una olla en la que hervía un guiso de sangre. Disparos aislados sonaban alrededor de Ferrer, imprecisamente: a kilómetros de distancia o junto a su oreja. Soas tiró de él hacia las rocas, en dirección a la cola del tren. La carrera desesperada lo aproximaba a la salvación con lentitud asombrosa, y los pulmones le apretaban el pecho y la garganta y le impedían respirar. Su cuerpo quería detenerse y descansar, pero el miedo le llevaba en volandas a pesar del colapso físico: enseguida fue incapaz de sostener la cabeza alta, y sólo pudo ver sus propios pies, corriendo desenfocados por la trepidación de la carrera. «La ametralladora», se estremeció. «En cuanto usen la ametralladora se acabó.» Pero no se decidían a usarla, y las rocas se acercaban milímetro a milímetro. Los disparos, todavía aislados, parecían alejarse o, cuando menos, comenzar a espaciarse entre sí cuando sintió el impacto en la cabeza: brutal como si un gigante lo hubiese golpeado con una pala. Se tocó la cara y retiró la mano, pegajosa del rojo de su propia sangre; un desmayo cálido le invadió los músculos, y percibió cómo sus pensamientos y recuerdos evacuaban a toda prisa la mente: el último, el más firmemente aferrado a él, el de Pilar mirándole antes de cerrar los ojos para siempre. La losa de culpa se iba también, arrastrada por el torrente. Desde la felicidad de ese descanso, hasta entonces negado, se disponía a dar la bienvenida a la muerte cuando la negrura comenzó a volver sobre sus pasos, disolviéndose: Pilar volvió a mirarle, y esa mirada fue la señal para que regresasen los recuerdos y los pensamientos. Para que regresase la culpa. También la consciencia desmayada y las capacidades sensitivas: abrió los ojos y vio y tocó la pared de piedra contra la que había chocado. A su lado, Soas recuperaba la respiración, de pie y apoyadas las manos sobre los muslos. Lo habían logrado, se encontraban en la base de la roca, a salvo de los disparos.

Ferrer se tocó otra vez la cara: ilesa excepto por una brecha en el pómulo que sangraba benignamente. La euforia de saberse entero le inundó las vísceras y la piel. Miró a su alrededor. Huertas, arrodillado junto a la roca unos metros más allá, trataba también de recuperar la respiración. Su guerrera estaba manchada de la sangre de otro y había perdido la pistola: la funda abierta y vacía simbolizaba toda su humillación de militar íntimamente derrotado por la única e infinitesimal acción auténtica de su vida profesional: haber matado, llevado por el pánico, a uno de sus propios hombres.

Ferrer trató de hablar, pero hubo antes de quitarse el trapo mojado de la boca: en la carrera, había llegado a apretarlo con fuerza tal que ahora vio las huellas de sus dientes marcadas en él. Con la misma fuerza apretaba aún la culata de la pequeña pistola negra. La devolvió al bolsillo.

–¿Y los soldados? –preguntó por fin a Soas.

Soas lo miró de frente, sin decir nada, antes de volver la vista hacia la cabeza del tren, en cuya dirección aún corrían, en huida ciega y absurda, los dos únicos soldados que todavía no habían sido abatidos. Los francotiradores seguían disparando, y unos segundos después lograban acertarles: uno tras otro, los desgraciados desaparecieron de la línea de visión de Ferrer, huidizamente reemplazados por efímeras nubecillas de polvo. Ferrer volvió a mirar a Soas, que otra vez tenía clavados sobre él los ojos expresivos y contundentes: los soldados estaban muertos porque habían constituido la distracción que les había permitido a ellos tres alcanzar las rocas. ¿Algo que objetar?

No, hubo de admitir Ferrer a pesar del acoso instintivo de múltiples e indefinidos remordimientos. Nada que objetar.

–¿Por qué no han usado la ametralladora? –dijo como si el cambio de tema enterrase para siempre a los infelices utilizados como cebo.

–Ni lo sé ni voy a subir a preguntárselo –respondió Soas; estaba tranquilo, dueño por completo de sus actos. Lanzó a Huertas una mirada interrogativa; el capitán, hosco y con la respiración entrecortada, le indicó por gestos que se encontraba bien y reclamó su derecho de permanecer aislado, a solas con sus propias aflicciones. Ferrer se preguntó si le dolía más la errónea muerte del soldado o la cobardía demostrada ante sí mismo y ante ellos, ante el fantasma del padre asesinado en ese mismo lugar tanto tiempo atrás. Cualquiera de las opciones lo convertía en un compañero de viaje rabioso e imprevisible del que recelar.

Hacia el sol, ya en lo alto, subían las llamas que consumían el tren. Aparte del crepitar del fuego, nada alteraba la quietud, otra vez victoriosa. Ferrer tuvo de nuevo la sensación de que los tiradores de las rocas, además de invisibles, eran etéreos o inexistentes, espectrales.

–Tanto si los de ahí arriba nos quieren vivos o muertos –interrumpió Soas el hilo de sus pensamientos–, es el momento de largarse. Como decía nuestro amigo Huertas antes de que interrumpiesen su lección magistral de estrategia –el tono de Soas evidenciaba un desprecio nuevo, irreversible y cruel hacia el capitán, desprecio de militar a militar–, se trata de llegar a la cumbre de la Montaña para que el helicóptero pueda recogernos. Siete horas, si nos ponemos en marcha ya y no hay contratiempos. Pero, naturalmente, los habrá.

Soas hizo una pausa que recabó aún más la atención de Ferrer. Huertas también se aproximó a ellos. Soas lo miró y, dedicándole una sonrisa irónica, trazó con el dedo índice dos líneas paralelas sobre el suelo –el Desfiladero del Café–, una cruz en su centro –el tren, ellos– y otra cruz, más grande, en dirección este: la Montaña.

–Esos cabrones nos saltarán encima cuando menos

lo esperemos. Puede que te quieran vivo a ti, Luis, pero esa deferencia tal vez no me incluya a mí. Y a Huertas seguro que no. Así que en vez de ir en línea recta hacia la Montaña, que es lo que esperan, vamos a pasar por aquí.

Trazó otra cruz, al sur de la Montaña, y la unió mediante líneas con las otras dos. Un triángulo quedó dibujado sobre la tierra.

–En vez de ir por la hipotenusa, iremos por los lados.

–Más largo –advirtió Ferrer.

–Pero más seguro.

–¿Más seguro? –Huertas hablaba por primera vez; su objeción era airada–. Hay que atravesar el río.

–Lo atravesaremos.

–¿A nado? ¿Entre los caimanes?

–No, a nado no. En motora.

La salida de Soas, expuesta con risueña seguridad, desconcertó a sus compañeros.

–¿En motora?

Soas volvió al mapa sobre el suelo; partió de la primera de las cruces, el lugar donde se hallaban ellos, y fue recorriendo con el dedo la línea que la unía con la tercera cruz, la situada al sur.

–Exacto, en lancha motora. A un par de horas de aquí está el río. Para los indios, y para cualquiera en su sano juicio, es impensable remontarlo a nado. Pero lo que ni ellos ni casi nadie sabe es que tenemos previsto habilitar una parte del río como atracción de La Leyenda de la Montaña. Por el momento, la idea está aparcada, pero los técnicos que estuvieron realizando el primer informe vivieron allí durante un par de semanas, estudiando las posibilidades sobre la marcha. Utilizaban una lancha, y puede que siga allí.

–Sólo puede, ¿eh? –preguntó Huertas, aparentemente feliz de encontrar objeciones que interponer a la actitud positiva de Soas.

–Sólo puede –admitió Soas; el otro respingó.

–Y caso de que siga allí… –se interesó Ferrer.

–Caso de que siga allí, navegaremos hasta la costa, hasta el pequeño puerto que hay aquí –señaló la tercera cruz sobre el suelo– y luego subiremos hasta la Montaña. Es más largo, pero no se imaginarán que tomemos este camino.

–¿Hay un puerto?

–En desuso hace años. Esto era una zona turística arrasada por un ciclón.

–Los Faros Uno y Dos… –mascculló Ferrer.

–¿Cómo dices? –preguntó Soas. Ferrer le miró a los ojos.

–El lugar donde hace años aparecieron los famosos Hombres Perro.

–Justo –sonrió Soas mientras se ponía en pie, sugiriendo que había llegado el momento de ponerse en marcha–. No me dirás que les tienes miedo…

–Miedo no –afirmó Ferrer–. Pero curiosidad sí, mucha. Te lo aseguro.

–Quién sabe, a lo mejor se han reproducido. Tal vez ahora sean una gran manada y le coman los bigotes a nuestro heroico Huertas.

El capitán fingió no haber escuchado. Se puso en pie y comenzó a caminar hacia el río. Soas y Ferrer fueron tras él. Arriba, sobre el cielo azul, comenzaban a concretarse sin prisa los aleteos majestuosos de los primeros buitres.

Capítulo Siete

BIENVENIDOS AL PARAÍSO EN LA TIERRA

La escena pertenece a la novela de Jack London *The Call of the Wild*: Buck, el noble perro perteneciente a una familia adinerada y bondadosa, acaba de ser raptado por una banda de maleantes. Uno de sus captores, encerrado a solas con él, lo domestica a golpes y le muestra la existencia del dolor, el miedo y el odio –sobre todo el odio– hasta ahora inimaginables; una fórmula que me pareció óptima para educar a mi hijo postizo, aunque naturalmente no sería yo quien me lastimase las manos apaleándole.

Hacerme con el cariño del pequeño no fue difícil, pues los niños, obscenos en su permanente ansiedad de agasajos materiales, acaban siempre por rendirse ante quien les obsequia con generosidad, y yo lo hice sin límite y añadiendo además irresistibles dosis de ternura y cariño falsos. Esta impostura paternal me resultaba en parte sacrificada y en parte gratificante: sacrificada porque el rigor de mi experimento exigía dedicar tiempo al pequeño –que afortunadamente era taciturno y sensible en vez de hiperactivo, juguetón o mimoso–, y gratificante porque resultaba divertido ver cómo su cerebrito se abría al mundo a través de mis ojos.

El orfanato pronto fue un recuerdo del pasado, y sólo el amor hacia el hermano perdido, que se percibía auténticamente anclado en el fondo del corazón, oscurecía en forma de melancolías intermitentes la flamante felicidad del pequeño. Instalado en mi exclusiva mansión –o, si lo prefieres, rigurosamente aislado de cualquier otra influencia–, enseguida lo fue absorbiendo su nueva y regalada vida, y la llegada de Manuelita a la finca contribuyó de forma decisiva a ello.

Manuelita era una joven limpiadora del palacio presidencial a la que pedí que aceptase ser la tata de mi hijo adoptado, pues como ya habrás adivinado no entraba en mis planes atender las tareas domésticas. Ilusionada y agradecida por esta oportunidad, correspondió haciéndose con el amor del niño, en cuya mente acabó por asentarse la idea de que por fin tenía algo muy cercano a la madre hasta ahora negada; a la madre y al padre, pues yo me divertía en parecer un catálogo viviente de virtudes paternas: le contaba cuentos de final feliz, lo arropaba cada noche con un beso en la frente y, durante las deliciosas veladas campestres en las que, fascinados o conmovidos, estudiábamos la fauna y la flora de los alrededores de la casa, le descubría los secretos del mundo –aunque falseándolos para probar los límites de su credulidad: «este mar que ves desde la playa es una llanura que no tiene fin», «la Tierra es plana»... «Existen el Bien y el Mal, hijo mío, y los delimita una línea confortablemente nítida»–, ejerciendo estas y otras bondades con despliegue tan seductor que incluso observé regocijado cómo la sensible Manuelita, lectora en sus ratos libres de noveluchas románticas en las que jovencitas de mente limpia y fortuna escasa lograban acceder al amor de príncipes solitarios o millonarios melancólicos, llegaba a enamorarse secretamente de mí, lo que a la postre me inspiró para redondear aún más la postalita de familiar perfección que convenía a mi plan: equidistante entre el tartamudeo y el rubor, le declaré un día mi amor y celebré el «sí» de su mirada, desorbitada por una felicidad más grande que el universo, abriendo a la virgencita la puerta de mi alcoba para rubricar la entrada al paraíso del trío –papá, mamá, hijito– que compusimos durante unos meses, hasta que la nueva vida feliz del huerfanito fue una realidad asentada y decidí que había por tanto llegado el momento de apalear a Buck.

Aquel lunes que sería trágico me reclamaron desde el palacio presidencial falsos asuntos urgentes, y el coche oficial me recogió al amanecer en la entrada de la finca. Como un padre y esposo modelo, besé la frente del niño dormido y abracé a la somnolienta Manuelita, que me acompañó hasta el automóvil para entregarme, solícita, una porción del emplasto de frutas que con sus propias manos había fraguado para mi almuerzo. Cuando partimos, me alivió saber que no soportaría más a la figura paulatinamente empequeñecida por la distancia que, plúmbea hasta el final en su pegajoso cariño, se despedía desde el zaguán agitando la mano en alto. El hogar quedaba en paz.

En la primera vuelta del camino recogimos a los tres Pumas Negros que con tanto entusiasmo se habían presentado voluntarios para la misión de asaltar mi residencia con una consigna explícita: que la ferocidad resultase lo más gratuita posible.

Cuando, al caer aquella noche, regresé a casa, fingí espanto ante la carnicería practicada sobre el cuerpo infinitamente vejado de la difunta Manuelita, y abracé, paternal y consolador, al infantil amasijo de nervios rotos y retinas espeluznadas que se obstinaba en permanecer oculto bajo la cama, tiritando por el contacto de la sangre que le había salpicado. Hube de lucir todo mi amor de padre para lograr que se relajara, se abandonara a las lágrimas, acabara por relatarme entre hipidos todos los detalles, que insistí en sonsacarle no porque los ignorase –enmascarado como los Pumas, había asistido a la orgía, aunque permanecí todo el tiempo en pasivo silencio, concentrado en observar las reacciones que en el espíritu del niño iban marcando las atrocidades perpetradas sobre el ángel maternal que el cielo le había regalado en la persona de Manuelita–, sino porque supe así, y por boca del propio interesado, qué matices del horror le habían traumatizado más indeleblemente. Su recuperación física fue lenta y requirió de toda mi paternal paciencia, y cuando la terapia de fármacos logró imponerse sobre las pesadillas nocturnas y el insomnio, pasé a la fase de conceder a la mente infantil el consuelo de una explicación racional de los hechos. Mi trabajo en pro de la paz y el bienestar del país, le dije gravemente una mañana de algún tiempo después, provocaba la ira de algunos hombres malos a los que sólo satisfacía la comisión de crímenes terribles como el de nuestra querida Manuelita. El niño escuchaba atónito, tan tercamente mudo como se había mostrado desde el día de autos, y llegué a pensar que mi deseo de sembrar en él el odio y el afán de venganza se resolvería de forma negativa.

Pero todo cambió la mañana en que, tras anunciarle que los asesinos de Manuelita habían sido capturados, lo llevé a la mazmorra del palacio presidencial en la que nos aguardaban, colgados de las paredes, cuatro presos desnudos cuyos rostros habían sido cubiertos con caretas como las que llevábamos los Pumas y yo el día de autos. Imaginaba que ante los supuestos asesinos de Manuelita el niño se mostraría, a lo sumo, temeroso o llorón. Sin embargo, supe por la tensión repentina que lo sacudió que el burdo disfraz de los reos había hecho diana en su corazón y sus recuerdos.

Alentado por esta insospechada reacción, reviví para su mente los detalles de la escabechina sin escatimar matices macabros ni alegóricas referencias a una Manuelita llorosa y sufriente que anhelaría, atrozmente anclada en el limbo, cualquier venganza liberadora. Sin embargo, el niño no reaccionaba. ¿Debía rendirme y admitir que los sentimientos infantiles son a pesar de todo virtuosos, humanos... buenos? ¿O es que requerían de un esfuerzo mayor para ser erradicados? Me demoraba en el análisis de la cuestión cuando ocurrió... La mirada del pequeño quedó fija sobre uno de los reos –en concreto, en el detalle aparentemente nimio de su glande sin piel, desnudo a causa de alguna antigua operación sanitaria o por un improbable pero posible ascendente judío–, y comprendí de golpe la causa de esa atracción: el día fatídico, el Puma Negro que se ensañaba con los alicates en la entrepierna de Manuelita lució durante toda la sesión el tieso glande rojo de su pene erecto, y se evidenciaba ahora que había sido esa imagen la más memorable del horror. Los ojos del niño, frenéticos de pronto, recorrieron la mazmorra hasta posarse sobre el tablero del ayudante del verdugo, donde reposaban los instrumentos de tortura. Siguiendo el preciso dictado de su memoria, eligió unos alicates –mi suposición había sido correcta– con los que, por fin vengativo, imparable y brutal, se dio a masacrar los genitales del prisionero, al que desamordacé a toda prisa con el objeto de que sus aullidos inundaran para siempre la mente que ya nunca más sería infantil. Siempre hay un momento en que un padre puede decidir el destino de su hijo y, si a mí se me puede llamar padre, éste fue el mío. Sin pérdida de tiempo, aproveché el calor de la sangre para incitarle a concluir la labor. El pavor de los otros tres presos ante la idea de ser torturados por un niño extraviado en una locura orgiástica alentada por papá –y, allá en el cielo, por el espíritu vengado y al fin liberado del limbo de Manuelita– resultaba apocalíptico y victorioso. Era maligno. Y apocalíptico, victorioso y maligno lo supieron ver *Teté* y sus dos socios, a los que convoqué con urgencia para que presenciaran el final de la reveladora escena y dedujeran la jugosa conclusión que implicaba: era posible crear sanguinarios verduguitos. Allí mismo aceptaron los complacidos triunviros mi propuesta para formar un escuadrón infantil de la muerte que tendría una aplicación inmediata: actuar de vanguardia contra los indios de la Montaña Profunda, cuya capacidad de esfumarse en los momentos de peligro desmoralizaba a los soldados del ejército y alentaba entre ellos leyendas de invencibilidad que dioses desconocidos habrían otorgado a los defensores del tesoro imaginario que León Segundo Canchancha se había obcecado en encontrar. *Teté*, paródicamente solemne, mojó los dedos en la sangre de uno de los reos, ungió con ella la frente del niño, que dormía vencido por su propia explosión de violencia, y lo bautizó con el nombre que desde entonces pasó a denominar el proyecto: acababa de nacer El Niño de los coroneles. No me importó que mis jefes se adjudicasen una paternidad que por derecho me correspondía: mi espíritu científico se hallaba demasiado excitado para atender a tal nimiedad. Cuando los dictadores salieron, me acerqué al Niño durmiente y lo observé en grave y reflexivo silencio. Reconozco que no imaginé, mientras lo cargaba paternalmente en brazos y lo sacaba de allí, el patético final en que, años después, culminaría mi relación con él.

Después de aquel día, el Niño trocó su acobardado mutismo crónico por una ansiedad voraz que le acechaba sin respiro. Los sucesos de la mazmorra bullían dentro de él sin remisión ni posibilidad de retorno. Ocurre así en toda iniciación a la violencia: la ferocidad desatada llama a la ferocidad desatada, como si ésta entrañase un antídoto contra sí misma o fuese el único camino posible hacia la redención, anhelada a pesar de todo en algún recoveco del alma; durante nuestra guerra mundial pude observar este fenómeno en asesinos natos y ejecutores profesionales, pero también en maestros de escuela y pacíficos campesinos, en *hombres buenos* transformados por aquel torbellino insaciable en perros rabiosos... Igual que el buen Buck, Jeannot: una vez los colmillos han abierto la primera vena de la presa, nada puede separarlos de la carne, cuanto más si, como era el caso, el proceso es promocionado y alentado con mimo... Día a día, papi ilustraba al Niño sobre las esencias de la violencia y el odio, manteniéndolo apartado de todo contacto humano para limitar su mundo a tres elementos: yo, las mazmorras donde los alaridos de nuevos torturados forjaban su vocación de carnicerito y Dios, de quien me decidí a hablarle tan pronto observé que su espíritu y actos precisaban de fundamentos trascendentes para no desmoronarse: un Dios, claro está, hecho a mi imagen y semejanza, basado en el de los cristianos en cuanto a su ingenua división del mundo en Bien y Mal pero circunscribiendo ésta al mundo concreto y limitadísimo del Niño: de un lado, los buenos que representábamos yo, sus tres tíos coroneles y él mismo. Y de otro, los dañinos malos con los que era preciso ser encarnizadamente inmisericorde. El Niño crecía por y para la violencia –por y para mi servicio, por y para ensañarse con las víctimas contra las que lo azuzaba su amo paterno–, y su desvalida mente infantil se envilecía al ritmo con que los escasos adultos que constituíamos el único mundo que conocía aplaudían entusiastas su actuación: a los pocos meses estaba convertido ya en una suerte de mascota del regimiento destacado en las proximidades de la Montaña Profunda, disfrutando de la vida sana del campo: ejercicio, aire puro, hojas de cocaína que para castigar o recompensar sus actos le negaba o le daba a masticar y, por supuesto, ferocidad revitalizada cuando algún indio caía en manos del regimiento y el oficial al mando lo ponía en manos del insaciable torturadorcito. Yo, mientras tanto, observaba y anotaba, pues está claro que mi curiosidad iba mucho más allá de las risas con que la soldadesca celebraba las payasadas sangrientas y a veces inevitablemente pueriles del pequeño. Cuando resultó evidente que en la delicada balanza de su equilibrio pesaba por encima de cualquier otro instinto el de la violencia más pura, decidí llegada la hora de ampliar el experimento. Reclutamos a otros seis niños de otros tantos orígenes oscuros y los pusimos en manos de los celadores que en esos meses había entrenado. Y en manos, también, de

> sus madres, fuesen progenitoras biológicas auténticas o infelices desclasadas a las que se engatusaba con promesas de todo tipo para que adoptasen sin dudarlo el rol de madres adoptivas (destinadas, ya lo imaginas, a morir brutalmente apaleadas, torturadas y violadas ante los ojos de sus respectivos pequeños cuando la iniciación de éstos reclamase el rito de «ferocidad cuanto más gratuita mejor»). Desde Manuelita, han sido muchas –lo siguen siendo: la rueda está viva– las que tan abnegadamente han entregado su calor de madre, y en homenaje a la primera de todas, con la que al fin y al cabo había compartido unos meses de mi vida, di en llamar «mamá-nuelitas» a todas estas comparsas pasadas, presentes y futuras que nos honran con su abnegación.

Ferrer echó mano al bolsillo y, cuidando de no llamar la atención de Soas y Huertas, que se ocupaban en dirigir la navegación de la barquita por el canal bordeado de vegetación, extrajo la arrugada polaroid que contenía el misterioso «¡¡¡MUERTE AL REY DE ESPAÑ». Pero esta vez no pensó en Casildo Bueyes, sino en la propietaria de la cámara, en la ilusión que, desde la llegada de Ferrer al hotel, le había expresado Lili por la nueva vida «al norte del país» que iba a iniciar con su todavía desconocido novio «rico, viudo y con un bebito». La posibilidad de que aguardase a la mulata un destino de «mamá-nuelita» relacionó otra vez a Lars con el hotel Madre Patria, y de una forma menos inocua que la percibida a través de los recuerdos del viejo camarero Raúl: por la mente de Ferrer cruzó la revelación súbitamente nítida de que era el ominoso francés, y no el supuesto sector virulento de los indios, quien estaba detrás del asesinato de Casildo Bueyes. Imposible, arguyó de inmediato su razón: Lars estaba moribundo e incapacitado según todos los testimonios, incluido el suyo propio, expresado en el manuscrito. Sin embargo, Ferrer apuntó la idea en el cuaderno de notas para su posterior consideración: *Lars mata a Casildo Bueyes*. Apenas lo hizo, la cautela –Soas y su demostrada sagacidad se encontraban a un paso– le empujó a emborronar de tinta el texto y reescribirlo de nuevo –esta vez crípticamente: *L mata a CB*– mientras analizaba la conclusión que, según esa premisa, arrojaba la lógica:

relación Lars/muerte de Bueyes

ergo

relación Lars/¡¡¡MUERTE AL REY DE ESPAÑA!!! (fuese cual fuese su significado)

ergo

relación Lars/Montaña Profunda. O, más precisamente,

relación Lars/palabras últimas de Casildo Bueyes: «lo que ya ha sucedido en la Montaña Profunda».

Pero ¿y el consejero Arias? ¿Cabía excluir la puntillosa puesta en escena de su muerte del proceso deductivo? No, sin duda eran dos, y no uno, los asesinados, pensó mientras añadía, también en clave, el nombre del ejecutivo al cuaderno: *L mata a CB+A*.

Sin embargo, tal propuesta se sostenía a duras penas: la idea de un Lars todopoderoso y omnipresente en el pasado de Leonito resultaba verosímil, pero no así su relación –la relación de un hombre acabado, físicamente agonizante– con el país que disfrutaba de una flamante democracia tras haber expulsado a los coroneles que en otra época le dieron cobijo. *¿Dónde está VL?*, escribió en el cuaderno antes de encauzar el hilo de sus pensamientos hacia el hecho verdaderamente crucial para él, hacia el hecho estremecedor que era incapaz de analizar aún porque afectaba a unos sentimientos, los suyos propios, que no habían comenzado a reaccionar, expectantes ante una narración desmesurada y acaso absurda pero superada, en el otro platillo de la balanza, por una circunstancia nimia para el resto del mundo excepto para él: el Niño de los coroneles era su hermano. Y según Victor Lars no había muerto de fiebres en 1958.

Según Victor Lars seguía vivo.

Los seis nuevos reclutillas pronto comenzaron a dar quebraderos de cabeza a sus respectivos tutores, y hube de admitir que el objetivo perseguido, lograr la precisa mezcla viva de mastín de presa, ingenio mecánico sin sentimientos y soldado analfabeto, se presentaba complicado. No era posible anticipar en qué momento del proceso podía quebrarse el delicado equilibrio: tras los bautismos de sangre que les tocaron en suerte cuatro de los seis niños, por ejemplo, se derrumbaron irreversiblemente y hubo que librarse de ellos. El quinto resultó ser un caso extremo de idiocia o insensibilidad insólita: mientras los verdugos violaban y torturaban a la «mamá-nuelita» de turno, los miraba con indiferencia tan férrea e insolente que logró –todo drama esconde algún destello de comicidad involuntaria– hacerles abandonar la orgía, desconcertados y ofendidos en su profesionalidad. El sexto, sin embargo, sí tuvo una reacción positiva al choque, pero llegado el momento de su venganza comenzó a llorar, aterrorizado ante los recuerdos evocados por el cuerpo encadenado contra el que le azuzábamos, y se sumió en una crisis depresiva de la que no se recuperó. Los resultados se mostraban, pues, decepcionantes, y flaqueaba la voluntad de los confundidos tutores, militares que, aunque seleccionados entre los demás por sus dotes para el asunto, no acababan de comprender la sutil esencia de su misión. Pero mi Niño me alentaba a seguir: crecía con la euforia de la locura, y muy pronto su confianza hacia mi persona y su ciega obediencia pudieron ser calificados sin miedo de fanatismo irracional. Progresivamente amoldado a la violencia que constituía el único horizonte de su evolución hacia la adolescencia, era una maquinita de hacer daño atenta siempre al chasquido de mis dedos. No preguntaba, no tenía juicio ni moral, y su mente, sabiamente alterada por estimulantes químicos y enconamientos diversos del odio hacia enemigos inconcretos que yo le presentaba como reales, próximos y siempre acechantes, no concebía otro juego ni satisfacción que el del furor al que ya no podía sustraerse: era la prueba viviente de que el éxito del proyecto era posible. Por él había que seguir trabajando.

Un día regresé al orfanato. Necesitaba la dirección en Madrid del gemelito del Niño y, merced al lógico deseo de intercambiar noticias con la flamante pareja de padres españoles, conseguí que Panizo me la facilitara. El buen bobo nunca ha sabido que me regaló, además, una ocurrencia genial de puro simple: reunidos alrededor de una mesa alargada, comían siete u ocho huérfanos pelones; sus miradas –desde que esto comenzó, escruto invariablemente las miradas de los niños–, huidizas en unos casos y altaneras en otros, se veían en cambio rasadas por cierta introspección airada. Eran los asociales del centro, los automarginados por sus tendencias virulentas o sus timideces enfermizas, y se encontraban así reunidos porque, según había observado Panizo a lo largo de sus años de experiencia, de esas forzadas convivencias de personalidades difíciles surgían a veces la solidaridad, la camaradería y otras benéficas manifestaciones.

Un rato después crucé la verja de salida meditando al respecto de la educación colectiva, que enseguida comencé a aplicar con éxito: salvo los casos imposibles que la propia selección natural depuraba, los logros comenzaron a asomar, primero esporádicos, pronto esperanzadores y por último satisfactorios. Apoyándose unos en otros, los pequeños educados en grupo fortalecían su ferocidad y se animaban mutuamente a profundizar en el conocimiento de sus virtudes. Las partidas de Niños se asentaron: inicialmente, dos en las cercanías de la Montaña Profunda donde, eufóricos por la cocaína consumida en camaradería y orgullosos del arma de fuego que se les había confiado, servían de barata carne de cañón en las misiones contra los indios invisibles; y cuatro más en los sótanos de las cárceles y comisarías de la policía política, en las que las sesiones de tortura aplicadas por grupitos infantiles alimentados de odio, crueles en sus invenciones dolorosas y carentes de otra noción sobre el bien y el mal que la suministrada por mis adiestradores, acababan siempre por destruir las defensas de los detenidos más duros, superados en su resistencia por esa representación terrenal de un infierno oficiado por niños-demonio. Pronto dispusimos de un centro de educación donde lográbamos cristalizar –aunque todavía en proporción ínfima respecto al número de candidatos– a nuestros hombrecitos. En este proceso fue crucial la ayuda del primero y original Niño. Al ser un poco mayor, once años en este año 1964 en el que ya nos encontrábamos, podía extraer de él conclusiones que aplicar a la educación de los que venían detrás, aunque era preciso ser muy cuidadoso en un punto: el Niño, a diferencia de los otros, había crecido solo y solo continuaba. Además, atravesaba por entonces su primera crisis depresiva. La transcripción de algunas anotaciones de mi diario de la época te resultará más esclarecedora que cualquier otra explicación.

Noviembre 1964. Anomalías en respuesta emocional, mutismo. ¿Nos acercamos a una depresión? Tal vez es la soledad lo que le afecta... Los otros niños conviven en grupo, pero él no. En cualquier caso, es tarde para remediarlo. Imposible buscarle ahora compañía de su edad y características: dicha compañía no existe. Está solo en el mundo (literal y metafísicamente), pero aunque no lo estuviera hay que perseverar en su aislamiento, que debe continuar siendo hermético e irreversible: es precisamente ese grado extremado de soledad el que más reacciones dignas de estudio puede generar, y aportar así mejores datos sobre las posibilidades de preprogramación de la mente humana. Faceta positiva del balance: la ferocidad sigue siendo su válvula de escape, le atrae como un imán, y la cocaína funciona positivamente, si bien es necesario aumentar las dosis. A veces lo veo quieto y meditabundo, callado como el perro fiel que es, y me pregunto qué pasará por su cabeza. Posiblemente nada; nada que no sea el torbellino interior que le consume. En el sector aislado de la casa que le he habilitado como vivienda-mazmorra parece un oso enjaulado. Y sufre pesadillas ocasionales: ayer, en sueños, llamó desesperadamente a su hermano. Pensé que se trataba de un recuerdo extirpado, pero al parecer me equivocaba.

1965, abril. Con la primavera se anima. Mayor grado de estabilidad coincidente con una mayor época de acción: de un tiempo a esta parte, los indios de la Montaña están particularmente revueltos, enardecidos por los asaltos indiscriminados que ordena Canchancha, al que enfurece que no aparezca su famoso tesoro. La acción sienta bien al Niño: demuestra ferocidad intacta con dos presos que se le han entregado. Y atención, comienzan a evidenciarse síntomas de despertar sexual.

1966, junio. Estrenado sexualmente a los trece años con una prisionera que le he dado. Resultados óptimos, desvirgamiento fluido. Y, como cabía esperar, nada de ternura o suavidad, es agresivo y brutal. Tras el acto ha sufrido una crisis convulsiva similar a la que siguió a la muerte de su primera víctima. Impido intervención de los celadores, observo coletazos de salvajismo: hipercapacidad sexual, toma más veces a la prisionera, siempre violentamente, duro y bestial. En uno de los éxtasis, desfogándose, la golpea y la mata. Fuera de sí, ¿locura sin retorno? Llego a temerlo seriamente. Pero atención, al rato se excita de nuevo y monta a la muerta: violencia otra vez, éxtasis y ningún remordimiento. Dejamos a su disposición el cadáver. Durante dos días, nuevos actos sexuales sin síntomas de rechazo, sólo animalidad e indiferencia. Esto es importante: demuestra que he altera-

do sus instintos naturales, que los he deformado. Un psicópata artificial de obediencia ciega. Bien.

Julio 1966. Follador desbocado a sus trece años e incansable, obsceno, en las vejaciones obsesivas a sus víctimas, imaginativo. Nuevas fuerzas, eclosiona. El Niño ha despertado otra vez. Y le arrastra la perversidad más idealmente malsana: con verdadero interés doy satisfacción a su iniciativa de encerrar –en jaulas de algo menos de un metro de altura a las que él mismo da el visto bueno: sadismo creativo– a cuatro niños de ocho años que han resultado inútiles para el experimento principal: el Niño observa –su mirada es sucia, morbosa, degenerada– entre curioso y fascinado su reducción a la animalidad, que parece divertirle. ¿Ha encontrado mascotitas? Atreviéndome a creerlo así, me procuro otras cuatro niñas de ocho años y las encierro en jaulas iguales, aunque instaladas en estancias separadas que impiden el conocimiento mutuo: veremos, en el futuro, qué da de sí esta aberración.

Febrero 1967. Sexo álgido como siempre, pero novedad reseñable. Logro el objetivo de profundizar en la alteración instintiva que me propuse hace meses: por primera vez, el Niño se satisface sexualmente con una víctima masculina. Consecuencia natural de la depravación incitada, que por otra parte el aislamiento le impide contrastar. Además, la reacción en la víctima ha sido un éxito: violado por el niño que a la vez le martiriza con saña, experimenta un derrumbe emocional efectivo. Balance doblemente productivo: resultados notables en aplicación represiva y resultados notables en aplicación formativa, al revelarme la importancia de cuidar la respuesta sexual de los Niños. Imprescindible enriquecerla. Sacar al monstruo que se esconde tras sus caritas de falsa inocencia.

Como ves, por estas fechas –principios ya de 1968– mi talento se encontraba álgido, y a ensanchar sus miras contribuyó la llegada a Leonito, en simple viaje de placer, de un amigo de los viejos coroneles fallecidos, un ex militar de nacionalidad panameña que asesoraba sobre cuestiones de seguridad a distintos regímenes de América Central y del Sur. Quedó profundamente impresionado por el Niño, y de inmediato se ofreció a buscarle una rentabilidad entre sus clientes. ¿Por qué no? Intuí sintonía mental con la inteligencia del panameño, que poseía una exquisita educación europea, y la perspectiva de ampliar mi propio ámbito de poder resultaba tentadora. A fin de reflexionar sobre ello alejado de toda influencia, decidí tomarme unas vacaciones al otro lado del mundo y, aunque tenía noticias de que se vivían en París momentos de tensión, embarqué ilusionado en el avión que, veinticuatro años después, me llevaba de nuevo a nuestra querida ciudad.

No soy supersticioso, pero reconozco

que hallé nefastos presagios en el hecho de que mi aterrizaje se produjese a primera hora de la mañana de un once de mayo memorable, el de aquel año 1968, y fuesen mi comité de bienvenida el inicio de la revuelta estudiantil que daría la vuelta al mundo y la imagen patética de unos cuerpos de seguridad impotentes y confundidos. ¡Mi París, tomado por jovenzuelos mal vestidos! Irritado, regresé al aeropuerto para verificar que la contrariedad se obstinaba en acuciarme: el primer avión hacia Leonito despegaba casi cuarenta y ocho horas después. Era preciso calmarse, y me senté frente al panel de salidas inmediatas, abierto a cualquier opción sugerida por el bailoteo de letras y números. Tuvo que ser mi viejo amigo el azar quien manipuló los dígitos para que el siguiente vuelo, con número que por alguna razón siempre he recordado, 4299, tuviese por destino Madrid. Sí, ¿por qué no? Había llegado el momento de saber más del gemelo de mi Niño.

«¿Qué hacías tú en Mayo del sesenta y ocho?»

A lo largo de su vida, Ferrer había formulado esa pregunta en multitud de ocasiones, más o menos las mismas que la había respondido; era, durante determinada época y en determinados ambientes, un socorrido y casi siempre frívolo inicio de conversación que propiciaba respuestas tópicas o improvisadas según los intereses concretos de los conversadores. Sin embargo, esta vez Ferrer se esforzó en serio por afinar la respuesta: ¿dónde estaba él el 11 de mayo de 1968, cuando el vuelo 4299 procedente de París aterrizó en el aeropuerto madrileño con Victor Lars a bordo?

–*CB+A* –dijo Roberto Soas, de pronto junto a él. ¿Cuándo se había acercado? Ferrer lo miró sin comprender a qué se refería. Soas señaló hacia el cuaderno de notas abierto a su lado y continuó con su tono socarrón:

–¿Tanto te preocupa? *CB+A* –deletreó otra vez sonriente, relajado como si se encontraran a bordo de un yate de recreo y no en una barquita cuyo motor, amenazando con detenerse definitivamente en cada estertor, podía dejarlos abandonados a su suerte en el paraje perdido donde se encontraban. Ferrer logró reprimir el gesto instintivo, que hubiera sido delator, de cerrar el cuaderno de golpe, y se volvió esgrimiendo a su vez una sonrisa de disimulo.

–¿Preocuparme? ¿El qué? –esmerándose para que su gesto resultara inocente, Ferrer cerró el manuscrito de Laventier y lo dejó a un lado, oculto a la mirada de Soas; no podía evitar que su mente estuviera en otro sitio y lugar: 1960, una mazmorra siniestra, su hermano arrancando con tenazas los genitales de un hombre encadenado. Y mientras, ¿qué hacía él? ¿Festejar, vestido de marinero, la Primera Comunión?

–Casildo Bueyes –aclaró Soas señalando en el cuaderno la frase con la que Ferrer había intentado, precisamente, ocultar el nombre del periodista asesinado–. Son sus iniciales, ¿no? Lo que ya no pillo es el significado completo. *L mata a CB+A*... ¿Quién es *L*? Misterio...

–Son notas de una cosa de Madrid –mintió Ferrer; pero desvió la mirada un instante, apenas una décima de segundo, y al volver a posarla sobre Soas captó que el otro le había descubierto. Soas asintió con parsimoniosa socarronería; si pretendía transmitir sensación de dominio sobre la circunstancia que atravesaban, Ferrer hubo de reconocer que lo conseguía.

–De todas formas, aunque insistas en lo contrario, Casildo Bueyes te preocupa, te lo digo yo... La *A* es lo que se me escapa... *A*... *A*... –bromeaba, fingiendo una sesuda concentración. Hasta que, de pronto, se produjo el chispazo de inteligencia. Ferrer vio, literalmente, cómo la mente de Soas efectuaba la conexión; incluso se habría atrevido a precisar los términos exactos de ésta: «*CB* es Casildo Bueyes y *A* es Arias... ¡Ferrer asocia la muerte de ambos!». Las miradas de los dos hombres, conscientes por igual de lo que pensaba el otro, se midieron durante un segundo en el que Ferrer buscó algo que decir sin encontrarlo.

La tos crónica del motor vino en su auxilio. Carraspeó de forma anómala y se detuvo. Ferrer y Soas miraron a Huertas, que había apagado el contacto sin motivo aparente y se ponía en pie mientras la inercia del impulso deslizaba la barca unos metros más sobre la serena superficie de agua del canal. Vuelto hacia ellos, Huertas los miró fijamente y extendió los brazos como un director a punto de marcar la entrada de la orquesta. Sus ojos, tensos y alarmados, saltaban alternativamente de Soas a Ferrer mientras, muy despacio, llevaba el dedo índice hasta los labios para reclamar silencio; obstinado en atrapar algún sonido en la quietud del aire, ni siquiera respiraba. Acaso influido por la expresión demente del capitán, Ferrer creyó durante una décima de segundo que escuchaba a su espalda un sonido lejano: ¿el motor de otra barca, que alguien preocupado por no ser descubierto se había apresurado a detener? La percepción, infinitesimal, no pudo ser verificada, y un segundo después la contundencia del silencio convertía en ridículas la prevención de Huertas y su postura de brazos congelados en el aire, con la sucia guerrera desabrochada, la cartuchera vacía y el pañuelo atado en cuatro nudos sobre la cabeza a modo de protección solar. Era el segundo acceso de manía persecutoria del capitán; el primero ya se había manifestado intermitentemente a lo largo de la caminata desde el Desfiladero del Café hasta el lugar donde habían hallado la barca: convencido de que los indios los perseguían, incluso había ido sembrando el camino de trampas contra sus fantasmales perseguidores. Esas demoras ya le habían costado una discusión con Soas, y ahora, en la barca, parecía avecinarse otra.

–Parar el motor ha sido una locura –susurró Soas; su tono suave, al carecer de matices, resultaba particularmente amenazador.

–Nos siguen –se defendió Huertas, obcecado aún en hallar algún sonido en medio del silencio.

–Espero que puedas volver a encenderlo –dijo Soas, todavía más pausado. Ferrer miró a su alrededor: la barca, tras perder la inercia, se había detenido; junto a una de las orillas del canal flotaban, semisumergidos y también quietos, tres largos troncos que una mirada minuciosa revelaba vivos y cubiertos de escamas, expectantes.

Huertas se agachó para poner en marcha la barca. Pulsó el contacto y el motor se encendió a la primera; el capitán dedicó a Soas una mirada retadora de victoria y se concentró de nuevo en la navegación, enfadado como un niño caprichoso o tonto.

–Ha perdido los nervios –dijo Soas en voz baja–. Me preocupa.

–Han muerto todos sus hombres y... –respondió Ferrer.

–Eso se la suda. Lo que le jode es haberse cagado de miedo: Huertas, el capitán de hierro, como le llamaban en la academia, convertido en un flan chino. Y tú y yo, testigos.

–Sin contar con que él ha matado a uno.

–¿A un qué?

–A uno de sus soldados. Al saltar del tren. Junto a mí, lo he visto.

Soas miró a Huertas, meditando con gesto grave la inesperada información.

–No le importaría que nos pasara algo antes de llegar a la Montaña –masculló.

A Ferrer le pareció repentinamente absurdo, casi cómico, que el honor y orgullo heridos de Huertas viniesen a complicar más su situación; imaginó al capitán asesinándolos en un descuido para evitar que revelasen el secreto de su ignominia, enterrando sus cuerpos en tumbas cavadas con la única ayuda de sus manos y viviendo el resto de su vida angustiado por la posibilidad de que alguien encontrase los cadáveres, y no pudo evitar que se le escapase un breve acceso de risa histérica. Soas le miró desconcertado, pero sonrió para que su dominio de la situación no quedase mermado y preguntó cordialmente:

–¿Qué hacías exactamente antes de venir para acá? ¿Te gusta vivir en Madrid?

Ahora fue Ferrer el desconcertado; las preguntas de Soas tenían el tono de una afable conversación de bar, pero era la tercera vez que intentaba, mediante diferentes subterfugios igualmente ingenuos, llevar a ese terreno su diálogo: Madrid y la actividad de Ferrer antes de volar a Leonito. ¿Por qué? Ferrer iba a responder cuando vio a la rubia en biquini que practicaba surf sobre una inverosímil ola estática situada en un recodo del canal. Tardó un par de segundos en comprender que se trataba de un viejo cartelón oxidado. La rubia sonreía y señalaba con el pulgar hacia el texto situado sobre su cabeza: «Urbanización hotelera Paraíso en la Tierra, a dos km. Bienvenidos».

–¿Hemos llegado? –preguntó Ferrer, excitado por la aparente proximidad de la civilización.

–Al menos, no nos hemos perdido –Soas se puso en pie; también parecía satisfecho–. Este viejo grupo de hoteles está a pocos kilómetros de la Montaña. Vamos bien. Ya os lo dije: nadie espera que vengamos por el camino más largo.

–¿Dejamos la barca?

–No. Según recuerdo de los planos, será mejor continuar hasta el muelle del hotel. Me consta que sigue en uso porque los ingenieros lo han usado. Desembarcamos y seguimos a pie desde allí. Pero nos estamos acercando –dijo mientras se dirigía hacia la proa para informar a Huertas.

«Nos estamos acercando», se repitió Ferrer ante el cartelón. La herrumbre y las inclemencias climáticas habían desdibujado las letras y convertido a la llamativa figura femenina en una suerte de espectro cuya sonrisa de felicidad, caprichosamente preservada por el paso del tiempo, evocaba un aire burlón y a la vez tenebroso, el augurio insistente de estancias que Ferrer sabía infernales: los Faros Uno y Dos, donde según la leyenda habían habitado los Hombres Perro cuya existencia insistía Soas en minimizar. Y el Faro número Tres: según confesión propia, la guarida de Victor Lars en los últimos años. Tal vez también el lugar donde el Niño de los coroneles había vivido la siniestra infancia con la que Ferrer trató otra vez de establecer el paralelismo de su propia existencia regalada y feliz, ajena al hecho de que su hermano gemelo, lejos de fallecer por causas naturales, había sufrido una pesadilla perpetua de final todavía ignorado. Le urgió otra vez la prisa.

Once de mayo del sesenta y ocho, vuelo 4299 procedente de París.

> En comparación con el intolerable bullicio revolucionario de París, la ciudad de Madrid, dormida, mediocre, vencida, tercermundista y gris por la prolongada sumisión al feísmo genético de Franco, resultaba relajante. Paseando por sus calles o acomodado en la terraza de la suite del Ritz, medité durante las primeras horas de mi estancia que España podía haber sido también un destino seguro tras la derrota, aunque es probable que la sociedad pacata, burócrata y ratonil diseñada a su medida por el dictador y su lúgubre esposa no hubiera propiciado oportunidades para mi personalidad vanguardista.
>
> Luisito Ferrer vivía en una zona selecta de Madrid: un jardín con piscina rodeaba la casa de dos plantas de su padres, el diplomático retirado Aurelio Ferrer, que, asómbrate de las casualidades que nos depara la vida, era nada menos que el embajador al

que veintiún años atrás salvé de la furia de *Teté* disparando el flash de una cámara de fotos. La exhibición de este dato, que averigüé cuando desde mi oficina en Leonito recababa información sobre el papá adoptivo del gemelito español, podía haberme abierto sus puertas con facilidad, pero una cautela instintiva me recomendó no recurrir a él. A cambio, propicié un encuentro aparentemente casual que nos llevó a entablar conversación: cuando descubrió, con sincera alegría, que yo residía en Leonito, insistió para que pasara una velada en su hogar.

Aurelio Ferrer era un hombre culto, refinado y ciertamente agradable, pero hube de ponerme en guardia ante la instintiva animadversión que su esposa, una india leonitense de peligrosa inteligencia natural, abrigó hacia mí a pesar del despliegue de encanto del que hice gala durante aquella reunión en la que no comparecería el adolescente Luis porque se hallaba ingresado en el hospital para la exploración rutinaria de algún dolor abdominal. Durante la velada mi curiosidad científica no dejó de preguntarse qué ocurriría si encerrase en la misma celda a los dos hermanos, cómo reaccionarían las personalidades ya formadas de ambos ante el impacto emocional de verse ante otro yo físicamente idéntico pero de carácter por completo opuesto. ¿Abandonaría mi enloquecido Niño la torre de soledad en la que se había encerrado ante la presencia del hermano gemelo que, me constaba por determinadas manifestaciones de sus ocasionales crisis de melancolía, seguía pesando en su recuerdo y su corazón? Y por otro lado, ¿qué reacciones provocaría la visita al infierno en las maneras del ejemplar muchacho madrileño que en las fotografías familiares que pululaban por el salón de los Ferrer evidenciaba un asombroso parecido físico con su doble del otro lado del océano? Sopesé, mientras alababa el postre, las posibilidades reales de ese instructivo secuestro, y si finalmente preferí descartarlo fue porque su ejecución exigía un sacrificio de tiempo y esfuerzo que no podía dedicarle. No obstante, me resistía a abandonar Madrid sin haber visto al menos una vez a la versión angelical de mi monstruo, y por eso al día siguiente, apenas amaneció, me dirigí a la clínica y haciéndome pasar por un amigo pregunté por el joven Ferrer.

En la habitación individual, a la que accedí oculto tras mi sonrisa más bondadosa y mundana, acontecía un inesperado revuelo de médicos y enfermeras: el aparentemente inocuo dolor de Luisito era en realidad una traidora apendicitis que por haber sido desatendida durante días amenazaba ahora, de pronto, con degenerar en peritonitis de consecuencias impredecibles, trataba de explicarme un ayudante médico cuando llegaron, congestionados, Aurelio y su mujer. Sus rostros podrían haber ilustrado un catálogo de expresiones paternas de miedo, desolación y amorosa preocupación: aquellos seres amaban brutalmente a su hijo. Si moría, podían morir con él... Morir de pena, de dolor. De amor. Decidido a contemplar la resolución del espectáculo, oculté mi excitación tras la máscara de una desolación solidaria y me dispuse a observar. Fatal error... Todavía hoy me arrepiento, todavía hoy recuerdo neblinosamente los detalles de lo que ocurrió... Todavía hoy ignoro por qué actué como actué. Apenas media hora después de la llegada de Aurelio al hospital, y como si se tratara de un cronometrado encadenamiento de sucesos ensayados, entró el doctor lanzando frases precisas como bombas: la situación se había agravado. Era preciso realizar a Luisito una transfusión de AB negativo en cuestión de minutos. Las existencias del hospital estaban agotadas. La sangre solicitada a otros centros podía llegar tarde... Aurelio asimiló la información tratando de mantenerse firme y no lo consiguió; su esposa se dejó caer sobre una silla, golpeada por algo invisible que le absorbió el color de la tez. En cuanto a mí, qué fácil hubiera sido sentarme también y aguardar compungido el desenlace. Era evidente y diáfano que ésa, y no otra, tenía que haber sido mi actuación: ¿por qué entonces me desabotoné el puño de la camisa para revelar que mi sangre pertenecía al precioso AB negativo? ¿Por qué ofrecí la vena? Nunca lo he sabido. Tumbado en la camilla instantes después, miraba transitar la sangre desde mi brazo hacia el del enfermo insconsciente, oía sin escucharlas las palabras de amistad eterna de Aurelio y percibía cómo mi corazón amenazaba con explotar a cada latido, desbocado por excitaciones inconcretas que era incapaz de definir... De todas las sensaciones de aquella mañana, hay una que permanece particularmente imborrable: la mirada de la madre del enfermo. Sé irracionalmente que lo intuía todo sobre mi persona, que estaba viendo con nitidez de inexplicable proyección cinematográfica la esencia de mi biografía y acaso de mis actos, que podía radiografiar los verdaderos sentimientos que guardaba hacia su hijito. Los ojos de la enconada indiecita ardían durante la transfusión, evidenciándolo, y luego, cuando ésta concluyó, emitieron una silenciosa advertencia que, mareado por el desgaste físico, capté y acaté, apresurándome a abandonar el hospital –podemos decir que huí de él– en dirección al aeropuerto.

Durante el vuelo de regreso, me sacudieron pensamientos complejos e inclasificables que se volvían más furiosos a medida que el avión me alejaba de España: ¿por qué había salvado a Luis Ferrer? ¿Por qué no permanecí callado, aguardando el fatal desenlace? ¿Qué me impulsó a regalarle mi sangre? Nunca he podido dar respuesta a esas preguntas, aunque me inquietó enton-

> ces y durante mucho tiempo que el imparable impulso de generosidad hubiese venido a sumarse a otra circunstancia que ya conoces, el disparo del flash fotográfico. Había salvado al padre en 1947, salvaba al hijo en 1968. ¿Casualidad? ¿O, de nuevo, capricho del azar?

Ferrer hizo un esfuerzo de memoria: tras la convalecencia de aquella intervención, sus padres habían dejado transcurrir unos meses antes de explicarle lo cerca que había estado de la muerte, y sólo pasado ese tiempo supo que debía la vida a la sangre de un amigo de Aurelio que casualmente se hallaba de visita en el hospital; pero nunca hicieron hincapié en la identidad de ese amigo, que permaneció así en el recuerdo como un salvador etéreo, anónimo y desdibujado cuyo misterio había servido al joven Ferrer para relatar con cierto toque épico el relato de su curación. Ahora, más de dos décadas después, aquel rostro adquiría de pronto los rasgos siniestros –pero, además, desconocidos– de Victor Lars.

El motor de la barca comenzó a detenerse. Huertas reducía la marcha mientras dirigía el timón hacia la orilla derecha, en la que se divisaba el pequeño muelle construido en madera.

Ferrer guardó el manuscrito y se unió a sus compañeros en la proa de la barca. El alivio por la proximidad de la tierra firme fue breve: lo rompió enseguida un nítido chasquido metálico que sonó a su espalda, alertándole; volvió los ojos sigilosamente, sin mover la cara: Soas, silencioso como siempre, había amartillado el revólver que llevaba consigo. Ferrer se palpó el bolsillo del pantalón: la pequeña pistola que le habían entregado seguía allí, y comprendió con un escalofrío que no era imposible que tuviera que utilizarla. Apretó sobre ella la mano sudorosa como si fuera un salvoconducto que no lo tranquilizó: el origen de su desasosiego no se encontraba en los indios que podían aguardarles emboscados, sino en la imagen de la transfusión de sangre, especialmente morbosa en su evocación porque, mientras él dormía anestesiado, sus padres observaban la escena y agradecían al destino la llegada de Lars, el benefactor.

Al pararse el motor se hizo un silencio tan denso que Ferrer pudo escuchar con claridad cómo uno de los otros dos hombres tragaba saliva; enseguida comprendió que tal vez había sido él mismo quien produjo ese sonido. La serenidad paradisíaca del entorno, excesiva de puro nítida, casi presagiaba inconcretas amenazas: el tableteo de una ametralladora oculta, la inminencia de un grito guerrero que lanzase a los feroces indios contra la barca... Soas permanecía inmóvil, clavada la mirada en la tupida vegetación de la orilla y con el cuerpo erguido, muy derecho, como si considerase que agacharse era, más que una prudencia, una indignidad inútil caso de que efectivamente empezasen los disparos.

Tras unos segundos que parecieron eternos, Soas saltó a tierra. Huertas y Ferrer, como si temieran quedarse solos a bordo, se apresuraron a imitarle. Nadie les disparó, nadie les asaltó: estaban solos en el pequeño claro de terreno al que se accedía desde el muelle.

Un sendero artificial bordeado de arbolillos que alguna vez merecieron la atención de un jardinero se abría frente a ellos, y una camarera portando un cesto de frutos exóticos, dibujada sobre un cartel oxidado por la misma mano a la que se debía la surfista en biquini de un trecho antes, les invitaba a seguir el consejo del texto oxidado: «Bienvenidos al Hotel Paraíso en la Tierra».

Ninguno de los tres dijo una sola palabra. Avanzaron por el sendero con cuidado, como si cada pisada pudiese desatar inimaginados peligros.

En el tercer recodo del camino apareció, a lo lejos, la techumbre roja, semioculta por la vegetación, de un edificio bajo: el primer vestigio de la antigua presencia humana. Los tres hombres se consultaron con las miradas y fue de nuevo Soas quien se decidió a dar el primer paso; los otros, también de nuevo, se apresuraron a seguirle.

La casa era un bungalow típicamente turístico, el primero de una urbanización que ocupaba el espacioso llano donde desembocaba el sendero. Más allá se divisaba un edificio principal blanco, de varias plantas, y hacia él se dirigieron avanzando alerta por entre los bungalows desiertos. Ferrer observó que Huertas, cada poco, se volvía repentinamente hacia atrás, como si esperase sorprender a sus inexistentes perseguidores. ¿O eran simplemente sigilosos?

Llegaron hasta el edificio de sucia blancura y se desperdigaron por la explanada frontal tratando de no perderse de vista unos a otros. Soas caminó hacia la piscina. Huertas entró en el edificio. Ferrer se plantó frente a la fachada principal. Recordaba a la del Madre Patria, pero el abandono convertía en inhóspitas y siniestras las construcciones erigidas en otro tiempo para satisfacer en cada detalle a los selectos clientes: innumerables hojas de hierba cubrían la pista de tenis y la lona negra que ocultaba de la vista la piscina, los cristales de puertas y ventanas de la fachada estaban meticulosamente hechos añicos y del rótulo que señalaba el camino del «Gimnasio Sueco» se habían descolgado la «S» mayúscula y una «i». Todo era sucio, todo estaba desgastado: el saldo del paso del ciclón de 1971 sumado a veinte años de soledad rigurosa. Pero además, las paredes estaban renegridas por zonas, como si hubiesen sufrido la acción de un incendio que no parecía antiguo. Tal vez, tras el abandono definitivo, se había propagado el fuego a causa de alguna tormenta u otro fenómeno natural.

–¡Soas! ¡Soas!

Era la voz de Huertas. Soas y Ferrer lo buscaron con la mirada. El capitán les llamaba desde la puerta de acceso al hotel.

–¡Conque no han estado aquí! –espetó Huertas a Soas apenas llegaron junto a él. Parecía exultante, como si disfrutase de una victoria largamente esperada. Con fuego demente en los ojos, invitó a los otros a entrar.

El vestíbulo del hotel había sido, como el exterior, redecorado por el abandono y el paso del tiempo. También por las huellas del incendio que se percibía en el exterior. Pero alguien había añadido un elemento discordante, reciente y aterrador sobre la moqueta sucia de la rotonda central: los cadáveres de cinco hombres desnudos yacían en caprichosas formas bajo la estructura metálica que alguna vez sostuvo una cúpula de cristal. Cinco reconocibles cuerpos de hombre, no cinco trozos de carne en descomposición ni cinco esqueletos: cinco muertos recientes.

–¿Qué dices ahora? –repetía Huertas–. ¿Eh? ¿Qué dices ahora? ¡Yo tenía razón! ¡Y es La Japonesa! ¡La Japonesa!

Soas no le contestó; tal vez tampoco le escuchaba. Se acercó a los cadáveres y los observó sin decir nada.

Eran cadáveres de hombres jóvenes. Todos llevaban al cuello medallas identificativas del ejército de Leonito: reclutas bisoños, como los que habían muerto en el asalto al tren. Los cinco tenían la piel de todo el cuerpo caprichosamente salpicada de quemaduras negruzcas provocadas por la acción de antorchas o sopletes, y estaban encadenados por el pie a una argolla clavada en el centro de la rotonda; la cadena les daba cierta libertad de movimiento, pero no les permitía huir del círculo en el que habían sido torturados hasta morir. Había una sexta cadena sujeta a la argolla del centro, pero en su otro extremo faltaba el cadáver correspondiente.

Soas la agarró, sopesándola; parecía reflexivo. Ferrer se acercó a él.

–¿Qué es eso de La Japonesa?

–No sabes lo que es, ¿verdad? –le gritó Huertas–. Tranquilo, que ya te enterarás... Tú y éste. Y yo. ¡Todos!

Ferrer interrogó con la mirada a Soas, que se había arrodillado junto a una máquina metálica cuadrangular similar a una cortadora de césped.

–¿Y bien? –le instó.

–La Japonesa es... –Soas dudó.

–Exijo saberlo –dijo gravemente Ferrer, esforzándose por amagar una sonrisa convincente de camaradería viril–. Lo resistiré, te lo aseguro...

–Es una forma de tortura de los indios de la Montaña. Se encadena a los reos de forma que no queden inmovilizados del todo, que más o menos puedan defenderse. Los verdugos se ensañan con ellos sin prisas.

–¡Hasta parando para comer su harina cocida! ¡Te miran con sus ojos muertos mientras comen! ¡Y tú, mientras, despellejado vivo! –Huertas parecía aliviar su propio miedo al intentar trasladárselo a Ferrer.

–En este caso han usado el fuego, pero valen también cuchillos y látigos –enumeró, contrastadamente frío, Soas–. La cosa puede durar días. Cuando los presos están ya muy quebrados se les obliga a torturarse entre ellos.

–Entre ellos... –ese giro inesperado sí impresionó a Ferrer.

–Te asombrarías –explicó Soas– de las fierezas que despierta el afán de supervivencia... Los indios contemplan el espectáculo, imagino que harán apuestas... La cosa está en que el preso que sobreviva a los demás es liberado, se le concede una oportunidad de escapar. Los indios le dan unas horas de ventaja y van a por él. Normalmente no escapa, claro. Pero la desesperación le da fuerzas para alargar el juego. Ése –Soas señaló hacia la sexta cadena, que pendía de la mano de Ferrer– debe de estar ahora mismo corriendo por ahí, con los indios detrás.

–A lo mejor ya lo han cogido –terció Huertas, acercándose a ellos–. A lo mejor ya lo han cogido y en estos momentos están volviendo a casa. ¡Qué alegría les vamos a dar cuando nos encuentren!

Soas se plantó frente a él y le miró fijamente, retador.

–Vamos a pasar la noche aquí –dijo, vocalizando con claridad.

–¿Aquí? –interrumpió Huertas. Era obvio que no podía controlar su perpetuo enfado pueril. Tampoco, aparentemente, la inminencia de una crisis nerviosa–. ¡Estás loco! La Montaña está sólo a cinco horas andando. ¿Por qué vamos a...?

Soas chasqueó los labios, mojándoselos con la lengua, tres veces seguidas; Ferrer pensó que era un recurso para controlar el acceso de ira que se cernía sobre su expresión.

–¡Huertas! –escupió, repentinamente cuartelario. El capitán, paralizado por la sorpresiva voz de autoridad, escuchó el resto en silencio–. Dentro de un par de horas oscurecerá, y no pienso correr el riesgo de perderme de noche. Otros riesgos puedo correrlos; ése no. Pero tú puedes hacer lo que quieras –zanjó Soas, dándole la espalda.

–¡Dame el revólver! –le gritó entonces Huertas.

Soas paró en seco y se volvió en silencio, expresando una sorpresa casi divertida ante la pretensión del capitán. Huertas, aún más serio en respuesta, extendió hacia él la mano derecha.

–¡El revólver! –repitió–. Voy a explorar y lo necesito.

–¿Explorar? –el deje irónico de Soas, demoledor, cabía en la breve sonrisa que se regodeó en dibujar despacio en los labios; Huertas dio dos pasos hacia él con decisión insospechada hasta unos instantes antes. Soas, igualmente resuelto, asió la culata del arma que sobresalía de su cintura, la sacó y dejó caer el brazo hasta dejarlo reposar paralelo al muslo, alerta y aparentemente dispuesto a utilizar el revólver contra el capitán.

–¡Sí, explorar! Asegurarme de que no nos siguen. O de que no vuelven. Y no puedo ir desarmado.

Parado frente a Soas, Huertas alargó aún más la mano extendida. Por toda respuesta, Soas amartilló con ostentación el revólver. Ferrer, más que oírlo, lo vio. No quiso averiguar si Soas sería capaz de disparar al capitán: sacó del bolsillo del pantalón su propia pistola y la puso sobre la palma abierta de Huertas.

–Tenga. Yo no voy a usarla –dijo por todo comentario.

Huertas aferró la pistola, lanzó una última mirada a Soas, que no parpadeó, y se alejó por el sendero que conducía hacia el muelle. Ferrer dedicó una explicación complementaria a Soas:

–De todas formas, no sabría dispararla.

Soas lanzó un suspiro para dar por terminada la situación.

–Voy a encender esto, nos hará falta luz –dijo arrodillándose de nuevo junto al mueble metálico.

–¿Qué es? –preguntó Ferrer.

–Un grupo electrógeno portátil –dijo Soas mientras conectaba el encendido; un murmullo sordo inundó la estancia, en alguna parte se encendieron puntos dispersos de luz–. Ha servido a los indios para soltar descargas a estos desgraciados. Y por lo que parece –añadió señalando los cables que sobresalían del aparato y se bifurcaban hacia distintos puntos del vestíbulo–, también para dar luz. Voy a ver...

–Roberto... –Ferrer agarró a Soas por la manga; llamándole por primera vez con su nombre de pila delató la gravedad de los pensamientos que le asaltaban. Soas lo captó y se detuvo para prestarle toda su atención.

–¿Crees que Huertas tiene razón? En lo de que pueden volver.

Soas resopló.

–Puede que sí y puede que no. Pero nosotros vamos a esperar aquí el amanecer, no podemos hacer otra cosa. Y si es que no, que no vuelven, todos contentos.

–¿Y si volviesen?

–Mira –atajó Soas, contundente al ver la angustia en el rostro de Ferrer–, el peligro objetivo, el peligro seguro, es salir a la jungla de noche. Ahí sí nos pueden pillar. Quedarnos aquí tiene más garantías, lo que pase dependerá del azar. Pueden venir o no, de acuerdo. Nosotros estaremos atentos, es todo lo que podemos hacer. Y ahora vamos a ver qué suite nos apetece. Ya que es gratis…

Inició el camino hacia la escalera central que conducía hacia las habitaciones. Ferrer le siguió tras echar una última mirada a los cinco cadáveres. Mejor olvidarse de enterrarlos, pensó; de proponerlo siquiera.

En la planta superior el abandono seguía siendo la seña de identidad más significativa, aunque ciertos detalles, como nuevos puntos de luz funcionando, evidenciaban que los verdugos habían utilizado las habitaciones mientras disfrutaban de su Japonesa.

Del desvencijado mueble bar de una de las habitaciones, Soas sacó una botella de licor, la destapó y olisqueó el contenido.

–Agua potable –bromeó; Ferrer se preguntó si realmente esperaba tranquilizarlo con su artificioso optimismo, si sería consciente de que, en realidad, sólo estaba logrando colmar su paciencia –. Coño, mira: la suite Mónaco. Me la pido.

El cartel pintado a mano coronaba pomposamente una puerta doble por la que accedieron a la suite, un decorado de lujo en el que nadie había pasado una escoba en lustros. Soas salió a la terraza con la botella en la mano.

–Cojonudo, vistas a la piscina –olisqueó de nuevo la botella, ahora varias veces seguidas, como si necesitara convencerse de que el licor estaba en buenas condiciones.

–Vale ya. No me trates como a un niño –dijo Ferrer por todo comentario.

Soas adoptó una expresión desconcertada.

–He entendido nuestra situación perfectamente –continuó Ferrer–. No hace falta que finjas tanta serenidad, ¿de acuerdo? No somos niños. Ya sé que dentro de una hora podemos estar muertos o peor, jugando a esa... –señaló inconcretamente hacia el lugar donde reposaban los cinco cadáveres.

Soas asintió mientras, con el faldón de la camisa, limpiaba dos vasitos de licor que Ferrer no le había visto coger del mueble bar. Igual de sigiloso que con el revólver, pensó. Soas trató de disculparse a su manera.

–Era una forma de hablar. Mira –tomó a Ferrer del brazo y lo acercó hasta la barandilla de la terraza–, desde aquí vemos la piscina y también el camino de llegada. Esta noche habrá luna llena, o sea que podremos vigilar sin ser vistos, por turnos. Si los indios aparecen, nos largaremos por la puerta de atrás.

–¿Otra forma de hablar? Lo de largarnos por la puerta de atrás...

–Si quieres llamarlo así... Y por cierto, ya sé –hizo hincapié en el verbo– que no somos niños.

Esta vez fue Ferrer quien asintió. Soas sostuvo los dos vasitos en la palma de una mano mientras con la otra los llenaba de licor. Ofreció uno a Ferrer, que lo aceptó y dio un sorbo mientras se acercaba a una vieja tumbona extendida en la terraza. Se dejó caer en ella; apenas relajó los músculos, el agotamiento doloroso de las últimas horas se adueñó de él como una piel de cemento. Tuvo la sensación de que si intentaba ponerse en pie el cuerpo no le respondería. Junto a la puerta de cristales rotos, Soas bebía y consultaba su reloj.

–Van a cumplirse veinticuatro horas desde que estamos perdidos e incomunicados. El ataque al tren fue al amanecer. Me pregunto qué habrá pasado en este tiempo. Llevo dándole vueltas a tu teoría de las dos facciones indias, y me tiene jodido. Hasta ahora tenía que vérmelas con un solo grupo, ¿sabes? Impredecible, salvaje y armado, de acuerdo. Pero sólo uno. Tu teoría da un giro a todo el asunto. Mira el caso de Arias, por ejemplo… No es la primera muerte violenta desde que empezaron las obras, pero sí el primer asesinato con esa premeditación y ese sadismo. Por no hablar de los soldados muertos, los del tren y los de aquí abajo. Me pregunto cómo habrá caído la noticia en la capital, qué pensará el gobierno. Y el ejército.

–¿El ejército?

Soas se acercó a Ferrer y rellenó su vaso.

–El ejército está hasta los cojones de Leónidas y de su puta madre. Algunos jefes propusieron hacer una limpieza en profundidad.

–Quieres decir una matanza.

–Quiero decir una manera de quitar de en medio el problema, llámalo como quieras. Y ahora la volverán a proponer. Hay planes para hacerlo. Bien elaborados desde hace tiempo, me consta… Aunque toda la preparación se ha llevado muy en secreto, no conviene una guerra a la imagen de la democracia, y menos contra los indígenas. Pero hay demasiado en juego. ¿Tú no harías lo mismo?

–¿Yo? ¿Empezar una guerra? ¡Estás loco!

–Venga, Luis, que te estoy preguntando tu opinión, como profesional y observador neutral. Hasta esta mañana, había lo que podríamos llamar desacuerdos entre el consorcio hotelero y los indios de la Montaña, y desde esta mañana…

–¿Desacuerdos? –Ferrer encontró fuerzas para esbozar una sonrisa irónica–. ¿No te parece un término demasiado suave?

–Vale. Desacuerdos serios, si prefieres. Pero desde esta mañana podemos considerar que, técnicamente, hay guerra abierta. Está claro. Y eso, sin contar lo de esos cinco desgraciados, que echa más fuego al asunto.

Ferrer sintió otra vez la tentación de hacer partícipe a Soas del nuevo punto de vista que la narración de Lars arrojaba sobre el asalto al tren. Pero otra vez eligió callarse.

–Como periodista –insistía Soas–, y por mucho que tus simpatías estén con los indios, que sé que lo están, tienes que reconocer que han precipitado las cosas. Posiblemente hacia un punto sin retorno.

–Sí, no creo que esto puede resolverse por las buenas...

–No, yo tampoco... Aunque si llego a tiempo a la Montaña, tal vez pueda forzar una nueva negociación y evitar el desastre. Evitar la guerra. Lo deseo tanto como tú, te lo aseguro... –con la botella en la mano y la mirada perdida más allá de la piscina, Soas parecía reflexionar, hondamente sincero; de pronto, retomó la conversación en un incongruente tono cordial, casi alegre, y procedió a rellenar los vasos–. Por cierto, antes no me contestaste.

Ferrer lo miró sin comprender.

–Lo de Madrid –sonrió Soas–. Cuando veníamos en el barco me ibas a contar qué tal por allí.

Madrid otra vez. Ferrer se puso en guardia; ese interés iba hacia algún lugar que, según intuía, no iba a gustarle nada.

–¿Madrid? –aparentó extrañeza para ganar tiempo.

–Madrid, tu vida anterior a este viaje... Todo eso, ya sabes.

Soas, aparentemente indeciso, tanteaba la aproximación al tema que le interesaba; Ferrer lo observaba, preguntándose cuándo se iba a decidir. De pronto, le vio vaciar su vasito de un trago, carraspear y mirarle a los ojos. Ahora, se dijo Ferrer; e instintivamente, como si desplegara así una especie de coraza, llevó su propio vaso a los labios.

–Con tanto lío, sólo hemos hablado de mí y de la Montaña... Quería que supieras que estoy al corriente de lo de tu hija.

Ferrer mantuvo el vaso sobre los labios, alargando el momento todo lo posible y reteniendo el licor en la boca. Soas quería hablar de Pilar. Tragó saliva y la garganta arrastró también, de golpe, todo el licor. Sintió el fuego bajándole hasta el estómago, y supo que había enrojecido. Soas hizo lo peor que podía haber hecho para acabar de perturbarle: fingir que no se había percatado de su embarazo.

–A veces –siguió como si tal cosa, mientras se acercaba para rellenar el vaso de Ferrer– nos volcamos en los asuntos de trabajo, y sin darnos cuenta olvidamos a los compañeros que tenemos cerca cada día. No, no tengas miedo, que no me voy a poner lacrimógeno. Es sólo que hemos pasado cosas muy intensas juntos y, no sé... –dudó, llenó de licor su vaso y lo vació de un trago; pareció encontrar fuerzas para resolver su discurso–. En fin: quería que sepas que sé lo de tu hija. Lo siento, lo siento de verdad. Y sé de lo que hablo, te lo aseguro.

Ferrer no sabía qué decir y agradeció que Soas continuase.

–Perdí a mi mujer. Igual que te pasó a ti también, hace tiempo… La mía murió hace menos de un año, no sé si estabas al corriente.

–Estaba en las notas que me prepararon en el periódico.

–De cáncer, como la tuya. Y también de golpe, de la noche a la mañana. Dos hijoputadas juntas.

Rellenó y vació el vasito de nuevo; el licor liberaba su locuacidad, y a Ferrer le extrañó: no encajaba con la fría efectividad de Soas la indefensión ante los efectos del alcohol. Tampoco la tendencia al ensimismamiento amargo en cuya melancolía parecía a punto de empezar a deslizarse.

–Hostia, si… ¿Sabes lo que habíamos estado haciendo dos horas antes de que nos diesen el diagnóstico? ¡Follar! ¡Follar de puta madre, como siempre! Y en la clínica fui yo el que se puso blanco y se desmayó. ¿Qué te parece? ¡Follando dos horas antes…! –repitió amargamente, con el deseo de autoflagelarse en apariencia todavía vivo– Y al rato… Fue la última vez que hicimos el amor, claro. Bueno, no. La penúltima… La última fue en nuestra casa de la playa, en Costa Rica, frente al Pacífico. Una especie de despedida que ella me quiso regalar. Cuando empezó a no estar bien lo dejé todo y nos fuimos allí hasta que murió. En los últimos tiempos sólo pensaba en acabar cuanto antes. Y acabó. Después de hacer el amor esa última vez salió en la barca, de noche, y se tiró al mar.

Ferrer hizo una pausa respetuosa y luego, sin saber por qué, se sinceró también:

–Mi mujer y yo íbamos a salir de viaje cuando lo supimos –dijo; sólo un instante antes, cuando Soas había derivado la conversación de Pilar hacia su propia tragedia, se había sentido agradecido por no tener que hablar de su hija ante ese hombre inteligente, respetable y ligeramente inquietante; ahora, sin embargo, la intimidad del otro le animaba a exponer la suya propia–. Es curioso, hace años que no hablaba de esto... Cuando nos dijeron lo de su enfermedad estábamos preparando el viaje...

Ahora fue Soas el que no hizo comentario alguno; se limitó a rellenar las copas. Los dos hombres bebieron a la vez.

–El primero solos desde que nació Pilar. La íbamos a dejar con sus abuelos... Hace ya cinco años que mi mujer murió... Cinco.

–¿Y lo soportaste?

–Se soporta todo.

–Yo no –afirmó Soas.

–Tú también, ya lo verás...

–No, yo no –subrayó, de pronto, Soas. Y luego, transitando igual de repentino hacia la melancolía:

–Yo no, te lo aseguro.

Las últimas palabras sorprendieron e impresionaron a Ferrer. Sintió que era otro hombre quien las había pronunciado: uno profundamente sincero. Un hombre todavía enamorado. ¿Quién era el verdadero Roberto Soas? ¿El ejecutivo invicto que había conocido hasta ahora o el amante perpetuo de la esposa suicida?

Sin darle tiempo para más reflexiones, Soas, acaso súbitamente consciente de la rendija abierta por culpa del descuido en el hermetismo de su intimidad, se apresuró a replegarse tras su dura eficacia habitual. Brilló de nuevo su fría inteligencia –y a la vez supo Ferrer que toda la conversación, con la posible excepción del infinitesimal destello sentimental, había estado encaminada a propiciar ese instante– cuando dijo:

–¿Te has dado cuenta de una cosa, Luis? ¿Una cosa que nos une?

Ferrer negó con la cabeza sin dejar de mirarle; ansioso por escuchar el resto, no apartó la vista de él para interesarse por el ruido que se produjo en el pasillo. Tampoco Soas se volvió. Miró a Ferrer muy al fondo de los ojos mientras pronunciaba despacio sus palabras:

–Estábamos solos en la casa de la playa. Se podría pensar que mi mujer no se suicidó. Que la maté yo.

Alguien entró en la habitación, pero lo que aceleró el corazón de Ferrer no fue eso, sino que supo lo que Soas iba a decir un segundo antes de que efectivamente lo dijera:

–Lo mismo que se podría pensar de ti y de tu hija. Que la mataste tú.

Ferrer se quedó helado. Ambos mantuvieron los ojos fijos en el otro hasta que Soas levantó la vista y habló por encima de la espalda de Ferrer, de nuevo campechano.

–Hombre, regresa el heroico Huertas –dijo en tono jocoso, como si pretendiese ahora restar importancia a la tormenta que había desencadenado en la mente de Ferrer–. ¿Qué tal las Cruzadas, capitán?

Huertas hizo caso omiso de la ironía de Soas.

–He encontrado linternas. Nos vendrán bien –dijo depositando sobre la mesa una roñosa bolsa de viaje con la cara de Mickey Mouse estampada en el lateral.

Soas se levantó para examinar las linternas. Ferrer se quedó en la tumbona, sosteniendo en el aire el vasito de licor ya vacío. Lo paralizaba el miedo por las palabras de Soas. Desde la muerte de Pilar nadie había puesto en duda su versión del suicidio. ¿Qué pretendía Soas con su morboso juego? Tal vez nada, pero Ferrer no pudo evitar que le ardiese en el estómago un cosquilleo de fuego que ni la amenaza de los indios había logrado desatar. Se puso en pie para aliviar el ardor pero no lo consiguió. Siguió latiendo dentro de él cuando, artificialmente simpático como antes, Soas adjudicó a Huertas la primera guardia y se fue a dormir.

–Hasta mañana... –dijo sin asomo de miedo al tumbarse en la cama boca arriba y con las manos bajo la nuca, sonriendo. Ferrer se preguntó si le divertía el estado de ansiedad que había logrado provocarle.

Huertas se instaló junto a la ventana desde la que se dominaba la entrada a la explanada, con el arma en la mano, y Ferrer, que se sabía incapaz de dormir pero no quería mostrar su nerviosismo al militar, tomó una de las linternas y se acomodó en el desvencijado tresillo del otro extremo de la suite. Agradeció ahora haber llevado consigo la hoja del informe de Marisol referida a Soas... Roberto Soas Menchén: hijo de militar nacido en Barcelona en 1940, alumno de la Academia General del Aire de San Javier, Murcia, en 1958, licenciado en Economía y Derecho por la Universidad Nacional de Educación a Distancia en el 1978, carrera ascendente de méritos, ascensos y destinos relacionados de forma cada vez más estrecha con los servicios de prensa y relaciones externas del Ejército del Aire, relacionado en los últimos diez años con diversos proyectos empresariales privados, el último de los cuales era el Consorcio La Leyenda de la Montaña... Datos sobre los que Ferrer pasó apresuradamente los ojos hasta llegar a lo que le interesaba: en 1980 Soas se casó con María de la Concepción Álvarez Vidal, economista diez años más joven que él. Desde entonces trabajaron juntos en todos los proyectos laborales que Soas abordó. Eran, según las notas de Marisol, «auténtica uña y carne rica, guapa y feliz: lo que a todos nos gustaría, Luis. Juntos, según dicen, se atrevían con todo y podían con todo. La muerte de Álvarez Vidal, acaecida en Costa Rica en agosto de 1991, enloqueció a Soas. Álvarez no soportó el cáncer galopante que la consumía y acabó con sus días arrojándose al mar en la casa familiar. Soas hubo de ser internado, víctima de una fuerte depresión que casi acaba con él. Sufría alucinaciones, y una vez estuvo a punto de arrojarse por la ventana de la habitación. Veía una luz blanca y cegadora, desde la que le llamaba su mujer. La alucinación se repitió seis veces y, ya recuperado y con el alta en la mano, seguía afirmando que la vio. E insistía: era su mujer llamándole. Bueno, cosas más raras se han visto. Otra cosa, que puede servirte: Soas empezó a trabajar en La Leyenda de la Montaña para salir del pozo depresivo en el que se hallaba, llegó a Leonito en octubre de ese mismo año, el 91». Ferrer se reconoció impresionado: luz blanca, luz cegadora... El gélido Soas amaba profundamente a su esposa muerta, como él mismo había podido comprobar durante un breve instante que, ahora lo sabía, había sido sincero. Y tal vez la había matado. A solas, a escondidas. «Estábamos solos en la casa de la playa. Se podría pensar que mi mujer no se suicidó. Que la maté yo... Lo mismo que se podría pensar de ti y de tu hija. Que la mataste tú». La simpatía que sentía por el militar español y su solidaridad con el drama que había vivido no aliviaban la incertidumbre por sus enigmáticas palabras, que necesariamente ocultaban alguna intención precisa y, por lo que sabía de Soas, meditada en profundidad. ¿Qué intención?, se preguntó mientras regresaba al manuscrito.

Al regreso de Madrid, me encontré con que aquel verano de 1968 se había recrudecido la guerra en la Montaña Profunda.

Las incursiones de rapiña ordenadas por José León Segundo en busca de su El Dorado leonitense eran, además de infructuosas e interminables, cada vez más sanguinarias, porque los indios, por fin furibundos, habían decidido pasar de la defensa al ataque, y sus selectivos golpes de mano resultaban cada vez más eficazmente dañinos. La guerra se estancó. Y fue así, estancada, como forcé que conviniese a mis planes. Hice ver a los coroneles la necesidad de ensañarse con ese foco de rebelión, pero la persecución de los indios de la Montaña Profunda –con la excusa de la búsqueda del tesoro que teóricamente protegían– tenía en realidad por objeto convertirse en el banco de pruebas desde el que consolidar el proyecto Niño de los coroneles y sus ramificaciones.

Las características de la Montaña facilitaron el aislamiento táctico del sector: una vez acotado éste, nadie pudo entrar ni salir del cerco. Invisibles o no –*inexistentes o no*–, los indios quedaron sitiados, igual que algunos poblados indígenas habitados por lo que algún observador ajeno al conflicto –tú, sin ir más lejos, Jeannot– habría definido como «seres inocentes». Establecí dos cordones militares. Uno, integrado por numerosos reclutas de reemplazo, circundaba el área A: media circunferencia con un radio de diez kilómetros cuyo centro era la Montaña, a cuya espalda el mar ocupaba lo que habría sido la otra media circunferencia; los hombres e incluso muchos oficiales de este contingente creían ser la retaguardia de un comando antiterrorista especial, y nunca sospecharon que, en realidad, eran los vigilantes encargados de ocultar al resto del mundo los sucesos que allí iban a tener lugar. El área B, semicircunferencia con el mismo centro pero un radio inferior en tres kilómetros, era la zona por la que campaban a sus anchas, bajo mi mando directo, mil seleccionados Pumas Negros y un regimiento compuesto por ciento cincuenta niños de entre siete y once años salidos de nuestra escuela, cuyo viejo lema –«Ferocidad Gratuita, cuanto más mejor»– podía reconocerse en la iniciales F.G. cosidas, a modo de charreteras, en las mangas de sus diminutos uniformes.

Si éstos eran los pescadores y los indios el pescado a capturar, los poblados inocentes constituyeron el cebo: hasta entonces, las atrocidades cometidas sobre ellos por los hombres de Canchancha, aunque ciertamente brutales, habían sido esporádicas e incluso casuales, jamás alentadas por el concepto delicado y riguroso del Mal que ahora, cada madrugada, espoleaba a los niños a jugar con la tortura y muerte de los moradores del poblacho de turno, elegido siempre al azar. Los habitantes de las dos o tres docenas de aldeas acotadas en la zona de restricción podían moverse con libertad dentro de ésta, pero no abandonarla: permanentemente vigilados por los Pumas Negros, eran prisioneros sin cadenas ni cerrojos cuyas únicas actividades consistían en tener pánico al siguiente amanecer, en rogar a lo largo de la noche que fuese el pueblo próximo y no el suyo, que fuesen los vecinos de al lado y no ellos y sus hijos, los elegidos por los niños.

La provocación acabó por lograr su propósito: mi ley marcial, que tensaba el aguante de los cebos humanos prohibiéndoles enterrar los cadáveres de sus seres queridos, molestar a las ratas hambrientas que solté en los poblados o –te asombraría el mazazo psicológico, personal y colectivo, que acaba por suponer esta sutileza– emitir, bajo amenaza de muerte, el menor sonido corporal durante las horas de luz solar, enfureció a los guerreros invisibles, que se volvieron de carne y hueso para proteger a los suyos. La ferocidad que desplegaron, de contundencia paralela a la nuestra, favoreció mis planes: la sangre llamó a la sangre, el odio al odio y la guerra a la guerra, pero estos logros, al ser previsibles, fueron sólo secundarios. Mi verdadero éxito radicó en conseguir que, fuera de la línea B, el horror se mantuviese en secreto, fuese desconocido... En una palabra, no existiese. A los oídos de los soldados de la línea A llegaban rumores de inconcretas operaciones antiguerrilleras, y más allá de esa última frontera con la realidad nada, absolutamente nada, ocurría en los alrededores de la Montaña Profunda. Leonito era tan sólo –compruébalo en cualquier libro de historia, remóntate a los comentarios de los turistas de la época o a los análisis del más especializado historiador, busca en tu propia memoria de valedor de los derechos humanos– un país centroamericano hermoso aunque sometido, eso sí, a un régimen dictatorial ni mejor ni peor que cualquier otro del continente. La ocultación estaba tan bien articulada que incluso los representantes de dictaduras amigas invitados a visitar la zona se asombraban por la inimaginada existencia de mi guerra-probeta. Hasta los más torpes de ellos intuían que mis conocimientos y técnicas, aunque todavía en desarrollo, podían resultarles en un futuro cercano útiles en sus cometidos de represión, y tan seguro estaba del hermetismo de mi laboratorio al aire libre que cuando un grupo financiero del país propuso construir en la costa atlántica de Leonito, justo al sur de la Montaña, un complejo dedicado al turismo de lujo –los famosos seis faros gracias a los cuales tú y tus detectives «me habéis descubierto»–, no sólo no me opuse a esa iniciativa que a cualquier otro habría impuesto respeto o cautela, sino que la apoyé con estusiasmo: me divertía la idea de permitir a dos pasos del infierno de mi propiedad un –éste era el nombre del proyecto– «Paraíso en la Tierra», a cuya inauguración contribuí organizando a una distancia prudente del evento, y tan cuidadosamente como si fuese el menú de mi boda, una emboscada en la que cayeron numerosos guerreros indios. La batalla entre los sitiados y las fuerzas regulares adulto-infantiles duró toda la noche –lo mismo que la fiesta– y no escatimó parafernalia artillera: fue mi modesta aportación de fuegos artificiales a la lujosa recepción que transcurría, reposada y ajena, unos kilómetros al sur, en el «Paraíso en la Tierra». Precisamente allí, me presentó el amigo panameño a dos inversores chilenos que parecían muy afligidos por el difícil momento que atravesaba su país: Salvador Allende acababa de ganar las elecciones generales, y nuestros invitados deseaban, además de contrastar mi opinión sobre la circunstancia alarmante de que por primera vez un socialista hubiese ganado limpiamente unas elecciones generales en el continente, proponerme una eventual colaboración futura. La naturaleza abrupta del tema propició la pronta sinceridad de las partes, y me pareció adecuado finalizar la velada en mi casa, donde enseguida se prescindió de los tapujos: el mismo día del triunfo de Allende se había puesto en marcha un engranaje de salvación nacional, todavía clandestino, que contaba no obstante con el beneplácito y apoyo de los principales sistemas financieros del país, además de con la solidaridad del lejano pero comprensivo vecino norteamericano. En cuanto a mí, habían oído hablar de los avances en materia de represión que estaba desarrollando y deseaban saber si estaba interesado en colaborar con la flamante empresa que representaban. Por toda respuesta –aunque controlando la euforia que me conmovía: ¡por fin un proyecto de envergadura!, ¡el primer país para cuya represión global me reclutaba el Azar!–, pedí a los chilenos que me acompañasen al sótano de la mansión. Aunque las luces del amanecer comenzaban a inundar las estancias, el descenso por las escaleras de piedra fue sumergiéndonos en una oscuridad más negra que la propia noche... Desde semanas atrás mantenía recluido al Niño de los coroneles a causa de la crisis depresiva aguda que padecía. Era la primera –y también la más clemente– de las que le atacarían desde entonces. La fiera no dormía ni encontraba reposo, y los fantasmas de sus víctimas, incansables, gritaban dentro de él a pesar de los bálsamos autoexculpatorios con que yo masajeaba su mente en los momentos de lucidez que le otorgaba la locura. Ajeno a todo, distribuía su tiempo entre la languidez obstinada y las convulsiones rabiosas, que descargaba con brutalidad frenética e imprevisible contra las paredes de piedra, contra sí mismo o, más frecuentemente, contra las ocho mascotitas aterradas que integraban la cuadra particular que a estas alturas, y exceptuando mi permanente observación, constituía su única compañía «humana». La mente del Niño era una balanza que, de forma arbitraria, podía inclinarse hacia el autismo irreversible o hacia una tormenta cerebral igualmente sin retorno: ¿los coletazos de la conciencia, que se resistía a morir? Fuese como fuese, seguía resultándome de extraordinaria utilidad para rubricar veladas como la que compartí con aquellos nuevos clientes. Ordené traer a un detenido de la prisión más cercana e invité a los chilenos a presenciar el espectáculo. La orgía de ferocidad del Niño, alentada con una opípara ración de cocaína, fue el telón de fondo de mi exposición magistral sobre la tortura como arma moderna de represión. Cuando concluí, no cabía duda a los chilenos de lo que mis conocimientos podían aportar a su causa, aunque ellos, más que experimentos con seres humanos bestializados, deseaban que instruyese a un selecto grupo de oficiales del ejército chileno, que debían estar preparados para cuando las actuaciones del gobierno de Allende justificasen el inevitable golpe de estado. Uno de mis visitantes, lo recuerdo como si fuera hoy, me miró con miedo o estupor antes de abandonar la sala, y sólo cuando algún tiempo después me concedió su amistad y confianza supe que, más que la brutalidad del Niño, lo que le había impactado vivamente, a pesar de su experiencia profesional forjada en mil inimaginables violencias, era la obscenidad de las mascotitas, cuya cualidad inicialmente humana había reducido mi talento a animalesca sumisión: ya adolescentes, pero aislados desde la infancia en jaulas a ras de suelo, sólo podían desplazarse a cuatro patas o comunicarse mediante los sonidos ininteligibles que naturalmente habían desarrollado entre ellos, y verlos comer, recular ante la amenaza del látigo o aparearse era una poderosa metáfora de lo que mis métodos podían lograr.

Aquella noche apenas dormí. Veía el proyecto Niño de los coroneles extendiéndose por toda Iberoamérica y veía a Leonito, sede central del evento, forzada a adecuar sus infraestructuras para abastecer la creciente demanda de los regímenes de inspiración autoritaria. En cuanto a mí, me imaginaba dirigiendo la red, aún no definida, aún por inventar, del sistema represivo de un continente en el que, gracias al status de tercer mundo, las escasas protestas de los defensores de los derechos humanos, si bien encontraban algún eco en los círculos progresistas europeos, llegaban hasta nosotros, dueños satisfechos del poder, como una vocecilla patética que movía a la risa y a la burla. Éramos impunes, éramos amos. Podíamos ser dioses. ¿Cómo no dejarme tentar? Ante mí estaba la posibilidad de retomar la batalla personal que la entrada de los aliados en París me había obligado a abandonar. Ante mí estaba la posibilidad de ganar, en otro momento y lugar del Tiempo, una parte de la guerra que los nazis habían perdido en Europa. Si sabía conciliar las voluntades adecuadas, Chile sería sólo el principio.

Y Dios me ayudó en el empeño; o, si te molesta mi altísima pretensión, digamos al menos el cielo; el cielo con una de sus furias benefactoras: el ciclón que en 1971 asoló las costas de Leonito se llevó consigo el glamour del complejo hotelero «Paraíso en la Tierra», pero no sus instalaciones y edificios. Por tan inesperado golpe de suerte, encontré un lugar donde «abrir mis locales al público», que fueron inaugurados por veintitrés oficiales jóvenes chilenos: el «Paraíso en la Tierra» se convirtió así en la primera academia clandestina de torturadores del mundo; también en la más lujosa, gracias a la remodelación practicada en sus amplios salones, sus soleadas suites, sus completos gimnasios y sus cuidadas piscinas y pistas de tenis, donde los matriculados llegados de todas las esquinas del continente –pronto se unieron a los chilenos uniformados argentinos, uruguayos o brasileños– podían promover amistades y relajar la tensión de los cursillos. A pocos kilómetros se encontraba, además, la guerra de la Montaña, territorio plagado de cobayas humanas gratuitas –a las que no defendían organizaciones humanitarias, periodistas ni otros molestos testigos– con las que poner en práctica lo aprendido en las clases teóricas. La demanda fue tal que me obligó –servidumbres del éxito– a plegarme a ciertas exigencias de los clientes; hube, por ejemplo, de relegar momentáneamente la formación de nuevos niños: los alumnos adultos, militares arrogantes e incapacitados para la sutileza, sentían menoscabado su honor por la convivencia con «los pequeños» o intuían que podía no ser todo lo exigiblemente riguroso el aprendizaje impartido en una academia que atendía también la educación infantil. La estupidez humana, amigo mío, es el mayor obstáculo al que nos enfrentamos. El Gran Problema. Pero como digo, me avine a resolverlo: interrumpí la captación sistematizada de nuevos niños –hoy esta actividad, al menos en lo que a mí se refiere, sólo se realiza esporádicamente, casi me atrevería a decir que por encargo, como la reserva a días vista de un plato de preparación laboriosa en un selecto restaurante– y dejé que las inclemencias de la guerra fueran diezmando primero y exterminando al fin a los que constituían la última centuria operativa. Naturalmente, estas medidas no afectaron al Niño de los coroneles –ni, pues estaba encaprichado con ellos, a sus cuadrupeditos–. Además de que me hubiera opuesto a cualquier intento de depuración de mi creación más lograda, el Niño me resultaba de gran utilidad: todos los nuevos alumnos que llegaban al centro recibían, a modo de iniciática bienvenida sangrienta que sin embargo no excluía los matices de la novatada viril entre camaradas, el regalo de una visita a la mazmorra–vivienda del monstruo, en cuyas manos se ponía para la ocasión algún infeliz trasladado desde las cárceles políticas nacionales de los correspondientes nuevos matriculados. El Niño, bufón y monstruo, podía mover a la burla inicial, pero destapaba enseguida las esencias del horror. Demostraba a los recién llegados que –y éste era el título de la charla introductoria que les daba yo cuando el eco de los alaridos del compatriota destrozado resonaba aún en sus oídos– es posible inocular el infierno en el cuerpo del torturado. «... Y hacer que ese infierno se revuelva y se retuerza dentro de él. Para aprender cómo estáis aquí escuchándome...» Creo que aún podría repetir entero aquel primer discurso, aventurarme incluso a desbrozar los que en las semanas siguientes, y siempre con demostraciones prácticas de apoyo, constituían el curso completo. Te he enviado una copia completa de mis textos en correo aparte: no quiero interrumpir ahora mi narración, pero necesito también que conozcas la esencia de mi obra, cuya primera convalidación empírica tuvo lugar en Chile a partir de septiembre de 1973.

A partir de entonces, el éxito fue desencadenando una afluencia de alumnos tal que decidí abandonar mi mansión de los alrededores de la capital y trasladarme a vivir al campus: el Tercer Faro del que ya tienes referencia fue acomodado para mi exclusivo disfrute. Inicialmente, el Niño y sus mascotitas se vinieron a vivir conmigo, pero el trasiego permanente de estudiantes ansiosos por ver en persona a estos monstruos que pronto llegaron a ser legendarios entre los corrillos de las aulas acabó por resultarme incómodo, y los trasladé al «Paraíso en la Tierra», al edificio contiguo a la piscina que antaño había sido el gimnasio, y que ahora dividí en dos sectores: uno, en el ala izquierda, la sala de aprendizaje, desde la que los torturados podían oír, en los escasos momentos en que no les ensordecían sus propios gritos, las alegres zambullidas de sus verdugos en la piscina de la superficie, situada sobre ellos para matizar su angustia con esta perversa proximidad del paraíso.

Y dos, a la derecha, la vivienda del Niño y sus animales humanos.

Ferrer interrumpió la lectura y levantó la vista muy despacio... La noche comenzaba a cerrarse a su alrededor, pero no era la oscuridad el origen del escalofrío que había sentido en la piel, sino el recuerdo del cartel de letras caídas que había visto al llegar: «G mnasio ueco».

Se puso en pie; Huertas, que permanecía de guardia junto al ventanal, se giró alarmado. Ferrer argumentó por gestos una urgencia física para tranquilizar la inquietud del capitán y, antes de salir, cogió una de las linternas. Huertas volvió a su obstinada vigilancia. Soas, sobre la gran cama matrimonial, dormía aparentemente ajeno a todo peligro.

Ferrer utilizó la linterna para iluminar el camino del vestíbulo; al cruzarlo camino de la salida, no pudo evitar lanzar una mirada hacia la rotonda donde los cadáveres, ocultos por la disposición del mobiliario pero evocados en cada sombra espectral de la noche, comenzarían de un momento a otro a pudrirse.

Una vez afuera, se dirigió con paso resuelto hacia la piscina cubierta por la lona oscura. Avanzó hasta el borde, inspiró y comenzó a girar sobre sí mismo. La luna llena, pletórica de luminosidad, le permitía ver en la oscuridad: una panorámica de árboles, espacio abierto, la silueta desdibujada de alguna construcción y más árboles. Y de pronto, cercano y macizo, amenazador, el edificio aislado, de un solo piso, cuadrado como un cubo que le había parecido ver a la llegada. Sobre su puerta de entrada, un cartelón ajado: «G mnasio ueco».

El hogar del Niño de los coroneles.

Tragó saliva y avanzó hasta la entrada.

Tres escalones descendían hacia una puerta metálica que dudó en empujar: no estaba seguro de si prefería hallarla abierta o infranqueablemente cerrada. La presión de la mano provocó un chirrido; la puerta cedió unos centímetros: estaba abierta. Dudó y volvió a empujar: esta vez la plancha se deslizó en silencio hasta dejar franco el acceso a la oscuridad, que se mantenía silenciosa y relajada como si fuera su hora de descanso. Ferrer sentía el miedo dentro de él, y trató de controlarlo racionalmente: habían pasado veinte años y era obvio que los vestigios de su hermano y de su estela de horrores habrían desaparecido tiempo atrás. Pero, ¿era obvio?

Encendió la linterna. La columna de luz le mostró el espacio amplio que en tiempos habría sido la recepción del gimnasio y un pasillo que se abría hacia el fondo. Lo enfiló, iluminando el manuscrito como si fuese un mapa.

> Y dos, a la derecha, la vivienda del Niño
> y sus animales humanos.

El pasillo finalizaba en dos puertas: una estaba descerrajada como si un gigante la hubiese pateado; la otra, intacta aunque despintada y con óxido en los goznes, se encontraba abierta y le invitaba a entrar. Por no dejar a su espalda espacios sin explorar o por el deseo inconsciente de retrasar la entrada al segundo sector, se introdujo por el hueco de la puerta rota de su derecha y avanzó precedido por el cilindro de luz... Paredes descascarilladas, suciedad, humedades interminables: todo adquiría un tinte siniestro tras saber por Lars qué clase de conocimientos se habían impartido en aquella academia maléfica.

No avanzó más en esa dirección. Volvió sobre sus pasos y traspasó la puerta de la izquierda; encontró lo mismo que en el primer lugar: nada. O todo: oscuridad, desasosiego, olores húmedos del abandono a los que su imaginación otorgó perversos orígenes. En tal tesitura de sensibilidad, no fue raro que el sonido levísimo le helase la sangre: algo o alguien se había movido a su espalda. Surgiendo repentinamente de su memoria, le escalofrió el recuerdo de su hermano, saltando sorpresivamente sobre él una lejana tarde de lluvia en que los dos niños jugaban al escondite.

No se atrevió a volverse, pero afiló el oído hasta detectar la respiración. Podía ser humana: ¿el penúltimo estertor de un agonizante o la respiración contenida de quien, de un momento a otro, iba a atacarle? Tal vez habría permanecido así, quieto y rivalizando con el otro en el intento de hacer inaudible su aliento, pero se sabía delatado por el haz de luz que había esgrimido, y eso le decidió a volverse despacio, iluminando la sala en busca del que acechaba en la oscuridad. ¿Por qué no había saltado aún sobre él? ¿Era un fantasma del pasado, carente de corporeidad física sobre la que sustentarse? No, al menos tenía ojos: la linterna los iluminó a unos metros de Ferrer. Dos ojos a ras de suelo, quietos, clavados sobre él. Un animal, pensó aterrado: una gran serpiente, alguno de los cocodrilos que flotaban, siniestros, en el canal; calmoso para no excitar al reptil, cambió la linterna de mano y deslizó la derecha hacia el bolsillo del pantalón, en busca de la pistola. Tal vez era un animal muerto, pensaba cuando, de repente, los ojos parpadearon con parsimonia inquietante y avanzaron hacia él. El escalofrío del miedo urgió a Ferrer a olvidar la cautela: lanzó la mano hacia el bolsillo y la cerró, aferrándola a la nada. Sólo entonces recordó que había entregado el arma a Huertas. Ahora se encontraba desarmado frente al peligro que daba la razón al paranoico capitán: los indios les habían seguido. Estaban allí. Frente a él, tal vez también a su alrededor, sonriendo en silencio. Los ojos reptaron unos centímetros más en su dirección, y entonces observó, arropando la mirada obstinada en no apartarse de él, los rasgos extrañamente ennegrecidos, como tiznados por alguna clase de camuflaje, de un ser humano. La terrorífica mirada fija fue lo que, paradójicamente, le dio valor para acercarse: cualquier cosa mejor que la sospecha, más verosímil a cada instante, de hallarse frente a quién sabe qué espíritu del pasado de ese lugar maldito.

El espectro, tirado en el suelo, estaba desnudo, tenía la piel del cuerpo negra como la de la cara y agonizaba: la parsimonia de su parpadeo se debía a la proximidad de la muerte o a la losa de semiinconsciencia provocada por el dolor: arrodillado junto a él, Ferrer comprobó que salpicaban su cuerpo quemaduras rosadas y frescas. Era un hombre joven, como los cinco cadáveres de la rotonda del vestíbulo. Como ellos, llevaba al cuello una chapa identificativa del ejército de Leonito y, como ellos, había sido sometido al tormento del fuego: el fantasma no venía del pasado, sino del presente más cercano y atroz. Era la sexta víctima de La Japonesa.

Ferrer extendió una mano hacia él y dijo absurdamente:

–Tranquilo. Soy yo. Soy amigo.

El soldado no alteró la alucinación de su mirada: el dolor de las quemaduras lo situaba más allá de cualquier posibilidad de tener amigos o de poder simplemente evocar ese concepto. Más allá de la capacidad de alterar la alucinación de su mirada. Ferrer imaginó que tras el juego macabro habría burlado a sus perseguidores, refugiándose en el viejo gimnasio en vez de internarse en la selva. Dependiendo de cuándo hubiera ocurrido eso volverían los indios a su guarida, pero el soldado no podía dar esa información ni ninguna otra: cuando Ferrer lo agarró para incorporarlo, el soldado emitió un suspiro infinito y dejó de respirar. Por fin había logrado abandonar el lugar espeluznante en que para él se había convertido la vida.

Ferrer lo devolvió con cuidado al suelo y se puso en pie: Soas y Huertas tenían que conocer su macabro hallazgo cuanto antes.

Avanzaba hacia la salida para informarles cuando vio, a través de uno de los ventanucos del semisótano, el haz de una linterna rasgando la oscuridad del exterior: ¿el capitán, impaciente, venía en su busca? Vio entonces un segundo haz, y la cautela le instó a apagar su propia linterna. Aguardó en la oscuridad quieto y callado, empapado en el sudor frío de una intuición.

Las siluetas adivinadas tras los haces penetraron en la sala: eran tres. Ferrer trató de no respirar y lo consiguió con ayuda del pánico. El líquido pegajoso que se deslizaba desde su frente le velaba la visión. Los recién llegados se encontraban en la sala contigua, a unos pocos metros de él, separados tan sólo por la plancha de la puerta.

–Deben de estar durmiendo en el edificio principal, Anselmo –susurró una voz de acento leonitense. Ferrer comprendió que hablaba de él y de sus compañeros.

–O no, el militar sospechaba que les seguíamos –dijo otra voz de idéntico acento refiriéndose a Huertas, cuya suspicacia se demostraba ahora, demasiado tarde, fundada y cabal. El corazón de Ferrer resonaba con tal fuerza que temió que los latidos le delataran. Se revolvió con silenciosa lentitud, buscando con la vista cualquier salida. Entonces estalló contra su cara la luz de una linterna.

–¡Aquí está! –dijo una voz eufórica–. ¡Uno de ellos!

Ferrer cerró los ojos y tragó saliva.

–Luis Ferrer, el periodista –dijo una de las voces, tal

vez la del tal Anselmo. Pero eso era ahora secundario: lo importante era que le habían reconocido. Y, según Soas, lo querían vivo. Esa mínima esperanza le permitió renovar el flujo de aire a los pulmones. Sintió una humedad obscena empapándole el pantalón desde los muslos hacia las rodillas. Optó por abrir los ojos. La luz seguía sobre él, cegándole.

–¿Leónidas? –se atrevió a preguntar a pesar del miedo de saber que el indio era el responsable de muchas muertes: soldados que Ferrer había visto caer en el Desfiladero del Café, hombres quemados vivos en el Paraíso en la Tierra, probablemente, casi seguro, Arias y Bueyes Ferrer.

–¿Luis Ferrer? –quiso verificar la voz sin responder a su pregunta.

–Soy yo. ¿Puede bajar esa luz? Si eres Leónidas...

–¡Los otros dos han escapado por la selva! –irrumpió una voz nueva. Era la voz de una mujer.

–Pero tenemos al periodista –explicó Anselmo a la recién llegada, que se plantó frente a Ferrer sin decir nada. Todavía cegado por la luz, escuchó cómo la mujer comenzaba a respirar agitadamente, cada vez más deprisa, como si fuera presa de una repentina crisis nerviosa. Dio dos pasos atrás y se iluminó el rostro con la linterna. Era morena y hermosa, pero el odio rabioso convertía en demoníacos sus rasgos de india pura.

–Nos volvemos a ver –escupió a Ferrer–. ¿Ya no te acuerdas de mí?

Ferrer no supo qué contestar. Los demás indios permanecían inmóviles, atentos.

–¡Pues yo sí, hijo de puta! –le gritó la india–. ¡Yo no te he olvidado!

Ferrer notó el impacto físico del odio. Iba a responder pero la mujer no le dio tiempo: desenfundó su revólver y disparó a quemarropa contra él. Ferrer nunca supo si fue el terror de la propia muerte o la fuerza del balazo en el pecho lo que lo lanzó por el aire como a un pelele.

–¡Hijo de puta! ¡Hijo de puta! –otro tiro a cada sílaba–. ¡Yo sí me acuerdo!

Fue lo último que Ferrer oyó. Cuando se hundió en la nada, la mujer seguía disparando contra él.

Capítulo Ocho

B-A-I-L-A-R-I-N-A

«Querida Marisol: si estás leyendo esta carta, yo habré muerto.

»Pero no quería hablarte de mí, sino de Pilar. De lo que pasó realmente.

»¿Te acuerdas del once de junio del setenta y seis, cuando fuimos a Barcelona a ver a los Rolling Stones? Bego estaba ya embarazada, pero fue la que más insistió en hacer el viaje. En el coche (¿recuerdas? Tu viejo Seat 127 amarillo claro) os turnabais las dos conduciendo mientras yo, detrás, desempaquetaba bocadillos, abría cervezas y ponía en el equipo del coche las dos únicas cintas que teníamos, una de Velvet Underground y otra de Mocedades. Me acuerdo como si fuera ahora de las coñas que hicimos con esa combinación tan delirante, igual que me acuerdo de nuestra felicidad de aquel día: al coche parecía empujarlo nuestra euforia, tú dijiste que éramos inmortales y todos pensamos que tenías razón. Tres inmortales, cuatro con la niña que Bego llevaba dentro. Y ya ves, con el paso del tiempo: de aquellos cuatro que no iban a morir nunca sólo quedas tú. Tres a uno a favor de la muerte. Pero si he vuelto de la tumba es porque necesito (es la palabra exacta: el peso del secreto me impide respirar y pensar, a veces hasta caminar) contarte que Pilar no se suicidó, tal y como os he hecho creer a todos. La maté yo, y tienes que saber por qué lo hice: eres la única amiga que tengo. Y la única persona que merece saber la verdad: los otros que merecerían saberla, mis padres y mi mujer, están también muertos. Afortunadamente muertos: me horroriza pensar en su dolor si hubieran conocido lo que vas a saber ahora. Me horroriza y también me obsesiona... el otro día soñé que, en contra de lo que pensamos los ateos, Dios existía, y también la vida después de la muerte, los juicios finales y los castigos eternos. En la pesadilla, yo había muerto y me encontraba en una fila de fallecidos recientes, esperando la asignación de alguna especie de destino. Entonces veía a mis padres y a Bego (en el sueño no salía Pilar; no estaba, no me preguntes por qué, en esa casa de muertos): inquietos y felices por el inminente reencuentro (ellos, por sus buenos actos en la tierra, habían ganado el cielo de la Biblia, que también existía: era limpio, y se flotaba en él con placidez) me esperaban como familiares que acuden al andén a recibir al hijo pródigo. Ignoraban que mi destino era otro, el infierno ganado también a pulso. La idea de tener que explicarles dónde estaba Pilar me empujaba, y me escabullía de la fila de muertos. Comenzaba así un destierro infinito, huyendo durante el resto de la eternidad de los seres que más había amado y respetado en vida, que a su vez (yo lo sabía como se saben las cosas en los sueños: porque sí) iniciaban su propio proceso de angustia: ¿por qué yo los esquivaba?, se preguntaba mi madre con una mirada de tristeza que nunca llegué a verle en vida... Te juro que al despertarme me sentí aliviado de que Dios no exista, aunque la tregua duró poco: enseguida volvió la realidad, enseguida volvió la imagen que permanentemente me taladra la cabeza: Pilar mirándome como aquella última vez, la de sus últimos momentos de vida. También entonces, cuando la vi morir, me habían venido a la cabeza, no sé por qué, Barcelona y la irrupción de los Rolling Stones en escena (¿te acuerdas? ¡cómo rubricó aquel instante nuestra felicidad interna, nuestra euforia, nuestra inmortalidad!) al ritmo de *Honky Tonk Woman*. Durante años hemos discutido respecto a ese detalle: tú asegurabas que yo estaba equivocado, que la primera canción del concierto había sido otra, no recuerdo cuál (aunque claro está que no era esa cuestión la que me asaltó durante la agonía de Pilar). Con la canción que sonaba en escena, fuese cual fuese, se creó un estado de éxtasis colectivo, y yo (imagino que como todos y cada uno de los asistentes) me sentí bendecido (ojo, bendecido en singular) por los dioses del rock, del universo, por los dioses de la vida: ¡qué felicidad! ¡Cuántas cosas, todas buenas, nos esperaban! Recuerdo que alguien me apretó el brazo: eras tú. Sonreías tocada por la misma gracia, y con un gesto me indicaste que mirase hacia delante, donde Bego bailaba con ese estilo suyo que lograba que le hicieran corro, como de hecho ocurrió aquel día en la Plaza Monumental de Barcelona. Me dijiste (no se me ha olvidado nunca, y eso fue exactamente lo que se me vino a la mente en la muerte de Pilar): "con los genes de la madre, tu hija será bailarina, te lo digo yo". Bailarina... A veces, inesperadamente, la palabra se me deletrea sola en la cabeza, y clava entre letra y letra un guión de separación que me hiere como un cuchillo. Ahora mismo, al contártelo, está sucediendo. Lo lógico es que me ocurriera al pensar en mi mujer, pero no: me pasa al pensar en Pilar. Cuando nos dijeron (¡hace ya cinco años!) que Bego tenía cáncer y que no había que desesperar hasta ver la evolución de la quimioterapia pensé cosas de todo tipo, todas terribles, y cuando murió, sólo supe venirme abajo. Nunca fui capaz de asumir esa brutal injusticia. Lo teníamos todo, éramos felices y lo íbamos a ser siempre. ¿Cómo pudo pasar que en aquella consulta (la visita fue de rutina; tan de rutina que después de recoger los análisis ibamos a ir a cenar y a la inauguración del bar de un amigo) el médico se pusiera serio y dijera que había que repetir, sólo por precaución, una prueba? Pero aunque todo se vino abajo, te hice caso: tenía una hija y no era el momento de derrumbarse, por eso seguí adelante, por eso me volqué en Pilar y en sus proyectos... Hoy me sigue atormentando pensar que, de no haber sido así, nunca habría conocido a la gente de aquel grupo de teatro, no se habría embarcado con ellos (ilusionada de nuevo por primera vez desde la muerte de su madre, qué feliz me hizo verla así) en una función que precisaba de una bailarina (ella: su primer paso profesional) y no les habría acompañado a la función contratada a las afueras de Madrid aquel día fatídico. Sin aquella función nunca se habría subido a la furgoneta (¿viajaría en ella eufórica, inmortal como nosotros en el viejo 127?) que se salió de la carretera. Nunca se habría partido la columna vertebral. Cuando me lo dijeron me defendí quitándole importancia, pensé instintivamente que tendría que llevar un collarín durante algún tiempo y que ahí se acabaría el problema, por eso el médico tuvo que repetirme varias veces que la médula espinal se había roto y que Pilar estaba tetrapléjica. *Era* tetrapléjica. Me desmayé en el pasillo del hospital, y al despertarme sólo sentía terror: terror por encontrarme solo, por no contar con mis padres o con Bego (o con alguien, con quien fuera) para enfrentar la desgracia. Y terror de decirle a Pilar qué le había pasado, de explicarle que no volvería a caminar, a moverse, a comer sin ayuda, a girar la cabeza, a hacer cualquier cosa que requiriese más movilidad que la de los tres dedos de la mano derecha que el azar del accidente había olvidado destrozar. Allí, en la silla del pasillo del hospital donde tuve que sentarme ante la inminencia de otro desmayo, supe que no había futuro. O peor: que lo había y era espeluznante. Rogué para que mi hija tardase en despertar (o para que no despertase nunca: tal vez había entrevisto ya que lo mejor para ella era estar muerta) y luego, cuando me dijeron que había recuperado el conocimiento, rogué para que lo volviese a perder: tenía miedo de verla, de tener que decirle la verdad. Cuando entré en la habitación, me hundió más que ninguna otra cosa su expresión: angustiada pero llena de esperanza: papá venía por fin a rescatarla. Pero supo enseguida (lo adivinó en mis ojos) que algo iba mal, muy mal. Y cuando le conté la verdad empezó a gritar y no paró hasta dos días después. Dos días con sus noches y cada una de sus horas. Los sedantes la apaciguaban, pero apenas despertaba y recuperaba la consciencia volvía a comenzar. Atrozmente inmóvil, desgarraba sus cuerdas vocales, aterrorizaba a los internos de toda la planta y apresuraba a la enfermera, una y otra vez, a ponerle una nueva inyección. Cuando por fin calló no fue porque hubiese asumido su destino

(¿cómo podría nadie asumir ese destino?), sino porque su garganta era incapaz de emitir otro sonido que un quejido continuo y rasposo, una agonía que escucho todavía hoy, ahora. Ahí, no sé en qué momento del tiempo interminable que pasé con los ojos abiertos al pie de la cama, decidí que era mejor para ella estar muerta. Igual que es mejor para mí estarlo ahora: muerto ya. Muerto por fin. De regreso a casa, Pilar se hundió en un mutismo vegetativo. Yo me esforzaba por cuidarla, por limpiarla lo mejor y más cariñosamente posible, por tratar de aparentar esperanzas que no tenía, pero la idea de que su invalidez era irreversible me asaltaba de pronto, en el momento más inesperado, y me derrumbaba a veces incluso literalmente: en una ocasión el desánimo me golpeó cuando trataba de darle de comer, y perdí el conocimiento sobre la cama y sobre el puré, y me quedé allí durante algunos minutos, inconsciente sobre ella, hasta que me despertaron sus gritos. No eran gritos de alarma o de miedo. Eran gritos de pena... Aquel instante lo marcó todo. Su pena me decidió, nos decidió a los dos. Esa noche apartaba, con ayuda de sus tres dedos, las piedrecitas de un montón de lentejas desparramadas sobre la mesa: el médico nos había recomendado que intentase concentrarse en alguna actividad física, la que fuese, y descubrimos que ésa fue una de las escasas que podía realizar sin mi ayuda. Separar piedrecitas de las lentejas… Lo estaba haciendo y, de pronto se detuvo. Vi el garfio retorcido de su mano repentinamente parado sobre las lentejas y tragué saliva, aterrado por la inminencia de otra crisis de angustia, de nuevos gritos y lágrimas. Pero, aunque con la tensión brillándole en los ojos, estaba muy serena cuando levanté la vista. "Quiero morir", dijo. "Tienes que matarme, papá." Voy a serte muy sincero, Marisol, y a cambio quiero que medites muy seriamente lo que te confieso ahora: creo que mi condena o mi perdón (no sé cuál de los dos merezco) están en lo que sentí ese instante... Fue alivio. Un descanso infinito me corrió por todo el cuerpo dándome, literalmente, felicidad. He analizado aquel sentimiento hasta agotarme, y creo que las palabras de Pilar, tan valientes y perturbadoras, supusieron la puerta abierta que yo no me había atrevido a empujar. Por eso me aliviaron. Yo sabía que la muerte era la mejor solución para Pilar: ¿qué, por ejemplo, sería de ella cuando yo faltase? Una de las más intolerables imágenes que mi cabeza podía concebir era la de mi hija tumbada, sola, sobre la cama de cualquier asilo de incapacitados, esperando los escasos minutos que la enfermera pudiese dedicarle al día. No había duda: contra mi corazón y contra mi vida, Pilar debía morir. Pero su muerte natural, a pesar de las atrofias desencadenadas por la tetraplejia en su organismo, que acabarían por matarla, podía tardar dos décadas en producirse. O tres, así de duro y así de simple lo percibía también ella, a juzgar por la decisión de su mirada al otro lado de la mesa de las lentejas. Volví a tragar saliva; ella lo interpretó como signo de rechazo, duda o cobardía y atacó los obstáculos que mi razón oponía con lucidez inclemente y, a la vista de sus palabras, largamente meditada: no éramos una hija y un padre, sino la que debía morir y quien, por amor, debía ayudarle a hacerlo. "Nadie te culpará de nada. Pensarán que me he suicidado. Con esto." Dirigió la mirada hacia los dedos retorcidos. "Si pueden separar lentejas pueden tomar pastillas. Lo he ensayado. Mira." Actuó con decisión aterradora: mi hija no era una niña, sino una voluntad de morir embutida en un cuerpo igualmente muerto. Sus dedos se cerraron sobre un puñado de lentejas. Las llevó con mucho trabajo hacia la boca, forzando el brazo e inclinando la cabeza para demostrar que su esperanza era viable. Comprendí que sólo para realizar ese entrenamiento, ese ensayo de su muerte, había insistido en dedicarse al absurdo ejercicio de las lentejas. Pero la mano y la boca, desesperadamente tensas, quedaron quietas, separadas una de otra por dos centímetros infinitos. Entonces, ante el fracaso, sí surgió la niña; ahí estaba otra vez mi hija: en la repentina pena, en la patética impotencia, en la súplica de su mirada. La estreché entre mis brazos, la protegí, la besé y me esforcé para que no me viese llorar, porque en ese instante prometí que la liberaría y no quería que la perturbasen dudas sobre mi resolución. Se quedó dormida en mis brazos, relajada por primera vez desde la tragedia, y pasamos así el resto de la noche, los dos absolutamente inmóviles: por nada del mundo me hubiese arriesgado a despertarla del sueño de niña que había sido el único desde la desgracia e iba a ser el último de su vida. Mientras la abrazaba, miraba las lentejas. Y en ellas encontraba fuerzas: efectivamente, ¿quién, una vez muerta Pilar, podría demostrar si sus dedos habían sido capaces o no de recorrer esos últimos dos centímetros? El azar que había destrozado su vida y la mía nos dejaba un resquicio ínfimo, y lo aprovechamos. Te obvio los detalles, basta que sepas que la noche elegida acosté a Pilar, le di las pastillas y me senté a su lado, muy cerca de ella. A veces, durante la enfermedad, había sido meticulosamente detestable y se regodeaba en su amargura como si quisiera hacerla grande y transmitírmela en su integridad (tal vez, un camino para despertar mi odio y conmover mi voluntad). Pero ahora, dulcificada por la proximidad de la muerte, volvía a ser mi Pilar. La volví (ella me lo pidió) para que pudiera reposar la cabeza en mi hombro, y me rodeé con su brazo muerto el pecho. En esa postura, cuando era niña, solía quedarse dormida mientras le contaba historias de aventuras. En esa postura, ahora, murió. Cuando su respiración se apagó, alargué la mano hasta la mesilla y extraje del cajón el segundo bote de pastillas, el que sin revelárselo a ella (antes de comenzar a tragarlas me había hecho jurar que intentaría ser de nuevo feliz) me disponía a tomar para acabar, también, con mi propia pesadilla. Pero la vida volvió a traicionarme porque, llana y terriblemente, me negó el valor concreto de tomarlas. Mi mente y mi cuerpo (o al menos una parte de ellos, en todo caso la suficiente) se negaban a dejar de existir. Pasé la noche entera debatiéndome en esa lucha, con la mirada fija en el techo y empapando de sudor el frasco que apretaba en la mano y que finalmente, al amanecer, dejé de nuevo sobre la mesilla. Todos los remordimientos y todas las angustias surgieron entonces: había abandonado a Pilar en la muerte. Y, según las reglas establecidas por el mundo que me resistía a abandonar, era el peor de los asesinos: el asesino de mi propia hija. Durante horas, traté de asumir ese destino como el más legítimo que podía corresponderme, y para abandonarme a él traté de escribir una confesión completa de lo que había ocurrido, que me propuse fuera tan sincera como lo está siendo ésta. Pero comprendí enseguida que el mundo no eres tú, que sus leyes no son tu amistad, que sus designios no son tu comprensión. Y, como el cobarde que soy (o, mejor dicho, que descubrí en ese instante que era) mi mente fue descartando la idea de la confesión para comenzar a maquinar la trama exculpatoria, la versión del suicidio de Pilar, que ante todos me convirtió de verdugo en víctima. En la ansiedad de esa culpa consolidada he vivido este tiempo, buscando cada minuto de ellos el valor de acabar con todo. En una de esas ocasiones, el otro día, sonó el teléfono y eras tú con tu oferta de viaje a Leonito. Acepté porque tal vez aquí, en mis orígenes, hallase alguna señal de algo, no me preguntes de qué... Espero que perdones a tu pobre amigo Luis (que con nadie más puede sincerarse). Ese perdón, y el último pensamiento que me dediques, será lo único que quede de mí sobre la tierra. Adiós, mi amiga querida. Que sepas que lo daría todo (¡pero no me queda nada! O peor: sólo tengo el deseo de morir, de olvidar que una vez estuve vivo) por volver a encontrarme con Bego y contigo, con Pilar en el vientre de Bego, en aquel 127 amarillo claro donde éramos inmortales. Con la carretera infinita delante de mí y de todos nosotros.»

Jean Laventier volvió el último folio y comprobó que con esa frase concluía el texto.

Volvió a leerla:

–De todos nosotros... –susurró con la mirada posada sobre las palabras últimas de la carta.

Suspiró, aferró la linterna que le había iluminado durante la lectura y con ayuda del bastón se levantó despacio, muy trabajosamente, sintiendo cómo el esfuerzo despertaba de nuevo el sordo dolor que desde las últimas horas le presionaba con insistencia inquietante el pecho. La oscuridad que le rodeaba resultaría absoluta de no ser por el haz en movimiento de su linterna. El olor a humedad era intenso, y desde alguna parte el eco de un goteo líquido rebotaba con cadencia exasperante contra el silencio anómalamente perfecto, casi inverosímil, que reinaba entre las altas paredes de roca negra de la gruta donde se encontraba. Laventier sentía que flotaba en la sala de espera de la muerte, pero no le importaba. En realidad, se dijo, era el lugar que le correspondía. Con lentitud callada, que le permitía escuchar con claridad el roce del aire contra su ropa y contra la carta que aún sostenía en la mano, se aproximó hasta la cama donde reposaba el cuerpo de Ferrer y lo iluminó con la linterna: el haz de luz pintó de matices siniestros la palidez fantasmagórica del rostro apoyado sobre la tela doblada a modo de almohada. No se sentía un intruso por haber decidido leer la carta de Ferrer; en los últimos tiempos su vida se había reducido a la búsqueda obsesiva de Victor Lars, y así, obsesivamente, se lanzaba sobre cualquier pista que pudiese entrañar alguna información sobre su enemigo. Aunque era imposible que el desgraciado Luis Ferrer aportase en su confesión nada nuevo a esa búsqueda, era el hermano del Niño de los coroneles, razón suficiente para que el habitualmente discreto Laventier se hubiese arrogado el derecho de violar el secreto último de un muerto.

Se sentó en la cama y agitó el cuerpo de Ferrer con brusquedad poco hipocrática, reveladora del inhabitual estado de ansiedad que conmovía el corazón del viejo Médico de la Resistencia.

–¿Señor Ferrer? ¿Luis Ferrer?

Ferrer lanzó un gemido remoto, y Laventier respiró aliviado: los efectos de la anestesia comenzaban a disolverse a la hora que él, al administrarlos, había previsto.

El herido tardó unos segundos infinitos en abrir los ojos y luego se demoró un poco más en enfocar al hombre que tenía frente a sí...

Parecía Jean Laventier, pensó... Se preguntó si, de la misma forma que la desconocida india lo había matado a él, Lars había asesinado a Laventier y ahora se hallaban ambos en un lugar que sólo podía ser el infierno o, peor aún, esa sima de sus pesadillas donde Aurelio, Cristina y Bego acudían a recibirle para preguntarle por Pilar.

El miedo le hizo incorporarse. Por el dolor del pecho y el brazo supo que seguía vivo, y la evidencia de que la frágil luz de la linterna era la única frontera que los separaba al otro fantasma y a él de la negrura más rigurosa acabó de espabilarlo. Laventier, como si hubiera intuido su inquietud, apoyó la mano sobre él para tranquilizarlo. Ferrer vio entonces que sostenía, abierta, la carta para Marisol. Y comprendió que la había leído.

–Quieto, no haga esfuerzos. Sería tentar dos veces a la suerte –dijo el francés.

Ferrer obedeció; se dejó caer hacia atrás inesperadamente relajado, en insólita paz consigo mismo: le embargaba una inexplicable felicidad por el hecho de que alguien, por fin, conociese su secreto. Y agradecía que se tratase de Laventier: el conocimiento de la verdad por parte del reflexivo y humanitario francés no le devolvía a Pilar, pero le dejaba de alguna forma menos desvalido ante su muerte. No tan solo frente a ella.

–¿Me... reconoce? –interrogó con cautela Laventier.

Ferrer asintió con un asomo de sonrisa y cerró los ojos. Sumergiéndose en esa paz ínfima y a la vez inmensa que le era dado disfrutar por primera vez, preguntó muy despacio:

–¿Dónde estamos?

–En el interior de la Montaña Profunda.

Ferrer abrió los ojos. La paz había terminado de golpe. Al mirar a su alrededor, encontró lógicos el silencio y la oscuridad: Laventier y él no estaban muertos, sólo bajo tierra. En la guarida de Leónidas, que durante tanto tiempo, y siempre infructuosamente, habían buscado los coroneles. Pero no vio tesoro mítico alguno, sólo negrura insondable y, a la luz insuficiente de la linterna que le permitía vislumbrar a Laventier, observó el camastro sobre el que yacía y también su propio torso desnudo, manchado de sangre. Una burda venda le rodeaba el brazo derecho. La tocó dubitativo, como si el contacto pudiese provocar una hemorragia fatal, e interrogó al francés con la mirada.

–Esa venda se la coloqué yo. Como ve, demuestra claramente que mi especialidad es la psiquiatría.

Ferrer hizo caso omiso de la broma.

–La mujer de la pistola...

Laventier prestó atención con una sonrisa que trataba de ser confortadora. Le satisfacía verificar cómo Ferrer iba controlando sus recuerdos, de regreso a la realidad.

–Me disparó aquí, en el corazón. Y luego siguió disparando. ¿Cómo es que...?

–¿No está muerto? ¡Por su camisa! ¡Su camisa le salvó! –dijo Laventier a modo de aclaración única y absurda; Ferrer, ansioso de explicaciones precisas, sintió una ligera irritación por la actitud paternal y beatífica del francés.

–¿Mi camisa? ¿Qué idiotez...? –trató de incorporarse; de inmediato, el dolor intenso que ya conocía le laceró otra vez. Tuvo que dejarse caer de nuevo sobre el camastro.

–Sí. Su camisa. Y no le salvó una vez, sino dos. La primera vez, gracias a esto.

Laventier sacó de su bolsillo una pluma estilográfica y se la entregó: era la que Ferrer recogió del lugar donde asesinaron a Casildo Bueyes. Aparecía abollada en el lugar donde había desviado la fuerza del disparo, y la cubrían los restos de una pastosa suciedad roja: sangre de Bueyes. ¿O su propia sangre? ¿Qué intenciones podría haber tenido el destino para unir esos dos flujos?, se preguntó sin encontrar respuesta, lo que carecía ahora de importancia: la pluma de Bueyes no sólo sirvió para lanzarle el mensaje «¡¡¡MUERTE AL REY DE ESPAÑ...». También le había salvado la vida.

–¿Y los demás disparos? ¿También los desvió la camisa? –preguntó con ironía teñida de cierta alegría: la euforia instintiva que despertaba de nuevo en sus venas avasallaba al dolor y se imponía sobre las dramáticas circunstancias que le angustiaban.

–Su agresora siguió disparando, sí. Pero la redujeron a tiempo. Sólo pudo herirle en el brazo con el segundo disparo. El tal Leónidas le quiere a usted vivo.

–¿Fue él quien le trajo hasta mí?

–No personalmente. Ordenó a dos de sus hombres que me buscaran.

–¿Por qué a usted?

–Su camisa otra vez, la segunda. En el bolsillo estaba mi tarjeta, ¿recuerda que se la di en el hotel el otro día? Ahí figura mi dirección en Leonito y mi profesión. Usted herido, yo médico... Pensaron que era amigo suyo y que aceptaría venir a salvarle.

Ferrer miró al médico: en unas horas le habían salvado la vida dos personas: el indio que desvió el brazo de la mujer y el propio Laventier; eso sin contar la pluma de Casildo Bueyes. El Destino se empeñaba en mantenerlo vivo, y se preguntó para qué.

–¿Cuánto llevo inconsciente?

–Dos días.

–Dos días... –repitió despacio, sin conseguir experimentar sensación de impaciencia o apremio alguno; un cansancio insuperable le impedía toda iniciativa; se volvió hacia el francés y le habló con sinceridad–. Debo darle las gracias, señor Laventier. Le debo la vida. Se arriesgó a venir hasta aquí.

–¡Puro egoísmo! Lo necesito para acabar cierta tarea que dejé a medias el otro día –explicó Laventier gravemente, preguntándose si debía aprovechar la agradecida predisposición de Ferrer para plantearle lo que esperaba de él. Pero no, concluyó, aún era pronto; y al percibir que Ferrer, intrigado por su tono, se disponía a indagar más, eligió cambiar de tema. Adoptó un tono festivo mientras señalaba la venda en torno al brazo del herido–. Por otro lado, en ningún momento ha corrido peligro real de muerte. A lo sumo, habría perdido ese brazo. Y ahora, en cuanto pase el efecto de la anestesia, se encontrará bien del todo. Cuestión de minutos. Cuando vi aparecer a los dos desconocidos, pensé que eran sicarios de mi amigo –dudó y se atrevió a rectificar, muy atento a la reacción que su matización pudiese despertar en Ferrer–, de nuestro amigo Victor Lars. Pero no... Eran estos indios, que me explicaron el problema y me trajeron hasta aquí. Un viaje incómodo para alguien de mi edad. ¡Y mi peso! –continuaba el francés; resuelto al fin a exponer su asunto, extrajo de la parte inferior del camastro las pertenencias de Ferrer y las depositó sobre el suelo; todas excepto el manuscrito, que con cuidado colocó sobre sus rodillas–. Pero debo reconocer que no hubieron de insistir mucho en que les acompañara: ya le he explicado que yo también tenía gran urgencia de hablar con usted. Sobre nuestro manuscrito, que por lo que he visto ha leído casi en su totalidad. Tengo novedades, ¿sabe? Novedades sobre Victor Lars.

Ferrer estaba confuso: antes de que le hirieran, la situación en la Montaña era, según Roberto Soas y como también él mismo había podido analizar, una bomba a punto de explotar, especialmente tras los últimos ataques de los indios. ¿Estaba el ejército listo para intervenir? ¿Había intervenido ya? Y Soas, ¿logró huir de la ratonera del hotel? Muchas cuestiones cuya respuesta deseaba conocer, y sin embargo fue otra la pregunta que lanzó:

–Y la mujer… ¿Por qué me disparó?

Laventier hizo una nueva pausa. Su expresión se volvió sombría.

–Es obvio, ¿no le parece? –dijo por fin–. Disparó contra usted porque le reconoció.

–¿Reconocerme? ¡Nunca nos hemos visto! –rechazó Ferrer con seguridad, pero la mirada de Laventier, fija sobre él, logró hacerle dudar. También sentir miedo.

–Usted a ella no –sentenció el francés misteriosamente–. Pero ella a usted sí. Por cierto, se llama María.

–¿Usted cómo lo sabe?

El francés agitó el manuscrito en el aire significativamente.

–Aquí lo dice. Mientras estaba inconsciente me he permitido indagar sobre el punto al que había llegado en su lectura. Dígame, ¿puede leer por sí mismo?

–Estoy un poco mareado, pero…

–En ese caso, descanse. Leeré yo en voz alta.

Ferrer, aunque intrigado por la actitud de Laventier, se dejó caer sobre el camastro dispuesto a escuchar. María le disparó por una única razón posible: lo había confundido con el Niño de los coroneles. Ferrer se preguntó qué le habría hecho el monstruo creado por Victor Lars para que lo odiase de tal modo.

En la primavera de 1975 ocurrió un suceso extraordinario.

Eran días cruciales para mi actividad: en Chile y Uruguay se asentaba lo que estaba a punto de eclosionar también en Argentina, y Bolivia, Panamá o Guatemala se perfilaban como posibles clientes mientras representantes del sistema represivo paraguayo, de corte tan tradicional y autosuficiente, realizaban las primeras visitas de cortesía al Paraíso en la Tierra... Mi prestigio crecía, me veía imprescindible en el continente. Y en la evolución de todo el proceso, la ferocidad del Niño seguía resultando valiosísima como prólogo introductor a mis cursos, por eso me irritó tanto que le asaltara, en el momento más inoportuno, una de sus crisis depresivas, otra más, manifestada en este caso con un silencio sombrío e inescrutable. Apenas le excitaban las drogas, a cuyos efectos se había habituado, y el alcohol que tan efervescente lo había vuelto en otras ocasiones no era ya sino una adicción incurable que le mantenía permanentemente semianestesiado, le engordaba día a día y hacía adiposos sus movimientos y rasposa su respiración. El minotauro languidecía en su peculiar laberinto, y ni siquiera sus animalizadas mascotas humanas le divertían ya.

Fue entonces cuando pasó, al regreso de uno de mis viajes a Santiago. Era, como he dicho, la primavera de 1975. Mi magnífico humor por los resultados obtenidos en la neutralización de elementos subversivos (resultados de los que obtenía doble rentabilidad, pues los exhibía orgulloso ante los amigos argentinos a los que ya asesoraba de cara a su inminente asalto al poder) se vio empañado por la noticia que, apenas descendí del coche, me espetó mi edecán: el Niño había sufrido la víspera una crisis terrible. Inicialmente no me preocupé, pues tales ataques –durante los cuales se diría que los gritos de dolor del Niño estuviesen originados en su espíritu, a la postre aún humano, o en su conciencia, que enfrentada en los flashes de clarividencia al destino en el que ya se sumía su vida pedía socorro a quién sabe qué imposible redentor– ocurrían con cierta frecuencia. Pero aquella vez la locura alcanzó límites insólitos, exteriorizándose en epiléptica ansiedad destructiva que tuvo graves consecuencias: fuera de sí, el Niño –en lo que, según algunos testigos, no fue afán premeditado, sino simple rabia desatada– destrozó las cerraduras y liberó a sus mascotitas, que, aunque aterradas al principio, se animaron pronto a seguirle en su huida hacia el exterior. La fuga fue posible porque los guardianes tenían la orden estricta, bajo amenaza de muerte, de proteger y cuidar a cualquier precio la valiosísima vida de mi creación, que gracias a ese reglamento pudo franquear la salida seguido de sus acólitos y perderse en la noche. Afortunadamente, fue recuperado poco después en una operación que no entrañó problemas –mi Niño dormía en el suelo la modorra de la misma euforia alcohólica que horas antes le había animado a la insurrección–, aunque no sería este saldo el más importante arrojado por la frustrada huida.

En cuanto a los ocho cuadrúpedos humanos que sí habían logrado escapar, yo los habría abandonado a su suerte de no ser porque un grupo de turistas europeos se topó con ellos y aireó de inmediato la noticia. «Hombres Perro» fue el apelativo que acuñó la prensa más sensacionalista de Leonito para avivar el interés de los lectores hacia estos fantasmales animales de aspecto humano que «vivían desnudos, se desplazaban a cuatro patas y emitían sonidos guturales e ininteligibles». Cuando algún imbécil ilustre anunció desde su cátedra universitaria que podíamos hallarnos ante una burbuja milagrosamente conservada de los primeros pasos del ser humano sobre la tierra, el interés por los «Hombres Perro» se disparó. Había llegado el momento de actuar: lo último que interesaba a mi academia era que rondasen sus proximidades turistas ansiosos de obtener el premio fotográfico del *Reader´s Digest*. Por supuesto, la zona permanecía, como siempre, acotada; pero preferí no dejar cabos sueltos. Preparé una expedición de caza y captura que dirigí en persona: nunca me ha gustado dejar en manos ajenas la clausura de los asuntos en los que, en mayor o menor medida, me sentía emocionalmente implicado, y no cabía duda que los llamados «Hombres Perro» gozaban de cierto aprecio por mi parte; al fin y al cabo, eran muchos los años de convivencia compartida.

En apenas dos días, los batidores hallaron su rastro en las cercanías de la Montaña Profunda, situada algunos kilómetros al norte del lugar donde se había producido la evasión. Pronto los tuvimos a tiro. Cediendo a una tentadora excitación instintiva, ordené a mis hombres que me dejaran solo para la cacería.

Las presas se hallaban acorraladas en el fondo de un valle sin salida, a merced de la mira telescópica de mi rifle. De tres disparos abatí tres piezas; resuelto a añadir emoción al aburrido tiro al blanco, aguardé la proximidad del anochecer para descender hasta el fondo del refugio. Al valle se accedía por un pasillo angosto que clausuré, una vez franqueado, con teas encendidas: nada aterraba a mis víctimas más que el fuego que en tantas ocasiones había servido para castigarles, y gracias a este recurso fui acotando progresivamente la zona, despacio y con delectación en el juego, de forma que cada nueva antorcha restaba a las bestias espacio por el que desenvolverse. Por último, tuve a no más de veinte metros de mí a los cinco supervivientes ateridos de pánico. Salivando ante su desvalidez, renuncié a la ventaja del sofisticado rifle de mira infrarroja, desenfundé los dos revólveres que llevaba conmigo y arrojé lejos la canana con la munición de repuesto. Como precaución suplementaria, encajé el cuchillo de monte entre la camisa y el cinturón. Las bestias me miraban indecisas y expectantes, como si sopesaran qué posibilidades tendrían si osaban atacar al amo por primera vez alejado de su territorio. Yo, en cambio, no dudé. Amartillé los revólveres y comencé a disparar al dictado de las reglas del juego que me había sugerido la escena: los cinco primeros disparos serían para herir a cada uno de ellos, los cinco siguientes para rematarlos y aún me sobrarían dos balas. El éxtasis duró unos segundos. ¡Pero qué segundos! ¡El umbral de la juventud infinita, entrevisto por un instante! ¡El orgasmo de Dios, eyaculando eternidad en mi cabeza y en todo mi ser! Tal vez, sin darme cuenta, era yo quien gritaba en medio del estruendo de pólvora; aquellos alaridos, sumados al olor de la sangre que me salpicaba, bombeaban a mis venas una fuerza jamás conocida en mis sesenta años de existencia. Me bajó a la realidad el sonido insistente de los percutores golpeando sobre vacío. A mi alrededor, gemidos lastimeros evocaban los coletazos de una orgía que lamentablemente llegaba a su fin. ¡Ah, Jeannot, si la vida fuera eso…! Lo hubiera dado todo por poseer un revólver de fuego inacababable, por tener frente a mí mil, diez mil, un millón de Hombres Perro… Pero sólo uno, al que las balas no habían alcanzado, seguía vivo; al parecer, la excitación de la matanza me había hecho descuidar el cálculo inicial de fuego. Paralizado por el espanto y encogido hasta hacer aún más despreciable su humillada condición, la bestia me miraba con ojos tan abiertos y fijos sobre mí que parecían carecer de párpados. La luz de las antorchas hacía brillar su piel sudorosa allí donde ésta no quedaba cubierta por las greñas de la larga cabellera. ¿Era de sexo masculino o femenino? Su postura me impedía verificarlo, pero tal cuestión resultó nimia ante el deseo furibundo que me asaltó por encima de cualquier explicación racional: la Victoria Ancestral bombeaba sangre salvaje a mi miembro. Escuchando a la fuerza desconocida –¿la esencia del alma humana, que me era desvelada en esta infinitesimal concreción?–, me desnudé y, resuelto a seguir todas las órdenes que me fueran dictadas por el instinto, cumplí las que me recomendaron sostener con la mano izquierda el cuchillo y con la derecha el cinturón enrollado como un látigo letalmente culminado en la hebilla metálica. El pene brutalmente erecto abría la marcha hacia una cópula insólita, desconocida e irresistible, y avancé hacia aquel animal sin saber aún para qué: el Instinto de la Fiera, Jeannot, se había encarnado en mí como se encarnó Dios en su hijo según los argumentistas de la Biblia. Sumido en tal tesitura mística, lo último que podía esperar era que el Hombre Perro sacase fuerzas de flaqueza para adelantarse en el ataque. La sorpresa se alió con él: me derribó, me golpeó, me mordió, me arañó y, en medio del tornado de los cuerpos en lucha, logró arrebatarme el cuchillo y hundírmelo en la pantorrilla. El intensísimo dolor me dio energías para ponerme sobre él y estrangularlo con mis propias manos. Un minuto después, sobre el cadáver que con rabia estéril destrocé a cuchilladas, pugnaba por recuperar la respiración. Era el vencedor, como parecía proclamar mi semen derramado sobre la bestia durante la lucha. Pero estaba aterrado: la cuchillada sangraba con profusión y las antorchas que me salvaguardaban de la oscuridad absoluta parpadeaban agonizantes. La lucidez, imponiéndose sobre las últimas descargas de adrenalina, me ordenó improvisar con la camisa una venda que ajusté a la herida con el cinturón. La hemorragia, al menos, pareció detenerse; respiraba aliviado, dispuesto a meditar el siguiente paso, cuando se apagó la última antorcha. Casi a la vez, como si el fuego hubiese sido un interruptor eléctrico, la vitalidad engañosa se evaporó y me dejó solo ante mí mismo: un sexagenario desnudo, herido y patético en medio de una oscuridad que la ausencia de luna hacía más rigurosa. Desde algún lugar que podía no ser remoto, el aullido de un lobo matizó el miedo.

A ti puedo confesarte que me arrastré indignamente sobre las irregularidades de aquel terreno ignoto que además no podía ver; pero la precaución fue inútil: no sé si cinco minutos o cinco horas después de mi lucha con el Hombre Perro, fui tragado por un desnivel arenoso del terreno y caí en un pozo negro infinito. Manoteé en el aire, desesperado. Las manos y pies se golpeaban y arañaban contra unas paredes cuya estrechez plagada de aristas afilaba el suplicio de la caída. Conseguí agarrarme a un saliente que se clavó en mi mano como una cuchilla; por un segundo pensé que tendría resistencia para sostenerme: ilusión vana, además de dolorosa; tras unos instantes atroces en los que el brazo se dislocaba por el peso de mi propio cuerpo, el frágil asidero se partió y seguí cayendo hasta estrellarme contra el suelo, unos metros más abajo. Me llevó unos minutos comprobar que no tenía nada roto, aparte de las magulladuras y de un calor intenso y lacerante que olía a sangre en la palma de la mano: una esquirla de piedra se había incrustado profundamente en ella, y en la oscuridad no tuve otro remedio que posponer cualquier amago de cura. Con el examen de la situación llegó el pavor: había caído a un pozo del que nunca podría salir por mis propios medios, y mis hombres, suponiendo que me buscasen, jamás darían conmigo. Estaba condenado a morir de hambre y sed en la oscuridad. A morir de angustia cuando apenas unas horas antes era el amo de un mundo que había logrado crear a mi imagen y semejanza... No es fácil que pueda expresarte los sentimientos de rabia e indefensión, la desesperación –más espeluznante porque la apoyaba cualquier análisis racional–, el Miedo...

Y fue entonces cuando comenzó la alucinación. Porque de eso pensé que se trataba... Muy despacio al principio, con cadencia tan imperceptible como innegable, la luz, mágicamente, eclosionaba a mi alrededor y me envolvía como si estuviese en una película de Hollywood o ante un milagro de Dios. Reconozco que la incredulidad y la sorpresa lograron imponerse sobre los temores: literalmente, estaba amaneciendo en mi pozo sin fondo. Y no era un espejismo: se trataba de luz, de luz solar asentándose, creciendo, avivando los matices grisáceos del lugar de piedra en el que me hallaba, y que al fin pude examinar.

Era, en efecto, una cueva. En su fondo

desembocaba el hueco que me había engullido, y por cuya boca llegaban ahora hasta mí los rayos de sol. ¿Lógico, verosímil, posible...? Sí, excepto por un detalle: de la intensidad de la luz sólo podía deducirse que me hallaba muy cerca de la superficie, prácticamente junto a ella. Pero la caída, aun suponiendo que mis desconcertados sentidos hubiesen desorbitado su duración, había sido de al menos varios metros. Me puse en pie para buscar explicación a la imposible convivencia de los dos hechos aparentemente ciertos y, al apoyarme, el dolor dormido de la mano se reavivó en toda su intensidad. Miré la palma herida con intención de localizar y extraer la esquirla de piedra. Y entonces vi entre la sangre seca el objeto que me había herido. ¡Amigo mío! La gran sonrisa que la fortuna y el Azar tenían asignada a mi vida no era la que iluminó mi huida de París o la llegada a Leonito, tampoco la que había brillado durante mi imparable ascensión en el escalafón de poder liderado por los coroneles. La Sonrisa de mi Vida era la que veía ahora, bordeada por el carmín de la sangre seca de mi mano.

La casualidad me había llevado hasta las entrañas de la Montaña Profunda, y ahora me desvelaba su secreto: el legendario tesoro de los indios invisibles no era un mito.

Existía realmente. Lo tenía ante mí. Y lo iba a hacer mío.

La luz del sol, absurda pero real, me insufló seguridad y me sirvió de guía. Tras demorarme algunas horas en la contemplación del asombroso fenómeno que tenía ante mí, busqué y encontré una salida al aire libre. ¡Prodigiosa Montaña, hermética e inaccesible para el mundo exterior, pero simple y hermosa como una línea recta para los conocedores de su secreto, mágica en su deslumbrante nitidez! No diré que envidié a los salvajes que la habitaban, pero sí afirmo que entendí la furia bélica con la que protegían su regia intimidad, la ferocidad con que se afanaban en retenerla. En su lugar, yo hubiera actuado igual. Y ciertamente, me dispuse a hacerlo.

En trance similar al mío, muchos hombres habrían corrido, serviles o simplemente cobardes, a exhibir ante sus amos el descubrimiento; pero, consciente de que la paciencia es una virtud y el análisis frío de toda situación una condición *sine qua non* para el éxito, puse buen cuidado en ocultar con celo mi hallazgo, cuyas circunstancias auténticas eres tú el primero en conocer. Los demás, incluidos los coroneles, sólo accedieron a una versión que encontró en la lucha con los Hombres Perro, a la que añadí algún colorido, las justificaciones para mis heridas, mi desnudez y mis treinta y ocho grados de fiebre, que lejos de haberse originado en la prolongada exposición al sol durante el errático camino de regreso tenían su causa en la euforia que, por prudencia, me veía obligado a contener.

Y es que el tesoro era demasiado bello para compartirlo con los simiescos militares. Sí, bello es la palabra que he utilizado y que reivindico una y mil veces para la Montaña, pues si bien es cierto que *lo que contiene* puede despertar la ambición de todos los hombres, es aún más innegable que *lo que ocurre dentro de ella* –pues este espectáculo renovado cada día es el verdadero tesoro– constituye la mayor obra de arte que es posible contemplar en nuestro planeta. Pero no te engañes, Jeannot: una cosa es que yo apreciase esa belleza y otra muy distinta que, por darle romántica preponderancia, renunciase a la incalculable recompensa material que sólo era preciso recolectar de sus entrañas. *Mi* tesoro –o, si lo prefieres, el tesoro de *mi* Montaña– era un as en la manga que la cautela me recomendaba guardar hasta el momento apropiado, que no tardaría en producirse.

Lo causó ese devenir histórico que no es necesario detallarte porque lo puedes encontrar en los libros e incluso en tus recuerdos: ¿o acaso no fuiste tú, ridículo hombre bueno, uno de los primeros en dar a conocer al mundo las «atrocidades contra los derechos humanos –así llamabais a la efectividad profesional que yo inspiraba– en el Cono Sur»? Gracias a ti y a otros como tú las insignificantes vocecillas de protesta fueron cogiendo cuerpo, envalentonándose y haciéndose dañinas, y acabaron por aportar su peso a la inercia histórica. ¿Quién iba a augurarme, en estos tiempos de la victoria consolidada en Chile e inminente en Argentina, que los tiempos cambiarían con cadencia al principio imperceptible? ¿Cómo suponer que la década de los ochenta comenzaría con la resuelta campaña internacional de prensa contra el régimen chileno, continuaría con la contundente guerra anglo-argentina por las piedrecitas de las Malvinas –que tanta verborrea a favor de la vieja Europa y en contra de los fascismos latinoamericanos generó–, propiciaría en la Isla de Contadora la reunión de los países centroamericanos decididos a iniciar un futuro de prosperidad regido por el humanismo solidario de los nuevos tiempos y concluiría –¡escándalo y oprobio, insulto intolerablemente cínico!– con la invasión armada del hermano mayor americano para detener en Panamá, como si fuese el peor criminal, al intachable colaborador Noriega? ¿Quién podía calcular –y cuando se vislumbró, era ya tarde– que los intereses políticos recomendarían al mundo en general y en particular al gobierno norteamericano, impulsor en el pasado de tantas iniciativas gratas, aparentar un repentino ataque de democrática oposición a las dictaduras sudamericanas que ellos mismos habían alentado? Con estas premisas, ¿cómo no iba a avecinarse en Leonito la correspondiente revolución social, que a mediados de 1987 comenzó a propiciar violentas y constantes agitaciones callejeras y manifestaciones exigiendo las cabezas de los coroneles? ¿Cómo, si nos atenemos a esa lógica, no iban los disturbios a terminar por alumbrar un atentado mortal contra las fuerzas armadas, y luego otro, y luego otro y otros? ¿Y cómo no iba a resultarme obvio, en aquellas Navidades tristes, que los fantasmas de la huida de París –cuando todavía era joven para enfrentarme a la adversidad– planeaban de nuevo sobre mí? En la seguridad todavía inaccesible de mi mansión, comenzaba a notar el aliento sucio del fin, y meditaba gravemente sobre ello... En 1976 tenía sesenta y dos años. En 1987 cumplí –terrorífico, ¿verdad, amigo que compartes conmigo la progresiva humillación de la vejez?– ¡setenta y tres! Y frente a qué panorama: en 1976, los hombres a los que había instruido entraban a patadas en las casas de los sospechosos, impunemente les apaleaban para obtener agendas con más nombres e impunemente, si les apetecía explicitar así la inmisericordia que se avecinaba, orinaban en las caras de sus madres o eyaculaban en las de sus hijitas. Pero en 1989 estos mismos hombres ocultaban inquietos sus identidades y sus pasados, se revolvían ante la presencia de extraños y se sabían vulnerables. Tenían miedo. No es que me importasen lo más mínimo, pero su temor, simplemente lo constato, era tan lógico como legítima su rabia, pues se sabían abandonados por los superiores que habían alentado su regodeo obsceno en la ilegalidad, en la apropiación de bienes, cuentas corrientes y hasta tostadoras de los detenidos, en la violación de las detenidas, en la venta de los bebés que alumbraban entre insultos soeces en las mazmorras. Ya a mitad de la década, la actividad en mis centros había experimentado un retroceso; nada grave, sobre todo teniendo en cuenta que me seguían llegando a través de amigos de todo el mundo nuevos clientes de Beirut, Kinshasa o Madrid, donde, por cierto, el asesoramiento a un grupo golpista que finalmente no llegó a pronunciarse me retuvo en la ciudad durante tres días de 1984 que aproveché para visitar al jovenzuelo al que años atrás había donado mi sangre; conseguí su nueva dirección –se había casado y ya no vivía con sus padres– y una mañana le observé clandestinamente: salía de casa con una niñita en brazos, supuse que su hija; tal vez, pensé, alguna gota de mi sangre había aportado su granito de arena a la erección que, a su vez, posibilitó la eyaculación que fecundó a la yegüita del gemelo de mi Niño.

–¡Qué hijo de la gran puta!

La cólera por la sucia refererencia a Bego puso a Ferrer en pie como un resorte, sin atender al dolor de la herida. El brusco movimiento le provocó un mareo que también despreció.

–¡Pero qué hijo de la gran puta! –repitió a gritos, dando grandes zancadas a un lado y a otro.

–No se lo tome como algo personal, ya que no lo es –le aconsejó Laventier, conciliador–. Y ahora, si no le importa, sigamos. Debe de quedar poco hasta la llegada del amanecer. Tenemos el tiempo justo.

–¿El tiempo justo para qué? –protestó Ferrer.

Laventier volvió a levantar la vista. Dudó un segundo; parecía buscar las palabras precisas de la respuesta.

–Para que vea usted con sus propios ojos lo mismo que vio Victor Lars aquel día de mil novecientos setenta y cinco. Lo mismo que vi yo ayer: el tesoro de la Montaña Profunda. Pero aún falta un rato para el amanecer. Por favor, confíe en mí y escuche el resto –rogó el francés; y regresó a la lectura sin dar a Ferrer otra explicación.

> Pero en 1987 la situación sí era grave. Entiéndeme, no es que mi futuro me preocupase –mi dinero estaba en Suiza y mi corazón en ninguna parte–, pero el intangible barniz aciago de la nueva disposición del tablero me resultaba irritante: la revolución popular de Leonito se intuía imparable a pesar de mis órdenes de tirar a matar contra las furiosas masas reivindicativas, parecía inmune a la desatada brutalidad de los Pumas Negros y sus grupúsculos paramilitares, y olía a la misma victoria que ya me había alarmado, no hacía tanto tiempo, en Irán y Nicaragua. Los coroneles, empeñados cada uno de los tres en atesorar más ca-

jas de oro que los otros y alborotados ante la perspectiva del exilio, entrecruzaban entre sí órdenes contradictorias que sólo aumentaban la tensión y el desasosiego. Una de las pocas decisiones en las que, sin duda por casualidad, estuvieron de acuerdo fue en evacuar las tropas que mantenían la presión sobre los indios de la Montaña: podían resultar necesarias, dijeron, para proteger el palacio presidencial. Además, recibí instrucciones para clausurar, aunque fuera por prudencia y hasta que cambiaran los vientos, los centros ubicados en el «Paraíso en la Tierra». Sentí el desprecio como nunca antes. ¡Clausurarlos, ahora que había logrado implantar en el mundo entero un revolucionario concepto de las técnicas represivas! ¡Clausurarlos, ahora que mis métodos se expandían ya por Asia y por el mercado salvaje e ingente de África! ¿Así se me agradecía la incalculable ayuda prestada durante décadas al sostenimiento de los coroneles en el poder, al sostenimiento de tantos orangutanes de uniforme en los respectivos tronos diseminados por todo el continente, por todo el mundo?, pensé la noche previa a la culminación del desalojo cuando, cegado por la ira, visité por última vez las instalaciones. Dormitando con sus propios demonios en el fondo del sector del gimnasio que ocupaba en soledad tras la muerte de los Hombres Perro, el Niño de los coroneles era una metáfora precisa del momento: calma solitaria y triste que no conseguía eclipsar el rabioso vértigo latente. Y ningún futuro: la sutil, la prieta esencia de odio sádico que había logrado crear a partir de un huerfáno inservible era la demostración viviente de que se podía lograr cualquier cosa, cualquier esclavo, cualquier monstruo sumiso desde la arcilla de un ser humano. Siempre fiel a mi lema de no dejar cabos sueltos a la espalda, apoyé el revólver en su sien percibiendo el poso de intolerable renuncia a mí mismo en la ejecución de ese ser al que el encierro y la locura habían vuelto irreversiblemente repugnante y hediondo, pero que era gloriosamente mío. Matarlo era mi fracaso, es bien cierto. Pero aun así me disponía a apretar el gatillo... Fue sin duda esa irreconciliable pugna la que me inspiró, aunque la idea debía de llevar bullendo en mi mente desde que *Teté*, consciente de mi inteligencia superior, me había suplicado que hallase la fórmula mágica que los liberase, a él y a sus socios, del engorroso exilio, que se les antojaba insoportable a pesar de que iba a transcurrir en algún paraíso dorado todavía por definir. La genialidad me visitaba de pronto y allí, en el escenario donde estuvo a punto de representarse mi fracaso asumido, cuando me disponía a disparar contra la creación de mi vida. Rememoré sin convocarla mi noche con los Hombres Perro, reviví mi caída y el repentino impacto de luz del interior de la gruta negra, recordé que había decidido reservar el conocimiento del tesoro de la Montaña Profunda como un golpe de efecto que las circunstancias recomendarían cuándo y cómo utilizar... Pues bien, el momento había llegado. Lo obvio, o lo tópico, sería añadir que alumbré el plan febrilmente y a lo largo de toda la noche; pero no: me llevó sólo una hora; así de sedosa, así de lúcida y genial reinaba mi mente. La osadía de la maquinación, sencillamente, carecía de precedentes en la historia de la humanidad, y la maestría del golpe, caso de resolverse a mi satisfacción, me garantizaba de improviso, sin que yo me hubiese planteado su búsqueda, aquello por lo que todo hombre que sea de verdad íntegro debe luchar: una vejez excitante, que yo tenía al alcance de la mano. Guardé el revólver y regresé a la capital tras encerrar de nuevo al Niño, que se había mantenido aletargado durante todo el proceso en que su vida peligró. ¡Cuántas veces, tras los acontecimientos de los últimos tiempos, me he censurado agriamente no haberlo matado entonces! ¡Qué fácil habría sido evitar así el desastre que el maldito acabaría por desencadenar!

Antes del amanecer, los coroneles ya habían escuchado mi plan, al que les había introducido con la narración –cierta en cuanto a sus hechos cruciales pero falseada en la coordenada temporal, que trasladé a sólo un rato antes del encuentro con ellos que con tanta urgencia convoqué–, de mi descubrimiento del tesoro de la Montaña. Y ese mismo día se puso en marcha el brillante engranaje que, de un solo golpe, salvaba a los coroneles, se reía de la revolución y del mundo entero y, sobre todo, me convertía de nuevo en amo indiscutible de la situación, globalmente considerada.

Laventier cerró el manuscrito con un golpe seco.

–¿Eso es todo? –saltó Ferrer, alarmado por la resolución del gesto–. ¿Termina así?

–No, pero antes de continuar es necesario esperar al amanecer. Cuando llegue el momento entenderá por qué.

Ferrer hizo un gesto de fastidio que Laventier se apresuró a atajar.

–Mientras tanto –dijo–, es necesario que sepa usted algunas cosas de mi estancia en Leonito. Cuando aterrizó el otro día su avión de Madrid, yo llevaba ya algunos meses aquí. Recuerdo que el primer día de estancia sentí una vaga sensación de ridículo. «Bien», parecía decirme una voz desde el fondo de mi ser. «Ya estás aquí. ¿Y ahora qué? ¿Por dónde vas a continuar?»

–¿Y por dónde continuó?

–Decidí sentarme a esperar; imaginaba que Lars daría el siguiente paso, como en efecto hizo: me envió un álbum de fotos. Uno clásico, de tapas en piel, lleno de imágenes típicas de familia: celebraciones, bautizos y bodas, fiestas navideñas y de verano... Todo eso.

–¿Dice que se lo envió?

–Sí, con un mensajero.

–¿Y no le inquietó saber que Lars lo tenía localizado?

–¡No, por favor! ¡Lo que me habría inquietado es lo contrario! Imagínese, si después de todo el sufrimiento desencadenado por el manuscrito llego a Leonito y Lars no da señales de vida. La sensación de broma macabra habría sido insoportable. Pero sabía que todo era cierto desde que exhumé los restos de Florence del pozo de Loissy. Monstruosamente cierto...

–Me estaba hablando del álbum –atajó Ferrer el asalto de tristeza que se apoderaba de los rasgos del francés.

–Sí –se concentró de nuevo Laventier–, lleno de fotos que iban componiendo una biografía. La de un hombre al que primero veíamos de recién nacido, de niño, de joven, en el colegio, etc...

–¿Alguien que usted conocía?

–No. O más exactamente: sí, pero aún no caí en la cuenta. Eran las fotos de la niñez y juventud, pues el álbum llegaba aproximadamente hasta sus treinta años, de Óscar Fiorino.

–¿De quién?

–Óscar Fiorino –repitió Laventier, endureciendo las mandíbulas; Ferrer pensó que su pregunta le había enfadado de veras–. ¿Es que no recuerda quién es?

–Puede que salga en el manuscrito de Lars. Pero ahora mismo...

–Es el infeliz que se arrojó al metro de París cuando, sin sospechar lo que hacía, le dije aquellas palabras terribles, «helado de menta y canela». El hombre que se mató por mi culpa –concluyó gravemente Laventier. Por el fuego que asomó un instante a su mirada, Ferrer supo hasta qué punto había destrozado al francés creerse responsable del desencadenamiento de aquella muerte trágica, absurda y caprichosa. Sólo pudo responder una palabra:

–Discúlpeme.

Laventier asintió con un gesto y prosiguió:

–El paquete no traía carta explicativa alguna. Sólo las palabras «Álbum familiar de Óscar Fiorino» dibujadas a mano en la portada. Cinco palabras que fueron más efectivas que la peor atrocidad minuciosamente detallada. En el interior, cada página traía seis fotos cuadradas, cada una con su pie de página: «Óscar primer día de colegio. Santiago, septiembre 1946», «Óscar y amigos, verano 53, Valparaíso»... Recuerde que Fiorino era chileno... Y así todo: cosas cotidianas, nada anormal. Por supuesto, estudié las fotos obsesivamente, durante semanas, como si entrañaran algún mensaje oculto. Llegué a memorizarlas, a detenerme horas ante cada una de ellas tratando de adivinar la psicología de los personajes que acompañaban a Fiorino, o los sentimientos que experimentaba él en cada uno de aquellos instantes congelados por la cámara. Hice sin saberlo, y lo que es peor, sin sospecharlo siquiera, justo lo que Lars quería: empaparme de la biografía de aquel desgraciado. Al finalizar el álbum aparecía ya haciendo sus primeros pinitos teatrales, y cortejando a una chica rubia muy guapa, obviamente su novia... Algún tiempo después, tiempo en el que, lo reconozco, no hice otra cosa que esperar y esperar, sin tomar iniciativas de ningún tipo, llegó la segunda parte de la biografía de Fiorino, el segundo álbum. Así se llamaba, «Álbum familiar de Óscar Fiorino II», aunque la primera imagen presagiaba lo más siniestro. Era la única foto sin texto al pie, pero la reconocí de inmediato, como la reconocería usted ahora y como la reconocería cualquiera: el bombardeo del Palacio de la Moneda de Chile durante el golpe de mil novecientos setenta y tres. Fiorino fue detenido ese mismo día, y Lars lo eligió, junto a otros, para poner en práctica el experimento que concluiría trágicamente en el metro de París, casi veinte años después.

–¿Cómo sabe todos esos detalles?

–Porque los pies de foto del segundo álbum venían escritos de puño y letra por Lars. Iban explicando la vida de Fiorino en el centro de detención, su calvario inimaginable. Se trataba, y me repugna decirlo, de un catálogo completo, matizadísimo, artesanal, de los pasos que un torturador profesional debe seguir para destruir, anímica y físicamente, a su víctima. Allí estaba todo: las brutalidades y las aberraciones corporales, el permanente ensañamiento vejatorio sobre el espíritu... el dolor infinito de todo el ser: alaridos captados por la cámara en su momento álgido, carne renegrida por los golpes, espaldas convertidas en llagas a causa de los latigazos, testículos hinchados como melones por suplicios que sigo siendo incapaz de sospechar. A todo ello, créame, lo hacía más pavoroso la baja calidad fotográfica, el pensar que mientras todos esos horrores eran aplicados a un ser humano había otro ser, a pesar de todo también humano, haciendo fotos tranquilamente, como si fuera un trabajo de oficina. Al principio me estremeció pensar que Fiorino había sido sometido a todo eso sólo para poder elaborar el álbum que luego se me iba a mandar; en definitiva, que hubiera sufrido así por mí y para mí. Pero luego comprendí que no, que las fotos eran del año setenta y tres y siguientes, y que

Lars, entonces en la cumbre de su gloria, no podría haber previsto con tanto tiempo de antelación la visita que iba a realizarme lustros después. De todas formas, es aún peor: las fotos, tuve que deducir entonces, se hicieron efectivamente con la intención de realizar ese catálogo, un cursillo para torturadores con apoyo gráfico, ilustraciones y hasta recomendaciones médicas para mantener a la víctima consciente en medio del dolor. En el álbum iba visualizándose el progresivo quebranto de Fiorino: el físico, pues estaba asombrosamente delgado, débil hasta no poder tenerse en pie, entumecido por las ataduras permanentes, y el espiritual, sobre todo el espiritual, perceptible en la única fotografía de su mirada que se incluía: ojos extraviados de horror, liberados durante un segundo, exclusivamente para la ocasión, de la venda que en todo momento le cegaba. Tres años duró la reeducación de Fiorino, pues así, reeducación, la llama Lars en el catálogo: su confesado objetivo último no era el dolor por el dolor ni la tortura por la tortura, aunque él mismo apunta la conveniencia de que quienes aplican los castigos disfruten realmente provocando dolor. «Los verdugos ideales son aquellos que se excitan ante los gritos y los sollozos de angustia, los que eyaculan, imparables, sobre las heridas todavía frescas del gimiente», dice en uno de los comentarios al margen. Pero el objetivo último era esa reeducación siniestra. Hay una foto diabólica en la que un hombre de Lars, sonriente e impecablemente trajeado como si estuviera en un anuncio de televisión, susurra algo al oído del guiñapo humano en que habían convertido a Fiorino. Aprendí de memoria el pie de esa foto. Dice: «Instructor introduciendo el Código Secreto en el sujeto», «código» y «secreto» con la inicial en mayúscula... ¿Adivina a qué código se refiere?

–Lo siento, pero no...

–¡«Helado de menta y canela»! ¡Es obvio! ¿Comprende, Ferrer? Al susurrarle esas palabras, al «introducirle el código», sus verdugos le hacían saber también que, aunque ahora le permitiesen salir a la calle, estarían siempre sobre él, permanentemente, vigilándole el resto de su vida, listos para castigarle de nuevo. En la mente de Fiorino, las palabras «helado de menta y canela» suponían la inminencia del regreso al centro de detención. El retorno al infierno. Por eso se tiró al metro sin dudarlo. No soportó la idea de que sus verdugos comenzasen a torturarle de nuevo. El terror seguía siendo obsesivo, era el eje principal de su vida. ¡Y habían pasado veinte años! Supone... Supone...

–La demostración de que la técnica de Victor Lars funciona –dijo Ferrer con voz queda.

Laventier suspiró, desolado.

–Sí, exacto. Ni más ni menos.

Los dos callaron un segundo denso. Laventier continuó:

–En el resto del álbum se mostraban los años posteriores de Fiorino: tras un tiempo sumido en la depresión volvía al trabajo teatral; vienen fotos de una obra que escribió y dirigió en el ochenta y tantos, vienen imágenes de su exilio en París, de sus nuevas amistades, de su nueva vida en suma. De lo que él creía que era su nueva vida. Porque en realidad, no había mucha diferencia con un ratón de laboratorio en su jaula, con un toro castrado, física y además mentalmente castrado. Lars lo compara con una gran herida sangrante y siempre abierta sobre la que el Código Secreto ejerce, en el momento deseado por el manipulador, la función de pimienta recién molida. Lo decía en la foto que cerraba el álbum, la última del «asunto Fiorino»: «Sujeto adecuadamente reeducado».

–¿La última foto? ¿Qué se veía en ella?

Laventier inspiró profundamente.

–A mí, mirando con espanto el cadáver de Fiorino sobre la vía del metro de París. Con ese impacto visual Lars me demostraba que vigilaba mis pasos desde que envió su primera carta. Y si sabía eso, es obvio que sabía también dónde me encontraba en Leonito. ¡Como si las visitas del mensajero con los álbumes –soltó una risita– no hubieran sido suficientes para dejarlo claro!

–Bien, Lars le vigilaba, sabía que estaba ya aquí, controlaba cada uno de sus pasos... Supongo que, llegados a este punto, se pondría por fin en contacto con usted.

–No, todavía no. Pero con la siguiente carta, la que continúa la historia donde he insistido en interrumpírsela a usted, compareció con un nuevo regalo.

–¿Otro muerto? –preguntó Ferrer sin ironía.

–No –respondió Laventier igualmente serio–. Esta vez se trataba de un objeto inocuo; al menos, en apariencia.

Sirviéndose de la linterna, buscó en el suelo, junto a la cama, y extrajo una antigua valija de médico, muy ajada, que Ferrer veía por primera vez. Laventier la colocó sobre sus rodillas.

–Me la regaló mi padre cuando viajé a París para estudiar Medicina –dijo acariciándola cariñosamente; trataba de sonreír pero un desánimo vital debilitaba las comisuras de sus labios–. Es para las visitas a domicilio. Un recuerdo muy especial, siempre lo he tenido a punto a lo largo de todas estas décadas. ¿Sabe que sólo la he utilizado dos veces en mi vida? Una ahora, curándole a usted. Y la otra hace cincuenta años, cuando salvé en mi consulta parisina a Jean Moulin. El principio del Médico de la Resistencia... y el fin de Jean Laventier... Ya nunca volveré a utilizarla –Ferrer vio cómo la mente de Laventier amenazaba con anclarse, meditabunda, en negros presagios, y resolvió evitarlo:

–Me hablaba del objeto inocuo de Lars –dijo con la mayor frialdad que pudo.

–Ah, sí. Disculpe...

Laventier abrió la valija, rebuscó en su interior y sacó de él un saquito de terciopelo granate. Tras cerrar la valija con cuidado, volvió a depositarla en el suelo.

–Esto es lo que Lars me envió –dijo luego, depositando en la palma de la mano de Ferrer el saquito de terciopelo. Era más pesado de lo que parecía a primera vista. Ferrer deshizo la cinta que cerraba la boca y extrajo del interior una joya del tamaño de una nuez. Aunque no era un experto, le pareció un diamante; más exactamente, una esquirla de diamante, pues se trataba de un fragmento de piedra preciosa sin forma que parecía arrancada groseramente de un cuerpo mayor. Brillaba a la luz de la linterna, y sobre su superficie resaltaban una manchas oscuras.

–Parecen manchas de sangre... –aventuró Ferrer.

–Lo son –asintió Laventier–. Sangre de Victor Lars.

Ferrer sintió una repugnancia instintiva.

–Extraño obsequio –dijo procurando no exteriorizarla–. ¿Qué significa?

–Lars, en su carta, acaba de referirse a un plan para hacerse con el tesoro de la Montaña Profunda, ¿recuerda? Pues bien –Laventier se puso trabajosamente en pie–, ha llegado el momento de que lo vea usted con sus propios ojos. Es la hora.

Dicho esto, apagó la linterna.

Entonces pudo Ferrer observar el anómalo fenómeno: la oscuridad había dejado de ser absoluta. Esforzando la vista, podía distinguir con cierta precisión la silueta, los rasgos y hasta la mirada de Laventier, que constataba entre complacido e impaciente su sorprendida reacción. Una leve claridad temblaba en el aire de la gruta. Luz natural, pensó Ferrer; concretamente, la luz que se despliega en los primeros instantes del amanecer. Algo así había dicho Lars... Tomó el manuscrito de manos de Laventier y lo abrió; ahora, el trazo de tinta resaltaba sin dificultad sobre el papel blanco: el asomo de visibilidad no era una ilusión sino una evidencia que se asentaba por segundos.

> ...literalmente, estaba amaneciendo en mi pozo sin fondo...

Confundido, Ferrer se volvió hacia Laventier. El francés, sin decir nada, le invitó a seguirlo tras recuperar el manuscrito. Sin que Ferrer se hubiera percatado, había vuelto a rescatar del suelo la vieja valija, y ahora, portándola mientras caminaba torpemente apoyado en el bastón, ofrecía la extraña, por inadecuada al entorno, estampa de un bondadoso médico de provincias camino de su ronda de visitas, cualquier soleado domingo por la mañana. «Soleado», se dijo Ferrer mirando atónito a un lado y a otro... «Soleado» era la palabra adecuada.

En la entrada de la gruta, aguardaba sentado en el suelo un guerrero indio armado con una bolsa de granadas, dos pistolas encajadas en la cintura y un fusil de asalto que Ferrer, a pesar de su inexperiencia, reconoció porque aparecía en todos los reportajes de conflictos bélicos, fuese cual fuese su localización sobre el planeta. Apenas los vio se puso en pie de un salto y se quedó ante ellos. Su rostro tenía algo de amenazador, pero la ausencia absoluta de miedo en el rostro de Laventier tranquilizó a Ferrer.

–Éste es Anselmo –dijo el francés–. Es el hombre que vino a buscarme al hotel y mi guardaespaldas dentro de la Montaña, podríamos decir. Ahora también es el suyo.

–¿Anselmo? –miró Ferrer al indio–. ¿Tú impediste que María...?

Anselmo afirmó con un golpe seco de cabeza. Ferrer se limitó a asentir; el hierático rostro del indio le disuadió de pronunciar cualquier fórmula de agradecimiento.

–Anselmo –dijo Laventier–, quiero que Ferrer vea lo que pude ver yo ayer y anteayer.

El indio, sin decir nada, empezó a caminar un paso por delante de ellos, volviéndose cada poco por si el anciano francés pudiese necesitar su ayuda para desplazarse.

Accedieron así a un pasillo de piedra natural por el que avanzaron durante unos minutos sin hablar, mudo de perplejidad Ferrer y respetando el francés su fascinación, que sabía idéntica a la que él mismo había experimentado en el anterior amanecer. Tomaron dos curvas a la izquierda, una a la derecha y otra más a la izquierda. La claridad continuaba asentándose a su alrededor cuando desembocaron en otra gruta de dimensiones gigantescas.

De nuevo buscó a Laventier con la mirada. El francés, mientras él contemplaba extasiado la gran cueva, se había adentrado en ésta unos pasos, hasta ocupar un pequeño alto desde el que ahora reclamaba su presencia.

–Desde aquí –dijo–. Desde aquí lo verá mejor.

Ferrer avanzó hasta encontrarse situado en una especie de plataforma natural desde la que podía observar la gran sima, todavía negra, que se abría a sus pies. Aguardó. El hecho de que Laventier estuviese sustituyendo las gafas que llevaba puestas por otras, graduadas presumiblemente para ver de lejos, le sugirió que debía prepararse para alguna clase de espectáculo y, todavía desconcertado, abarcó con la vista la inmensa gruta de piedra. Entonces escuchó el rumor lejano, pero persistente y enérgico, de una corriente de agua que parecía torrencial, tal vez una gran cascada... Escrutó en su busca las ya dubitativas tinieblas, y tras algunos instantes descubrió el río: efectivamente caudaloso, discurría veinte o treinta metros por debajo de él, bordeando el terreno rocoso que parecía iniciarse desde su orilla hacia un horizonte que sólo pudo precisar cuando la luz de origen inexplicado comenzó a invadirlo todo y le reveló que se hallaba sobre un valle inverosímilmente verde cuya luminosidad se volvía por segundos más y más eufórica.

> ... la luz, mágicamente, eclosionaba a mi alrededor y me envolvía como si estuviese en una película de Hollywood o ante un milagro de Dios.

Ferrer hubo de admitir que la descripción de Lars era singularmente exacta, pues del insólito paisaje natural que se extendía ante él emanaba la seductora irrealidad de un decorado cinematográfico cuyas trampas de cartón sólo se pudiesen descubrir mirando hacia arriba: la bóveda de piedra negra que los cubría como una gran quesera negaba con su hermetismo la entrada teórica del sol, que sin embargo se colaba prodigiosamente, alumbrando de vida y color cada resquicio del imposible valle subterráneo que Ferrer tenía ante sus ojos.

Pasados unos segundos, comenzó a sentir un calorcillo tibio que le acariciaba a hurtadillas en la nuca, y sus músculos, alarmados, se tensaron. A sus pies se movió algo que no tardó en reconocer como su propia sombra: por la posición de su lánguido alargamiento, sólo podía entenderse lo imposible: que el sol se encontraba a su espalda. Notaba los latidos del corazón en las sienes, y un calor intenso le ardía en el puño derecho, que instintivamente había crispado a la defensiva.

Iba a girarse para identificar la fuente solar cuando algo le rozó el hombro. Se volvió. Laventier le ofrecía el manuscrito abierto, invitándole a leer por el punto que le señalaba con el dedo. Ferrer comprendió que la respuesta a sus preguntas sobre el insólito fenómeno solar estaba ahí, sobre el papel, y no a su espalda.

> ¡Diamantes, Jeannot!
>
> Diamantes imposibles, diamantes inexistentes, diamantes inverosímiles... ¡Pero diamantes reales! Ya sé que no eres joyero ni gemólogo, y mis propios conocimientos sobre la materia no van más allá de los imprescindibles para atinar en las operaciones, casi nunca convencionales, que a lo largo de mi vida he supervisado. Gracias a

esa experiencia supe que lo que había visto en la Montaña Profunda era un hecho acientífico. Y sin embargo, ahí estaba: un prodigioso capricho de la naturaleza, un engendro genético, si me permites el incorrecto pero didáctico símil. Algo que no podía ser... pero era. Un microclima subterráneo que se encontraría herméticamente cerrado de no ser por los centenares y puede que miles de chimeneas que atraviesan la corteza de piedra y conectan su espacio interior con la superficie. La mayoría de estas chimeneas, estrechísimas, no permiten el tránsito de seres humanos por su interior. Sin embargo, existen unas pocas bocas más anchas gracias a las cuales han podido los indios escabullirse durante tanto tiempo de toda persecución: estas entradas secretas les permitían replegarse tras sus incursiones. Explicado así el secreto de su invisibilidad, quedaba sólo el de la supervivencia. ¿Cómo –se han preguntado a lo largo de los siglos quienes por una u otra razón han acosado a los indios– sobrevivían en una zona de por sí yerma y hostil donde además, en los últimos tiempos, había el ejército sembrando de fuego y sal cada resquicio de tierra donde pudiese llegar a enraizar un cultivo? Gracias a las lluvias tropicales, podían obtener agua en abundancia. Pero, ¿y comida? ¿Tendría razón la tradición que les otorgaba la mágica capacidad de masticar y digerir piedras? ¿Cuál era la causa del aparente prodi-

> gio? Tu amigo Victor lo ha resuelto para ti, introduciendo la respuesta en la bolsita granate que te he enviado. Detén la lectura y mira en su interior con el detenimiento y cariño que el objeto se merece.

–Hágalo –ordenó Laventier, que leía a la vez que Ferrer por encima de su hombro.

Ferrer no comprendió.

–Su mano derecha... –indicó entonces el francés.

Ferrer la abrió. En la palma estaba el diamante enviado por Victor Lars. Impresionado por el espectáculo del amanecer bajo la bóveda de piedra, Ferrer había apretado con tanta fuerza involuntaria la tosca joya que sus aristas se habían grabado en la piel y su sudor había diluido en algunos puntos la sangre seca, mezclándose con ella. Levantó la joya hasta la altura de los ojos para examinarla.

–Esta piedra –dijo Laventier– llevaba en la Montaña Profunda un tiempo inmemorial. Desde que Lars la arrancó de la pared han transcurrido diecisiete ridículos años. Es la esquirla a la que se agarró en su caída, tras la persecución de los Hombres Perro, el objeto cortante que se desprendió por su peso. Un trozo de pared de la Montaña Profunda, uno de los diamantes que salpican sus paredes. Es uno, sólo uno de los millones de diamantes que cada mañana... Pero siga las instrucciones de Lars... Obsérvelo con detenimiento... Vuélvase y obsérvelo...

Laventier, suavemente, le hizo girarse, ahora sí, hacia la fuente de calor que le cosquilleaba en la espalda. Ferrer levantó la vista: le cegó la luz solar, y alzó el diamante hacia ella.

–Uno de los millones de diamantes –continuó Laventier– que cada amanecer, desde las paredes de cada una de las centenares, ¿lo oye bien?, centenares de chimeneas naturales que comunican con el exterior, refleja sobre el diamante siguiente la luz que el anterior ha reflejado sobre él. Un conductor natural masivo de luz solar bajo tierra. Literalmente, un sol subterráneo.

Ferrer vio cómo el sol arrancaba destellos a la piedra que sostenía en la mano. Se giró: el gran valle amanecía a sus pies, y la acción de la luz parecía dar nuevos bríos al torrente del río a cuya orilla se levantaba lo que ahora, con la iluminación consolidada, se revelaba como un poblado de chozas de madera y barro rojizo. La Montaña Profunda y las infinitas leyendas que había generado: ninguna tan grandiosa como la realidad.

–Viven aquí –murmuró Ferrer, admirado, a pesar de que ninguna señal de vida o actividad se vislumbraba en el pueblo.

–Siempre –subrayó Laventier–. Siempre han vivido aquí.

A pesar de que había presenciado con anterioridad el fenómeno natural, seguía embrujado por él.

–Pero que yo sepa –objetó Ferrer–, los diamantes en bruto no transmiten la luz...

Laventier, por toda respuesta, le sugirió con un gesto que continuase leyendo. Ferrer lo hizo dubitativo, como si temiese que al bajar la vista el prodigioso espectáculo comenzara a desvanecerse. No había asimilado aún que tal cosa no podía ocurrir: en la Montaña Profunda, simplemente, acababa de comenzar el nuevo día.

Hermoso secreto, ¿verdad? ¡Y útil! Durante décadas –o durante siglos, si nos remontamos a las primeras leyendas sobre el tesoro mil veces buscado infructuosamente– los indios leonitenses pudieron con su ayuda burlar a sus enemigos y hacerlo además con tranquilidad, bañándose en su río privado mientras los otros se preguntaban, furibundos, dónde podían haberse ocultado o eligiendo verduras frescas de la huerta que el sol y el agua les permitía cultivar. Claro está que no me quejo: su secreto era mío y sólo mío, igual que iba a serlo –aunque lamentable pero imprescindiblemente compartido con los coroneles– su fabuloso tesoro de diamantes.

Por supuesto, había tasado en su momento las muestras –tu regalo es sólo una de ellas– que, una vez recuperado de la impresión, extraje de la gruta por la que me precipité años atrás: si las pruebas hubiesen indicado que se trataba de piedras malas me habría entretenido en investigar su inaudita capacidad de conducir la luz sin haber sido previamente pulidos, pero resultaron ser de calidad excepcional, así que ¿a quién le importaban las razones científicas del prodigio? El botín estaba ahí, y sólo había que tomarlo. Hasta aquí, un razonamiento bien sencillo. Hasta aquí, la parte fácil.

Y desde este punto, los problemas.

Pronto resultó evidente que la explotación del yacimiento implicaba la eliminación rigurosa de los indios que habitaban la Montaña, pues si habían demostrado su fiereza en anteriores ocasiones, no hace falta decir con qué tesón se revolvieron ahora contra los primeros grupos de especializadísimos mineros que puse a trabajar. La aventura adquirió, además, auténticos matices épicos ya que, aunque conocía y tenía bien señalizada en mi mapa secreto una de las entradas ocultas de la Montaña, no podía arriesgarme a una invasión militar: nada me interesaba menos que la publicidad involuntaria que habrían dado al asunto los reclutas encargados del asalto, boquiabiertos ante la grandeza del fabuloso prodigio. En los momentos de prerrevolución que vivíamos, esa información podía haber estimulado la presencia de indeseables tiburones financieros o, peor aún, el deseo de engrosar las arcas por parte del patanesco gobierno de inspiración socialista cuya llegada parecía probable. No, en una primera fase del plan, el exterminio debía ser tan clandestino como la existencia del propio tesoro. Los habitantes de la Montaña debían «dejar de existir» ante los ojos del mundo –tan atento, en el momento que nos ocupaba, a las vicisitudes de nuestro continente gracias a los ridículos mensajes de democracia y fraternidad transoceánica preconizados por la proximidad del obsceno Quinto Centenario y sus ramificaciones–, y la prensa, enfermizamente comprometida con esos afanes de paz y libertad que estaban de moda, fue el mejor colaborador de mis planes; también, todo hay que decirlo, el más involuntario.

Tal vez recuerdes algunos de estos titulares que ahora he recortado para ti:

EL SOL DE LEONITO.– 10 de mayo de 1989. *Ataque fatal de los insurgentes en la provincia de Guanoblanco.* «Al menos veinte soldados han sido asesinados en el asalto al cuartel *Libertador Andújar*, de esta provincia del este. Los atacantes, una turba fuera de sí...»

EL SOL DE LEONITO.– 19 de julio de 1989. *¡MUERTE EN LEONITO CAPITAL! ¡VEINTICUATRO HERIDOS EN ENFRENTAMIENTOS!* «Las tropas, por orden directa del coronel Walter Menéndez, dispararon contra la multitud que pretendía asaltar el palacio presidencial. El vicepresidente Menéndez, contundente: *No consentiremos acá como en Nicaragua en el setenta y nueve.*»

EL SOL DE LEONITO.– 1 de enero de 1990. *LA REBELIÓN AMENAZA AL CAMPESINADO EN EL AÑO NUEVO.* «La revolución popular, con el Ingeniero Jiménez a la cabeza, proclama la democracia en las tres provincias del sur, y el presidente Larriguera Hill advierte: *Los comunistas buscan la guerra civil y pueden encontrarla*».

DIARIO DE LEONITO LIBRE.– 6 de junio de 1990. LOS DICTADORES, ACORRALADOS. LA MATANZA DE ZENCIJOS COLMA EL VASO. «*Ciento diecisiete hombres, mujeres y niños de seis poblados de la provincia de Zencijos asesinados por el ejército, que justifica la acción por la búsqueda de rebeldes ar-*

mados. El pueblo exige la cabeza de los coroneles mientras el presidente provisional de la democracia, Ingeniero Jiménez, pide calma a la población: Prefiero que se vayan sin más *(los coroneles)* antes que juzgarlos, si con eso vamos a evitar más derramamiento de sangre. ¡Que se larguen de una buena vez!».

El artículo del *Diario de Leonito Libre* era el primero de los incluidos que se mostraba abiertamente contrario a la dictadura. Ferrer se detuvo, atónito, sobre el nombre del periodista que lo firmaba: Casildo Bueyes. Por primera vez involucrado de forma explícita en la trama de Lars, el periodista degollado era también el autor del texto eufórico que festejaba la derrota de los coroneles, el histórico 10 de agosto de 1990.

DIARIO DE LEONITO LIBRE.– 10 de agosto de 1990. *EL VIENTO DE LA LIBERTAD SOPLA AL FIN EN LEONITO.* «Probablemente, ni *Teté* Larriguera Hill ni sus compinches Canchancha y Menéndez –asesinos que, cuando todo estaba ya perdido, aún intentaron la indignidad última de encender una guerra civil para prolongar su permanencia en el poder– pudieron llegar a imaginar que las revueltas populares iniciadas en Leonito en 1987 llegarían un día a colapsar su corrupto régimen de terror, que sin embargo, no fue capaz de contener la cólera de un pueblo ansioso de libertad. Los payasos sanguinarios escaparon ayer dejando en tierra a un grupo de la Guardia Pretoriana Presidencial, los siniestros Pumas Negros, para defender su cobarde huida cuando la enfurecida población civil, pobremente armada pero dispuesta a dar la vida para expulsarle a él y a su cuadrilla de sicarios, arremetía ya contra las puertas del lujoso palacio llamado –otra infame afrenta– de la *Presidencia del Pueblo*. Escapad, siniestros cobardes. Gastad el dinero que robasteis. Dilapidadlo y disfrutadlo... Pero sabed una cosa: si algún día volvéis, os esperará un juicio justo en el que el pueblo de Leonito, ahora sí soberano, os exigirá el pago de vuestros innumerables crímenes».

¡Qué bonito! ¿Verdad, Jeannot? Seguro que se te pone el vello de punta con este libelo de exaltación populista. A mí, aunque te cueste creerlo, también me emocionó ver publicado este artículo; en realidad, ver publicados todos los de esta pequeña selección que he realizado para ti, pues cada uno de ellos reflejaba –sin que el correspondiente medio informativo lo supiese– un nuevo logro de mi escalera hacia el éxito: la revolución popular, la caída y exilio de los coroneles y el advenimiento de la democracia en Leonito fueron, igual que el seguimiento informativo de todo ello, pasos del plan de apropiación de la Montaña Profunda. Cuando se lo expuse por primera vez, *Teté* y sus socios –también sus respectivos hijos, futuros presidenciables ya con voz y voto– se mostraron desasosegados e incluso hostiles:

no les gustaba la idea de abandonar el país aparentando –ellos, tan machos– una huida deshonrosa. Pero los convencí con hechos: mientras todo el país seguía los sucesos de la capital y de las «tres provincias del sur», en las que en secreto consentí primero e impulsé después la eclosión revolucionaria precisamente para que la atención nacional se concentrase sobre ese punto, los Pumas Negros, libres así de miradas indiscretas, exterminaban a los habitantes de los poblachos próximos a la Montaña y realizaban en su interior incursiones de elite que, poco a poco, iban sumando cabezas cortadas de indios. De esa manera, cuando todo hubiese concluido –es decir, cuando la revolución en apariencia triunfante hubiese expulsado a los dictadores– la zona se encontraría limpia de moradores molestos, como de hecho se encontraba el 10 de agosto de 1990, cuando el avión de los tiranos en fuga se perdió en el cielo camino del exilio y las turbas febriles, demasiado ocupadas en intentar discernir si la democracia consiste en que mande todo el mundo a la vez o una persona distinta cada día, no repararon en que los alrededores de la Montaña Profunda habían amanecido ese día, por primera vez, desiertos y mudos, saneados de toda actividad humana.

Por supuesto, estaba previsto que las nuevas autoridades, al descubrir las matanzas de indígenas –los Pumas Negros habían recibido órdenes precisas de dejar bien a la vista los vestigios de sus atrocidades–, se mostraran escandalizadas y chillonas al acusar de genocidas a los coroneles, que desde el exilio proclamaron su inocencia mediante comunicados redactados por mí en persona, dada su extrema importancia: en ellos se afirmaba con arrogancia teñida de honorabilidad herida que los verdaderos responsables de las masacres habían sido los nuevos gobernantes, impulsados por «razones oscuras» que elegí definir así de inconcretamente para hacer más efectivo el calado de la duda. Eso –sembrar dudas y dejar que el tiempo, al transcurrir, les dé credibilidad– es la política, y la revolución de Leonito no tenía por qué ser una excepción. La democracia se consolidó y prueba de ello es que pronto surgió una oposición integrada por nostálgicos del viejo régimen. Pude observar todo el proceso en directo, pues mi fachada de respetable hombre de negocios apolítico aunque generoso con los menos favorecidos por la fortuna –que desde siempre, incluso en los momentos triunfales de la dictadura, me había esmerado en cultivar– era irreprochable hasta el punto de que el presidente de la nueva democracia me pidió que aceptase el cargo de senador –¡Yo, senador demócrata! Me he reído con ganas cuatro veces en mi vida, y ésa fue una de ellas–, que rehusé alegando problemas de salud... Qué lejos estaba de pensar que esas excusas frívolamente improvisadas se materializarían de verdad, presagiadas por el mareo repentino que una tarde, en el asiento trasero del coche, me vació la mente durante unas décimas de segundo aterradoras en las que no supe quién era ni por qué me encontraba allí, tranquilizando con gesto desfallecido las trémulas expresiones del chófer y del guardaespaldas. Rechacé su insistencia en llevarme de inmediato al médico, y fue un error que excuso a pesar de todo: no tenía tiempo que perder, pues mi plan entraba en su segunda fase... Ya había consolidado la democracia. Había llegado ahora el momento de estrangularla económicamente.

No creas que tal empeño es complicado. El grave humanismo crónico que padeces te ha llevado a desatender el conocimiento de disciplinas útiles como la economía. Por eso no voy a cansarte con clases teóricas. Basta que sepas que, dominando determinados resortes –y los coroneles y yo los dominábamos con la colaboración de grupos financieros interesados en el futuro de Leonito–, pudimos en unos meses consolidar la situación ruinosa del país. La incauta democracia, estrangulada además porque el oro del banco nacional había sido sustraído meticulosamente por los coroneles, se moría de hambre y sed. Y entonces –era diciembre de 1990– aparecí yo con panes y peces concretados en la deslumbrante oferta de un grupo internacional que pretendía adquirir los terrenos de la Montaña Profunda para edificar sobre ella un fabuloso centro de recreo que daría empleo a medio país. Dichos inversores, tal vez lo has adivinado ya, eran los propios coroneles disfrazados bajo la piel de oveja de una sociedad anónima con capital panameño, francés, español y venezolano; o, dicho de otro modo, el oro que permitió comer pastel de fiesta a los leonitenses aquel fin de año era el mismo que había sido expoliado de sus arcas unos meses antes. Ahora, además de carecer de él, lo debían. Sin invertir un solo dólar habíamos pasado a ser los propietarios legales de un trozo de piedra que contenía –aunque esto nadie lo imaginaba– una mina de diamantes que en su momento sacudiría a nuestro favor el mercado mundial. Claro está que el acuerdo, tan oportuno para los pobres leonitenses, les iba a exigir el esfuerzo extra de aportar braceros a bajo precio para la construcción del complejo hotelero, a la que, por cierto, también habían contribuido con generosas ayudas a fondo perdido todas las sociedades estatales relacionadas con los quinientos años del hermanamiento entre España y América. Pero no les importó: estaban felices porque su país había logrado liquidez para aguantar otros dos años –mi cálculo era forzar, e insisto en que tenía medios para ello, un nuevo crac económico en 1993– y el futuro les parecía suyo. ¿Por qué la exactitud de esta fecha? ¿Por qué 1993? Ante todo, porque para entonces se habrían apagado ya tiempo atrás los fuegos artificiales de los huecos eventos del 92, y con ellos la atención del mundo sobre los países del centro y sur del continente americano. El mundo olvida pronto, y para esa fecha, te lo aseguro, a nadie llamará la atención que en un diminuto lodazal llamado Leonito el descontento generalizado por la falta de pan alumbre nuevas revueltas que, oportunamente dirigidas por mí, harán tambalear a la democracia autodenominada legítima. Sobre ese escenario surgirán, en el momento adecuado, airadas voces reclamando el regreso de los coroneles, se amagarán un par de golpes de estado premeditadamente fallidos que derrumbarán la moral ciudadana y, merced al correcto salpicado de atentados, enfrentamientos y muertos inocentes, se alentará el fantasma de la guerra civil que acabará por propiciar el regreso de los coroneles, planeado desde el principio como colofón de todo el proceso. Pero esta vez no se ocultarán tras falsas sociedades anónimas: aterrizarán a cara descubierta, triunfalmente, reclamados por su pueblo, al que habrán contentado con dinero de refresco –otra parte, claro está, del oro robado– cuya donación exhibirán como prueba de sus buenas intenciones patrióticas. Adecuadamente asesorados por la mejor empresa de imagen, los nuevos coroneles parecerán políticos solventes, hombres capaces de enfrentar los problemas de una patria también nueva cuyo primer objetivo será aclarar responsabilidades en los sucesos de sangre previos a la revolución de 1990. Tras algún juicio falso, alguna condena a chivos expiatorios y alguna ley de amnistía que se considerará imprescindible para, *hermanados en la patria común*, «empezar de cero», todo volverá a ser lo que era. Todo, excepto una cosa: los diamantes de la Montaña Profunda serán de nuestra propiedad exclusiva. Entonces –¿verano de 1994? ¿Enero de 1995? ¿Tal vez la fecha de mi cumpleaños de alguno de esos años?– se hará público el descubrimiento «oficial» del fabuloso tesoro. ¿No es una lástima –pensarán, compungidos, mis compatriotas de a pie– que esas tierras de riqueza infinita pertenezcan a una sociedad anónima de capital panameño, francés, español y venezolano en vez de al pueblo de Leonito?

La perfecta resolución de este mi hermoso cuento de Navidad necesitaba de una perfecta coordinación para el perfecto acoplamiento de todas las piezas. Y, sobre todo, exigía precisión cronométrica: quería ver ejecutado mi plan antes de morir. Era el último capricho de un pobre viejo acabado.

Por eso, porque carecía del tesoro del tiempo, me irritó tanto el primer imprevisto: apenas un mes después de la huida de los coroneles –es decir, al principio de todo el plan: cuando todo, aún, podía venirse abajo–, un misteriosamente rebrotado grupo de indios perpetró la matanza de una patrulla del ejército que había osado acercarse a la, en teoría, pacificada Montaña. Los soldados fueron salvajemente torturados hasta la muerte, y de los testimonios espeluznados de forenses y periodistas deduje que un nuevo elemento había venido a interferirse en mi plan: alguien con sed de venganza había decidido tomar revancha de las masacres de unos meses antes. Sin duda, un superviviente de alguna de aquellas matanzas había logrado arrastrarse hasta el corazón de la Montaña Profunda, soliviantando a los indios que, también inesperadamente vivos y activos, debían de quedar todavía en ella. El incidente no habría tenido mayor importancia de no ser porque el vengador misterioso pronto se reveló osado, inteligente e insaciable: tras eliminar con métodos igualmente astutos y brutales a las dos expediciones de castigo que se enviaron contra él, pasó a la ofensiva, y en diciembre de 1990 asaltó un cuartel militar situado en la comarca limítrofe a la Montaña. Por primera vez, los indios atacaban fuera de su territorio. Por primera vez evidenciaban un afán de venganza que se revelaba meditado. Por primera vez difundían un comunicado –eso sí, ridículamente redactado– reivindicativo de la autoría del asalto, lo que para quien supiera leer entre líneas arrojaba un dato inquietante: por primera vez, tenían un líder… Te aseguro, amigo mío, que sopesé infinitos matices para madurar y ajustar el plan de cuya realización te estoy dando cuenta: pues bien, lo último que me hubiera molestado en considerar era la posibilidad de que un zarrapastroso que comía masa de arroz con los dedos pudiese interferir en mi camino tan seriamente como lo hizo el indio llamado Leónidas.

–Lo sabía –masculló Ferrer. Una alegría absurda le invadía el pecho: la conexión entre Lars y Leónidas, sobre la que él llevaba elucubrando desde la emboscada del Desfiladero del Café, salía por fin a la luz.

Miró a Laventier.

–¡Lo sabía! –repitió.

El francés, sentado a la sombra sobre una piedra plana, se revolvió al captar su excitación.

–¿Ha reaparecido ya el Niño de los coroneles? –preguntó señalando el manuscrito. Parecía ser la única cuestión de su interés.

–¿El Niño...? –Ferrer, por un momento, había olvidado a su hermano, al que de forma inconsciente imaginaba enfermo o moribundo, definitivamente apartado de la historia que en las últimas páginas había adquirido otros derroteros.

En ese instante se produjo una explosión lejana. Ferrer sintió un temblor leve de tierra que habría catalogado como producto de su imaginación de no ser por la celeridad felina con que Anselmo, con el rostro repentinamente ensombrecido por la alarma, se levantó y agudizó el oído.

–Ya ha empezado –dijo.

–¿Empezado? ¿El qué?

Anselmo sacó unos prismáticos de la mochila que llevaba a la espalda y escrutó la lejanía. Ferrer se acercó a él.

–Disparos –murmuró el indio sin apartar la vista del frente.

–¿Disparos? –Ferrer se esforzó inútilmente por captarlos.

–El ruido del río impide oírlos. Pero mire allá –Anselmo le entregó los prismáticos señalando con el dedo un punto lejano del valle–. Detrás de la segunda cascada.

Ferrer tardó unos segundos en localizar el lugar. Todo le parecía vegetación y rocas en calma, hasta que atisbó algunos chisporroteos de color anaranjado, intermitentes y frenéticos; pegadas a ellos, las figuritas humanas que apretaban los gatillos: el verde oliva de los uniformes se confundía con los indisciplinados atuendos de los indios, y vista desde la distancia, se diría que la lucha era cuerpo a cuerpo. En el caos de la refriega, Ferrer localizó de pronto la cabellera negra de María: la mujer destacaba como la más ardorosa combatiente.

–Se diría que ella es la que manda –Ferrer se volvió hacia Anselmo–. Dime una cosa... ¿Dónde está Leónidas? ¿Es que ha muerto? ¿O...?

–Que le conteste él –respondió Anselmo dirigiendo los ojos hacia la espalda de Ferrer.

Se volvió, imaginando por un instante que iba a enfrentarse a una gallarda silueta situada sobre un alto y recortada mitológicamente contra la luz solar, pero ante él había un hombre pequeño y muy delgado, casi enclenque, de más de cincuenta años y rasgos que parecerían subdesarrollados de no ser por la intensidad de una mirada entrecerrada en la que sólo cabían la desesperanza y el dolor.

–Anselmo –dijo Leónidas sin dejar de clavar los ojos sobre los de Ferrer–. Lleva al francés a la salida.

Anselmo asintió y comenzó a tirar con suave firmeza del brazo de su protegido, que se zafó para enfrentarse cara a cara, sin asomo de temor, a Leónidas.

–Un momento, señor. No he venido hasta su montaña para irme sin más. Si usted tiene que hablar con Ferrer, sepa que yo también. ¡Luis! –se volvió hacia él con expresión apremiante–. ¡Termine de leer el manuscrito! Sólo le quedan una páginas. ¡Léalo!

–De acuerdo –susurró Ferrer.

Su promesa le recordó a otra, casi idéntica, que había realizado al francés en el vestíbulo del hotel donde se conocieron, una eternidad de tres días atrás. Antes de que entrara en su vida Victor Lars. Aparentemente más tranquilo, Laventier aceptó ahora seguir a Anselmo.

Cuando se quedaron solos, Ferrer se volvió hacia el hombre por el que había recorrido medio mundo. No supo por dónde empezar. El otro le ayudó.

–¿Conoces a Juan Carlos I? –preguntó.

–¿El rey?

–El rey de España, sí. ¿Lo conoces?

Ferrer, en una multitudinaria recepción, había estrechado una vez la mano del monarca. Pero supuso que Leónidas se refería a una relación más estrecha.

–No –contestó–. No lo conozco.

–Hmmm –asintió Leónidas; y añadió enseguida, con la misma tranquilidad–: Mejor para ti. Si hubieras dicho lo contrario, tal vez te habría matado.

Ferrer no hizo comentario alguno. Leónidas lo miró

durante otro segundo interminable, como para tratar de detectar el miedo en el fondo de sus ojos, y continuó:

–Roberto Soas, cuando todavía no sabíamos que era un hombre mentiroso, dijo que me llevaría a España para hablar con el rey.

–¿Conociste en persona a Roberto? Él me dijo que no.

–Es un hombre mentiroso, acabo de decírtelo. Después de aquello cambió de opinión. Dijo que sería el rey quien vendría a Leonito para conocerme y tratar de la Montaña. Preparó una gran recepción, invitó a mi pueblo, a las mujeres y a los niños. Nos engañó a todos. Pero yo soy el único culpable. Tenía una razón personal para negociar y llevé a mi pueblo al desastre. ¡Lo traicioné! ¡Lo traicioné por una razón personal!

Leónidas no se regodeaba en la rabia, la tristeza ni la melancolía; sin duda, esos sentimientos ya habían atormentado hasta el infinito su corazón. Ahora se limitaba a exponer los hechos. Ferrer se mantuvo expectante.

–Fuimos todos a conocer al rey de España. Aseguré a mi pueblo que no había nada que temer. Creyeron, igual que yo, que el rey querría saber por qué luchábamos contra los que quieren profanar la Montaña con sus hoteles. Creyeron que el rey de España nos escucharía, pero...

–Puedo garantizarte –le interrumpió Ferrer– que el rey de España, como cualquier otro jefe de Estado, no viaja a una zona conflictiva con tanta facilidad, y mucho menos para visitar las obras de un hotel de lujo. Obras que casi ni siquiera habían empezado, además. El rey, a la fecha de hoy, ni siquiera habrá oído hablar de vosotros, te lo aseguro. Eso lo sé yo, lo sabe Soas...

–Y ahora lo sé yo también. Pero entonces le creí... Y

resultó ser una emboscada. Aparecieron soldados por todas partes, ametrallando a los míos, a las mujeres y a los niños. A traición... Una matanza. Hace dos meses.

–Pero había ya un gobierno democrático –objetó Ferrer; esta desconocida versión de los hechos le pillaba por sorpresa–. No parece muy verosímil que...

–¡Dispararon a las mujeres y a los niños! ¡Con ametralladoras y morteros! Y a los supervivientes nos persiguieron con helicópteros, dos helicópteros que disparaban desde el aire a los heridos –aseguró contundente el indio, retando a Ferrer para que osase no creerle–. Y eso no es todo: había militares españoles.

–¿Entre los atacantes?

–Oficiales con graduación. Vinieron de España para dirigir el ataque. Unos manejando los helicópteros y otros mandando a los soldados leonitenses.

Ferrer expresó un gesto de incredulidad.

–Eso no...

–Capturamos a uno –insintió el indio, y calló hasta que Ferrer volvió a prestarle atención. Entonces continuó–. Un capitán del ejército del aire español. Derribamos su helicóptero y le hicimos hablar.

A Ferrer le asaltó la duda: ¿no había hablado Soas de un helicóptero derribado? ¿Y de las verdades ocultas que genera toda guerra? ¿Era la participación de militares españoles en ésta una de esas verdades?

–El piloto, antes de morir por la tortura, lo confesó todo.

–¿Lo matasteis?

–Acababa de ametrallar a mi pueblo –Leónidas no se estaba excusando, sólo constataba el hecho–. Por eso declaré la guerra a España.

–Así por las buenas... –Ferrer decidió que podía

mostrarse socarrón–. ¿Y cómo la declaraste? ¿Por carta? ¿Llamaste por teléfono o te...?

–Con esto –Leónidas sacó del zurrón que llevaba consigo una ajadísima cartera de cuero. Por su aspecto, había transitado por infinidad de manos en no menos inimaginables peripecias, calculó Ferrer mientras el indio soltaba las hebillas y sacaba del interior una manta doblada que cumplía la función de carpeta protectora. La desdobló con mimo e invitó a Ferrer a tomarla para examinar su contenido: seis hojas manuscritas, tres de viejo papel amarillento y tres folios blancos convencionales. En el primer examen apresurado resultaba evidente que el autor de los folios había copiado, como un amanuense disciplinado, el texto contenido en las páginas amarillas, que venían encabezadas por un titular escrito con grandes letras mayúsculas: ¡¡¡MUERTE AL REY DE ESPAÑA!!! Así que Casildo Bueyes, con el último acto de su vida, había pretendido hacer pública la supuesta guerra entre España y los indios de la Montaña Profunda.

–¿Por eso lo mataste? –increpó Ferrer a Leónidas. Le extrañó la virulencia de su propia reacción: supo en ese instante que sentía afecto hacia el cadáver de Casildo Bueyes, indignación de que alguien lo hubiese degollado para dejarlo morir sobre sus propios orines. ¡Sólo por querer decir la verdad! Había juzgado a la ligera al viejo borracho. Le debía una disculpa que ya nunca podría expresarle, pero sí podía cumplir la promesa que le había hecho ante la barra del bar de Lili: publicar su nombre junto a la noticia. «¡¡¡Muerte al rey de España!!!, historia de una guerra imposible», por Casildo Bueyes. Miró a Leónidas, exigiéndole una respuesta.

–¿Matar a quién? –se sorprendió el indio.

–A Casildo Bueyes. Él sabía esto, ¿verdad? –Ferrer agitó original y copia de la panfletaria declaración de guerra.

Leónidas hizo una mueca despectiva.

–¿Está muerto? Ni siquiera lo sabía. Bueyes era un borracho, un cobarde y un traidor. Un hijo de puta al que en un tiempo creí amigo mío. No lo maté, pero tendría que haberlo hecho. Él ha enseñado a los soldados el camino... Él es el verdadero traidor. Por su culpa han muerto muchos. Por su culpa vamos a morir los últimos de nosotros...

Ferrer atajó el acceso de ensimismamiento de Leónidas.

–Háblame de esto –dijo agitando las seis hojas de papel.

–Esto –explicó Leónidas mientras las recuperaba para devolverlas a su precaria protección de lana– es la declaración de guerra que redactó en mil ochocientos veintiuno un desertor español. Se llamaba Julián Iribarne, y huyendo del ejército llegó hasta la Montaña y se convirtió en amigo y mano derecha de Leónidas Foz, el caudillo indio de la independencia de Leonito.

Ferrer vio en los ojos del indio una extraña energía que podía interpretarse como locura, pero también como resolución. Decidió ser cauteloso:

–¿Declaración de guerra? ¿Contra quién?

–¡Contra Fernando VII! –Había algo de pueril orgullo en la resolución del rostro de Leónidas, que no captó el sarcasmo de Ferrer:

–Ah, contra Fernando VII...

–¡Y yo he hecho lo mismo con Juan Carlos I! Copiando palabra por palabra la carta de Iribarne. Y sí, Bueyes lo sabía.

–¿Y Fernando VII qué dijo? –preguntó Ferrer, incapaz de contener la ironía en sus palabras. Leónidas lo miró con gravedad ofendida.

–Aquella guerra fue el principio de la independencia de Leonito, Ferrer. Y ésta va a ser el final. El final de todo. Tú mismo has mirado con los prismáticos, has visto a los soldados. Están entrando por donde les señaló el traidor Bueyes. Y no podemos pararlos. Hoy es el último día de la Montaña Profunda... –Leónidas hizo una pausa emocionada que Ferrer interpretó como particular forma de oración. Pero en la mirada del jefe indio podía percibirse sobre todo el brillo de una decisión irreversible. Continuó hablando con una extraña serenidad–: Julián Iribarne era artillero... Fue él quien señaló los puntos donde había que colocar las cargas de dinamita...

–¿Qué cargas? –Ferrer se tensó.

–Las cargas para hundir la Montaña Profunda en el fondo del mar. Primero volaré las salidas para atrapar al mayor número de soldados. Y luego haré el resto. Nosotros hemos perdido nuestro hogar. Pero quienes nos lo han quitado no tendrán los diamantes.

Ferrer iba a intervenir, pero le contuvo la solemnidad con que el indio asumía la inmolación.

–Escucha, Ferrer. Éste es mi trato. Yo hundo la Montaña en el mar y tú cuentas al mundo cómo nos han asesinado. Tienes nuestra declaración de guerra. ¡¡¡MUERTE AL REY DE ESPAÑA!!! Es una gran noticia.

–Pero falsa.

–¡No! ¡Soas es un militar español!

–En excedencia, está aquí como empleado de una empresa privada. Además...

–¿Y los pilotos de los helicópteros? ¡Militares españoles!

–Aunque eso fuera cierto…

–Lo es.

–Aunque eso fuera cierto, se trataría de un caso aislado. Y no tienes pruebas. Lo cual casi es mejor –matizó amargamente–: capturasteis, torturasteis y matasteis a un militar español…

–Para mí, la ejecución de un asesino. El asesino de mi gente. ¿Es que no lo ves? Tu país está en guerra con el mío. Declaré la guerra a España para llamar la atención del mundo. ¡Y España respondió! ¡Nos atacó con helicópteros manejados por pilotos españoles! ¡Estuvo en guerra con nosotros! ¡Lo está todavía! ¿O quién crees que dirige a los soldados que nos están atacando ahora mismo, en este mismo momento? ¡Dime que has tenido alguna vez una noticia mejor!

Ferrer calló… Aunque sólo una parte de la versión de Leónidas fuese cierta… Una guerra durante la celebración del Quinto Centenario. Sí, era sin duda una noticia espectacular… «¡¡¡MUERTE AL REY DE ESPAÑA!!!, historia de una guerra imposible, por Casildo Bueyes y Luis Ferrer».

–Ahora te acompaño hasta donde te aguarda el francés. Anselmo os acompañará a la capital. Te llevas las declaraciones de guerra, la de Iribarne y la nuestra. Haz con ellas lo que te parezca justo. Escribes en un periódico español importante. Cuando supe que venías pensé que podrías ayudarme y te hice seguir. Primero en la ciudad, luego en el tren que te llevó al Desfiladero del Café y después por el río, cuando…

–¿Fuiste tú quien mató a los soldados en el Desfiladero del Café?

–No.

–¿Y los quemados vivos del Paraíso en la Tierra? ¿Tampoco fueron cosa tuya?

–Tampoco. Desde que supe que llegabas a Leonito nos limitamos a seguirte. Para hablar contigo, como estamos haciendo ahora.

–¿No mataste al consejero Arias?

–No.

–¿Ni lo secuestraste? ¿Ni le hiciste leer un mensaje por televisión?

Leónidas negó con la cabeza.

–Supe por nuestros hombres en la ciudad que ibas a coger ese tren para venir hacia la Montaña y lo aceché para traerte hasta mí, eso es cierto. Pero nada más. Vi desde las rocas cómo os atacaban, no sé quiénes eran. Y luego os seguí por el río. Sólo quería hablar contigo. Contarte todo esto para que tú lo contaras en tu periódico.

–Pero María me disparó... –Ferrer se quejaba; se limitaba a exponer un hecho.

–Te confundió con otro. Fue un error. María –Ferrer captó un inesperado asomo de ternura honda en la pronunciación del nombre– no es ninguna asesina... Pero por eso hice venir al francés, para salvarte y contarte todo esto –abarcó con un gesto del brazo la inmensidad de la Montaña– antes de que se acabe el tiempo. Y se está acabando ya... Debes irte.

–¿Y luego tú? ¿Vosotros?

–Ésta es nuestra casa –dijo Leónidas. Y calló expresivamente antes de señalar a Ferrer un punto del camino, más allá de una pequeña colina–. Allí, junto a aquel gran árbol, hay una chimenea estrecha que da al exterior. No tardarás más de media hora. Anselmo os llevará al francés y a ti a la ciudad. No te demores. Dentro de cinco minutos comenzaré a volar las primeras cargas. Y en dos horas no quedará Montaña. ¡Te deseo suerte!

Dio dos pasos hacia atrás, se giró y corrió ágilmente entre las rocas. Había desaparecido de la vista cuando Ferrer, con la boca semiabierta, buscaba todavía una palabra de despedida.

Permaneció quieto, callado, embrujado por el aire del interior de la Montaña, cuya densidad húmeda podía percibir en la piel. A los pocos minutos resonó una gran explosión: la primera. Ferrer tuvo la sensación de que disminuía la luminosidad que lo rodeaba... Y comprendió: la voladura había anegado parte de las entradas naturales. Las cargas de Leónidas comenzaban a transformar la Montaña Profunda en una gigantesca tumba sellada.

Capítulo Nueve

LA MUJER TREINTA Y DOS VECES MALDITA

Una oscuridad desleída, manchada de inconcretas claridades, lo acosaba y se cernía a su alrededor, más densa a medida que las explosiones iban taponando las entradas de la gran cueva.

La luz que a lo lejos entraba por la ancha hendidura en la piedra hacia la que se dirigía era la mejor brújula posible, y hacia ella corrió aterrado por la posibilidad de terminar encerrado en el laberinto de piedra. Unos minutos después divisó a sus próximos compañeros de viaje, Anselmo y Laventier.

Pero algo terrible estaba ocurriendo.

Esforzó la vista entre las sombras y no tuvo duda: el francés yacia tirado en el suelo y el supuestamente leal Anselmo, sentado a horcajadas sobre él, lo estrangulaba. Ferrer corrió hacia ellos, armándose con una pesada piedra.

Llegaba junto al gran árbol con el brazo levantado y listo para golpear cuando Anselmo se volvió.

–¡Ferrer! ¡Deprisa, deprisa! –le urgió antes de volver

a sacudir el cuerpo semiinconsciente, o acaso ya muerto, de Laventier.

La actitud del indio desconcertó a Ferrer, que se detuvo con el brazo absurdamente levantado a medias.

–¡Deprisa! –se giró otra vez el indio–. ¡El maletín con las medicinas! ¡Es un ataque al corazón!

Al ver el rostro abotargado de Laventier, Ferrer comprendió. Dejó caer la piedra y, contagiado de pronto de la prisa de Anselmo, abrió la valija médica del francés y se arrodilló junto a ellos.

–La valija... La valija... –suplicaba, en un hilo de voz, Laventier.

Cuando la tuvo a mano, tanteó en su interior hasta hallar un envase del que extrajo dos comprimidos que tragó con ansiedad. Unos segundos después, recuperaba poco a poco la respiración.

–El siguiente susto será el último. Y no tardará en producirse –explicó a Ferrer con pasmosa serenidad; sin embargo, sus obsesiones no flaqueaban ante la posibilidad de la muerte–: ¿Ha podido terminar el manuscrito?

–Aún no –contestó Ferrer, ligeramente irritado por tal insistencia–. ¿No cree que...?

Laventier le interrumpió:

–Cuando salí de París, hace ahora poco más de un año –dijo apretándole el antebrazo con fuerza insospechada–, mi objetivo estaba claro: creía que lo último que iba a hacer en esta vida sería matar a Victor Lars. Pero las circunstancias, ese azar del que tanto le gusta hablar a mi enemigo, han preferido que sea salvarle a usted el acto con el que concluye mi paso por la tierra... ¡Qué giro de las cosas! Tal vez usted y yo deberíamos meditar sobre ello...

Laventier se detuvo a tomar aire. Cerró los ojos...

Ferrer miró a Anselmo: el indio no comprendía en detalle las palabras del francés, pero guardaba silencio con respeto instintivo.

–La vida a cambio de la muerte, la luz imponiéndose sobre la oscuridad, el Bien... Sí, ¿por qué no?... El Bien imponiéndose sobre el Mal, derrotándolo... ¡Hermosa teoría! Y adecuadas reflexiones para este lugar, donde la luz que no debería existir reina sobre las tinieblas legítimas... Divago, estoy cansado y divago. Disculpe, procuraré ser más concreto. Tenga, coja... –El francés abrió de nuevo los ojos. Emitían una extraña energía lúcida, a pesar del dolor por su esforzada respiración. Con gran trabajo, se incorporó y apoyó su cuerpo sobre el codo derecho. Sabía que cuando se tumbase para reposar no volvería a levantarse, y el terror a ese punto sin retorno le daba fuerzas–. Coja aquí... En mi camisa...

Señaló con los ojos caídos hacia el bolsillo del pecho. Ferrer lo desabotonó y extrajo del interior un estuche rectangular.

–Ábralo.

Ferrer obedeció. El estuche contenía una estilográfica negra.

–El otro día, cuando usted y yo nos conocimos, tenía una cita con Victor Lars. ¿Lo recuerda?

–Lo recuerdo. ¿Estuvo con él?

–Estuve, sí... Lars descansaba en una butaca frente al mar. Una butaca de mimbre, ¿por qué se me habrá quedado en la cabeza ese estúpido detalle? –sonrió el anciano. La expresión de su rostro se dulcificaba involuntariamente. Ferrer sabía lo que eso significaba.

–¿Cómo llegó hasta él?

–¿Cómo? –Laventier escupió una risita asmática–.

¿Recuerda que, en alguna parte de su manuscrito, Lars dice que todo lo trágico tiene una parte cómica, aunque sea un simple chispazo?

Ferrer no lo recordaba, pero mintió afirmando con la cabeza.

–Pues la parte cómica de esta tragedia es mi torpeza. Según Lars, en las cartas que me iba mandando había pistas suficientes para descubrir su escondrijo. Pero yo, que no contaba ya con Anne Vanel para descifrar tales pistas, me había abotargado en mi butaca y seguía allí, esperando. Esperando y comiendo langostas... Por cierto, ¿sabe que Anne Vanel montó un restaurante?

–¿La detective francesa? –preguntó Ferrer desconcertado. ¿Comenzaba Laventier a desvariar?

–¡La mejor detective de Francia! –Ahora su tono había sonado satírico, ligeramente grotesco–. Cuando me encontraba en Leonito recibí una carta suya contándomelo. Había vendido ventajosamente su agencia y se retiraba. ¡Incluso me perdonó la minuta que aún le adeudaba...! Un restaurante de pescado, junto al mar. Y de marisco. ¿Le gusta el pescado fresco, el marisco?

Ferrer comprendió que el anciano vivía sus últimos segundos. Decidió poner todo lo que pudiera para que la transición fuera lo más suave posible.

–Sí, me gusta... –dijo, captando de reojo la mirada perpleja de Anselmo, que se había acercado a ellos.

–Los soldados no tardarán en encontrar el camino. Debemos irnos.

–No podemos dejarlo aquí –respondió Ferrer en un susurro.

Anselmo asintió.

–Voy a bajar hasta la primera curva. Vigilaré y cuando los vea volveré. Entonces sí tendremos que irnos.

–De acuerdo –aceptó Ferrer, y mientras Anselmo desaparecía entre las rocas volvió el rostro hacia el francés, que proseguía con su particular delirio.

–A mí también... A veces lo tomaba aliñado con... –de pronto, la expresión de Laventier se congeló de terror. Calló, quedó quieto y atónito: acababa de asumir que nunca volvería a disfrutar una comida. Ninguna otra: su tiempo en la tierra se agotaba. Tragó saliva: la proximidad de la muerte le devolvió parte de la lucidez y de las fuerzas. Clavó las uñas en el brazo de Ferrer.

–¿Sabe de dónde sacó Vanel el dinero? ¡De Lars! Él mismo me envió, hace ya algunas semanas, copia del contrato que habían firmado. ¡Otra de sus estocadas exquisitas...! Lars sabía que Vanel, investigando libremente en Francia, alineada en mi bando, podía ser peligrosa. Y la compró. Así, como suena. Le hizo una oferta económica fabulosa y ella aceptó sin imaginar que se trataba de una forma de soborno. O imaginándolo, quién sabe. ¿Por qué no? Con esta facilidad Lars me dejó aislado, sin apoyo alguno. Recuerdo que sentí miedo cuando Vanel me dijo que se iba a vivir junto al mar. Me quedaba solo, lo que Lars quería: solos él y yo. Pero aún pasarían unas semanas antes de que...

–Bien, pero al fin lo vio –atajó Ferrer, que no perdía de vista la impaciencia con que Anselmo, a intervalos cada vez menos espaciados desde su posición de vigía, le pedía con la mirada que se pusieran en marcha–. Vayamos a ese momento...

–Cuando lea el manuscrito en su totalidad...

Ferrer no pudo evitar un gesto de ansiedad. Laventier lo atajó levantando la mano para pedirle paciencia.

–Cuando lea el manuscrito en su totalidad observará que concluye bruscamente; ello no es debido a ninguna nueva argucia de nuestro amigo, sino a una causa mucho más prosaica: su enfermedad había sufrido un severo empeoramiento. Así me lo anunció el caballero que apareció en mi hotel presentándose como el médico privado de Lars. Fue poco antes de entrevistarme con usted en el hotel. Después de que usted y yo nos separáramos, fue él quien me acompañó hasta la mansión de Lars, en las afueras de Leonito.

–¿Ya no vivía en el Faro número Tres?

–Al parecer, no. Pero en todo caso carece de importancia. Sería una de sus muchas casas en Leonito. Me llevó allí y punto... Cuando entré a la casa, me registraron. Luego el médico me mostró un largo pasillo por el que debía internarme y se fue, dejándome solo tal y como exigía el protocolo previsto por su cliente. La casa, toda ella de mármol blanco, reflejaba la luz solar, y hacía más identificable el punto negro que se recortaba al fondo del pasillo contra el azul del mar de la playa privada: Victor Lars. Yo, a pesar del registro, había logrado introducir un arma mortal.

Ferrer no pudo evitar mirarle sorprendido.

–Abra la estilográfica y démela –pidió el francés.

Ferrer lo hizo. Laventier la cogió con torpeza, como un niño su primer tenedor o el asesino inexperto la navaja del crimen.

–Éste fue el último favor de Vanel. Le pedí el nombre de un armero de características especiales y me lo dio. Él me preparó esta estilográfica. ¿Ve cómo el plumín no tiene punto? En realidad oculta una aguja hipodérmica conectada al cargador de tinta, que se ha sustituido por un potente veneno. Para expulsarlo, sólo hay que presionar la base del plumín contra la superficie en la que se quiera inyectar. Es un objeto de alta precisión, costó una fortuna. Hace meses que la llevo conmigo, esperando el momento de matar a Victor Lars.

–¿Usted? ¿Un asesinato?

–Sí. ¡Yo! –respondió Laventier con amargura.

Devolvió la pluma a Ferrer, que la cerró e instintivamente se la guardó en el bolsillo. Reparó, sin darle importancia ni echar marcha atrás, en que era un gesto muy similar al realizado días atrás junto al cadáver de Bueyes.

–Matar a Lars –continuaba el francés– no era sólo una venganza personal, era también la justicia para todos los inocentes sacrificados por su mano. Lo medité durante largo tiempo, en profundidad, y mi conclusión fue clara: la filosofía y la moral exigían su muerte. Las víctimas que ha ido dejando tras de sí exigían su muerte. El sufrimiento de Óscar Fiorino exigía su muerte. Cada uno de los actos que ha cometido exigían su muerte. Y lo que le hizo a Florence exigía su muerte. Sí, sí, sé perfectamente lo que estoy diciendo. Y lo que significa: nada menos que la vida del gran Jean Laventier tirada por la borda. Al final, no sólo reclamaba para mi enemigo la pena de muerte. También me disponía a ejecutarla sin juicio previo. ¡Gran victoria del Mal sobre el Bien! ¿Y sabe qué es lo más terrible? ¡Me gustaba! ¡Me excitaba! ¡Devolvía la actividad a mi mente y la vitalidad a mi cuerpo! No, no, Ferrer, no pase por alto este concepto. ¡Es esencial y trágico! ¡La asunción del mal me insuflaba vitalidad! ¡Juventud! ¿Y qué podían oponer a esa fuerza irresistible ochenta años de estudio, de ética, de ejercicio del bien, de ley y orden, de compromiso con valores teóricamente eternos, irrenunciables... sagrados? ¡Amigo mío! Preparar una conferencia sobre los peligros del fascismo es una tarea pausada, interesante, tal vez incluso útil... ¡Pero citarse con el artesano que ilegalmente va a fabricar para ti un arma mortal es apasionante! ¡Es arrebatador! Me despertaba al alba, con ganas de empezar un nuevo día... ¡Con alas en el corazón! ¿Quién lo resistiría? ¡Algo así como enamorarse a la vejez! Ante tal embrujo, ¿qué importancia tiene cometer un acto ilegítimo, ilegal, teóricamente monstruoso? ¿Suponía Lars que todos esos sentimientos iban a aflorar en mí durante su persecución? ¿Tan maligna era su sabiduría? Avancé hacia el punto negro... Victor estaba sentado, de espaldas, sobre la butaca de mimbre. Parecía inmóvil, pero a medida que me acercaba pude distinguir que algo se movía a la altura de su regazo. Cuando estuve a un par de metros vi que se trataba de una primorosa criatura infantil que le hacía la manicura arrodillada a sus pies. Lars parecía confortablemente indiferente, tal vez dormitaba. Parado ante él, constaté que era, casi, el mismo hombre guapo de ojos claros, con el pelo abundante de su juventud ahora blanco inmaculado. No aparentaba más de sesenta años, veinte menos de los que en verdad tenía: hasta en eso constituía su persona un monumento a la injusticia. Me miró sin reconocerme, limitándose a sonreírme con candidez que parecía excesiva. Decidí esperar a que fuera él quien hablase, pero no lo hizo. ¿Otro de sus trucos? ¿Trataba de ponerme nervioso? Me aproximé y le apoyé el plumín sobre el cuello. No se inmutó. Tanteé sobre la piel hasta hallar los latidos de la yugular: eran mínimos, remotos...¡relajados! Justo lo contrario de los míos, que bombeaban sangre imparable, sangre atemorizada por la indiferencia de mi enemigo. ¿Qué pretendía? ¿Qué esperaba para pedir ayuda? El ángel que le arreglaba las uñas me miraba con ojos carentes de criterio, ojos indiferentes, ojos de esclavo bien entrenado. Lars también me miraba: la mirada de un hombre bueno, señor Ferrer, ¿puede creerlo? Alguien definitivamente a salvo de su propia conciencia. La constatación incuestionable de tal hecho me noqueó, desarboló mis intenciones homicidas o justicieras: ¿cómo iba a matar a quien no se defendía? ¿A sangre fría? ¡Impensable! A pesar de la supuesta resolución de mis propósitos, mi mano no accionaba el dispositivo del veneno. Mi renuncia suponía la inmediata victoria de Lars, que como si lo hubiese entendido así no dejaba de sonreír. Irritado por su beatífica superioridad, pensé en todo lo que sabía de él para darme fuerzas, pero fue inútil: no podía matarlo ni podría nunca... Al comprenderlo, tragué saliva: a pesar de las décadas transcurridas y a pesar de mis, según todo el mundo, grandiosos logros en el campo de los derechos humanos, seguía siendo el mismo pusilánime que una noche maldita expulsó de su lado a los luchadores de la libertad acosados por los nazis ¡Seguía siendo Laventier el Cobarde! Ya que no hallaba el valor en las causas universales, lo busqué en las privadas: me forcé a visualizar el esqueleto de mi amada Florence, su violación y su muerte, pero la mano, cada vez más temblorosa, seguía negándose a matar. Me derrumbé y hasta puede que sollozara, pues el pequeño asexuado detuvo un momento su tarea para mirarme con indiferencia despectiva. Luego siguió acariciando los dedos de su amo, que no amagó exteriorización de sentimiento alguno. En ese momento apareció el médico. Coherente con su aura de extrema sedosidad, me dibujó con precisión el cuadro clínico del convaleciente: durante los últimos días, Lars había empeorado de repente, y su estado había desembocado la víspera en un derrame cerebral que explicaba su actual mutismo ausente. Debo reconocerlo, tan asumida tenía la superioridad de mi enemigo que no me había detenido a considerar una verdad inamovible: su cuerpo, como el de todos, es un juguete en manos del paso del tiempo. Un derrame cerebral benigno del que se recuperaba satisfactoriamente, pues tal –«satisfactoria»– era la definición idónea para el estadio en el que a partir de ahora viviría el invicto canalla: un cerebro adormecido –un cerebro sin conciencia alguna del mal causado, un cerebro inmune a los reproches y remordimientos, un pasado limpio... la pureza de un hombre bueno– en un cuerpo con salud razonablemente buena: la corona de laurel que culminaba el monumento de insultos al Ser Humano. El paciente, calculaba el médico, viviría sin problemas otros diez o quince años. Diez o quince años que serían de alguna manera envidiables, explicó misteriosamente a la vez que me entregaba un sobre lacrado: el testamento de Lars. Está aquí, lo he traído conmigo... Deme la valija.

Ferrer obedeció. Laventier, parsimoniosamente resignado a la certeza de que el tiempo se le acababa, revolvió en el interior del viejo maletín hasta sacar de él un sobre blanco. El lacre seguía intacto.

–No está abierta... –constató Ferrer tímidamente.

–No... –los labios del francés dibujaron una sonrisa amarga–. ¡De nuevo Laventier el Cobarde! Llevo conmigo esa carta desde hace días. Y no he tenido el valor de abrirla. La causa es, además del temor permanente a Lars, el enigmático tono que utilizó el médico al entregarme el sobre. Sé que el escrito que aguarda dentro de ese sobre no puede entrañar ninguna sorpresa desagradable para mí, que al fin y al cabo voy a morir. Y sin embargo… no me atrevo a leerla. No a solas. Por eso quiero que… Por eso me gustaría –suavizó el matiz de la súplica mientras alargaba el sobre hacia Ferrer– que usted la leyera para mí…

Los ojos de Laventier, conmovidos y patéticos, suplicaban ese esfuerzo y Ferrer quiso concedérselo.

–Lo haré –dijo Ferrer; el francés era el único hombre que conocía la auténtica historia de la muerte de Pilar. Se lo debía.

–Se lo agradezco –Laventier entrecerró los ojos. Ferrer pensó que, una vez obtenida su promesa, aceptaba por propia voluntad a la muerte que le aguardaba, pero se trataba sólo de un respiro… De pronto, el francés le miró fijamente otra vez. Y otra vez habló con acuciante, renovada intensidad–. Pero antes quiero decirle algo que… Se lo hubiera dicho de todas formas, no quiero que crea que soy un canalla, pero prefiero hacerlo después de saber que va a leerme la carta. Es más caballeroso, más solemne… Algo, digo, que le interesa sobremanera: el lugar donde se encuentra el Niño de los coroneles.

Ferrer tragó saliva y no dijo nada. Laventier continuó:

–Lars relata en su manuscrito, que tras lo que ahora voy a decirle sé que usted concluirá, el final que tuvo su creación. O lo que él creía que fue el final. Ocupado como se hallaba en complejos menesteres que también conocerá por la lectura, descuidó sellar expeditivamente, tal y como solía hacer él, el capítulo del Niño. Sin embargo, dejó una serie de cabos sueltos que me permitieron iniciar una serie de gestiones encaminadas a localizar al patético monstruo perdido.

–¿Perdido? –la ansiedad llevó a Ferrer a interrumpir al francés, que de nuevo pidió paciencia con un gesto.

–Sí, finalmente huyó de su encierro. Pero no me haga perder tiempo en relatarle cosas que puede usted leer por sí mismo, y permita que me concentre en contarle la búsqueda... que concluyó satisfactoriamente, pues por una vez la casualidad se puso de mi lado, en un hospital público de Leonito. El Niño, su... su hermano, había escapado de Lars en circunstancias que éste, furibundo, relata en su texto. Gracias a ese relato pude suponer que tras su huida tal vez, sólo tal vez, habría vagado hasta un centro habitado donde alguien, apiadándose de su estado, lo llevaría a un hospital. Y acerté. Tras múltiples llamadas telefónicas y exhaustivas gestiones en busca de un hombre ciego...

–¿Ciego?

–Cuando escapó, la luz del sol lo cegó para siempre. Habían sido treinta y tantos años inmerso en la oscuridad... El caso, digo, es que lo hallé en un hospital de Leonito capital. ¿Qué podía hacer con él? ¿Qué pretendía? ¡Ni yo mismo lo sabía! ¿Salvarlo? A estas alturas de su vida, parecía ya un empeño harto difícil. ¿Utilizarlo como prueba viviente de las terribles actividades de Lars? Se me antojaba crueldad innecesaria y acaso estéril... Sin embargo, allí me encontré una mañana de hace unas semanas, sentado a la cabecera de la cama del desgraciado Niño de los coroneles. Aunque poco pude hacer ya. Agonizaba cuando lo encontré y murió unos pocos días después de hallarlo yo. Concretamente, se lo especifico porque imagino que deseará memorizar la fecha, el dieciocho de abril pasado, el dieciocho de abril de mil novecientos noventa y dos. Me permití enterrar sus restos en el orfanato del que él, como usted, salió hace cuarenta años. El honorable Panizo, que sigue dirigiendo el centro, no hizo preguntas: si ese cadáver había salido de allí siendo un niño, dijo, allí tenía derecho a hallar descanso eterno, con independencia de los actos oscuros que hubiera podido cometer. Pero lo esencial, lo que debe usted saber, es que allí, en el orfanato, le aguarda también lo que yo me atrevo a calificar como su destino, señor Ferrer. Visite la tumba de su hermano, lea lo que le resta de las palabras de Lars y decida... Decida usted mismo si este viejo moribundo que le habla se ha excedido al considerarle a usted un hombre bueno. Y ahora, por favor, léame la carta.

Mientras asimilaba lo que acababa de escuchar, Ferrer rasgó el sobre lacrado. Debía leer su contenido y cuanto antes lo hiciese, mejor; por eso no se entretuvo. Miró a Laventier, que respiraba con ansiedad paralelamente intensa al fuego de su mirada, y comenzó a leer con la consigna mental de no detenerse hasta el final.

Leonito, 4 de febrero de 1992

> Querido Jeannot:
>
> «Química inmersa en el azar: así nacemos y eso somos. Por esa causa morimos»... ¿Recuerdas? Así comenzaba la primera de las cartas que en estos meses te he ido enviando. Química y azar, decíamos en nuestra remota juventud... ¡Injusta química y obsceno azar!, me atrevo a adjetivar ahora, desde el promontorio de teórica sabiduría que admite –ya que no implica– la vejez. Sí, amigo mío, por culpa de la injusta química y el obsceno azar me veo obligado a redac-

tar esta suerte de informal testamento, de –si lo prefieres– coloquial mutis metafísico: mi médico me recomienda dejar bien atados todos los cabos porque en cualquier momento –éstas, ya ves qué desolación, han terminado por ser las palabras más trascendentes de mi existencia: «en cualquier momento»– puedo sufrir ese ataque cerebral que desde hace meses anuncian mareos todavía veniales y lagunas de la memoria intermitentes pero progresivas: para poner fecha a la carta, más arriba, he debido pensarlo, concentrarme durante un instante en el que he pugnado por no perder la serenidad y al final, de todos modos, me he visto obligado a cotejar el calendario. Un lapso brevísimo –aunque, te lo aseguro, estremecedor–, pero sobre todo una advertencia, la de que mi mente puede ausentarse definitivamente del cuerpo sin previo aviso. «En cualquier momento». Por eso escribo: para que no seas tú quien diga la palabra última de esta relación epistolar que culmina nuestras vidas. En realidad, es el único asunto que me queda pendiente, pues como sabes por el resto de mis cartas –o lo sabrás: aún quedan algunas por enviarte–, todo el plan relacionado con la Montaña Profunda sigue ya su propio curso, y puedo decir que confío en los mercenarios que, disfrazados de directivos benignos de la tapadera denominada La Leyenda de la Montaña, vigilan por su puntual cumplimiento. No, esta otra misiva es cosa sólo tuya y mía, y la escribo ahora porque sé que, en el futuro, puede sorprenderme la muerte cerebral a traición, incluso, ¿por qué no? concluyendo una de las cartas en las que te informo de la evolución de ese complejo plan.

Concédeme la gracia de jugar un momento contigo, deja que me ponga en tu lugar y trate de adivinar las inquietudes que en estos tiempos han pasado por tu cabeza: viniste a Leonito –a instancias mías, supongo que estarás de acuerdo conmigo en definirlo así– con una de estas dos intenciones:

A.– detenerme y ponerme ante la justicia.

B.– matarme (sí, hombre bueno, no escondas la cabeza ni te ruborices: matarme. A-se-si-nar-me).

Que la opción fuese A o B dependía únicamente del grado de irritabilidad que hubiesen inyectado a tu mente algunos de mis actos. De la misma forma, que la opción fuese A o B no afectaba al hecho de que, una vez cumplida la que de las dos se tratase, habrías puesto en conocimiento de la opinión pública mis cartas, mi biografía y mi plan de apropiación de la Montaña, regreso de los coroneles incluido. En suma, lo que yo pretendía. Sí, «regreso de los coroneles incluido», no te dejes abrumar por este pequeño matiz en apariencia desconcertante o hasta contradictorio, que paso ahora a explicarte: verás, en los últimos tiempos mi vida evoluciona vertiginosamente hacia la oscuridad.

La global visión pesimista que tal circunstancia implica no estaba reflejada en mis primeras cartas –cuando, por lejana, la amenaza de la nada parecía nimia o inverosímil– pero sí pesaba, y de forma determinante, en las últimas. Mientras las escribía –o, lo que es lo mismo, mientras el tiempo de mi vida pasaba y se agotaba– fui comprendiendo que toda fidelidad que no estuviese dedicada a mí mismo era ingenua y absurda, irresponsablemente insana. Incluida, claro está, la fidelidad hacia los coroneles, de los cuales he decidido –como de ti– servirme. Mi punto de vista es el siguiente: mientras mi mente esté en condiciones, serviré con entusiasmo –pues hacerlo me satisface y divierte– al plan de conseguir la Montaña y el país entero. ¡Ojalá –y hablo con el corazón en la mano– pueda verlo llegar a buen puerto! Ese simple hecho –verlo culminar– entrañaría, además de un enorme y gratificante éxito, la prueba de que sigo vivo. Pero sería ingenuo descartar que mi mente también puede morir antes de ese desenlace feliz. Y para el caso de que sea así cuento, amigo mío, contigo: que tú, además de denunciar mi actos «reprobables», saques también a la luz todo lo referido al sofisticado asalto al poder en Leonito no hará sino aumentar mi gloria póstuma. Alcanzado ese objetivo, lo que ocurra o deje de ocurrir con los coroneles, con Leonito o con el universo entero carecerá para mí de importancia.

Aclarado esto, volvamos a tus dos opciones, A o B. Ya comprenderás que no voy a permitirte llevar a cabo la primera. No me veo detenido y puesto a disposición de la justicia, y esas ridículas leyecitas –¡qué tontos sois los buenos!– sobre la inmunidad por criterios humanitarios de los criminales octogenarios, aunque favorables en este caso, resultan incompatibles con mi concepto del bienestar, pues de entrada no descartan incomodidades como la comparecencia ante los jueces o el confinamiento domiciliario. Será por tanto inútil que hayas maquinado cualquier complot para ponerme ante la justicia: desde aquí te advierto que mi guardia personal abortará –y la elección del verbo es plenamente premeditada y descriptiva– cualquier intento en este sentido. En cuanto a la opción B, tampoco me preocupa, aunque su peculiar idiosincrasia reclama un comentario aparte. Sí, reconozco que la idea que la alienta me regocija: Jean Laventier, el Médico de la Resistencia, el legendario humanista que rechazó el premio Nobel, maquinando, en su mezquina soledad, el asesinato de un adversario, antiguo amigo suyo, que no comparte su ideología. ¿Pero no eras tú el que llamabas a eso, demonizándolo, Fascismo? Sí, decididamente me gusta la opción B. Me gusta cómo evidencia el pie de barro de tus grandiosas convicciones, cómo te convierte en una contradicción viviente, cómo te confunde y cómo, probablemente, te hace preguntarte si no habría sido más sensato alinearte conmigo en el club donde, al no permitirse la entrada de hombres buenos, todo es más hermoso y mejor, transcurre con más serena cadencia. Me gusta la opción B por todo eso. Y además porque sé que nunca la llevarás a cabo. Simplísima deducción basada, sin posibilidad de error, en el conocimiento de tu cobardía, aunque la resolución de tu dilema puede, en este caso, resolverse de dos maneras que dependerán también del progreso de mi estado de salud. La opción B1 es sencilla: si mi mente sigue controlando adecuadamente sus actos, no dejaré que nadie me mate, y menos tú. No le dediquemos, pues, más tiempo. Pero la opción B2 me sugiere un juego sofisticado y apasionante al que –careciendo de importancia que aceptes o no, pues igualmente estarás dentro de él– te invito a jugar. Imaginémoslo juntos… Se dan sobre el tablero las dos condiciones siguientes: tú estás firmemente decidido a matarme y a hacerlo además, como mandan las reglas de las venganzas iracundas, por tu propia mano. Y yo, tras sufrir mi ataque cerebral, he quedado reducido al estado semivegetativo pronosticado por el médico. Parece lógico pensar que, para prevenir tal indefensión, hubiera dado órdenes a mis esbirros de acentuar la vigilancia de mi seguridad. Y sin embargo, amigo mío, haré justo lo contrario: despediré a mi guardia y, una vez desguarnecido, ordenaré al médico que se presente ante ti para anunciarte que en un plazo de cuarenta y ocho horas te llevará a mi presencia. Ese plazo temporal tendrá la función de permitir que te maceres en tu propio jugo de duda, contradicción y afán revanchista. También te dará tiempo para afilar el arma que hayas elegido para festejar nuestro reencuentro. Quiero hacer un pequeño homenaje a tu inteligencia, y presupongo por tanto que te habrás procurado una alternativa sofisticada que superará con éxito el registro somero al que, cuando entres en mi casa, te someterán... Y estarás por fin ante mí. Disculparás que no me ponga en pie para estrecharte la mano y abrazarte después de tantos años, pero me lo impedirá mi lamentable estado. Tampoco, me temo, podré reconocerte. Ya estaré más allá de esas terrenas miserias... Tú, probablemente desconcertado por mi indiferencia y acalorado por la excitación criminal, sacarás el arma con cautela innecesaria –habré dado órdenes precisas de que nos dejen solos– y la volverás contra mí: ¿se tratará, me pregunto una vez descartado el empleo de tus débiles manos desnudas, de un arma de fuego? ¿Tal vez una daga oculta en el bastón del que mis espías –y yo mismo en una ocasión en que te observé– te han visto servirte para tus desplazamientos por Leonito? ¿Algún complejo sistema de envenenamiento? Es igual... Lo esencial es que estarás ante mí, listo para

–permitámonos la licencia de esta frase hecha– apretar el gatillo. Y entonces se producirá: o no te conozco a ti en particular y al ser humano en general o flaquearás, dudarás, te derrumbarás por la constatación de tu propia cobardía, guardarás el arma y saldrás de la casa, me atrevo a afirmar que impaciente por huir del escenario de tu fracaso irreversible: ni siquiera vales para matar a un muerto.

En la puerta, mi querido pobre amigo, el médico que te ha llevado hasta mí te entregará esta carta tras hacerte partícipe del cuadro clínico que para entonces padeceré: *mens insana in corpore sano*. ¡Injusta química, obsceno Azar...! Rabia Infinita sobre la que no quiero extenderme ahora. Leerás estas palabras y, a pesar de su nítido cinismo –o tal vez a causa de él–, improvisarás algún airado operativo de caza y captura contra mí. Será de nuevo inútil: debes saber que tan pronto hayas abandonado la casa en la que nos hemos encontrado, seré inmediatamente desplazado por aire al lugar de mi último exilio, una hermosa isla desconocida por los mapas donde el cuerpo de Victor Lars vivirá sin la mente de Victor Lars. Despojado de los placeres de la inteligencia, languideceré como se describe en cierta biblia pagana: «atendido con primor por músicos incansables, danzarinas hermosas y ángeles de sexo joven y dispuesto». Tal vez mi cruel condición de vegetal humano me

> impida disfrutar de tales exquisiteces, pero opino que es mi deber intentarlo, y previsoramente he dotado a esa mi última morada de todos aquellos siervos bien entrenados que mi capricho, por ahora impredecible, pueda en su momento reclamar. Aparte de tu labor –por la que se inscribirán con letras grandes las palabras Victor Lars en el Libro Negro de los Hombres–, este paradisíaco lugar será lo más parecido a la inmortalidad que hombre alguno haya disfrutado.
>
> Dios no existe, pero yo sí.

Ferrer terminó de leer y dobló la carta todo lo parsimoniosamente que pudo, callado, deseando que fuese Laventier quien hiciese, y cuanto antes, el primer comentario. Pero los segundos de incómodo silencio se agolpaban uno tras otro y terminó por alzar la vista hacia el francés.

Laventier lo miraba fijamente, pero sus ojos nada veían. Ferrer comprendió de inmediato que estaba muerto. Sin embargo, no hizo nada excepto observar la quietud del cadáver. Trataba de establecer si el francés había fallecido al principio o al final de su lectura. Habría preferido que los últimos instantes de Laventier no se hubiesen visto alterados por las crueles palabras de Lars. Aunque ya nada importaba.

–Señor –Anselmo tocó a Ferrer en el hombro con suavidad, como temeroso de importunar al cadáver de Laventier; había regresado tan sigilosamente como partió–. Debemos irnos. Los soldados están subiendo por el camino...

Ferrer miró hacia abajo y los vio en medio de la oscuridad todavía escrutable: diez o doce hombres desperdigados, avanzando con cautela en vanguardia de un grupo más nutrido, de treinta o cuarenta uniformados. Todavía no los habían visto, pero era cuestión de minutos: el sendero que ya habían encontrado desembocaba en su posición.

Ferrer tomó la valija y la colocó entre los brazos de Laventier. Luego, suavemente, cerró los párpados forzándose a creer que la visión última de las pupilas muertas había sido el Sena, la apacible mañana de 1932 , anclada ya sin retorno en la eternidad del olvido, en que llegó a París un niño ilusionado por llegar a ser el más grande médico de todos los tiempos.

El primer disparo hizo saltar una esquirla de piedra a dos metros escasos de ellos. Anselmo disparó dos ráfagas con el rifle de asalto, una a la derecha y otra hacia la izquierda, y reptó velozmente por el suelo en busca de una nueva posición de tiro.

–¡Señor! –gritó–. ¡Hay que irse!

Lanzó dos granadas al azar contra las posiciones de los soldados y se arrastró hacia Ferrer. Las explosiones se produjeron cuando estaba ya junto a él.

–Señor –repitió en voz baja, suplicante–. Tiene que irse...

–¿Y tú?

–Me quedaré para detenerlos, señor. Para que usted tenga tiempo de salir.

A Ferrer le desbordó la responsabilidad inesperada: ese hombre al que no conocía iba a morir por él.

–Váyase –repitió Anselmo mientras vaciaba su mochila de munición y la iba distribuyendo por los bolsillos. Ferrer, instintivamente, se ciñó a la espalda el zurrón que le había dado Leónidas. Antes de regresar a su posición de tiro, Anselmo se acercó a Ferrer y le apretó el brazo–. Y cuéntelo. Cuente lo que nos hicieron acá. Cuente lo que le hicieron a la Montaña.

Ferrer lo miró atónito: no le exigía una promesa, ni siquiera una palabra de compromiso. Simplemente, confiaba en que contaría la verdad. Y por eso iba a morir. Nunca nadie le había enfrentado de forma tan contundente a su deber. Supo que nunca podría olvidar a Anselmo, y supo que ahora, pasase lo que pasase, tendría que cumplir el juramento mudo que se hizo en ese instante: sí, contaría todo lo que estaba viendo y todo lo que estaba pasando. Contaría la verdad.

Corrió hacia la salida tras dirigir una última mirada al difunto Laventier: deseó sinceramente que los soldados respetasen su cadáver y, mientras salía hacia el exterior, le tranquilizó pensar que no había razón alguna para temer lo contrario.

Las instrucciones de los indios habían sido claras, no podía perderse: tomando el sendero que se abría a unos cincuenta pasos a la derecha, vería el claro donde comenzaban las posesiones de La Leyenda de la Montaña, en las cuales, una vez a salvo, le tocaría mentir a Soas para hacerle creer que había escapado de los indios o ni siquiera había llegado a estar en su poder. Detrás de él, el fragor de los disparos entre Anselmo y los soldados llegaba hasta sus oídos: cada vez más alejado pero frenético y desesperado. Avanzó.

Al poco, se hizo el silencio. No podría asegurar si habían transcurrido unos segundos o una hora desde que salió de la Montaña Profunda.

Y, en primera instancia, tampoco supo si se trataba de una alucinación cuando en el camino frente a él vio al capitán Rodrigo Huertas, sonriente y ufano en su impecable uniforme nuevo. Venía al frente de un grupo de soldados fuertemente armados.

–Luis Ferrer... Viajero infatigable y compañero de aventuras –exclamó el militar entre la socarronería y la euforia impostada; por un instante, pareció que iba a lanzarse a abrazarle como un buen camarada, pero la mirada de Ferrer, macerada por los dramáticos sucesos de las últimas horas, le disuadió, y Huertas volvió a ser el de siempre. Aunque, a la vez, parecía otro hombre. Ferrer pensó que el acobardado paranoico del Desfiladero del Café se habría esfumado al regresar a la civilización, reencarnándose en este gallito con ropa de camuflaje sobre la que aún se apreciaba la raya del planchado; un Huertas feliz porque Roberto Soas, una vez ambos a salvo, seguramente le habría concedido una segunda oportunidad.

–¿Dónde está Soas? –preguntó.

El capitán ni siquiera pareció haberle oído.

–Vaya, miren a quién tenemos aquí –dijo repentinamente severo, mirando por encima del hombro de Ferrer y obligándole a volverse. Por el camino que acababa de recorrer avanzaba un todoterreno descubierto que maniobró hasta detenerse en una explanada lateral.

Cuatro soldados obligaron a apearse a Anselmo, empujándolo con las culatas. Traía las manos atadas con alambres apretados con alicates, y las muñecas le sangraban abundantemente. Se movía con torpeza por la brutal paliza que en los pocos minutos transcurridos desde su captura habían tenido los soldados tiempo de propinarle, pero para no comprometer a Ferrer evitó mirarle. Descendieron dos soldados más, bromeando a propósito de la valija de Laventier, que uno de ellos traía abierta y volteada hacia abajo. Otro soldado, más allá, registraba con rictus decepcionado la camisa y el pantalón que hasta hace un rato había llevado el francés. Por la carretera se escuchaba el rumor de nuevos camiones aproximándose. Los guardianes de Anselmo ordenaron al indio pararse en un claro y se apartaron de él; el último de ellos le colocó en la boca un objeto metálico del que extrajo algo parecido a una anilla antes de alejarse también, un poco más precipitadamente. La explosión de la granada desintegró a Anselmo, convirtiéndolo en un pantalón vaquero lleno de carne que se sostuvo unos instantes en pie antes de desmadejarse hacia el suelo. Ferrer sintió la rabia dentro de sí. También el miedo: los soldados se comportaban como gélidos asesinos de objetivos claros. Leónidas le había contado la verdad.

Miró a Huertas, horrorizado. El capitán le sostuvo la mirada sin dejar de sonreír y se encogió de hombros.

–¡Cómo pitó, qué bárbaro! –dijo con un teatral gesto de sorpresa.

–¿Dónde está Soas? –volvió a preguntar Ferrer, esta vez gritando.

–¿Te vas a chivar de que hicimos volar a tu amigo?

–Quiero verle. Y supongo que él a mí también.

–En eso acertaste. ¡Soldado! ¡Lleven al civil al campamento! –gritó; y luego, para subrayar que la animadversión hacia él por haber presenciado sus debilidades en la soledad del Paraíso en la Tierra continuaba viva:

–¡Pero antes me lo registran, no vaya a ir armado!

Y se fue, dándole la espalda.

Un soldado arrancó groseramente el zurrón de la espalda de Ferrer y la registró. No encontró indicios de sospecha en el manuscrito ni en la manta que envolvía el pergamino con la extravagante declaración de guerra. Y mucho menos, siendo Ferrer periodista, en la estilográfica de Laventier: sin proponérselo, había burlado la seguridad militar. Al subir al todoterreno, llevaba consigo un arma mortal.

El campamento donde se había instalado el regimiento se encontraba a diez minutos de recorrido que la inexperiencia del soldado conductor y las irregularidades de la zona convirtieron en ajetreado. Cuando traspasaron la barrera de entrada, el cabo de guardia volvió a pasar por alto la pluma, aunque Ferrer notó cómo se despertaba su codicia ante el hermoso objeto: miró a su propietario como si lo fotografiara mentalmente por si más tarde se encontraba con su cadáver y podía desvalijarlo.

El coche maniobró hasta una estructura de madera de quince o veinte metros de altura sobre la que se asentaba, ideada para seguir la evolución de las obras, una casamata con grandes cristaleras; la atalaya era, según le informó el chófer con la única frase pronunciada en todo el recorrido, la oficina del «señor Soas», al que, siguiendo las instrucciones recibidas, corrió a informar de su llegada.

Ferrer, tras preguntar a un oficial, subió por la escalera hasta el último piso de la torre y exploró la plataforma circular que rodeaba la casamata, avanzando con precaución por la estrechísima superficie de madera a la que sólo separaba del abismo una frágil barandilla metálica. Divisaba las instalaciones que había observado desde el aire al llegar a Leonito y la gran explanada de piedra bajo la que se ocultaba el hogar de los indios... Hacía rato que no se escuchaban disparos, y la tranquilidad más absoluta reinaba en medio de oscuros presagios... ¿Cuándo se produciría la gran explosión de la Montaña? La conciencia de que podía ocurrir en cualquier instante mantenía los músculos de Ferrer involuntariamente tensos.

Tras concluir el recorrido, empujó con suavidad la puerta de la casamata. Estaba abierta, y entró y cerró tras de sí.

El interior le recordó a una habitación de hotel espaciosa y desangelada, con elementos decorativos baratos o simplemente funcionales: había una cama, una amplia mesa de trabajo y otra de despacho. A la espera de Soas, decidió continuar con el manuscrito. Apenas lo palpó, resonó en su cabeza el enigmático adiós de Laventier: «Lea las últimas palabras de Lars y decida si este viejo moribundo se ha excedido al considerarle a usted un hombre bueno».

> Ahora no estaba en juego la megalomanía del Canchancha buscador de oro, sino la mía propia: era imperioso, esta vez sí, acabar con los indios de la Montaña. Cada día que sobreviviesen constituía una amenaza a mis planes, y el halo mítico de un caudillo como Leónidas podía convertirse en un indeseable ejemplo que había que eliminar de raíz. Recurrí a dos frentes. Por un lado, la siempre infalible guerra sucia: tras la programada caída de los coroneles, habían permanecido en Leonito algunos centenares de Pumas Negros clandestinamente acuartelados en las otrora bulliciosas instalaciones del Paraíso en la Tierra, cuyos inmuebles y terrenos, no sé si lo había mencionado, constaban como bienes a mi nombre en el

Registro Nacional de la Propiedad: un subterfugio legal que además de eludir a los voraces demócratas, que podrían de otra manera haberlos embargado alegando pertenencia al antiguo régimen, me facultaba para prohibir el acceso a su interior. De esta forma, salían desde allí diarias expediciones de exterminio contra Leónidas de las que sólo tenían noticia, en aquellos bulliciosos y caóticos tiempos posrevolucionarios, los indios y mis propios hombres.

Pero además contaba con las cartas que el advenimiento de la democracia había añadido a la baraja, a las que pude recurrir gracias a mis magníficas relaciones con el nuevo gobierno. Hice ver a sus mandatarios la conveniencia de solventar –no hace falta decir que por las buenas, con la Constitución que por aquellos días se improvisaba a toda prisa en la mano– el problema de Leónidas: el líder indio, cuya única motivación era una venganza ciega que en todas partes creía ver la sombra de los coroneles, amenazaba con devenir en cáncer crónico del saludable gobierno democrático: no atendía a razones, golpeaba indiscriminadamente y, lo que es peor, daba pie a reuniones de militares nostálgicos de la dictadura que, ansiosos por pasar a la acción –a cualquier tipo de acción–, podían en el momento menos pensado entregarse a tentativas involucionistas. Por todo ello, los líderes de la joven democracia resolvieron abordar el problema y, con una perspicacia política y psicológica que los honra, vieron en mí a la persona idónea para organizar la mesa de negociación con los indios. Acepté, y tras jurar con la mano alzada y el tono conmovido diversas vaguedades sobre la libertad, la democracia y los derechos humanos, me encontré dirigiendo los dos frentes ya mencionados, que con sus acciones se nutrían mutuamente: los Pumas atacaban a los indios; éstos respondían con incursiones de sangre y fuego; los nuevos desmanes evidenciaban la necesidad de acelerar las conversaciones civilizadas y constitucionalistas; y éstas, a su vez, generaban acuerdos y datos confidenciales que me resultaban de gran interés como jefe oculto de los ilegales Pumas. Las dobles caras de cada una de las caras de este doble juego me obligaban a verdaderos ejercicios de ligereza mental, en los que constituía inestimable ayuda mi inveterada costumbre, jamás traicionada, de dirigir todos los hilos desde la sombra.

Y así, entre las sombras, contraté a Casildo Bueyes. Nunca supo que fui yo quien lo eligió por su inmejorable perfil: periodista en decadencia, borracho, mediocre y no demasiado inteligente, Bueyes había buscado en la revolución la oportunidad de hacer escuchar su voz en el *Diario de Leonito Libre* del que por los recortes que te he adjuntado tienes noticia, hallando así el reconocimiento profesional que a sus casi sesenta años le habían negado el tesón alcohólico, la inexistencia de talento estimable y la adversidad de la fortuna, resuelta a boicotear sus sueños de acceder, fuese como fuese, a cualquier olimpo de la prensa escrita. Nombré a Bueyes Comisario Especial para Asuntos Indios. Me consta –pues si me equivocase, estaría en entredicho mi conocimiento del ser humano– que se sintió ufano cuando vio esa denominación, concebida personalmente por mí para seducir su vanidad, en el encabezamiento del contrato que, a cambio de una remuneración fabulosa para los empobrecidos tiempos que corrían en el Leonito de las libertades, lo unía con férreas cadenas invisibles a mi causa, por la que brindó con el mejor vino de mi bodega, del que anónimamente le regalé un tentador lote que sólo sería el primero de una costumbre que se volvió crónica: habían llegado a mis oídos sus intentos por dominar al alcohol, y no me convenía en ese momento la eventualidad de una victoria de su voluntad sobre el vicio. Bueyes, que había abordado en algunos de sus patéticos libelos panfletarios temas grandilocuentes relacionados con los derechos de la Montaña y sus habitantes, tenía precisamente por ello más posibilidades que cualquier otro de simpatizar a Leónidas y acabar sentado frente a él, y por eso lo elegí: ya sabes que, manejados adecuadamente, los periodistas de buena voluntad son, sin que ellos lleguen a sospecharlo nunca, una de las mejores y más utilizadas fórmulas para inocular veneno en las venas del confiado enemigo. Y Bueyes lo logró: en enero de 1991, y tras superar los obstáculos escalonados con que los indios trataron de encontrar en él síntomas de intenciones traicioneras que no tenía –al menos, no que él supiese–, dos guerrilleros lo recogieron en su casa un anochecer, vendaron sus ojos y lo llevaron ante Leónidas, que escuchó sus ofertas de paz con interés pero sin aflojar la presión armada. Lógico, pues mientras Bueyes se ganaba su confianza en esas y otras reuniones posteriores, yo espoleaba por otro lado la violencia de los Pumas contra todo lo que respirase en los alrededores de la Montaña. Preciso es decir ahora que los dos hombres se entendían, y que ambos vislumbraron juntos un futuro de paz posible por el que se decidieron a luchar sin imaginar que mis planes eran otros. Bueyes, además, sentía que por fin estaba realizando una tarea importante, y por entonces nunca supo que su papel, como en las películas del oeste baratas, era el del oficial de caballería de buenos sentimientos que compromete su palabra con los indios, ignorante de que políticos y magnates del ferrocarril preparan la gran traición.

Y así estaban las cosas cuando en mayo de ese año 1991 ocurrió un hecho aparentemente nimio que vino a escorarlo todo. Fue capturada, en un golpe casual que al princi-

> pio achaqué a la suerte, la mujer a la que desde ese momento no he dejado de maldecir.
>
> Al principio pensé que era otra indiecita más que sólo serviría para nutrir de carne los interrogatorios del Niño. Tuvo que ser Bueyes quien, informando ingenuamente a mis colaboradores demócratas sobre la evolución de sus negociaciones de paz, apuntara de pasada que Leónidas se encontraba hundido por la desaparición de su esposa María, que sólo cabía atribuir a los paramilitares.

¿María, esposa de Leónidas? Ferrer trataba de analizar el dato cuando se abrió la puerta de la casamata. Soas, con algunos periódicos y una cinta de vídeo en la mano, entró con toda su batería de dientes blancos alineada en una sonrisa que lograba parecer franca.

–¡Coño, Luis! ¡Qué de puta madre que estés bien!

Ferrer guardó cautelosamente el manuscrito en el bolsillo lateral del pantalón; se puso en pie y trató de mostrar frialdad, pero la estratagema que había desmontado la alegría falsa de Huertas no funcionó con Soas: abrazó a Ferrer con tal entusiasmo y naturalidad que consiguió obligarle a relajar su postura, incluso a emitir una vaga sonrisa. Tan grande era la convicción de Soas que por un instante le hizo dudar si no habrían sido una simple pesadilla los sucesos sufridos en el interior de la Montaña.

–¿Qué pasó? Te pillaron allí, en el Paraíso en la Tierra, ¿no? –dijo Soas tras depositar el vídeo y los periódicos sobre la mesa; luego abrió un mueble bar y sacó dos grandes vasos anchos que rellenó de hielo.

–Sí –sonrió Ferrer escuetamente; decidió ver las intenciones del otro antes de mostrar las suyas.

–Te dije que era más seguro quedarse arriba, conmigo. En la suite... ¿Cómo se llamaba? ¡La suite Mónaco! –recordó mientras cortaba en dos partes una lima verde y exprimía la mitad en cada uno de los vasos; echó ginebra y tónica y agitó la mezcla con una larga cucharilla–. Toma, esto te va a entrar de puta madre.

Ferrer salivó ante el brebaje helado. Cogió el vaso y bebió de un trago la mitad del contenido. El frescor mezclado con alcohol le revitalizó, devolviéndole a la realidad: le habían disparado, había visto morir a Laventier, había visto morir a Anselmo y estaba ante el simpatiquísimo canalla que, si Leónidas no mentía, había organizado meticulosamente el exterminio clandestino de los indios y Leónidas no mentía. Apuró la bebida y devolvió el vaso a Soas en demanda de una segunda copa.

–Joder, macho, sé que los hago bien... ¡Pero vaya sed! ¿Qué pasa? –Soas se puso a preparar la copa pero bajó un punto la falsa jocosidad de su tono; tal vez se disponía a entrar en materia–. ¿Que en la Montaña no había bar?

Ferrer inspiró profundamente y se lanzó al vacío:

–He visto a Leónidas.

El sonido de la cucharilla de Soas agitando el nuevo gin–tonic no sufrió alteración: ni se detuvo ni se aceleró. Nada. Ese sonido único llenó la habitación durante tres o cuatro segundos más, hasta que Soas detuvo la mano, sacudió la cucharilla y extendió la copa hacia Ferrer.

–¿Y está bien? –dijo como si se refiriera a un antiguo compañero de bridge que llevara tiempo sin dejarse ver por las mesas de juego. Ferrer reconoció que esgrimía la exasperación con mano maestra. Decidió probar la misma táctica. Bebió, esta vez un sorbo.

–Hmmm, está estupendo.

Soas dibujó una sonrisa ambigua.

–Debo reconocer –dijo, dispuesto al parecer a descubrir por fin una carta– que en ningún momento estuvo previsto que tu encuentro con él tuviese lugar. Fue un fallo, un imprevisto. Me jode. Pero tranquilo, sólo un poco.

–No me extraña, porque el resto lo organizaste todo muy bien.

Soas se acomodó en la butaca que había ocupado Ferrer y echó hacia atrás el respaldo. Parecía relajado. Lo estaba.

–¿Qué es «el resto» para ti?

–A ver, dime dónde me equivoco. Primero el jaleo de la fiesta, la otra noche: la intervención del consejero Arias en la pantalla de vídeo del jardín era mentira, interferencias incluidas. Estaba preparada. Tú nunca hubieras permitido que un comunicado de los indios se emitiese así, en público, sin censurarlo antes.

–Desde luego. Nunca.

–Luego vino tu espectacular entrada en helicóptero y el viaje en tren. Hasta el Desfiladero del Café. Y ahí es donde te pillé.

–¿Cómo? –abrió Soas las manos con nobleza de deportista superado por el contrincante. Su seguridad lucía de nuevo en todo su esplendor, y Ferrer comenzó a temer que guardaba en la manga alguna carta inesperada.

–Por la barba de Arias. En la emisión, que en teoría era a las doce de la noche, estaba perfectamente afeitado. Y cuando lo encontramos despellejado en el Desfiladero del Café llevaba barba de varios días, descuidada.

–¡Coño! –Soas se incorporó, sorprendido de veras–. ¡Se me había pasado! ¡Te juro que se me había pasado!

–Ahí no pensé todavía que el responsable eras tú. Lo que pensé es que Leónidas nos había tendido una trampa y que el desfase de la barba era... no sé, porque habría mandado una cinta grabada o algo así. En fin, que había descubierto algo raro que exigía un culpable, pero ni remotamente pensé en ti. Me habías caído muy bien, ¿sabes? En serio –Soas se encogió de hombros, sonriendo, y elevó la copa en un gesto mundano de brindis silencioso–. Además, me parecía muy fuerte que organizases aquella matanza en el Desfiladero sólo para que yo me la creyese. Me parecía y me lo sigue pareciendo. De auténtico hijo de puta, qué quieres que te diga.

–¿Tú crees? ¿Para tanto?

Ferrer hizo caso omiso del irritante tono irónico y continuó:

–Eran tus hombres los que disparaban desde las rocas. Y ponían buen cuidado en no tirar contra ti ni contra mí.

–Tenían órdenes de no apuntar al oficial al mando, Huertas, ni a los dos civiles, tú y yo. ¿Por qué te crees que me puse ropa tan maricona para ir allí? ¿Porque soy gilipollas? ¡Quería que me distinguieran bien!

–Una cosa que me tiene desconcertado: tú no contabas con que a Huertas le pudiese el miedo, ¿verdad?

–No, eso fue mala suerte. Puta mala suerte. Una pena, era el candidato perfecto para ser mi... hombre de armas, ¿no te gusta esa expresión?, a mí me encanta... Pues sí, era ideal: militar de carrera, nacido aquí... Y además, lleno de odio por lo que los indios le hicieron a su padre.

«Los indios no. Lars», deseó decir Ferrer. Pero calló: lo que sabía por el manuscrito era una fuente de información secreta que el otro no podía imaginar, tal vez el arma que podría inclinar la balanza a su favor cuando Soas mostrase el as que, con toda seguridad, guardaba en la manga.

–¿Cómo me iba a imaginar que era un cagueta y se iba a desmoronar a la primera? En fin, ahora lo tengo ahí, currando para mí. El tío, para compensar sus miedos y sus meteduras de pata, se ha vuelto una mala bestia. Y estoy contento de él. Aunque manda cojones el viajecito que nos dio por el río... –apostilló, de nuevo en tono de frívola camaradería.

–Eso también estaba previsto... El río, la llegada al Paraíso en la Tierra. Todo. Por eso navegabas tan tranquilo, por eso estabas tan seguro en tu suite Mónaco. Sabías que nadie nos amenazaba. Allí, el único que jugó a La Japonesa con aquellos pobres reclutas fuiste tú. Bueno, tú no, que estabas conmigo. Tus hombres... Seis muertos más en tu lista.

–¿Pero a que te acojonaste? ¡Hostia, me acojoné hasta yo!

–¡Claro, cabrón, cómo no me voy a acojonar! Nunca había visto a nadie quemado vivo... Pero ahí se torció tu plan. Aparecieron los indios de verdad, cosa que no te esperabas. Supieron que yo iba en ese tren y decidieron presentarse para hablar conmigo directamente, sin mediación tuya. Lo vieron todo, toda la matanza. Y nos siguieron por el río. Me lo contó Leónidas.

–La idea era que, después de nuestra noche en la

suite Mónaco, tú regresases convencido de que Leónidas, la puta de su mujer –el exabrupto hizo presa en Ferrer como el tirón de un anzuelo–, y los cabrones de sus indiecitos eran y son unos criminales. Así el ataque militar, que por cierto ha concluido con éxito hace un rato, estaría justificado ante los medios de comunicación de todo el mundo, representados por el único periodista adelantado en la zona: el prestigioso Luis Ferrer. Este año están los periódicos y las teles muy pero que muy coñazos con el Quinto Centenario de los cojones. Que si indiecitos étnicos por aquí, que si Amazonas por allá... Había que andar con ojo.

Ferrer seguía anclado en la expresión «la puta de su mujer»: un detalle simple pero esencial, igual que la barba de Arias. Soas sabía que María era la mujer de Leónidas. ¿Quién se lo había dicho, si nadie fuera de la Montaña lo sabía? Nadie no, se corrigió de inmediato: Victor Lars lo sabía, acababa de leerlo en su manuscrito.

–En una palabra, que en este caso me interesaba tener de mi lado a los putos periodistas.

–¿Lo dices sólo por mí? ¿O también por Casildo Bueyes?

–Por los dos –rió Soas–. Por ti y por Casildo Bueyes.

–¿Lo mataste en persona?

–¿Yo? ¡Qué dices, hombre! Yo no he matado a nadie en persona. Sólo lo ordené. ¡El muy imbécil! Estaba loco por largar las cosas que sabía. Le entró un ataque de conciencia a última hora, ¿sabes? Quería denunciar lo que había pasado en la Montaña, que en parte era culpa suya: se hizo amigo de los indios y los traicionó. Pues macho, a lo hecho pecho... Pero él quiso purgarlo, típica psicosis de redención. Y lo purgó. Lo tenía todo y lo tiró por la ventana. Porque no sé si sabes que yo pago de puta madre... Pagar bien, ésa es la nueva consigna. Antes, en los países como Leonito, se mantenía a la gente trabajando para uno a punta de pistola. Pero es un error, mi mujer me lo hizo ver, tenía grandes ideas al respecto: ¡hay que pagar a la gente!, decía siempre. ¡Pagar de puta madre! Así tampoco se rebelan, y encima te están agradecidos. Y te ahorras el sueldo de los pistoleros. Es todo más limpio. Mira al director del Madre Patria, sin ir más lejos. Se la jugó cuando la revolución del noventa, no sé si lo sabías. Como tantos otros leonitenses, deseaba acabar con la dictadura. Y míralo ahora, va a trabajar de relaciones públicas de La Leyenda de la Montaña, porque el tío es muy bueno en lo suyo. Y Lili, la mulatita. Con sus fotos me tiene al corriente de todo. Supo que Bueyes iba a contarte lo que sabía y corrió a decírmelo.

–¿También aparecerán muertos algún día? El director del hotel o Lili.

–Mientras ellos no quieran, no... Pertenecen a mi nómina blanca, como yo digo: eficaz, limpieza y legalidad. Los dos están convencidos de que trabajan por el bien propio y el de su país. ¡Pero si supieran de quién es el capital del consorcio...! No te lo voy a decir porque no te interesa, pero te aseguro que tiene su gracia...

Ferrer no exteriorizó que conocía la participación financiera de los coroneles en el proyecto. Por lo que sabía, Soas tenía que ser uno de los hombres de confianza a los que Lars se había referido en su testamento. Uno de los hombres de confianza o directamente su mano derecha. Ferrer se preguntó si conocía también el previsto regreso de los coroneles al poder, teóricamente reclamados por su pueblo, en 1994. Y comprendió que sí, que tenía que saberlo: no se contrata a un profesional de alto nivel como Soas sólo para encubrir una matanza de indios aislados en el confín del mundo. Sí, mejor ocultar todo lo referente al manuscrito: lo contrario podía costarle la vida.

–En fin, que verás lo bien que pago cuando empieces a trabajar para mí.

–¿Trabajar para ti, hijo de puta?

–Aunque en realidad ya has empezado –dijo Soas cogiendo los periódicos que había traído consigo–. Toma, lee.

Ferrer desplegó *El Diario de Leonito Libre* de la víspera. «El periodista español Luis Ferrer secuestrado por Leónidas», decía el titular de la primera plana. «Ferrer tuvo tiempo de enviar una crónica antes de desaparecer», era el subtítulo. Y luego, a dos columnas, aparecía «su» artículo, que leyó con ansiedad: «Escribo apenas finalizado el asalto a nuestro tren, en el Desfiladero del Café. Creí en las buenas intenciones de Leónidas, vine a su encuentro lealmente y respondió con una matanza. He visto con mis propios ojos el cuerpo del consejero Arias, empleado de la empresa que sólo pretende traer bienestar y trabajo a los leonitenses y sólo puedo decir…».

–Hijo de la gran puta… –dijo entre dientes.

–¿Qué pasa? ¿No está bien el estilo?

–Voy a ir a Leonito ahora mismo. Y si quieres impedirlo tendrás que matarme –escupió Ferrer; su propia suplantación le había enfurecido–. Voy a desenmascararte a ti y a todos los hijos de puta que tienes detrás. Voy a contar qué pasa en la Montaña y voy a contar cómo viven Leónidas y María. Y voy a sacarlos en primera plana, diciendo la verdad, y…

–No podrás –dijo Soas con calma premeditadamente extremada–. Ni a Leónidas, ni a María, ni a nadie. Están todos muertos.

Ferrer quiso responder pero no supo cómo. Soas introdujo en el vídeo la cinta que había traído consigo.

–Esto se ha rodado hace sólo un rato. Ni siquiera lo he visto aún. Es que mi jefe quería ver morir a María. Un capricho personal, me encomendó hace semanas su realización. Mira...

Ferrer observó a Soas: un capricho personal encargado semanas atrás... Los últimos días habían sido muy ajetreados para el ejecutivo... Sí, era verosímil que ignorase el reciente ataque cerebral de su jefe, como lo era que éste, situado en el grado más alto del escalafón y además obsesionado desde siempre con el anonimato, delegase en otros hablar directamente con su director de operaciones en la Montaña... Miró hacia la pantalla. Con el movimiento torpe de un cámara inexperto, se veía el paisaje después de la lucha: sobre el terreno soleado del exterior de la Montaña, Huertas se dirigía seguido de cerca por el vacilante operador hacia un pequeño grupo de prisioneros entre los que se encontraban, con el estigma de la desesperación y la derrota en el rostro y el cuerpo agotados, María y Leónidas. Huertas sonreía al indio y, como un anfitrión sádico, le señalaba hacia un grupo de soldados que aprestaban los cuchillos. El vídeo carecía de sonido.

–¡No me jodas! Está sin sonido. ¡ Me cago en la puta! No se va a oír nada –se quejó Soas, sinceramente contrariado. Sus palabras tenían un trasfondo aterrador: quería decir que no se iban a oír los gritos de dolor. Soas subió el volumen con el mando a distancia y, al no obtener resultado, se aproximó al reproductor de vídeo y se arrodilló junto a los mandos. En la pantalla, los soldados armados de cuchillos rodeaban a Leónidas, lo derribaban y comenzaban a ensañarse sobre él con estudiada parsimonia. A pocos metros uno de los soldados manoseaba el pecho de María, y la verificación de su condición femenina provocaba en los verdugos sonrisas cómplices y caricaturas de besos amorosos, el deslizamiento de alguna mano obscena sobre la entrepierna de la prisionera. Le arrancaban la ropa, divertidos por su inútil resistencia, cuando ocurría algo inesperado: Ferrer vio cómo los rostros voraces de los militares expresaban sorpresa y, casi de inmediato, horror o incluso repugnancia. Trató de averiguar por qué la desnudez de María, insuficientemente entrevista en el encuadre, había suscitado esa reacción cuando del otro círculo de muerte conseguía zafarse Leónidas para acudir en auxilio de su mujer. Bajo la mirada divertida y cruelmente consentidora de los verdugos, lograba rozarla; las miradas de ambos se encontraron intensamente antes de que el más fornido de los soldados arrastrase por la pierna a Leónidas, otra vez hacia el suplicio. Uno de los verdugos extraía entonces su miembro erecto y se aventuraba, entre inaudibles obscenidades, a superar la misteriosa repugnancia desatada por la desnudez de la india. Soas apagó el vídeo cuando también los demás se aprestaban a la violación que el cámara había recibido la orden de grabar en detalle.

–Mira que les dije que grabaran el sonido. Pero cuando se es gilipollas, se es gilipollas, y no hay más hostias… –Soas regresó junto a Ferrer y estiró la mano en busca de la copa que había dejado sobre la mesa. Estaba aguada, y se levantó en busca de más hielo. Una vez junto al bar, decidió preparar copas nuevas y comenzó a hacerlo paso a paso. Ferrer seguía mirando la pantalla en negro. ¿Por qué Lars odiaba tanto a María? La respuesta estaba en el manuscrito. Aguardándole a él.

–¿Te acuerdas de que hablamos de mi mujer y de tu hija, de sus muertes? –dijo de repente Soas como por azar, sin dejar de cortar limones.

–¿Qué? –acertó a responder Ferrer mientras el desconcierto, dentro de él, se convertía en miedo.

–Mi mujer y tu hija. Comentamos que en sus muertes había coincidencias, ¿te acuerdas?

Ferrer se acordaba perfectamente, pero trató de fingir lo contrario con una mueca inconcreta. Soas, al notarlo, sonrió y sirvió la ginebra:

–Tienes que acordarte. Eso de que las dos murieron de forma ambigua... Eso de que se podía pensar que las matamos –volvió a levantar los ojos–. Yo a mi esposa y tú a tu hija. No, no me entiendas mal: no quiero ofenderlas, bastante sufrieron... Y tú y yo con ellas. Sé que tu hija se suicidó, y ni se me pasa por la cabeza que pudieras haberla matado. Pero –Soas levantó el índice reclamando atención– una cosa es lo que se me pase a mí por la cabeza y otra lo que pueda pensar la gente.

Ferrer siguió sin decir nada. No podía. Y Soas lo sabía. Por eso se permitió prolongar una pausa antes de continuar:

–Estuve dándole vueltas a lo que debe ser estar tetrapléjico. La hostia... Te tienen que meter en la cama, dar de comer... Sentarte en el váter y lavarte luego...

Ferrer lo miró con inesperado odio intenso. Recordó la pluma envenenada de Laventier, que seguía llevando en el bolsillo, y por un momento se vio clavándola en Soas... El odio, lo percibía con nitidez, le estaba dando valor. Y el valor le dio miedo. Sacó la pluma del bolsillo con cautela que la cotidianidad del objeto hacía innecesaria.

–El caso es que rebusqué en el informe médico, y hay algo que me intriga. Parece que tu hija quedó tetrapléjica, ¿no? Y digo yo: entonces, ¿cómo es que pudo tomar las pastillas? Ella sola, quiero decir.

–Tenía movilidad en una mano –Ferrer notaba temblar su cuerpo. Nunca había tenido que dar explicaciones respecto a Pilar. Y la higiénica sonrisa solidaria de Soas era el peor insulto a su hija. De un golpe, desnudó el plumín.

–Pues no es eso lo que me dijo un médico al que invité a comer.

Soas utilizaba perversamente las palabras: «invitar a comer» sugería un ambiente cordial en el que se pudieran abordar temas espinosos como la disponibilidad de un doctor para declarar ante un juez; como la posibilidad de que, a cambio de compensaciones a definir, ese médico matizase en un sentido u otro su declaración. Ferrer supo que si no mataba a Soas en ese momento, estaría a su merced para siempre. Notando la velocidad del corazón en el pecho, se sentó junto a él. La mano que removía los combinados estaba a pocos centímetros del plumín. ¿Serviría clavarlo en la mano, en la muñeca? ¿Sería allí efectivo el veneno? Tal vez daría tiempo a Soas de pedir ayuda, incluso de matarlo a él...

–Según este médico, tu hija no pudo tomar las pastillas. Insisto, sola. Otros opinarán que sí pudo, pero éste no, ya te digo. Creo que la posibilidad de que mataras a tu hija no la puso nadie sobre el tapete porque eres un tío muy querido y muy respetado.

El cuello, mejor clavarlo en el cuello... Ferrer comenzó a garabatear sobre un papel: otro acto de simulación innecesario. Miraba fijamente a Soas, buscando en el recuerdo profanado de Pilar las fuerzas necesarias para golpear.

–Y ojo, quiero que sigas así. De hecho, con este médico sólo he hablado yo, ninguno de mis colaboradores sabe nada de este espinoso asunto, ni una palabra. Y si tú colaboras conmigo, no tendrán por qué saberlo. Si llegase a haber un juicio, ya sabemos que saldrías limpio, sí. Pero mientras, imagínate cuánta mierda sobre ti. Y sobre la memoria de tu hija. Insisto: yo sé que eres inocente, y sé que tu hija se suicidó. Pero los negocios son los negocios y... ¡Macho, pero qué te pasa!

–¿Q... qué?

–¡Menos mal que no tengo moqueta! –rió Soas señalando la mesa. Ferrer bajó la vista: la tensión le había hecho presionar el plumín contra el papel, y la tinta envenenada se había desparramado sobre la mesa, manchándole también los pantalones. Dejó a un lado la pluma sin molestarse en colocarle el capuchón. La oportunidad había pasado, y sintió un inmenso alivio a pesar de lo que ello significaba.

–¿Colaborar contigo cómo? –se limitó a decir. Experimentaba en carne propia la frustración de Laventier, que no había sido capaz de matar a sangre fría. Su cobardía era la del francés, como la victoria de Lars era la de Soas.

–Pues escribiendo los artículos que necesito –Soas se acercó a Ferrer y le puso la nueva copa en la mano–. Ahora, con todos los indios muertos, se aproxima un momento de cierta delicadeza... digamos mediática, y me va a venir muy bien una firma prestigiosa como la tuya. Nada, media docenita de artículos. Y pagados de puta madre, que ya sabes: ¡hay que pagar a la gente! ¡Pagar de puta madre! Cuentas cómo caíste en manos de los indios, cuentas lo cabrones que eran, remarcando esto bien, y cuatro chorradas más. En dos meses todo estará olvidado y ya podré trabajar tranquilo. Entonces a lo mejor dejo que te vayas... Pero vamos por partes. El primero de los artículos, si quieres, para mañana mismo. No sé, por ejemplo... ¿Qué tal sobre...?

–¿Qué tal sobre cuántos militares españoles están contigo en esto? –se atrevió a plantear Ferrer.

–¿Leónidas también te habló de eso? Bueno, ahora da igual que lo sepas... Cuatro. Todos compañeros míos de promoción. Necesitaba buenos pilotos para los helicópteros.

–Para utilizarlos contra los indios.

–Los pilotos de aquí son bastante malos. Y por eso me decidí a llamar a unos colegas en apuros.

–Oficiales del ejército español dirigiendo misiones de ataque –murmuró Ferrer; pensaba en Leónidas y en ¡¡¡MUERTE AL REY DE ESPAÑA!!! La guerra hispano-leonitense tenía algo de cierta, pero carecía de importancia: él no lo podía contar.

–Pero ojo –terció Soas como si le leyera el pensamiento–, todos en baja del servicio activo por distintas causas personales. Por cierto, uno murió en combate. Lo derribaron.

Ferrer, que se sabía en sus manos, dijo lo único que podía decir: nada.

Alguien tocó a la puerta.

–Pase –dijo Soas. Estaba de buen humor.

Un militar pidió permiso para entrar y se cuadró ante él con ruidosa ceremonia.

–¡El capitán Huertas desea verle, señor!

–Bien... Que suba.

–A la orden, señor.

–Otra cosa. Acompañe al señor Ferrer a la ciudad. Inmediatamente –miró a Ferrer con sorna–. Ha conseguido huir de los indios y se merece un buen descanso.

–¡A la orden, señor! –repitió el sargento. Ferrer le siguió sin importarle que quedara en el despacho el zurrón conteniendo las declaraciones de guerra a Fernando VII y Juan Carlos I; la primera, se dijo tristemente, tal vez habría alcanzado alguna cotización como curiosidad en las librerías de viejo de Madrid... Junto a la puerta, escuchó de nuevo la voz de Soas:

–Eso es todo, Ferrer –dijo malévolamente, ufano del matiz militarista que con toda intención había dado a esa despedida–. Puede retirarse.

El sargento acompañó a Ferrer hasta un coche militar que partía en ese momento hacia la capital. Ferrer viajó durante dos horas en compañía de un teniente y dos soldados. Estaba vencido. Se sabía vencido. Durante el viaje, los militares comentaron las incidencias de la operación de la jornada. El teniente estaba irritado: él, personalmente, había fallado el disparo contra un indio, y éste, aunque desarmado y desvalido, había logrado refugiarse en las entrañas de la Montaña.

–Pues ahí dentro se va a quedar –dijo a Ferrer ya en la puerta del hotel, hasta donde lo acompañaron–. Pusimos dinamita en la única salida. Más le hubiera valido que le acertara. Pero en fin, se acabaron los fantasmas cabrones. Mañana todo empezará de nuevo.

El coche se alejó. Ferrer dio dos pasos hacia el hotel. El agotamiento de los últimos días cayó sobre él a plomo ante la apetecible proximidad del agua azul de la piscina. Recordó la tentación que le asaltó a la llegada: sumergirse en ella, flotar, dormir... Pero tenía que leer el final del manuscrito y decidió que ése no era el lugar idóneo.

Entró al hotel para pedir al director el coche que ya le había prestado en otra ocasión, pero le sorprendió encontrarse con el vestíbulo sorprendentemente desierto, a merced de un extraño silencio de muerte...

Ferrer contuvo la respiración y se esforzó por escuchar: una remota voz masculina hablaba, angustiada, en alguna parte. Una voz familiar, claramente reconocible. Se dejó guiar por el oído hasta una de la salas de esparcimiento del hotel y entornó la puerta...

Allí estaban todos –el director del hotel, los empleados y los clientes– formando semicírculo alrededor de la entrecortada voz masculina. Ferrer buscó a Lili y no la vio. Tal vez había partido ya hacia el norte para –en teoría– casarse con su misterioso enamorado millonario, ese del que tanto hablaba... La posibilidad, ni siquiera verificable, de que estuviese condenada a un destino de «mamá-nuelita» en manos de los herederos de Lars cerraba el círculo de la omnipresencia del francés.

–Un atentado de los indios, ¿qué otra cosa, sino? –decía la voz masculina–. Pero no podíamos imaginar que serían capaces de esta... monstruosidad. Han muerto seis personas inocentes. Eso, que sepamos.

El capitán Rodrigo Huertas. Los cuerpos lo ocultaban de la vista de Ferrer, pero no necesitaba verlo para reconocer su voz. ¿Qué hacía en el hotel? Lo había dejado en la Montaña, a punto de reunirse con Soas. Desconcertado, se aproximó. Tal vez porque lo reconocieron, o tal vez por el aspecto impresionante con que lo habían marcado los sucesos de los últimos días, todos le abrieron paso hasta el centro del círculo, donde un diminuto transistor a pilas acaparaba el centro de la atención, colocado sobre una silla alta. De su interior brotó ahora la voz de un locutor:

–Mi capitán, ¿se sabe ya qué ha ocurrido? Cuente a nuestros oyentes cómo fue.

–Estábamos inspeccionando la zona –resurgió la voz de Huertas desde el aparato–, porque no sé si sabe que las obras de La Leyenda de la Montaña se iban a reanudar mañana...

¿Se *iban* a reanudar? Ferrer recorrió con la mirada a los presentes. El director del hotel se acercó a él con gesto de grave preocupación.

–¡Gracias que está vivo, señor Ferrer! –le susurró con alegría verdadera–. Temimos que... Ha sido terrible, terrible... Y acaba de ocurrir... Un desastre para todos. Mire, estamos oyéndolo por radio. La televisión no tuvo tiempo de llegar.

Con un gesto, Ferrer le pidió silencio y se arrodilló junto al transistor, mirándolo fijamente. Quería tener la sensación de que se hallaba ante Huertas, escrutándole la cara para saber si el tono de su relato era cierto o descubría en las inflexiones de voz alguna nueva treta de Soas.

–... Entonces se ha producido la explosión. En toda mi vida de militar no he oído una cosa igual. Ni tampoco visto... En realidad han sido una cadena de explosiones, pero tan unidas que parecían una sola.

–Para los oyentes que ahora se unen a nosotros, diremos que hoy, a las doce quince del mediodía, hace apenas unos minutos, una explosión ha hecho saltar por los aires el lugar llamado la Montaña Profunda. Literalmente, se ha desintegrado en el aire.

Ferrer sintió un golpe de euforia: el indio herido atrapado en la Montaña, el último superviviente de la partida, había podido a pesar de todo explosionar las cargas. Era la victoria, aunque fuese póstuma, de Leónidas y de María. El fracaso de Roberto Soas. La alegría agitó la impaciencia de Ferrer.

–El coche que me dejó el otro día para ir a la embajada... ¿Tiene radio? –preguntó al director del hotel, que asintió–. Necesito las llaves otra vez. Ahora mismo, si puede ser.

Sin relajar el gesto ni apartar la mirada del transistor, el director del hotel rebuscó en el bolsillo y le entregó un llavero. Ferrer abandonó la sala. Las palabras del locutor sonaban a su espalda, cada vez más lejanas:

–Donde antes se levantaba el gran bloque rocoso ahora no hay nada. Ha sido hoy, ahora, hace tan sólo...

Ferrer salió a la explanada frontal, subió al descapotable y arrancó. Al conectar el encendido del motor, se puso en marcha la radio. Sintonizó la emisora de noticias y condujo deprisa hacia la salida norte de la ciudad, en dirección a la carretera secundaria cuya ubicación exacta le habían explicado días atrás en el hotel.

–Los primeros expertos consultados dicen que ha tenido que ser una cantidad de explosivo gigantesca... Mi capitán, ¿qué se sabe de los diamantes?

¿Diamantes? La palabra aceleró el corazón de Ferrer.

–¿Diamantes? –se puso imperceptiblemente en guardia la voz de Huertas al otro lado del micrófono–. ¿Qué diamantes? Ustedes los periodistas siempre buscando patrañas. Eso son tonterías, alucinaciones...

–Testigos oculares aseguran que tras la explosión se levantó en el aire una nube gigantesca de puntos luminosos. Dicen que se mantuvo suspendida unos instantes, como una gran cortina de luz, y se hundió en el mar. Y algunos soldados aseguran que cayó sobre ellos una lluvia de piedras preciosas. Con su permiso, capitán, se habla de diamantes...

–Disculpe, pero pensar en cuentos de diamantes, cuando hay muertos...

–Debemos repetir para nuestros oyentes que entre las seis víctimas hay que lamentar especialmente una. Al parecer se encontraba despachando con nuestro invitado cuando sobrevino la explosión. ¿Qué ocurrió, mi capitán?

–Es un asunto muy lamentable, trágico. Roberto Soas...

Ferrer pegó un frenazo. Los neumáticos chirriaron y el coche quedó cruzado en la carretera desierta, envuelto en la nube de polvo que había levantado.

–... que era íntimo amigo mío, padecía fuertes depresiones desde la muerte de su esposa, una historia de amor muy trágica, mucho, que lo tenía obsesionado... Cuando todo explotó se puso en pie, sobresaltado igual que yo. Ya digo que nos hallábamos en su oficina, sobre una torre de varios metros de altura. Desde allí se oteaban las instalaciones de La Leyenda, el gran sueño de Roberto. Pues bien, cuando se produjo la explosión hubo una gran luz blanca. Mi amigo palideció, se le cambió la expresión, nunca lo había visto tan agitado, tan fuera de sí... Salió a mirar, y yo creo que estaba tan embebido con aquella luz, que de verdad lo llenaba todo y le dejaba a uno ciego, que no vio que se acababa la plataforma. Y se fue abajo, cayó. Murió en el acto, reventado contra el suelo. Lo he sentido como la muerte de un hermano. Roberto Soas era...

Ferrer apagó el motor. La voz de la radio se desvaneció, permitiéndole disfrutar del silencio. Soas muerto... Finalmente absorbido por la «luz blanca» con la que le reclamaba su esposa... Soas muerto: un alivio infinito, de intensidad nítidamente física para Ferrer. Cruzó los brazos sobre el volante y apoyó en ellos la barbilla. Tenía la vista fija en la carretera, donde unos pocos kilómetros más allá comenzaba el camino secundario. Procuró acallar su mente y escuchar el silencio, pero no pudo. Oía a Laventier, y se preguntó si no habría ocurrido todo precisamente para eso, para que él hubiese escuchado de labios del moribundo Laventier –y volviese a escuchar ahora– aquellas palabras:

–Su hermano descansa en el orfanato del que, como usted, salió hace cuarenta años.

»Allí le aguarda también lo que yo me atrevo a calificar como su destino, señor Ferrer. Visite la tumba de su hermano, lea lo que le resta de las palabras de Lars y decida...

Con Roberto Soas muerto, Ferrer ya no tenía excusas para retrasar el destino aludido por el francés. Sacó del bolsillo el manuscrito, reparando en que, a pesar de sus infinitas peripecias, la casualidad –o ese destino: el suyo– no le habían apartado de él; era lo único que había conservado, lo único que llevaba consigo. Era lo único que tenía. Buscó el punto donde había dejado de leer.

> Ese mismo día dispuse un régimen penitenciario especial para mi ilustre prisionera María.
>
> Nunca un reo –normalmente, trozos de carne a los que se arrojaba desnudos al suelo de piedra de la sala de tortura– había justificado el despliegue que mereció la esposa

de Leónidas; creo que hasta el mismo Niño
se azoró inicialmente ante

Pero no... No era ése el lugar donde debía leer el resto.

Puso el motor en marcha tras apagar previamente la radio –no quería que las noticias volvieran a importunarlo; no ahora– y buscó la carretera secundaria que llevaba al orfanato.

Cuando atisbó el primer cartel que señalizaba el centro de caridad, redujo la velocidad. A un kilómetro de la reja de entrada del orfanato detuvo el coche y continuó a pie.

La gran casa apareció de repente, tal y como la recordaba él: aislada entre los árboles, imponente tras la misma curva amplia del camino por la que cuatro décadas atrás vio desaparecer, en dirección contraria a la que ahora recorría, el gran coche negro donde su hermano iniciaba, en palabras de Panizo, el «camino hermoso de la felicidad sin retorno».

Llegó a la verja sintiendo que el silencio crecía y se instalaba dentro de él, y se concedió cumplir el oculto deseo infantil con el que durante años había soñado: comprobar si el timbre continuaba en la cara interior de la columna derecha de la verja, el lugar donde lo había pulsado aquella vez en que su hermano y él se extraviaron del grupo de paseo al desviarse en busca de quién sabe qué aventura sugerida por la soledad de las entrañas del bosque... Introdujo la mano entre los barrotes y sintió una honda decepción cuando sus dedos tan sólo rozaron el cemento de la pared. Buscó en el exterior el timbre con mucha calma –la angustia permanente que vivía dentro de él desde la muerte de Pilar se hallaba de pronto apaciguada, en tregua– y, al no encontrarlo, decidió esperar a que alguien entrara o saliera del recinto. No tenía prisa, ninguna prisa, se estaba repitiendo cuando cayó en la cuenta... Se aproximó otra vez a la columna derecha de la verja, se acuclilló y probó a introducir la mano. Ahora sí, comprobó sin poder reprimir una sonrisa; ahora, lógicamente, sí: el timbre estaba donde siempre había estado, allí donde aquella vez él, por su estatura de niño, había tenido que estirar el brazo para alcanzarlo... Lo pulsó. Al escuchar el timbrazo en algún lugar remoto del silencio sintió un mareo súbito: el viaje al pasado se tornó inquietantemente real, casi palpable, cuando vio surgir de la casa la figura, minimizada por la distancia, de una monja menuda de cara color chocolate y hábito blanco que se acercó a la verja muy deprisa, con los puños apretados y la cara inclinada a modo de proa afanada en cortar el aire para mejorar la velocidad. Ferrer jugó a permitirse creer que podía ser la misma que, también corriendo, había venido alborozada para recibir a los hermanos perdidos que sollozaban ante la verja angustiados por la inminente caída de la oscuridad.

Ferrer se puso en pie, se presentó a la monjita sin ocultar que el asilo había sido una vez su hogar y le expresó su deseo de visitar en el cementerio del asilo la tumba del hombre fallecido el dieciocho de abril. La monjita lo acompañó y le explicó, innecesariamente, el sencillo sistema de ordenación cronólogica de lápidas.

–También me gustaría hablar con Panizo. Creo que sigue al frente de esto...

–Panizo está esperando la lluvia. Para despedirse. Pero voy a avisarle –explicó desconcertante y confidencial la monja antes de correr hacia la casa, cortando otra vez el viento con la cabeza y los puñitos.

Ferrer se quedó solo ante las tumbas. Sólo los latidos de su corazón se imponían sobre el apacible silencio de los muertos.

Caminó entre las cruces hasta encontrar la lápida. Tal vez, pensó estremecido, el francés se había referido a eso: el destino que le aguardaba, morir solo como su hermano. Acabar enterrado allí. Volver al lugar del que ambos habían salido... En ese instante le asaltó por primera vez la conciencia de que allí yacía, además del desgraciado y terrible Niño de los coroneles, su pobre y querido hermano. Se arrodilló, no por sentido religioso sino por cercanía, intimidad... Leyó el texto de la lápida:

Innombrables dragones
desfiguraron tu rostro,
y nunca tuviste nombre.
Pero siempre sentí latir
desde el otro lado del mar
tu corazón desolado.
Leonito (¿? – 18/4/92)

Laventier se había tomado el tiempo de traducir torpemente unos versos que Ferrer no reconoció pero agradeció igualmente. Ahora se sentó en el suelo, muy cerca de la tumba, y sacó el manuscrito.

»Nunca tuviste nombre»... Ésa era la obsesión de lo huérfanos, y también había sido la suya propia, tal vez por eso siempre había recordado las primeras palabras de su madre al recogerlo en el aeropuerto de Madrid, tantos años atrás...

–Te llamas Luis. Eres mi hijo.

Nunca un reo –normalmente, trozos de carne a los que se arrojaba desnudos al suelo de piedra de la sala de tortura– había justificado el despliegue que mereció la esposa de Leónidas; creo que hasta el mismo Niño se azoró inicialmente ante los focos y las cámaras de vídeo que invadían su maloliente guarida, y para que se relajase hube de pedir al personal que operaba los aparatos que abandonase la estancia y dejase solos a los protagonistas de mi película, el torturador artificialmente estimulado hasta la esencia de su animalidad y la prisionera de altivez y belleza inusuales en este tipo de lances. Que no te parezca gratuito el subrayado de orden estético: de no haber sido por esa característica, nada se habría desencadenado. La belleza de María fue su maldición. Y en parte, también la mía.

Absorto ante el monitor de control que desde otra habitación me permitió seguir aquella primera sesión de tortura, fui testigo de cómo los dientes del Niño rechinaban de crueldad enloquecida hasta el paroxismo por la piel sudorosa y dorada de la india. El placer y el dolor se entremezclaban y resultaban inidentificables: los relinchos de él se confundían con los alaridos de ella, y las embestidas pélvicas masculinas competían en brutalidad con los espasmos que la electricidad desencadenaba entre las piernas abiertas de María. Su cuerpo desvanecido soportaba una última eyaculación cuando irrumpí en la celda para suspender momentáneamente aquel primer tratamiento: la indiecita tenía que durar viva el tiempo suficiente para servir a mis planes. Pero es preciso reseñar aquí que, al imponerle la separación física de su juguete, el Niño se me enfrentó por primera vez en su vida. Lo confieso sin disimulos: mi inteligencia tenía que haber captado en la obcecación de su sexualidad encabritada los síntomas de lo que había de venir... Sin embargo, me hallaba en aquel momento demasiado ocupado con la preciosa cinta de vídeo que me apañé para hacer llegar a Leónidas acompañada de un reproductor portátil de imágenes. Sé, porque Bueyes lo vio con sus propios ojos y trajo la noticia a la ciudad, que el líder indio enloqueció de ira y de dolor. De tristeza. Confirmado el punto de que amaba realmente a su María, no me resultó difícil imaginarlo en las oscuras noches bajo tierra, clavada la cara sobre el punto único de luz del pequeño monitor portátil, sufriendo una y otra vez la escena como una caricatura de turista japonés devenido en alma en pena a la que el sol subterráneo sorprendía lloroso y agotado por el insomne sufrimiento. Fiel siempre al lema de que un torturador no debe jamás mostrar su rostro ante la víctima en previsión de eventuales caprichos del Azar, oculté durante las filmaciones la cara del Niño con una máscara de carnaval entresacada de algún rincón perdido. El toque frívolo adquiría en medio del horror una dureza inusitada, y me propuse potenciar el hallazgo en próximas sesiones. No por piedad, sino porque yo mismo tenía prisa, contravine la regla de dejar a Leónidas macerarse un tiempo en su propia angustia, y le hice enseguida saber que la liberación de su querida esposa pasaba por un pacto de simpleza lineal: su hembra a cambio de la Montaña. Traicionar a su pueblo por amor, si quieres decirlo más solemnemente. A fin de apremiarle, añadí al pliego de condiciones el vídeo del siguiente encuentro amoroso de su María con mi Niño. Pero Leónidas era un hombre lamentablemente digno, y no antepuso sus intereses personales a los de los suyos. Demostrando una entereza que le reconozco, sufrió en silencio y, aparentando la calma que en realidad no tenía, se negó a considerar la fórmula de la traición. Pero en cambio –y así supe que estaba tocada la línea de flotación de su ánimo–, instó a Bueyes a acelerar los procesos de paz que el periodista negociaba con él. Leónidas no quería ceder al rudo chantaje, pero sí aceptaba buscar una salida honrosa para sus indios. De una forma u otra, el camino se iba desbrozando ante mí, aunque no con la suficiente celeridad. El tiempo seguía siendo un enemigo mortal, y nunca mejor dicho: dos desmayos más me habían fulminado desde el primer aviso que me lanzó mi cuerpo, y esta vez sí acudí a los médicos, que me enfrentaron al hecho de que una enfermedad degenerativa devoraba a velocidad de vértigo mis neuronas. Insultante, ¿verdad? Mi cuerpo exultaba una arrogante jovialidad que acabaría por hacer más profunda la humillación final: decían los doctores que podría aún vivir diez, incluso quince años más; pero mucho antes de eso mi mente y con ella el tesoro de mi memoria, con todos sus recuerdos de esplendor, se habría apagado. Dos, tres años a lo sumo... Un cálculo que situaba más o menos en junio de 1994 el cálculo más optimista de mi tránsito a la oscuridad. Claro está que me rebelé. ¿Qué, si no rebelión, es haberte convertido en testigo y propagador de los logros de mi biografía? ¿Qué, si no rebelión, era la aceleración con que cada día impulsaba la búsqueda de una solución definitiva al obstáculo que constituía Leónidas? Quería a toda costa ver cumplido mi ambicioso plan antes de sumirme en la oscuridad y, sabiendo que esa era la única manera de forzar la máquina, enloquecía con nuevos estímulos químicos al Niño y arrojaba en sus brazos a la prisionera para obtener imágenes con las que tambalear la monolítica honestidad de Leónidas. A veces, espoleaba personalmente la ferocidad en la mazmorra nupcial, furioso porque el Niño, embebido en su incansable satisfacción sexual, que literalmente había revivido sobre aquel cuerpo desnudo, descuidaba azuzar el suplicio convencional de la prisionera, cuyos alaridos eran la moneda de cambio con la que negociaba la adquisición de la Montaña. Pero Leónidas no cedía e incluso se revolvía de cuando en cuando con algún zarpazo violento. Y las semanas pasaban. Finalizaba ya junio de 1991, y junto a la inquietud de mis inversores ocultos –los coroneles y sus hijos comenzaban a preguntarse si la globalidad de mi plan no constituía una simple locura que les había costado un país y parte del oro que habían robado de éste– arreciaba también mi enfermedad: tal vez porque estaba ya obsesionado con su dramática evolución, hallaba síntomas de mi decadencia mental en el olvido más nimio o la distracción más justificable... Veía el fin. *Mi* fin. Pero entonces Dios, en su infinita bondad, bendijo a la apiñada e inusual familia que componíamos Leónidas, María, el Niño y yo con el regalo inesperado del Milagro de la Vida: la prisionera quedó embarazada. El examen médico que había ordenado realizarle para saber si resistiría la tortura no había revelado este dato, lo que quería decir que sólo el Niño podía ser su padre natural, pero jugué la carta de la osadía al hacer saber a Leónidas que María, cuando fue capturada, estaba ya embarazada... «No sólo puedo torturar a tu mujer. También puedo torturar a tu hijo.»

El estado de buena esperanza marcó el principio de la batalla más cruel e inmisericorde: decidido a todo, endurecí las sesiones de tortura de madre e hijo, y las filmaba ahora con recreación en los detalles. El Niño, enmascarado con caretas de personajes de los dibujos animados, era una visión espeluznante que volvió medio loco a Leónidas: de nuevo gracias a su supuesto amigo Bueyes, en el que paradójicamente buscaba consuelo, llegó a mis oídos que, además de mis vídeos de tortura, el desgraciado indio se agenció películas de esos personajes animados, y al parecer las miraba fuera de sí, hallando en los simpáticos cortometrajes quién sabe qué variantes de la locura, favorecedoras en cualquier caso de mis planes. Sabiendo acorralada su lucidez, decidí apretarle las tuercas enriqueciendo el envío de vídeos, de periodicidad ya semanal, con fragmentos de su querida esposa, que cada lunes, a las nueve en punto de la mañana, recibía la visita de un cirujano que le arrancaba una tira de piel antes de entregarla a los desmanes del ansioso Niño. Dichas tiras, apoyadas en una base de terciopelo y convenientemente enmarcadas como si fueran valiosas obras de arte, eran remitidas al indio numeradas y tituladas para su mejor catalogación, y las acompañaba siempre un mensaje recordatorio de que él, y sólo él, era culpable de la maldición que iba despellejando viva a su esposa... «Primera tira, diez centímetros de la espalda, arrancada en la primera semana de embarazo»; «octava tira, ocho centímetros por tres de muslo interior izquierdo, octava semana de embarazo»; «duodécima semana...».

La semana número treinta y dos, la prisionera dio a luz, lo que no impidió, sino que endureció el correspondiente despellejamiento de la llaga humana cuyas heridas, sin embargo, cuidábamos meticulosamente en previsión de posibles necesidades futuras. Además, anuncié a Leónidas que al siguiente lunes, y desprovista ya de piel la madre, empezaríamos con el bebé, una preciosa niña ante la que el degradado Niño, su verdadero padre, no mostró ternura ni interés alguno. Sin embargo, Leónidas –que conoció a su supuesta hija por televisión, merced a una detallada cinta del nacimiento que le hice llegar– vio derrumbarse todas sus resistencias cuando tuvo en las manos el primer trocito de piel de la niñita, entresacado de la mitad de la espalda. Y claudicó.

Sin imaginar –pues su sagacidad estaba demolida– que ello podía implicar el fin de su pueblo, aceptó celebrar una gran conferencia de paz, a la que estaban invitados todos sus indios. Previamente, la víspera del evento, le devolví a su mujer. Pero no a su hija, de cuya llorona presencia me libré endosándosela –¿qué lugar mejor, qué manera más estética de cerrar este ínfimo círculo de la Historia?– al orfanato del que casi cuatro décadas atrás saqué a su padre: ¿cómo podría Leónidas, caso de intentar cualquier ataque suicida para recuperar a su hija, sospechar que ésta se hallaba oculta en el lugar más seguro, la bondad de Panizo?

El Paraíso en la Tierra, bullendo de actividad como en los mejores tiempos, parecía el Infierno en temporada alta: seiscientos seleccionados Pumas Negros aguardaban allí el momento de atacar a los andrajosos de Leónidas, que por la presión de ver sufrir a su esposa, unida a las mentiras que mis ejecutivos le habían hecho tragar –¡creyó que el rey de España iba a venir a fumar con él la pipa de la paz!– por mediación de Bueyes, aceptó salir de su inexpugnable agujero para parlamentar. Así pues, estaban listas las confiadas víctimas y sus capaces verdugos y, con la colaboración de un reducido comando de experimentados pilotos de helicóptero españoles, la matanza sólo podía resolverse adecuadamente a mi favor. Y sin embargo, falló. La causa no deja de ser paradójica...

Desde mi despacho supervisaba cada uno de los detalles de la gran celada, y sentado a su mesa me sorprendió la terrible noticia. Al anochecer de la víspera del día señalado, un incendio fortuito se había originado en algún lugar del Paraíso en la Tierra, comunicándose hasta el arsenal y provocando el cataclismo: la mitad larga de los Pumas, además de una parte sustancial de las armas y municiones almacenadas, perecieron en la deflagración. ¿Sabotaje, azar? No me detuve a meditarlo. Era el tiempo de decisiones valientes y las tomé. Ordené a pesar de todo el ataque, pero el brutal diezmo de mis pistoleros inclinó la balanza ¡otra vez! a favor del maldito Leónidas que –aunque dejando el campo de batalla sembrado con los cadáveres de casi todo «su pueblo»– pudo escapar de la emboscada con un puñado de fieles. El ciclópeo ataque de ira que sufrí no me impidió buscar culpables al desastre de la víspera. Y los encontré; o lo encontré, pues se trataba de uno solo. ¿Cómo podría haberlo imaginado? ¡Mi creación máxima, mi Niño, había sido el ejecutor de mi fin! Víctima de un ataque sin precedentes en su historial, se había rebelado contra sus guardianes, asesinándolos. ¿Por qué? Me aseguró un superviviente que el Niño, fuera de sí, buscaba entre las instalaciones del Paraíso en la Tierra el paradero de María, de cuyo cuerpo desnudo se había enviciado como un tierno enamorado. Enloquecido por la ausencia de la que durante un año había sido su compañera –involuntaria y aterrorizada, pero compañera al fin para la ruda percepción de su corazón condenado a la soledad–, su amor bestial –¿pues cómo, si no amor, debemos definirlo?– le instó a buscar y reclamar a su hembra, y quiso el Azar que en la vorágine de destrucción que inició provocase el fuego que acabó por prender en la santabárbara. Lo busqué –supongo que para matarlo, aunque extrañamente no albergaba odio ni rabia contra él– pero, ciego según algunos testigos a causa del sol que llevaba treinta y cinco años sin ver, el Niño se perdió al amanecer tras haber sembrado el caos. No importa, lo dejaré ir... Las contrariedades provocadas por el desastre son graves, pero no fatales. Motivado por un cierto cansancio, he puesto en manos de mis ayudantes jóvenes los siguientes pasos del proyecto, cuya resolución final –hoy, en este momento, lo estoy percibiendo por primera vez– tal vez no veré. Ahora lucho contra

El manuscrito acababa ahí, tan bruscamente como le había advertido Laventier. Le fascinó pensar que esa era la última palabra que Victor Lars había escrito antes del derrame cerebral que lo transportó al paraíso donde no existía la conciencia.

contra

¿Contra qué?, se preguntaba Ferrer cuando le sorprendió una voz a su espalda.

–Dicen que me buscas.

Se puso en pie. Habría reconocido a Panizo aunque hubiesen pasado mil años, y sólo habían transcurrido treinta y cinco. Su cuerpo había envejecido, pero seguía sosteniéndolo una inamovible resolución de bondad en la mirada. En todo ese tiempo, Ferrer había imaginado infinitas fórmulas para el instante del reencuentro con el hombre que lo había criado. Ahora buscó desesperadamente cualquiera de ellas, pero no lo consiguió. Tampoco fue necesario.

–Ayer por la manaña salió un día soleado –se le adelantó el anciano; hablaba con serenidad, con liviana grandeza: Ferrer comprendió que sabía, al menos en un sentido general, intuitivo, por qué se hallaba él allí, ante aquella tumba concreta–. Hice que me subieran al Monte Bajo, yo solo ya no puedo. ¿Lo recuerdas?

–El Monte Bajo... –¿Cuántos años hacía que Ferrer no escuchaba esas palabras? ¿Cuánto que no las pronunciaba?–. Nos gustaba subir porque era tu lugar favorito para contar cuentos. Allí contabas los mejores.

Los dos hombres sonrieron por el reconocimiento mutuo que implicaban sus palabras. Ferrer sentía una paz inexplicable. Panizo sonreía.

–En el Monte Bajo me despedí del sol. Estuve desde el amanecer hasta el ocaso. La pobre hermana –señaló hacia atrás; a veinte metros, sentada en un banco de piedra de la entrada, aguardaba la monjita que había abierto el portalón a Ferrer– tuvo que acabar harta. Pero es importante despedirse del sol. Morir sin hacerlo es una falta de educación. ¿Qué habría sido mi vida sin el sol? ¿O la tuya, la de cualquiera?

–¿Estás enfermo?

–Mi cuerpo se muere, sí... Por eso me despido. He pasado la noche despierto, ante mi ventana, mirando las estrellas como tantas veces... Pero ésta ha sido la última, lo sé.

–Por eso esperas la lluvia...

–¡Claro! ¿Cómo no despedirme de ella? –Panizo, Ferrer se admiraba de ello, no estaba triste ni asustado. Incluso sonreía, incluso era feliz–. Te contaré un cuento, ya que has venido desde tan lejos. Mi último cuento. Al sol y a las estrellas les he dicho adiós con calma interior. Pero la proximidad de la lluvia me acelera el corazón... –declaró levantando la vista hacia el cielo; Ferrer le imitó: suaves nubes grises venían sin prisa desde el norte–. Y es porque sé que con la lluvia me iré. Incluso te diré cuándo: justo después del primer golpe de agua, cuando suba desde el suelo el olor de la tierra mojada. Entonces moriré. Lo oleré profundamente, hasta adentro, y con ese olor me iré... La monjita se asusta cuando se lo digo. Y me regaña, dice que soy brujo. Pero tú me entiendes y sabes que no miento. También sabes que te estaba esperando.

Ferrer le miró. Panizo no mentía: le estaba esperando. Y acaso él lo había sospechado.

–Era mi hermano –Ferrer acarició la tumba de piedra, cambiando levemente el sentido de la conversación.

Panizo asintió.

–Os fuisteis en el año cincuenta y seis, lo he buscado en los archivos. Tu hermano primero. Tú luego, un día de lluvia. Leí en los periódicos que venías, un periodista español famoso que salió un día de mi orfanato. Me enorgullecí.

La explicación que daba racionalidad a la bienvenida tranquilizó y a la vez decepcionó a Ferrer: le gustaba el halo mágico que hasta ese momento había tenido el encuentro con el anciano.

–He querido ver su tumba, decirle adiós.

–Pensé siempre que había muerto de fiebres, en el cincuenta y ocho.

Panizo, al parecer, ignoraba la verdadera biografía del Niño. Ferrer lo prefirió: el anciano no merecía ver amargados sus últimos momentos con ese conocimiento.

–Pero también he venido a llevarme algo.

–Lo sé.

–¿Sí? Yo no lo sabía hasta hace cinco minutos. Hasta que leí esto –mostró a Panizo el manuscrito abierto.

–El caballero francés me lo dijo. Vino anteayer, acompañado de dos indios. Dijo que iba a buscarte a la Montaña Profunda.

–Me salvó... Y no sólo la vida.

–Y dijo que vendrías. Que aquí estaba tu destino.

–¿También dijo qué me llevaría?

–También –dijo Panizo, y se volvió para llamar la atención de la monjita con un gesto. Ferrer vio cómo la religiosa se levantaba y venía hacia ellos: apresurada como antes pero sin cortar el aire con los puños. Sus manos se mantenían ahora ocupadas en sostener un bulto contra el pecho–. Parecía un hombre sabio.

–Lo era. Y bueno –se esforzó Ferrer por dar sentimiento a la palabra: su íntimo epitafio a Laventier. Su despedida.

La monjita llegó hasta ellos y extendió los brazos hacia Ferrer. La hija de María, la hija del Niño de los coroneles, dormía feliz. Era diminuta y morena, sin pelo, y Ferrer, al cogerla, puso extremo cuidado en no rozar la llaga de la espalda, que tal vez dolía aún. La monjita acarició la mejilla de la pequeña:

–¡Ay, chiquilina! ¡Qué suerte! Vas a ir a vivir a Madrid, a España... –le cuchicheó sin otra intención que el jugueteo cariñoso, ajena a que la exteriorización de ese dato por su parte demostraba a Ferrer la veracidad de su intuición: Laventier había insistido tanto para que concluyera el manuscrito porque sabía que, tras leerlo, haría lo que estaba haciendo en ese instante.

–Imagino –dijo– que tendré que firmar algunos papeles...

Panizo asintió.

–Burocracia para la adopción, lo mismo que firmaron tus padres cuando te llevaron. Lo haremos en la casa. Vamos.

–Me quedaré un momento más... –Ferrer señaló hacia la tumba. Panizo y la monjita comenzaron a caminar despacio hacia el edificio. Ferrer miró las palabras últimas de Victor Lars.

Ahora lucho contra

¿Contra qué?, se preguntó de nuevo. Decidió librarse del manuscrito y lo depositó sobre la tumba. Como si los elementos quisieran ayudarlo en su propósito, se dibujó en el horizonte el estremecimiento de un rayo lejano que anunció la descarga del cielo. Las gotas de lluvia, primero insignificantes y enseguida recias, arrastraron las letras, las palabras y las frases y humedecieron el papel hasta convertirlo en pasta, hasta desbaratarlo y deshacerlo, hasta volverlo nada... Las biografías de Jean Laventier y Victor Lars se unieron intangiblemente con la tierra, sin retorno. Desde el suelo subió, envolviendo a Ferrer y a la niña, el olor vivo de la humedad desatada. Ferrer se volvió hacia el edificio del orfanato y sonrió al comprobar que Panizo había acertado: a mitad de camino entre el cementerio y la casa, la monjita, arrodillada junto al cuerpo desplomado del anciano, hacía aspavientos de alarma ya inútiles y pedía auxilio con gritos que el ruido de la lluvia convertía en remotos ecos de algún inusual juego infantil.

¿Contra qué?

Ferrer lo ignoraba, pero no quería averiguarlo.

Apretó a la niña contra él con cariño que sintió bendecido por sus amados padres muertos, por los espíritus de Bego y, sobre todo, de Pilar. El acto, por ser libre, le asustó. Tragó saliva, notaba las gotas de lluvia deslizarse por sus mejillas. A pesar del miedo, acercó la boca a la orejita infantil y susurró:

–No sé cómo te llamas. Eres mi hija.

Índice